Die Kompetenzkästen bei  :

Methode — Figurendopplung anwenden
Mehrere Schüler schlüpfen in die Rolle [...]

Methoden
Methoden tauchen an einigen Stellen im Kapitel ..... und sie sind oft eine Hilfe beim Lösen mancher Aufgaben.

Checkliste — Einen dramatischen Text inszenieren [...]
✓ Welches Problem oder welcher Konflikt macht den Kern [...]

Checklisten
Die Checklisten bieten dir Handlungsleitfäden und Hilfe für Lösungen an. Sie stehen an passender Stelle im Kapitel.

Merken — Bürgerliches Trauerspiel
Schiller greift in „Kabale und Liebe" das damals noch neue und politisch brisante Genre des [...]

Merken
Die Merkkästen sind eine komprimierte Zusammenfassung der zuvor erarbeiteten Seiteninhalte. Sie stehen innerhalb des Kapitels an den Stellen, wo das Wissen vermittelt und benötigt wird.

◀◀ Eine analytische Interpretation schreiben
Analyseaspekte
▸ Gehalt / Inhalt [...]

Das kennst du schon
Hier wird dir Merkwissen, welches du bereits aus vorigen Klassen kennst, noch einmal erläutert.

Die Kompetenzkästen *Checkliste*, *Merken* und *Das kennst du schon* gibt es in den beiden Farben orange und blau – jeweils unterteilt in die Lernbereiche.

Folgende Hilfen bietet dir  in den Randspalten:

Tipp
Du findest das Aufenthaltsgesetz beim Bundesministerium der Justiz und für Verbraucherschutz im Internet unter [...].

PEN internationaler Verband von Autoren (Abkürzung für: *Poets, Essayists, Novelists*)

→ **Arbeitsheft** S. 32–34

Literatur des Sturm und Drang
→ S. 188–219

TIPP
Hier gibt es Tipps, die helfen, oder Ideen, die weiterführen.

Hinweise
Einzelne Wörter oder Begriffe, die für das Verständnis der Seite wichtig sind, werden kurz erklärt.

Verweise
Dieser Verweis steht bei den Kompetenzkästen (**Methoden Checklisten Merken**) und gibt die Seitenzahl im Arbeitsheft an, auf der du die im Kasten stehende Kompetenz vertiefen kannst.

Diese Verweise führen auf die jeweiligen Kompetenzkästen oder Seiten innerhalb des Buchs, auf denen das Thema weiter behandelt wird.

N Briefroman → S. 273
Diese Verweise führen in den Nachschlagen-Bereich.

🌐 Internetportal
www.schroedel.de/di-ost10

Unter der Internetadresse **www.schroedel.de/di-ost10** findest du Texte und Grafiken aus dem Schülerband zum Ausdrucken. So kannst du sie mit Markierungen und Anmerkungen versehen.

Auch sind dort die Selbsteinschätzungsbögen der Teste-dich-Seiten zum Ausfüllen hinterlegt und du findest dort die Lösungen zu den Trainingsideen.

Sprach- und Lesebuch
10. Jahrgangsstufe
Berlin, Brandenburg, Mecklenburg-Vorpommern,
Sachsen, Sachsen-Anhalt, Thüringen

Stammausgabe *deutsch ideen* erarbeitet von
Ulla Ewald-Spiller, Christian Fabritz,
Martina Geiger, Günter Graf, Michaela Klosinski,
Frauke Mühle-Bohlen, Ina Rogge,
Thomas Rudel, Torsten Zander

Mit Beiträgen von
Britta Inden, Jelko Peters, Thomas Petri,
Regina Sang-Quaiser, Hanna Sieberkrob,
Marlene Skala, Birgit Tutt, Janine Veenhuis

Unter didaktischer Beratung und Umsetzung von
Dagmar Bode, Petra Hammermann,
Doris Hoyer, Katja Jeziorowski,
Michaela Klein, Frauke Mühle-
Bohlen, Kathrin Müller

Fördert individuell – Passt zum Schulbuch

Optimal für den Einsatz im Unterricht
mit **deutsch ideen**:
Stärken erkennen, Defizite ausgleichen.
Online-Lernstandsdiagnose und Auswertung
auf Basis der aktuellen Bildungsstandards.
Inklusive individuell zusammengestellter
Fördermaterialien.

www.schroedel.de/diagnose

westermann GRUPPE

© 2017 Bildungshaus Schulbuchverlage
Westermann Schroedel Diesterweg Schöningh Winklers GmbH, Braunschweig
www.schroedel.de

Das Werk und seine Teile sind urheberrechtlich geschützt. Jede Nutzung in anderen als den
gesetzlich zugelassenen Fällen bedarf der vorherigen schriftlichen Einwilligung des Verlags.
Für Verweise (Links) auf Intranet-Adressen gilt folgender Haftungshinweis: Trotz sorgfältiger
inhaltlicher Kontrolle wird die Haftung für Inhalte der externen Seiten ausgeschlossen.
Für den Inhalt dieser externen Seiten sind ausschließlich deren Betreiber verantwortlich.
Sollten Sie daher auf kostenpflichtige, illegale oder anstößige Inhalte treffen, so bedauern wir dies
ausdrücklich und bitten Sie, uns umgehend per E-Mail davon in Kenntnis zu setzen, damit beim
Nachdruck der Verweis gelöscht wird.

Druck A^2/ Jahr 2018
Alle Drucke der Serie A sind im Unterricht parallel verwendbar.

Redaktion Dr. Hans-Georg Schede, Freiburg
Illustrationen Christiane Grauert und Joachim Knappe
Umschlaggestaltung boje5, Braunschweig
Typografie und Layout Farnschläder & Mahlstedt, Hamburg
Satz KCS GmbH · Verlagsservice & Medienproduktion, Stelle/Hamburg
Druck und Bindung westermann druck GmbH, Braunschweig

ISBN 978-3-507-**47645**-5

Inhalt

Kompetenzen

„Ein Dichter wird geboren, ein Redner wird gemacht?" – Praktische Rhetorik 10–25

Gewusst, wie …
Martin Luther, Lee Iacocca, Kurt Tucholsky und Stanislaw Jerzy Lec: Äußerungen und Empfehlungen zum Thema Rede 11

Ratschläge diskutieren 11

Politische Reden über Deutschland
Ernst Reuter: Rede am 9. September 1948 in Berlin 12
Ronald Reagan: Rede am 12. Juni 1987 in Berlin 13
Willy Brandt: Rede am 10. November 1989 in Berlin 13
Christa Wolf: Rede am 4. November 1989 in Berlin 14
Joachim Gauck: Rede am 9. Oktober 2014 in Leipzig 16

Eine Rede analysieren – Redeabsicht und Wirkung 12
Eine Rede analysieren – Inhalt und Aufbau 14
Eine Rede analysieren – sprachliche Gestaltung 16
Eine Rede analysieren 17

Chancen und Schwierigkeiten der Energiewende
Angela Merkel: Regierungserklärung vom 9. Juni 2011 18
Zwei Schaubilder zum Thema Energiewende 20
Bundesregierung: Energiewende im Überblick 21

Eine Rede planen und halten – Gliederung einer Rede 18
Eine Rede planen und halten – Stoffsammlung 20
Eine Rede vortragen 23

Teste dich ✓ Selbsteinschätzung – Trainingsideen 24
Iris Radisch: Laudatio Deutscher Buchhandlungspreis 2015 24

Konsum & Kommerz – Erörtern und Argumentieren 26–49

Ich kaufe, also bin ich?
Volker Braun: Die Leguane 27
Elisabeth Hackel: Handelsgesellschaft 27
Christine Kayser: Der Schrank voll 27

Sich einer Thematik annähern 27

Von der Bedeutung der Dinge
Robert Misik: Alles Ware. Glanz und Elend der Kommerzkultur 28

Einen pragmatischen Text erörtern – den Inhalt klären 28
Einen pragmatischen Text erörtern – sich mit dem Inhalt auseinandersetzen 32
Einen pragmatischen Text erörtern 34

Textpanorama
Karl Bühler: [Organon-Modell] 35

Textsorten unterscheiden 35

Von der Bedeutung des Geldes
Raphael Martzloff: Billigmode: *Fashion* um jeden Preis? 36
Katharina Bons, Naemi Goldapp: Wie bei Billig-Mode die Vernunft aussetzt 38
Theresa Münch: Der Preis der Jeans 39
Ung. Verf.: Wer verdient an einer Jeans? 40
Ung. Verf.: Mein ganz persönlicher Stil. Aus dem Blog einer Schülerin 41

Materialgestützt einen argumentierenden Text verfassen 36

Inhalt	Kompetenzen
Von der Bedeutung der Gewohnheit Peter Bichsel: San Salvador 44 Ung. Verf.: Rituale – die verkannten Baumeister des Alltags 46	Einen literarischen Text erörtern 44

Teste dich ✓ **Selbsteinschätzung – Trainingsideen** 48
Harald Martenstein: Über die Ungerechtigkeit von Schulnoten 48

Gedanken über die Zeit – Essayistisches Schreiben 50–61

Heinz Schlaffer, Max Bense, Hans Magnus Enzensberger: Äußerungen zur Textsorte Essay 50

„Eine Gesellschaft, die Zeit hat" Michael Hamburger: Essay über den Essay 51	Merkmale essayistischen Schreibens kennenlernen 51
Zeit verwalten und empfinden Das Thema „Zeit" in fünf unterschiedlichen Essays 52	Essayistische Darstellungsformen unterscheiden 52
„Versuch, versuch alles, und wenn es gar nichts geworden ist, dann sag, es sei ein Essay." Heinrich Kürzeder: Multitasking ist eine Illusion 55 Anna Sauerbrey: Zeit, die blutige Tyrannin 56 Ulrich Schnabel: Unsere wichtigste Zeit 58	Einen Essay schreiben – subjektiv-assoziativ formulieren 54 Einen Essay schreiben – Ideen sammeln und strukturieren 55 Einen Essay schreiben – den gedanklichen Aufbau entwickeln 56 Einen Essay schreiben – den Einstieg sprachlich gestalten 57 Einen Essay schreiben – Gedanken sinnvoll entfalten 58

Teste dich ✓ **Selbsteinschätzung – Trainingsideen** 60
Sarah Baumgartner: Moment mal! 60

Menschenschicksale und Zeitumstände – Kurzgeschichten 62–87

Wolfgang Borchert: [Lauter kleine Kreuze] 62

Die Aufgaben des Schriftstellers Wolfgang Borchert: Der Schriftsteller 63	Den Auftrag der Literatur erschließen 63
Kinder im Trümmerland Wolfgang Borchert: Nachts schlafen die Ratten doch 64 Ung. Verf.: Kinder in Trümmerdeutschland 67 Ung. Verf.: Was als Spiel begann ... 67 Ung. Verf.: Bombennächte im Luftschutzkeller 67	Kurzgeschichten vor dem historischen Hintergrund interpretieren 64
Literatur in der Diktatur Reiner Kunze: Die wunderbaren Jahre 68 Volker Braun: Berichte von Hinze und Kunze 70 Volker Braun: Wie es gekommen ist 70	Kurzgeschichten vor dem historischen Hintergrund interpretieren 68
„Dem Führer" treu bis in den Tod Heiner Müller: Das Eiserne Kreuz 72	Kurzgeschichten gestaltend erschließen 72 LESEIDEE Irmtraud Morgner: Das Duell 78 LESEIDEE Ernest Hemingway: Alter Mann an der Brücke 82

Teste dich ✓ **Selbsteinschätzung – Trainingsideen** 84
Wolfgang Borchert: Die Kegelbahn 84
Peter Schlemihl: Sektfrühstück in Prag 86

Nirgendwo ist hier – Lyrik zu Flucht und Asyl 88–101

„Kann uns zum Vaterland die Fremde werden?" Sich einer Thematik annähern 89
Äußerungen von Stefan Zweig, Bertolt Brecht, Thomas
 Mann und Alfred Döblin zum Thema Exil 89

„Wen es trifft" Gedanken zu Gedichten formulieren 90
Erich Fried: Exil 90
Hilde Domin: Wen es trifft 90
Dagmar Nick: Flucht 91
Peter H. Carlan: Flucht aus Aleppo 91

„Die Heimat hat mir Treue nicht gehalten" Gedichte im biografisch-historischen Kontext
Max Herrmann-Neiße: Rast auf der Flucht 92   interpretieren 92
Max Herrmann-Neiße: Heimatlos 93

„Ich hatte einst ein schönes Vaterland." Gedichte im biografisch-historischen Kontext
Heinrich Heine: In der Fremde. III 94   interpretieren 94
Heinrich Heine: Nachtgedanken 95
 LESEIDEE Ferhad Haydari: Unruhig 96
 LESEIDEE Najet Adouani: Gedicht/Lied 97
 LESEIDEE Heidrun Gemähling: Flucht übers Wasser 97
 LESEIDEE Megaloh: Wohin 98

Teste dich ✓   Selbsteinschätzung – Trainingsideen 100
Rose Ausländer: Ich vergesse nicht 100

Verschlüsselte Botschaften – Gleichnisse und Parabeln 102–117

Aus der Bibel Gleichnisse und Parabeln kennenlernen 103
Das Gleichnis vom Sämann (Matthäus 13, 1–19) 103

Von Söhnen Gleichnisse und Parabeln kennenlernen 104
Das Gleichnis vom verlorenen Sohn (Lukas 15, 11–32) 104 Eine Parabel in einem literarischen Werk kennenlernen 106
Franz Kafka: [Heimkehr] 105 Die Bedeutung einer Parabel erschließen 110
Gotthold Ephraim Lessing: Nathan der Weise 106
Lew Tolstoi: Die drei Söhne 110

Sinnfragen Moderne Parabeln erschließen 111
Bertolt Brecht: Maßnahmen gegen die Gewalt 111   LESEIDEE Alexander Kanewskij: Im Kreis 114
Franz Kafka: Die Sorge des Hausvaters 112   LESEIDEE Günter Kunert: Sintflut 115
Franz Hohler: Die Nachricht vom Kellner 113

Teste dich ✓   Selbsteinschätzung – Trainingsideen 116
Igor Irtenjew: Der Zettel 116

Ein Autor und sein Werk – Morton Rhue, „DSCHIHAD ONLINE" 118–133
Morton Rhue: Selbstaussagen zu seinem Schreiben 118

Die Suche nach einer Antwort Intentionen des literarischen Schreibens kennenlernen 119
Morton Rhue: Interviewäußerungen zu seinen
 Jugendromanen 119

Inhalt	Kompetenzen
Ordnung in einer ungeordneten Welt Morton Rhue: Dschihad Online 122	Vorstellungen zu einem Roman entwickeln, kommentieren, austauschen 122
Lüge und Wahrheit Morton Rhue: Dschihad Online 126	Eine szenische Interpretation durchführen 126
Eine Entscheidung Morton Rhue: Dschihad Online 130	Einen Essay schreiben 130
Die Wahl Morton Rhue: Dschihad Online 132	Die Intentionen literarischen Schreibens bewerten 132

„Maria Stuart" und „Der gute Mensch von Sezuan" – Klassisches und episches Drama 134–157

Ruth Klüger: Frauen lesen anders 134

Frauengestalten in Dramen Johann Wolfgang Goethe: Faust I 135 Friedrich Schiller: Kabale und Liebe 135 Friedrich Schiller: Maria Stuart 136 Bertolt Brecht: Der gute Mensch von Sezuan 137	Unterschiedliche Frauengestalten im Drama entdecken 135
Friedrich Schiller: „Maria Stuart" Maria Stuart: Brief vom 19. Dezember 1586 139 Elisabeth I.: Brief vom 14. Februar 1587 139 Friedrich Schiller: Maria Stuart 140	Historische Hintergründe erschließen 138 Die Figurenkonstellation herausarbeiten 140
Gestaltendes Interpretieren Friedrich Schiller: Maria Stuart 142 Friedrich Schiller: Maria Stuart 144	Subtexte schreiben 142 Einen Dramenauszug inszenieren 144
Bertolt Brecht: „Der gute Mensch von Sezuan" Bertolt Brecht: Der gute Mensch von Sezuan 147 Bertolt Brecht: Der gute Mensch von Sezuan 148 Bertolt Brecht: Der gute Mensch von Sezuan 149	Eine Dramenfigur auf der Bühne darstellen 146 Einen Rollenwechsel auf der Bühne darstellen 147 Den Widerspruch in der Figur darstellen 148 Verfremdungseffekte kennenlernen 149
Gegenüberstellung der beiden Stücke Bertolt Brecht: Der gute Mensch von Sezuan 150 Friedrich Schiller: Maria Stuart 151	Zusatzszenen improvisieren 150
Schiller und Brecht: **Unterschiedliche Dramenkonzepte** Aus Schillers Briefen zu „Maria Stuart" 154 Aus Brechts „Journal" 154 Bertolt Brecht: [Gegenüberstellung der dramatischen und epischen Form des Theaters] 155	Klassische und epische Dramenformen vergleichen 152

 **Selbsteinschätzung – Trainingsideen 156**

Friedrich Schiller: Maria Stuart 156
Bertolt Brecht: Der gute Mensch von Sezuan 157

Inhalt　　　　　　　　　　　　Kompetenzen

Zukunftsbilder – Sachtexte analysieren　158–171

Martin G. Möhrle: Zukunftsforschung 158
Johann Wolfgang Goethe: Die Wahlverwandtschaften 158

Unser Leben in 20 Jahren
Clemens Setz: [Liebe Frau Jassem …] 159
Brigitte Kronauer: [Eine Metropolengesellschaft …] 159

Sich einer Thematik annähern 159

Die Welt von morgen
Lars-Thorben Niggehoff: So stellen sich Forscher das Leben im Jahr 2030 vor 160
Martin R. Textor: Zukunftsentwicklungen 162

Den Inhalt eines Sachtextes erfassen 160

Lust auf Konsum
Michael Gassmann: Im Jahr 2036 übernehmen die Avatare das Shopping 164

Gestaltung und Wirkungsabsicht eines Sachtextes erschließen 164

Noch nicht möglich?
Lucian Hölscher: Dem Morgen den Boden bereiten 166

Eine Sachtextanalyse verfassen 166

Eingesandt

EXTRA Adressatenbezogen schreiben – einen Leserbrief verfassen 170

„Blueprint" – Literaturverfilmung　172–187

Literaturverfilmungen
Werner Kamp und Michael Braun: Filmperspektiven 173

Über Literaturverfilmungen nachdenken 173

Buch und Film
Detlef Friedrich Petersen: [Die Filmmusik zu „Blueprint"] 175
Charlotte Kerner: Blueprint – Blaupause 176
Charlotte Kerner: Blueprint – Blaupause 178

Inhalt und Aufbau vergleichen 174
Filmmusik als filmisches Darstellungsmittel wahrnehmen 175
Literarische und filmische Motive untersuchen 176
Literarisches und filmisches Erzählen vergleichen 178

Filmanalyse
Charlotte Kerner: Blueprint – Blaupause 184
Claus Cornelius Fischer: „Blueprint", Auszug aus dem Drehbuch 184

Filmische Darstellungsmittel kennenlernen 180
Filmische Darstellungsmittel verstehen 182
Die Struktur des Films erkennen 183
Roman und Drehbuch vergleichen 184

„Blueprint" im Spiegel der Kritik
Versch. Verf.: [Vier Filmkritiken] 186

Den Film bewerten 186

„Das Herz schlägt früher, als unser Kopf denkt …" – Literatur des Sturm und Drang　188–219

Rüdiger Safranski: Goethe & Schiller 188

Der Sturm und Drang (1770–1785)

Die Epoche kennenlernen 189

Genie und Liebe
Johann Wolfgang Goethe: Prometheus 190
Johann Wolfgang Goethe: Willkommen und Abschied. Erste und zweite Fassung 191

Lyrik des Sturm und Drang kennenlernen 190
Ein Gedicht vergleichend interpretieren 191

Inhalt	Kompetenzen

Friedrich Schiller: „Kabale und Liebe"
Friedrich Schiller: Kabale und Liebe, Auftritt I, 1 192
Kabale und Liebe, Auftritt I, 7 196
Kabale und Liebe, Auftritt III, 4 200
Kabale und Liebe, Auftritt V, 1 203

Die Figuren und den Konflikt erfassen 192
Einen Dialog analysieren 196
Die Sprache des Sturm und Drang kennenlernen 200
Standpunkte der Figuren untersuchen 203

Goethe: „Die Leiden des jungen Werthers"
Christian Friedrich Daniel Schubart, Jakob Michael Reinhold Lenz, Georg Christoph Lichtenberg, Goethe: [Äußerungen zum „Werther"-Roman] 208
Ulrich Plenzdorf: Die neuen Leiden des jungen W. 208
Goethe: Die Leiden des jungen Werthers, Briefe vom 10., 17. und 22. Mai 1771 209
Briefe vom 16. Junius sowie 13., 16. und 30. Julius 1771 211
Briefe vom 18. August 1771 und 4. September sowie 12. Dezember 1772 213
Vorwort des Herausgebers sowie Auszug aus dem Herausgeberbericht im Zweiten Buch des Romans 215
Johann Peter Eckermann: Gespräche mit Goethe in den letzten Jahren seines Lebens 217

Reaktionen auf den Roman kennenlernen 208
Die literarische Figur erschließen 209
Figurenkonstellationen betrachten 211
Motive erkennen 213
Die Erzählstruktur untersuchen 215
Die Wirkungsgeschichte von Goethes Erstlingsroman betrachten 217
PROJEKTIDEE Ein Lernposter erstellen 218

Das Tier, das Wörter hat – Kommunikation 220–235

Semiotik – die Lehre von den Zeichen
Verschiedene Typen von Zeichen unterscheiden 221

Kommunikationsmodelle
Karl Bühler: Sprachtheorie 222
Novalis: [Wenn nicht mehr Zahlen und Figuren ...] 223
Hadumod Bußmann: Lexikoneintrag „Wort" 223
Friedemann Schulz von Thun: Miteinander reden 224

Modelle der verbalen Kommunikation kennenlernen 222

Kommunikationsmodelle anwenden
Eduard Mörike: Das verlassene Mägdlein 226

EXTRA Kommunikationsmodelle anwenden 226

Kommunikationsanalyse
Wolf Haas: London 1988 230
Joseph Ratzinger [nach Sören Kierkegaard]: Der Zirkus brennt! 231

Inhalts- und Beziehungsaspekt unterscheiden 228
Symmetrische und asymmetrische Beziehungen unterscheiden 229
Formen verbaler Kommunikation untersuchen 230

Ohne Worte – nonverbale Kommunikation
Paul Watzlawick u. a.: Menschliche Kommunikation 232

Formen nonverbaler Kommunikation analysieren 232

„Doch hängt mein ganzes Herz …". Grammatik und ihre stilistischen Funktionen – ein Interpretationsansatz 236–247
Joseph Roth: Der blinde Spiegel 236

Wortarten
Theodor Storm: Die Stadt 237
Eduard Mörike: Er ist's 238
Joseph von Eichendorff: Frühlingsnacht 238

Die stilistische Funktion von Wortarten bestimmen 237

Sätze
Günter Guben: So 239
Daniel Kehlmann: Die Vermessung der Welt 239
Patrick Süskind: Das Parfum 240

Die stilistische Funktion von Sätzen erfassen 239

Teste dich ✓   Selbsteinschätzung – Trainingsideen 246
Gottfried Benn: Astern 246
Ung. Verf.: [Text zum Jugendarbeitsschutz] 247
Rainer Maria Rilke: Herbsttag 247

Sprache in Bewegung – Wort- und Sprachkunde 248–263

Denotat und Konnotat
Denotat und Konnotat unterscheiden 249

Bedeutungswandel
Bedeutungsänderungen beschreiben 250

Uns ist in alten maeren   wunders vil geseit …
Das Nibelungenlied: Anfang 252
Das Nibelungenlied: Siegfrieds Ermordung 253
Das Nibelungenlied: Kriemhilds Tod 255

Ein mittelhochdeutsches Heldenepos verstehen 252

„Wider alle Sprachverderber …"
Ralf Schnell: Die Sprachgesellschaften des Barock 257
Ung. Verf.: Ein schön new Lied … 259
Viola Bolduan: Interview mit Peter Kloeppel 260
Wolfgang Krischke: Digitales Schreiben 261
[Deutscher Bundestag]: Wo ist der Bundestag? 262

Sprachpflege im Wandel der Jahrhunderte kennenlernen 257

Nachschlagen 264–296

Methoden 264

Checklisten 270

Merken 272

Sachregister 286

Textsorten 287

Textquellen 290

Bildquellen 296

„Ein Dichter wird geboren, ein Redner wird gemacht?" – Praktische Rhetorik

Der aus dem Griechischen stammende Begriff **Rhetorik** bezeichnet die Kunst der Rede in theoretischem wie praktischem Sinn. Die Rhetorik als die Kunst der wirkungsvollen Gestaltung von Reden diente dabei schon seit der Antike nicht nur Rednern, sondern auch Autoren als wichtiges Handwerkszeug. Jeder gebildete Mensch hatte auch rhetorisch geschult zu sein.

Kommunikative Kompetenz ist eine Schlüsselqualifikation. Ob bei Vorträgen in der Schule, im Studium, beruflich oder privat: sprachlich versierte Menschen haben Vorteile in ihrem Leben.

Immer, wenn jemand informiert, motiviert, überzeugt, bewegt oder wenn etwas verkauft werden soll, haben wir es nicht nur mit Sprache, sondern auch mit Rhetorik – mit der Kunst des Redens – zu tun. Diese Kunst kann man erlernen.

▶ Berichtet über eure eigenen Erfahrungen mit dem Hören von Reden und mit Auftritten vor Publikum.
▶ Tauscht euch über die These in der Kapitelüberschrift aus. Was spricht für diese Behauptung, was spricht dagegen?

Sprechen, Zuhören, Schreiben, Lesen

Gewusst, wie …

Ratschläge erfahrener Redner

A Martin Luther
Tritt frisch auf! Mach's Maul auf! Hör bald auf!

B Lee Iacocca, amerikanischer Manager und Publizist
Reden = motivieren
Reden = plastisch formulieren
Reden = Geschichten erzählen
Reden = Zielgruppe studieren

C Kurt Tucholsky: Ratschläge für einen guten Redner
Hauptsätze, Hauptsätze, Hauptsätze.
Klare Disposition im Kopf – möglichst wenig auf dem Papier.
Tatsachen, oder Appell an das Gefühl. Schleuder oder Harfe. Ein Redner sei kein Lexikon. Das haben die Leute zu Hause.
Der Ton einer einzelnen Sprechstimme ermüdet; sprich nie länger als vierzig Minuten. Suche keine Effekte zu erzielen, die nicht in deinem Wesen liegen. Ein Podium ist eine unbarmherzige Sache – da steht der Mensch nackter als im Sonnenbad.
Merk Otto Brahms Spruch: Wat jestrichen is, kann nich durchfalln.

Otto Brahm 1856 in Hamburg geborener und 1912 in Berlin gestorbener Theaterleiter und Regisseur, der bei der Durchsetzung des Naturalismus eine wichtige Rolle spielte

D Stanislaw Jerzy Lec, polnischer Aphoristiker
Es genügt nicht, zur Sache zu reden.
Man muss zu den Menschen reden.

1. Erkläre, welche Ratschläge besonders schwer umzusetzen sind.
2. Diskutiert in der Klasse darüber, warum das so ist und wie man mit diesen Schwierigkeiten beim öffentlichen Reden am besten umgehen kann.

> **Weiter im Kapitel:**
>
> Du lernst (,)
> ▸ den Inhalt und Aufbau einer politischen Rede zu untersuchen.
> ▸ die Wirkung von Reden zu erschließen.
> ▸ eine Rede zu planen und zu halten.

Politische Reden über Deutschland

Rede von Ernst Reuter, dem Oberbürgermeister der Westsektoren Berlins, am 9. September 1948

Kontext: Im Juni 1947 regte US-Außenminister George C. Marshall ein Hilfsprogramm zum Wiederaufbau Europas nach dem Zweiten Weltkrieg an. Da die Sowjetunion sich dieser Initiative verweigerte, blieb der Marshallplan auf Westeuropa beschränkt. Die drei westlichen Besatzungsmächte führten in ihren Zonen im Juni 1948 eine Währungsreform durch, ohne sich zuvor mit der sowjetischen Führung darüber abzustimmen. Die Sowjetunion reagierte mit einer Blockade Berlins, das innerhalb ihrer Besatzungszone lag. Die Westmächte hielten daraufhin die Versorgung der drei ihnen unterstellten Sektoren Berlins mit einer Luftbrücke aufrecht, bis die Sowjetunion die Blockade im Mai 1949 aufhob.

[...] Heute ist der Tag, an dem nicht Diplomaten und Generale reden und verhandeln. Heute ist der Tag, wo das Volk von Berlin seine Stimme erhebt. Dieses Volk von Berlin ruft heute die ganze Welt. Denn wir wissen, worum es heute geht bei den Verhandlungen im Kontrollratsgebäude in der Potsdamer Straße, die jetzt zum Stillstand gekommen sind, bei den Verhandlungen später in Moskau in den steinernen Palästen des Kreml. Bei all diesen Verhandlungen wird über unser Schicksal hier gewürfelt. Als vor Wochen diese Verhandlungen anfingen, da war der Appetit des russischen Bären größer als nur [auf] Berlin. Er wollte, dass verhandelt werden sollte auch über ganz Deutschland, und mit der lügenhaften Parole, man müsse die Spaltung Deutschlands verhindern, verschleierte er nur für andere, nicht für uns, seinen Appetit auf den anderen Teil Deutschlands, den er auch noch in seine Hände bekommen will.

[...] Ihr Völker der Welt, ihr Völker in Amerika, in England, in Frankreich, in Italien! Schaut auf diese Stadt und erkennt, dass ihr diese Stadt und dieses Volk nicht preisgeben dürft und nicht preisgeben könnt! Es gibt nur eine Möglichkeit für uns alle: gemeinsam so lange zusammenzustehen, bis dieser Kampf gewonnen, bis dieser Kampf endlich durch den Sieg über die Feinde, durch den Sieg über die Macht der Finsternis besiegelt ist.

Das Volk von Berlin hat gesprochen. Wir haben unsere Pflicht getan, und wir werden unsere Pflicht weiter tun. Völker der Welt! Tut auch ihr eure Pflicht und helft uns in der Zeit, die vor uns steht, nicht nur mit dem Dröhnen eurer Flugzeuge, nicht nur mit den Transportmöglichkeiten, die ihr hierherschafft, sondern mit dem standhaften und unzerstörbaren Einstehen für die gemeinsamen Ideale, die allein unsere Zukunft und die auch allein eure Zukunft sichern können. Völker der Welt, schaut auf Berlin! Und Volk von Berlin, sei dessen gewiss, diesen Kampf, den wollen, diesen Kampf, den werden wir gewinnen!

1. Beschreibe die Wirkung der Rede auf dich.
2. Überlege, wie die Menschen 1948 in Berlin die Rede aufgenommen haben dürften.

Ronald Reagan am Brandenburger Tor (12. Juni 1987)

Mr. Gorbatschow, open this gate. Mr. Gorbatschow, tear down this wall.

Ronald Reagan (1911–2004) war zwischen 1981 und 1989 Präsident der USA.

Willy Brandt vor dem Rathaus Schöneberg (10. November 1989)

Liebe Berlinerinnen und Berliner, liebe Landsleute von drüben und hüben, dies ist ein schöner Tag nach einem langen Weg, aber wir befinden uns erst an einer Zwischenstation. Wir sind noch nicht am Ende des Weges angelangt. Es liegt noch 'ne ganze Menge vor uns.

Die Zusammengehörigkeit der Berliner und der Deutschen überhaupt manifestiert sich auf eine bewegende, auf eine uns aufwühlende Weise, und sie tut es am bewegendsten dort, wo getrennte Familien endlich wieder ganz unverhofft und tränenvoll zusammenfinden. Mich hat auch das Bild angerührt von dem Polizisten auf unserer Seite, der 'rübergeht zu seinem Kollegen drüben und sagt: Jetzt haben wir uns so viele Wochen, vielleicht Monate auf Abstand gesehen, ich möchte Ihnen heute mal die Hand geben. Das ist die richtige Art, sich dem Problem zu nähern: einander die Hand zu geben, nachtragend nur dort zu sein, wo es unbedingt sein muss. Aber wo immer es geht, Trennendes zu überwinden. Das hab' ich auch heute Mittag am Brandenburger Tor gespürt, und hier sind ja viele auf dem Platz, die auch heute Mittag am Brandenburger Tor waren. [...] Und eines ist sicher, es wurde vorhin im Abgeordnetenhaus gesagt: Es ist sicher, dass nichts im anderen Teil Deutschlands wieder so werden wird, wie es war. Die Winde der Veränderung, die seit einiger Zeit über Europa ziehen, haben an Deutschland nicht vorbeiziehen können. [...] Berlin wird leben und die Mauer wird fallen. [...]

Willy Brandt (1913–1992) war 1957–1966 Regierender Bürgermeister von Berlin und 1969–1974 Bundeskanzler der Bundesrepublik Deutschland.

Altkanzler Willy Brandt und Bundeskanzler Helmut Kohl am 10. November 1989 bei der Kundgebung vor dem Rathaus Schöneberg aus Anlass des Mauerfalls

3. Vergleicht die Anlässe der drei Reden von Ernst Reuter, Ronald Reagan und Willy Brandt.
4. Informiert euch über die Wirkung und die Folgen der beiden Reden von Ronald Reagan und Willy Brandt.
5. Diskutiert, welche Wirkung politische Reden heute haben können.

Joachim Gauck wurde 1940 in Rostock geboren. Sein Vater war Kapitän der Handelsmarine und arbeitete nach dem Krieg als Arbeitsschutzinspektor für Schifffahrt in einer Rostocker Werft. Er wurde im Sommer 1951 verhaftet und in ein Arbeitslager in Sibirien verbracht, wovon seine Familie erst über zwei Jahre später erfuhr. Erst im Herbst 1955 kam der Vater frei. Gauck wollte Journalist werden, jedoch nicht in einem Staat wie der DDR. So studierte er Theologie und wurde Pfarrer. Mit den Jahren nahm er wichtige Ämter in der evangelisch-lutherischen Kirche ein. Nach der Wende wurde er im Herbst 1990 zum ersten „Bundesbeauftragten für die Stasi-Unterlagen" gewählt. Er führte das Amt, das die Stasi-Hinterlassenschaft verwaltete und das bald als „Gauck-Behörde" bezeichnet wurde, zehn Jahre lang. 2012 wurde Joachim Gauck zum Bundespräsidenten gewählt. 2017 trat er aus Altersgründen nicht noch einmal für eine weitere Amtsperiode zur Wahl an.

„Kraft der Sehnsucht" – Joachim Gauck am 9. Oktober 2014 in Leipzig

Am 9. Oktober 1989 waren in Leipzig mehr als 70 000 Menschen auf die Straße gegangen, um Freiheit und Demokratie zu fordern. Unter dem Ruf „Wir sind das Volk" zogen sie durch die Stadt. Nur einen Monat später, am 9. November, fiel in Berlin die Mauer. Auf den Tag genau 25 Jahre nach der großen Demonstration in Leipzig hat Bundespräsident Joachim Gauck an die friedliche Revolution in der DDR erinnert und in seiner „Rede zur Demokratie" dazu aufgerufen, die Demokratie im In- und Ausland zu verteidigen.

[…] Ohne Euch, ohne Sie, ohne uns, wäre ich heute nicht hier und meine Gäste auch nicht. Das ist eigentlich der Inhalt dieser Feierstunde.

Seien Sie alle herzlich willkommen hier in Leipzig, dieser Stadt, in der vor 25 Jahren – am 9. Oktober 1989 – die Weichen gestellt wurden für das Ende der SED-Diktatur.

Zehntausende strömten damals zusammen nach dem Friedensgebet, um für Freiheit und Demokratie zu demonstrieren. Sie wussten zwar, dass die Staatsmacht die Proteste in den Tagen zuvor brutal niedergeschlagen hatte. Sie waren sich auch nicht ganz sicher, ob es eine gewaltsame, eine „chinesische Lösung" geben würde. Ja, sie waren vertraut mit der Arroganz der Macht, ein Schießbefehl wäre keineswegs unvorstellbar gewesen. Und sie sahen die gewaltige Drohkulisse, die das Regime auch an diesem Tag auffahren und aufmarschieren ließ.

Aber sie kamen trotzdem: Zehntausende überwanden ihre Angst vor den Unterdrückern, weil ihre Sehnsucht nach Freiheit größer war als ihre Furcht.

An diesem Montag wurde keiner mehr gedemütigt, keiner geprügelt und verhaftet, wie es noch zwei Tage zuvor in Berlin der Fall gewesen war. Niemand stellte sich dem Aufstand der Bürger mehr in den Weg. Die überwältigten Unterdrücker streckten ihre Waffen vor den überwältigenden Massen. […]

Dieser Montag in Leipzig zeigt uns: Aus dem Aufbruch der wenigen Mutigen war eine Bewegung der Massen geworden, die unaufhaltsam zu einer Friedlichen Revolution heranwuchs.

[…] Ob hier in Leipzig, in Warschau, in Budapest, in Prag oder Bratislava: In diesem Jahr feiern wir gemeinsam politische Umbrüche, die in die Freiheitsgeschichte des europäischen Kontinents eingegangen sind. Nun schon ein Vierteljahrhundert lang wissen die Bürger Mittelosteuropas dem Westen zu berichten, welche Kraft die Sehnsucht nach Freiheit und Demokratie, nach Menschen- und Bürgerrechten entfalten konnte.

Der damalige Bundespräsident Joachim Gauck während seiner Rede in Leipzig am 9. Oktober 2014

1. Analysiere die Rede im Hinblick auf den Aufbau und die verwendeten rhetorischen Mittel.
2. Überlege, welches Ziel der Redner verfolgt. Begründe deine Meinung am Text.

Eine politische Rede analysieren

Fasse zunächst die **Redekonstellation** zusammen. Beantworte dazu die W-Fragen:
- **Wer** spricht (wer ist der Redner)?
- **Wann** findet (fand) die Rede statt?
- **Wo** findet (fand) die Rede statt?
- **Warum** bzw. **aus welchem Anlass** findet (fand) die Rede statt?
- **Zu wem** spricht der Redner (welches sind seine Adressaten)?
- **Worüber** spricht der Redner (was ist sein Thema)?
- **Welche Absicht** verfolgt der Redner (welche Intention verfolgt er)?

Informiere dich anschließend über den **zeitgeschichtlichen und politischen Hintergrund** der Rede. Kläre zudem alle dir unbekannten Begriffe. Achte darauf, dass du bei deinen Recherchen zuverlässige Quellen verwendest. Beantworte folgende Fragen: In welcher historischen Situation und in welchem Umfeld wurde die Rede gehalten? Was ging ihr voraus? Bezog sie sich auf andere Reden, war sie Teil einer Debatte? Kam es zu Reaktionen auf die Rede, zu Entgegnungen in anderen Reden?

Untersuche nun den **Aufbau** und den **Inhalt** der Rede:
Gliedere die Rede in **Sinnabschnitte** und fasse diese knapp und präzise zusammen. Notiere, möglichst in eigenen Worten, die wichtigsten **Aussagen** des Redners. Finde die **Argumente** und **Beispiele**, mit denen der Redner seine Thesen stützt.

Analysiere als Nächstes die **sprachliche Gestaltung** und **rhetorische Durchformung** der Rede:
- Notiere dir die Schlüsselwörter der Rede.
- Charakterisiere ihre Stilebene (etwa umgangssprachlich oder förmlich).
- Untersuche die Wortwahl des Redners (dominierende Wortarten, verwendete Anredeformen).
- Untersuche die Syntax der Rede (eher hypotaktischer oder eher parataktischer Stil oder kalkulierter Einsatz beider Satzformen).
- Finde und bestimme die rhetorischen Mittel (z. B. Metaphern, Vergleiche, Anaphern, Antithesen, Parallelismen, Emphasen, Hyperbeln, Personifikationen, Ironie oder Wortspiele) der Rede und erläutere ihre jeweilige Wirkung.

Beschreibe zuletzt die **Wirkung der Rede** und die vermutliche **Intention des Redners**:
Die allermeisten Redner verfolgen in ihren Reden bestimmte Absichten, und sei es nur die Absicht, als Redner zu glänzen und die Zuhörer mitzureißen. In der Regel dienen Reden aber konkreten inhaltlichen Zielen. Untersuche diesen wichtigen Aspekt einer Rede, indem du folgende Fragen beantwortest:
- **Was will** der Redner (was ist seine Intention)?
- **Was macht** der Redner (wie sieht seine Redestrategie aus)?
- **Welchen Effekt** erzielt der Redner (wie wirkt seine Rede auf die Zuhörer)?

Arbeitsheft → S. 4–9

Chancen und Schwierigkeiten der Energiewende

Um selbst eine gute Rede halten zu können, musst du genau wissen, wovon du sprichst. Ein wichtiges allgemeines Thema in Deutschland ist die sogenannte Energiewende, also der Ausstieg aus der Kernenergie und der Umbau unserer Energieversorgung hin zur breitestmöglichen Nutzung erneuerbarer Energien. Die folgenden fünf Seiten enthalten ein paar grundlegende Informationen zu diesem Thema: Auszüge aus der Regierungserklärung von Angela Merkel zum Atomausstieg (2011), Schaubilder mit Daten zur Entwicklung bis 2016 sowie Auszüge aus einer Überblicksinformation der Bundesregierung zum Stand der Dinge im Jahr 2016.

„Der Weg zur Energie der Zukunft". Regierungserklärung von Bundeskanzlerin Angela Merkel am 9. Juni 2011

Sehr geehrter Herr Präsident! Liebe Kolleginnen und Kollegen! Meine Damen und Herren!

Vor 90 Tagen wurde der Nordosten Japans vom schwersten Erdbeben in der Geschichte des Landes heimgesucht. Anschließend traf eine bis zu zehn Meter hohe Flutwelle seine Ostküste. Danach fiel in einem Reaktor des Kernkraftwerkes Fukushima I die Kühlung aus. Die japanische Regierung rief den atomaren Notstand aus.

Heute, 90 Tage nach jenem furchtbaren 11. März, wissen wir: In drei Reaktorblöcken des Kernkraftwerkes sind die Kerne geschmolzen. Noch immer steigt radioaktiver Dampf in die Atmosphäre. Die weiträumige Evakuierungszone wird noch lange bestehen bleiben, und an ein Ende der Schreckensmeldungen ist noch nicht zu denken. […]

Ohne Zweifel, die dramatischen Ereignisse in Japan sind ein Einschnitt für die Welt. Sie waren ein Einschnitt auch für mich ganz persönlich. […] In Fukushima haben wir zur Kenntnis nehmen müssen, dass selbst in einem Hochtechnologieland wie Japan die Risiken der Kernenergie nicht sicher beherrscht werden können. […]

Vor diesem Hintergrund hat die Bundesregierung die Reaktor-Sicherheitskommission beauftragt, in den vergangenen drei Monaten alle deutschen Kernkraftwerke einer umfassenden Sicherheitsprüfung zu unterziehen. Darüber hinaus hat die Bundesregierung eine Ethik-Kommission zur sicheren Energieversorgung ins Leben gerufen. Beide Kommissionen haben inzwischen die Ergebnisse ihrer Arbeit vorgelegt […]. Auf der Grundlage dieser Arbeiten hat die Bundesregierung am Montag acht Gesetzentwürfe und Verordnungen beschlossen. Sie hat damit die notwendigen Entscheidungen für den Betrieb der Kernkraftwerke in Deutschland und die zukünftige Architektur unserer Energieversorgung auf den Weg gebracht.

Erstens. Das Atomgesetz wird novelliert. Damit wird bis 2022 die Nutzung der Kernenergie in Deutschland beendet. [...]

Zweitens. Bis Ende dieses Jahres werden wir einen gesetzlichen Vorschlag für die Regelung der Endlagerung vorlegen. [...]

Drittens. Damit die Versorgungssicherheit, insbesondere die Stabilität der Stromnetze, in der jetzt anstehenden Zeit unmittelbar nach der Stilllegung von acht Kernkraftwerken zu jeder Minute [...] gewährleistet ist, müssen wir ausreichend fossile Reservekapazitäten unseres Kraftwerkparks vorhalten. [...]

Viertens. Zentrale Säule der zukünftigen Energieversorgung sollen die erneuerbaren Energien werden. [...]

Weil wir wissen: „Wer A sagt, muss auch B sagen", wissen wir auch, dass das eine, nämlich der Ausstieg, ohne das andere, nämlich den Umstieg, nicht zu haben ist. Das ist es, worum es geht. Es führt daher kein Weg daran vorbei, die Stromnetze in ganz Deutschland zu modernisieren und auszubauen.

Der erforderliche Leitungsausbau bei den Stromübertragungsnetzen in Deutschland liegt bei weit mehr als 800 Kilometern. Fertiggestellt sind bislang aber nur weniger als 100 Kilometer, weil geplante Stromleitungen noch immer auf Widerstände vor Ort stoßen. Planungsverfahren dauern – das ist eigentlich die Regel – häufig länger als zehn Jahre. Das ist nicht akzeptabel.

Hier müssen wir eine erhebliche Beschleunigung und gleichzeitig mehr Akzeptanz erreichen. Es kann nicht angehen, auf der einen Seite den Ausstieg aus der Kernenergie gar nicht schnell genug bekommen zu wollen, auf der anderen Seite aber eine Protestaktion nach der anderen gegen den Netzausbau zu starten [...]. Genau dieser Kreislauf – hier dagegen und dort dagegen – muss durchbrochen werden. [...]

Wenn wir den Weg zur Energie der Zukunft so einschlagen, dann werden die Chancen viel größer sein als die Risiken. [...]

Deshalb sind wir überzeugt: Deutschland hat das Potenzial und die Kraft für eine neue Architektur unserer Energieversorgung. Die Energie der Zukunft soll sicherer sein und zugleich verlässlich, wirtschaftlich und bezahlbar. Wir können als erstes Industrieland der Welt die Wende zum Zukunftsstrom schaffen. Wir sind das Land, das für neue Technik, Pioniergeist und höchste Ingenieurkunst steht. Wir sind das Land der Ideen, das Zukunftsvisionen mit Ernsthaftigkeit, Genauigkeit und Verantwortung für zukünftige Generationen Wirklichkeit werden lässt.

Wir alle, Regierung und Opposition, Bund, Länder und Kommunen, die Gesellschaft als Ganzes, jeder Einzelne, wir alle gemeinsam können, wenn wir es richtig anpacken, bei diesem Zukunftsprojekt ethische Verantwortung mit wirtschaftlichem Erfolg verbinden. Dies ist unsere gemeinsame Verantwortung. Für dieses gemeinsame Projekt werbe ich mit aller Kraft und mit aller Überzeugung.

Bundeskanzlerin Angela Merkel während ihrer Regierungserklärung vom 9. Juni 2011

Die Rede findest du auch im Internetportal, damit du im Text verschiedene Gliederungsmöglichkeiten eintragen kannst.

Mögliche Redegliederung:
– Einleitung
– Hauptteil
– Schluss

Mögliche Gliederung des Hauptteils:
Drei-Punkte-Gliederung
– WAR-Stand (Entwicklung)
– IST-Stand (Gegenwart, Beispiele)
– SOLL-Stand (Zukunft, Entwicklung)

1. Untersuche den Aufbau der Rede hinsichtlich ihrer Gliederung und vergleiche mit den beiden rechts aufgeführten Gliederungsmöglichkeiten.

Zwei Schaubilder

Entwicklung der Stromerzeugung aus erneuerbaren Energien in Deutschland

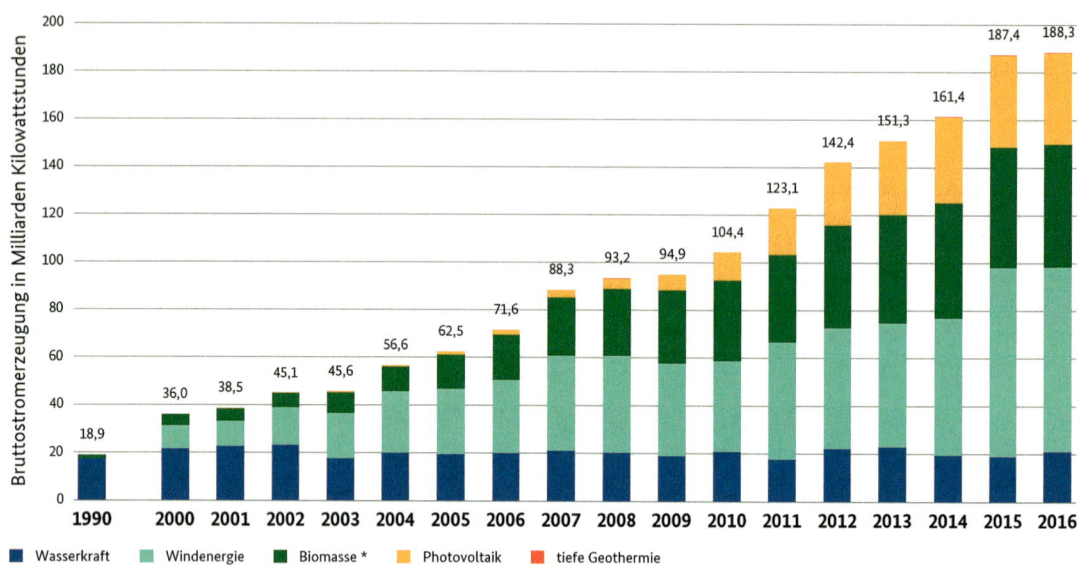

* inkl. feste und flüssige Biomasse, Biogas inkl. Biomethan, Klär- und Deponiegas und dem biogenen Anteil des Abfalls, ab 2010 inkl. Klärschlamm; BMWi auf Basis Arbeitsgruppe Erneuerbare Energien-Statistik (AGEE-Stat); Stand: Februar 2017; Angaben vorläufig

Primärenergieverbrauch in Deutschland im Jahr 2016
Gesamt: 13.383 Petajoule

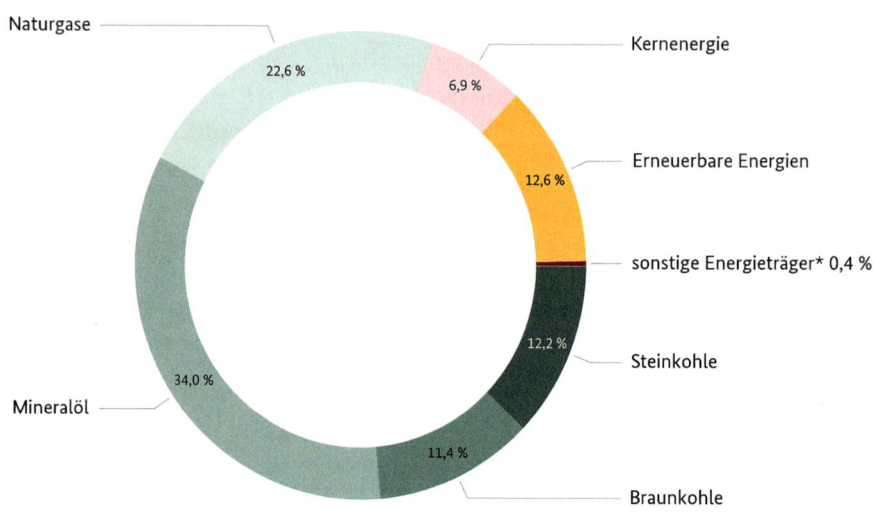

* sonstige Energieträger: nicht-erneuerbare Abfälle, Abwärme sowie Außenhandelssaldo Strom und Fernwärme; BMWi auf Basis Arbeitsgemeinschaft Energiebilanzen (AGEB); Stand: Februar 2017; Angaben vorläufig

Quelle: Bundesministerium für Wirtschaft und Energie (BMWi)

Bundesregierung: Energiewende im Überblick (2016)

Die Energiewende wird die deutsche Energieversorgung komplett umgestalten, zum Wohle aller: Deutschland soll eine der umweltschonendsten und energiesparsamsten Volkswirtschaften werden – bei wettbewerbsfähigen Energiepreisen und hohem Wohlstandsniveau.

Darum geht es

Eine Säule des Konzepts ist der Ausbau der erneuerbaren Energien als Alternative zur Kernkraft. Der Energieanteil an der Stromerzeugung aus Sonne, Wind & Co. soll bis zum Jahr 2025 auf 40 bis 45 Prozent und bis zum Jahr 2035 auf 55 bis 60 Prozent ausgebaut werden. Schon heute sind die erneuerbaren Energien die Nummer 2 im Strommix mit über 33 Prozent. […] Die zweite Säule der Energiewende ist die Energieeffizienz. […] Vor allem beim Heizen von Wohnungen und Häusern und bei der Mobilität gibt es Energiespar-Möglichkeiten. Die Bundesregierung fördert daher Gebäudesanierungen und Elektroautos und hat hier bei den Förderprogrammen noch einmal nachgelegt. Zuletzt mit der Einführung der Kaufprämie für Elektroautos.

Doch gerade die Umstellung der Energieversorgung auf erneuerbare Energieträger birgt neue Herausforderungen:

Es gibt mehr, aber dafür kleinere Anlagen als bisher. Ihr Strom muss in das Netz eingespeist und zu den Verbrauchern transportiert werden. Außerdem wird künftig ein Großteil des Stroms durch Windkraft im Norden erzeugt und muss von dort nach Süddeutschland gelangen. Der Ausbau der großen überregionalen Übertragungsnetze und der Verteilnetze ist deshalb ein wichtiges Anliegen.

Sonne, Wind & Co. erzeugen Energie unbeständiger als fossile Großkraftwerke, weil die Produktion abhängig vom Wetter ist. Deshalb muss die Energie aus Spitzenzeiten geschickt verteilt oder gespeichert werden, um sie in Flautezeiten nutzen zu können. Dafür ist es notwendig, Speicher und intelligente Netze weiterzuentwickeln. Und für den Fall, dass dies nicht genügt, muss es flexible Kraftwerke geben, die schnell hochgefahren werden können. Ein neugeordneter Strommarkt und intensive Energieforschung sind deshalb politische Schwerpunkte der Bundesregierung. […]

Der **Netzausbau** geht weiter: Um die Akzeptanz für die großen Stromtrassen zu erhöhen, hat die Bundesregierung 2015 einen Vorrang von Erdkabeln für die Übertragungsnetze beschlossen. […] Zukünftig gibt es alle zwei Jahre einen neuen Netzentwicklungsplan.

Energiesparen und Wirkungsgrad erhöhen

Bis 2050 wollen wir unseren Bedarf an Primärenergie um 50 Prozent senken. Das ist nur zu erreichen, wenn wir in allen Lebensbereichen Energie einsparen. 40 Prozent der Energie verbrauchen wir in Deutschland fürs Wohnen. Der Wärmebedarf des Gebäudebestandes soll bis 2020 um 20 Prozent sinken. Bis 2050

Energieeffizientes Wohnen – hier ein Beispiel aus Freiburg

sollen Häuser nahezu klimaneutral sein, also den eigenen Bedarf nur aus erneuerbaren Energien decken.

Schon jetzt unterstützt die Bundesregierung Eigentümer darin, Gebäude energiesparend zu sanieren, etwa durch Wärmedämmung oder moderne Heizungsanlagen. [...]. Die Energieeinsparverordnung für Neubauten erhöht die Energiestandards nach und nach. [...] Verpflichtend ist inzwischen auch der Energieausweis für Gebäude, der Käufer und Mieter über den Energieverbrauch der Immobilie informiert. [...]

Bei Elektrogeräten sollen die Energieräuber vom Markt genommen und Energiespargeräte schneller eingeführt werden. Verbraucher müssen leicht erkennen können, wie viel Energie ein Gerät verbraucht. Die Bundesregierung setzt sich für hohe europäische Standards und eine transparente Kennzeichnung ein. [...] Mit der Nationalen Top Runner Initiative unterstützt das Bundeswirtschaftsministerium Hersteller, Händler und Verbraucherverbände dabei, den Markt für energieeffiziente Geräte zu stärken.

Elektroautos

Bis 2020 sollen mindestens eine Million Elektrofahrzeuge auf Deutschlands Straßen fahren, bis 2030 sogar sechs Millionen. [...] Der Spitzenautostandort Deutschland soll zum Leitanbieter und Leitmarkt von Elektroautos werden. Seit 2. Juli diesen Jahres können Käufer von Elektroautos eine Prämie beantragen. Sie beträgt 4000 Euro für rein elektrische Fahrzeuge und 3000 Euro für Plug-in-Hybride. Bund und Industrie tragen den Zuschuss jeweils zur Hälfte. Elektroautos beim Arbeitgeber aufzutanken bleibt steuerfrei. Halter von Elektroautos zahlen überdies mehrere Jahre lang keine Kfz-Steuer. Weitere Anreize setzt das Elektromobilitätsgesetz: Es schafft die Grundlagen dafür, dass Städte und Gemeinden den Verkehr für Elektroautos attraktiver machen können, beispielsweise durch eigene Parkplätze mit Ladestationen und die Erlaubnis, Busspuren zu nutzen. [...]

Plug-in-Hybride Kraftfahrzeuge mit mindestens einem Elektromotor und einem weiteren Energiewandler, deren wiederaufladbarer Speicher sowohl über den Verbrennungsmotor als auch am Stromnetz geladen werden kann

1. Werte die Informationen aus den Schaubildern und den Texten aus.
2. Entscheide dich für einen Aspekt und informiere dich durch gründliche eigenständige Recherchen über diesen Teilbereich.
3. Arbeite zu dem von dir gewählten Aspekt eine Rede aus, in der du Chancen und Probleme dieses Teilbereichs der Energiewende darstellst.

N Materialgestützt einen argumentierenden Text verfassen → S. 266 f.

N Eine Rede planen, verfassen und vortragen → S. 268

Nutze die IDEMA-Methode, mit der bereits namhafte Rhetoriker der Antike ihre Reden gestaltet haben und die bis heute nicht an Aktualität verloren hat:
1. **I**nventio – Sammeln von Gedanken und Einfällen zum Thema
2. **D**ispositio – Gliederung des gesammelten Materials
3. **E**locutio – sprachliche Gestaltung und Ausschmückung der Rede
4. **M**emoria – Einprägen der Rede
5. **A**ctio – Vortrag und gestisch-mimische Ausgestaltung

Souverän vortragen

Reden überzeugen nicht nur durch ihren Inhalt und ihre sprachliche Gestaltung. Sie müssen, um Wirkung zu erzielen, auch gut vorgetragen werden. Dabei spielt die Körperhaltung des Redners eine wichtige, oft unterschätzte Rolle: *Körpersprache + Aussprache = Wirkung* lautet entsprechend eine Faustformel für Vortragende.

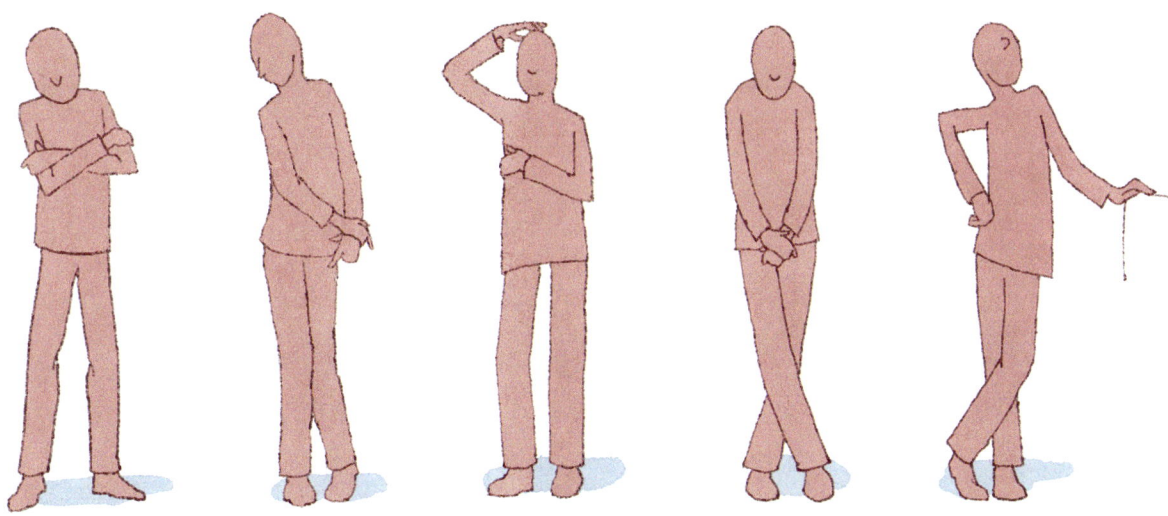

1. Beschreibe die Wirkung der einzelnen Haltungen auf dich.
2. Begründe, ob diese Redehaltungen angemessen sind.
3. Erprobt in Kleingruppen geeignete Körperhaltungen für Redner.

Methode

Eine Rede planen, verfassen und vortragen

- Als Redner musst du dein **Thema beherrschen**. Du musst also in der Lage sein, dir alle **Informationen** zu **beschaffen**, die du benötigst, um deine Zuhörer zu überzeugen und souverän auf Nachfragen reagieren zu können.
- Damit die Rede nicht zu lang wird und inhaltlich zerfasert, empfiehlt es sich, das **Thema** zu **begrenzen**. Entscheide dich nach einer ersten breiter angelegten Recherchephase, worüber genau du sprechen und was du mit deiner Rede bewirken willst, und suche daraufhin gezielt nach weiteren Informationen.
- Die **IDEMA-Methode** ist eine bewährte Möglichkeit, den Arbeitsprozess beim Planen, Verfassen und Einüben einer Rede zu strukturieren.
- Das **Auftreten des Redners, seine Stimme und Körpersprache**, sind für den Erfolg einer Rede ebenso bedeutsam wie ihr Inhalt. Die wenigsten Menschen sind geborene Redner, aber Übung macht den Meister.

Selbsteinschätzung

	Seite	😊😊	😊	😐	☹
Ich kann eine Rede hinsichtlich ihres Inhalts und Aufbaus untersuchen.	14 f., 18 f.				
Ich kann die Wirkung von Reden mithilfe der verwendeten rhetorischen Mittel beschreiben und erläutern.	16 f.				
Ich kann eigene Reden verfassen.	18–23				
Ich kann ein Themenfeld mithilfe vorgegebener Materialien und eigener Recherchen inhaltlich erschließen und darüber in einer eigenen Rede berichten.	18–23				
Ich kann als Redner überzeugend auftreten.	23				

Tipp Wenn du dir bei einigen Aussagen unsicher bist, dann präge dir noch einmal genau die Lernhilfen auf den entsprechenden Seiten ein.

Trainingsideen

Eine Rede untersuchen

Deutscher Buchhandlungspreis 2015, Kategorie „besonders herausragende Buchhandlungen". Laudatio Iris Radisch

Laudatio (lat.) Lobrede, Preisrede

Es ist mir eine große Freude, hier endlich laut und ausführlich loben zu dürfen, was mich selbst zutiefst geprägt und recht eigentlich erst zu einer Leserin gemacht hat: nämlich die Buchhandlung um die Ecke.

Wer nicht so privilegiert war, in einem Haushalt aufzuwachsen, in dem das geistige Grundnahrungsmittel Buch in ausreichender Masse und Qualität immer schon verfügbar war, der braucht Mittel und Wege, um überhaupt auf den Stoff aufmerksam zu werden, von dem sich unser Geist, unsere Fantasie ernährt und der unser Bild vom Menschen und von der Welt prägt. Für mich führten diese Wege in meiner Jugend an zwei Orte, ohne die mein Leben bestimmt ganz anders verlaufen wäre. Der eine Ort war die kleine Stadtteilbibliothek in Berlin-Lichterfelde, die längst geschlossen ist. Der andere Ort war die kleine Buchhandlung in unserer Straße, die von einem jungen Ehepaar geführt wurde, und in der ein wohltuendes und offenbar unzähmbares Bücher-Chaos herrschte, in dem ich zur Leserin wurde.

Ich erzähle das, um Ihnen zu verdeutlichen, warum ich so begeistert war, als mich die Kulturstaatsministerin Monika Grütters bat, einer Jury vorzustehen, die eine stolze Anzahl von Preisen an ähnlich ausstrahlungsstarke Buchhandlungen vergibt, wie es meine Buchhandlung im Stadtteil meiner Kindheit einmal für mich war.

Der Buchhandlungspreis stellte unsere Jury natürlich vor eine ziemlich schwere Aufgabe.

Denn was unterscheidet eine gute von einer noch besseren oder sogar von der allerbesten Buchhandlung? Gibt es objektive Qualitätsstandards, die eine Buchhandlung erfüllen sollte, um ein maximales Füllhorn an Anregung und geistiger Aufregung zu bieten?

Einige solcher Standards gehörten ja bereits zu den Ausschreibungskriterien des Preises. Die Buchhandlungen, die wir prämiert haben, sollten inhabergeführt sein, sie sollten engagiert sein auf dem Gebiet der Leseförderung, sie sollten ein vielfältiges Sortiment beherbergen, in dem auch unabhängige Verlage ihren Platz behaupten können. Schön und gut. All das ist sicherlich unabdingbar, um sich in der sogenannten „kleinen Buchhandlung in unserer Straße" gut aufgehoben zu fühlen. Doch was war es außerdem, das uns dazu bewogen hat, ausgerechnet einer Buchhandlung in Potsdam, einer in Hanau, in Aachen, in Dresden und in Jena den Preis der Buchhandlungen in der zweithöchsten Preiskategorie zuerkannt zu haben?

Ich versuche es so zu sagen: Es war das in der beeindruckenden Vielfalt der deutschen Buchhandlungslandschaft jeweils überzeugendste und eigenwilligste Profil. Denn es ist ja keineswegs so, dass ein Buchhandlungsprofil, das beispielsweise in einer mittelgroßen süddeutschen Universitätsstadt Furore macht, umstandslos auch in einer Kleinstadt in Mecklenburg-Vorpommern zum Vorbild taugt. Diese, ich nenne sie, regionale Jeweiligkeit, die unsere Buchhandlungswelt so unvergleichlich lebendig macht, galt es zu berücksichtigen. Nicht nur die wenigen Topmodells unter den deutschen Buchhandlungen sollten zu ihrem Recht kommen, sondern auch solche Buchhandlungen, die uns gerade durch ihre unvergleichliche und ganz auf ihren jeweiligen Standort und dessen Besonderheiten zugeschnittene innovative und originelle Arbeit überzeugten. In diesem ersten Jahr waren dies der Literaturladen Wist, der Buchladen am Freiheitsplatz, die Buchhandlung Backhaus, das BuchHaus Loschwitz und die Jenaer Bücherstube.

Jedes dieser Häuser trägt auf seine Weise dazu bei, dass die „Lesbarkeit der Welt" nicht nur eine schöne, aber hohle Philosophenphrase ist. Sondern dass sie auch einen Ort in unserem Leben hat. Als kleine Buchhandlung in unserer Straße, in der das Leben noch lesenswert ist.

1. Iris Radisch bezeichnet das Buch als „geistige[s] Grundnahrungsmittel" (Z. 5). Nimm zu dieser Aussage Stellung.
2. Nenne und bewerte die Kriterien, die Radisch und die anderen Jurymitglieder bei ihrer Auswahl besonders herausragender Buchhandlungen geleitet haben.
3. Beschreibe, mit welchen sprachlichen Mitteln die Laudatio Wirkung erzielt.
4. Überlege, wofür du gerne einen Preis verleihen möchtest und wer dein Preisträger wäre. Schreibe eine Laudatio, in die du deine in diesem Kapitel gewonnenen Erkenntnisse, was eine gute Rede ausmacht, einfließen lässt.

Konsum & Kommerz – Erörtern und Argumentieren

Konsum vgl. lat. ‚consumere': verbrauchen

Kommerz vgl. lat. ‚commercium': Handel, Verkehr

Wir sind alle Konsumenten. Der Konsum, der Verbrauch, ist die treibende Kraft unseres Systems, die Grundlage unserer wirtschaftlichen Existenz und vor allem der Konstrukteur unserer gesellschaftlichen Identität. Denn wir kaufen schon längst nicht mehr das Ding an sich, sondern ein Image, ein Versprechen auf ein besseres Leben. Marken machen es möglich, uns zu einer bestimmten Gruppe zugehören zu lassen oder uns von anderen abzugrenzen. Somit kurbeln wir den Handel bzw. den Verkauf an, handeln geschäftsmäßig, kommerziell.

▶ Tauscht euch über die vermutliche Intention des Fotos aus.
▶ Stellt zusammen, was ihr unter den Begriffen „Konsum" und „Kommerz" versteht.

Sprechen, Zuhören, Schreiben, Lesen

Ich kaufe, also bin ich?

Schriftsteller setzen sich immer auch mit der Zeit auseinander, in der sie leben und wirken. Oft betrachten sie es als ihre Verantwortung gegenüber der Gesellschaft, dieser einen Spiegel vorzuhalten und auf gesellschaftliche und politische Entwicklungen oder Ereignisse aufmerksam zu machen.

Die Leguane
Volker Braun

Sie liegen lässig in den grauen Trümmern
Der Tempelreste, welche sie nicht kümmern.
Während nur ab und an ein Auge klappt!
Steingrau der Leib und kantig wie die Steine
5 So stemmt sich das auf seine flinken Beine
Zu dem Geschäft, das nach den Mücken
                          schnappt.

Wir Leguane, kommende Geschlechter
Gelagert in den mürben Kassenhallen
Wir sehn die Banken stumm zusammenfallen.
10 Nicht einmal Zorn, nicht einmal ein Gelächter.
Was ist die Zeit, die Macht? sie ist vermodert
Während des neuen Tages Sonne lodert.

Handelsgesellschaft
Elisabeth Hackel

Man handelt mit der Erde,
mit Wasser und der Luft
und legt mit festen Zinsen
Himmelsbläue an.

5 Man handelt mit Statistik,
mit Wahrheit, Frieden, Not
und unseren vier Wänden.

Man handelt mit der Sprache
und schwört, bezeugt,
10 spricht Recht, sagt wahr
mit gekauften Worten.

Volker Braun ist Jahrgang 1939, **Elisabeth Hackel** kam 1924 zur Welt und starb 2014 und **Christine Kayser** wurde 1950 geboren.

Der Schrank voll
Christine Kayser

Wenn ich
die Tür öffne
fällt mir
alles entgegen.
5 Mühevoll
sortiere ich
alles wieder ein.

Meine Zeit
geht verloren
10 trenne ich mich
nicht bald
von vielem.

1. Vergleiche die Gedichte miteinander und stelle jeweils dar, wie die Autoren die Thematik „Konsum & Kommerz" verarbeiten.
2. Begründe, welcher Text dich besonders anspricht.

Gedichte vergleichen
→ S. 266 **N**

> ▶ **Weiter im Kapitel:**
>
> Du lernst (,)
> ▸ einen pragmatischen Text zu erörtern.
> ▸ Textsorten zu unterscheiden.
> ▸ materialgestützt einen argumentierenden Text zu verfassen.
> ▸ einen literarischen Text zu erörtern.

Von der Bedeutung der Dinge

N Eine Erörterung schreiben → S. 264 f.

Als pragmatische Texte werden alle Arten von Sachtexten bezeichnet. Sie berichten, zumindest der Absicht des Verfassers nach, objektiv und neutral von Tatsachen oder realen Ereignissen. Sie sind für praktische Zwecke in konkreten Kommunikationssituationen bestimmt.

Alles Ware. Glanz und Elend der Kommerzkultur
Robert Misik (2010)

Aus: Robert Misik: Alles Ware. Glanz und Elend der Kommerzkultur. E-Book. Berlin-Verlag 2010 (ohne Seitenangaben)

In einem gewissen Sinne sind alle Dinge heute Dinge, die aussehen wie irgendwelche anderen Dinge. Nicht, dass ein Turnschuh nicht aussähe wie ein Turnschuh. Das natürlich keineswegs. Aber doch ist in der „designer capitalist society" kaum ein Ding mehr auf seine nackte Dinghaftigkeit reduziert. Die Dinge repräsentieren gleichzeitig Bedeutung. Der Turnschuh repräsentiert Fitness, die abgewetzte Trainingsjacke repräsentiert Hipness, der iPod Trendyness, die Obstpresse repräsentiert gesunde Ernährung, das zierliche Teeservice repräsentiert Entspannung, das Perrier-Mineralwasser Lebensart, und der Fair-Trade-Kaffee annonciert, dass der Käufer ein guter Mensch ist. Dinge, die besonders gut sind beim Repräsentieren, nennt man im Allgemeinen „Kult": der Adidas-Schuh, die Ray-Ban-Brille, der Latte macchiato, der iMac, das gerade angesagte Kult-Buch, die Toskana-Reise, das hippste Handy der Saison, das Stück von Prada, das Accessoire von Dolce&Gabana – die Liste ist endlos. Alles Dinge, die viele Leute haben wollen, weil sie gerne möchten, dass die Attribute, mit denen die Dinge verbunden sind, auch mit ihnen verbunden werden. Im Lifestyle-Kapitalismus ist der Stil eines Menschen, seine Identität, unmittelbar verbunden mit den Dingen, die er konsumiert.

Der praktische Gebrauchswert der Dinge gerät in den Hintergrund, was nicht heißt, dass er keine Rolle mehr spielt – aber dass die Güter ihren praktischen Nutzen erfüllen, wird ohnehin vorausgesetzt. Dass jeder MP-3-Player Musik wiederzugeben vermag, ist keine Frage, was aber den einen MP-3-Player von anderen unterscheidet, ist das, was man seine Kultur nennen könnte. Deshalb wird die Kultur in der Güterproduktion immer bedeutender. […] Die Bedeutung wandert in die Dinge ein. […]

„99 Cent II" (2001). Die Diptychon-Version (zweiteiliges Bild) dieses Werkes des deutschen Fotografen **Andreas Gursky** (geb. 1955) wurde berühmt, als sie 2007 vom Kunstauktionshaus Sotheby's als damals teuerstes Foto der Welt für 3,34 Millionen US-Dollar verkauft wurde.

[…] Wenn ich zu einem Gut immer „etwas dazu" bekomme, dann ist das nicht bloß eine nebensächliche Zugabe, sondern für meine Kaufentscheidung durchaus bedeutsam. In einer Welt, in der in weiten Segmenten die lebensnotwendige Basisausstattung mit den Dingen des täglichen Bedarfs vorhanden ist (und in der selbstverständlich auch diese Basisgüter durch Bedeutung unterscheidbar gehalten werden), bekommt der Konsument zu den Dingen immer auch etwas mitgeliefert: ein gutes Gefühl, gelegentlich auch ein gutes Gewissen. In gewissem Sinn ist das Gut das Accessoire des symbolischen Mehrwerts. [...]

Aber so, wie das Konsumgut meist nicht gratis ist, ist auch die Konsumkultur nicht ohne Preis zu haben. Sie formt sich unsere Städte, sie richtet sich die Subjekte her, sie schreibt sich in unser Innerstes. Mit unserer Umwelt interagieren wir, indem wir kaufen. Innenstädte sind von Shopping Malls nur mehr schwer zu unterscheiden. Wer etwas erleben will, wählt aus den Angeboten der Erlebnisindustrie aus. Die Jagd nach dem Neuen ist dem Konsumbürger zur zweiten Natur geworden. Wenn's mit den Freunden nicht so klappt – weg mit ihnen, man kann sich ja neue suchen (so sind wir es von den Waren gewohnt). Um die nächste Ecke wartet bestimmt ein noch aufregenderer Mensch. Der Homo shoppensis ist doch ein recht eindimensionales Wesen. [...]

Der Kulturkapitalismus zeigt eine innere Tendenz, die Menschen zu entmachten, gewissermaßen zu entmündigen. Sie müssen nichts mehr selber tun, alles wird ihnen angeboten. [...]

Ich denke, ein Anfang wäre schon gemacht, wenn wir unser Bewusstsein für die Mechanismen, die Dynamik und die Paradoxien des Konsumkapitalismus schärfen. Selbst wenn wir Teil dieses Systems sind und selbst „mitmachen", ist es doch ein Unterschied, ob ich weiß, wobei ich mitmache, oder nur bewusstloses Objekt bin. Es ist eine Sache, ein Spiel blind mitzuspielen. Es ist eine andere Sache, wenn ich die Regeln des Spiels kenne. Ich gewinne dann, auch wenn ich nicht Autor der Regeln bin, an Souveränität zurück. [...]

Insofern ist Aufklärung immer noch Ausgang aus selbstverschuldeter Unmündigkeit.

Mehrwert Begriff aus der Wirtschaftsanalyse von Karl Marx: Der Mehrwert erfasst die Differenz zwischen Herstellungskosten und Verkaufserlös.

Paradoxien Widersprüchlichkeiten

Anspielung auf die berühmte Antwort Immanuel Kants auf die Frage, was Aufklärung sei: „Aufklärung ist der Ausgang des Menschen aus seiner selbstverschuldeten Unmündigkeit." (1784)

Den Text findest du auch im Internetportal, damit du ihn mit deinen individuellen Markierungen und Kommentaren versehen kannst.

1. Lies den Text von Robert Misik genau durch. Stelle dar, welches Problem der Autor anspricht. Benenne das Thema des Textes.

Schlüsselbegriffe

Im Folgenden findest du eine Liste mit wichtigen Begriffen des Textes, aber auch einigen weniger wichtigen.

> Subjekt ▪ Objekt ▪ symbolischer Mehrwert ▪ Konsumbürger ▪ mitgeliefert ▪ Bedeutung ▪ Erlebnisindustrie ▪ Jagd nach dem Neuen ▪ Stil ▪ Identität ▪ Shopping Mall ▪ Souveränität ▪ Homo shoppensis ▪ Kult ▪ Basisgüter ▪ kaufen ▪ Konsumkultur ▪ Lifestyle-Kapitalismus ▪ Bewusstsein ▪ der praktische Gebrauchswert ▪ Unmündigkeit

2. Suche die Schlüsselbegriffe heraus. Begründe deine Wahl. Woran erkennst du, welche Begriffe wichtig sind?

Erörtern und Argumentieren

Kernsätze

Im Folgenden werden Kernsätze aus beiden Textabschnitten zitiert: dem ersten Textabschnitt, der eine Analyse vornimmt, und dem zweiten, der eine mögliche Art des Umgangs mit dem dargestellten Sachverhalt beschreibt.

1 „Die Dinge repräsentieren gleichzeitig Bedeutung. Der Turnschuh repräsentiert Fitness, die abgewetzte Trainingsjacke repräsentiert Hipness, der iPod Trendyness […]." *(Z. 4–6)*

2 „Alles Dinge, die viele Leute haben wollen, weil sie gerne möchten, dass die Attribute, mit denen die Dinge verbunden sind, auch mit ihnen verbunden werden." *(Z. 13–15)*

3 „Im Lifestyle-Kapitalismus ist der Stil eines Menschen, seine Identität, unmittelbar verbunden mit den Dingen, die er konsumiert." *(Z. 15–17)*

4 „Der Homo shoppensis ist doch ein recht eindimensionales Wesen." *(Z. 45 f.)*

5 „Der Kulturkapitalismus zeigt eine innere Tendenz, die Menschen zu entmachten, gewissermaßen zu entmündigen. Sie müssen nichts mehr selber tun, alles wird ihnen angeboten." *(Z. 47–49)*

6 „Ich denke, ein Anfang wäre schon gemacht, wenn wir unser Bewusstsein für die Mechanismen, die Dynamik und die Paradoxien des Konsumkapitalismus schärfen." *(Z. 50–52)*

7 „Ich gewinne dann, auch wenn ich nicht Autor der Regeln bin, an Souveränität zurück." *(Z. 55 f.)*

8 „Insofern ist Aufklärung immer noch Ausgang aus selbstverschuldeter Unmündigkeit." *(Z. 57 f.)*

3. Stimmst du der Auswahl zu? Begründe.
4. Diskutiert darüber, ob noch weitere Sätze des Textes als Kernsätze gelten könnten.

Textwiedergabe

Die Aufgabenstellung zur schriftlichen Form der textgebundenen Erörterung enthält in der Regel zwei Arbeitsaufträge. Sinngemäß kann sie lauten:

1. *Gib den Inhalt des Textes wieder.*
2. *Setze dich mit ihm auseinander.*

Aufgabe 1 wird auf dieser Seite vorgestellt, und zwar in Form von zwei Vorschlägen (A und B), die verglichen werden sollen. – Die Aufgabe 2 folgt auf der nächsten Seite.

Beispielaufsatz (zwei Varianten)

A Waren sind heutzutage mit Bedeutung aufgeladen. Der Gebrauchswert der Dinge tritt in den Hintergrund und weicht der Botschaft, die ein Produkt dem Käufer zu vermitteln vermag. In der Überflussgesellschaft wählt ein Kunde dasjenige Produkt aus, das ihm hilft, das für ihn passende Lebensgefühl auszudrücken. Der Käufer möchte die mit dem Produkt verbundenen Assoziationen wie Coolness oder Hipness erwerben. Die Identität der Personen wird davon bestimmt, was sie konsumieren. Diese Identitätsindustrie erfasst zahlreiche Lebensbereiche der Menschen, bestimmt auch deren Freizeitverhalten und wirkt sich auf die Gestalt unserer Städte aus. Der käufliche Erwerb von Lifestyle führt zu Einseitigkeit und Unselbstständigkeit des Menschen, der zum Homo shoppensis verkommt. Nur ein Prozess der Aufklärung kann der Kommerzkultur entgegenwirken. Wenn man die Regeln dieses vorgefertigte Identitäten produzierenden Systems durchschaut, gewinnt man wenigstens partiell Autonomie zurück.

B Der Autor Robert Misik beschreibt in seinem E-Book „Alles Ware. Glanz und Elend der Kommerzkultur" den Einfluss der modernen Marktwirtschaft auf die Identitätsbildung der Menschen. Der Markt versorge die Konsumenten mit Lifestyle-Produkten, sodass die Persönlichkeitsbildung zu einer Kaufoption verkümmere.

Einleitend skizziert der Autor die Aufladung der Waren mit Bedeutung. Der Gebrauchswert der Dinge trete in den Hintergrund und weiche der mit dem Produkt verknüpften Botschaft. In der Überflussgesellschaft wähle ein Kunde dasjenige Produkt aus, das ihm helfe, das für ihn passende Lebensgefühl auszudrücken. Der Verfasser geht davon aus, dass der Käufer eines Produkts vor allem Coolness oder Hipness erwerben möchte. Insofern werde die Identität der Personen davon bestimmt, was sie konsumierten. Diese Identitätsindustrie erfasse zahlreiche Lebensbereiche der Menschen, präge deren Freizeitverhalten und wirke sich auch auf die Gestalt unsere Städte aus. Die Kritik des Autors, die in dem Neologismus „Homo shoppensis" gipfelt, gilt der Unselbstständigkeit der Menschen, die Lifestyle käuflich zu erwerben versuchen. Diese Kommerzkultur sei nur durch einen Prozess der Aufklärung zu erschüttern. Indem man die Regeln und Automatismen dieses Systems durchschaue, gewinne man wenigstens teilweise Autonomie zurück.

5. Worin unterscheiden sich die Textwiedergaben? Welche hältst du für die überzeugendere? Warum?

„Homo shoppensis"

Die **zweite Teilaufgabe** der textgebundenen Erörterung setzt oft bei einem Kernsatz und zugleich einer zentralen These des Textes an:

Aufgabe 2

> „Wenn's mit den Freunden nicht so klappt – weg mit ihnen, man kann sich ja neue suchen (so sind wir es von den Waren gewohnt). Um die nächste Ecke wartet bestimmt ein noch aufregenderer Mensch. Der Homo shoppensis ist doch ein recht eindimensionales Wesen." *(Z. 43–46)*
> Setze dich mit dieser These auseinander.

Eine mögliche Gliederung
1. *Einleitung*
   Der Neologismus „Homo shoppensis"
2. *Hauptteil*
   2.1 Der symbolische Mehrwert der Dinge
   2.2 Der vorschnelle Übertrag
   2.3 Identitätsbildung
3. *Schluss*
   Partielle Ablehnung

Beispielaufsatz (zweite Teilaufgabe)

Der Neologismus „Homo shoppensis" greift zu kurz. Bei seinem Bemühen, sich selbst zu definieren, fallen dem Homo sapiens, dem weisen Menschen, immer wieder neue Begriffe ein. Ein Homo faber, ein Mensch als Handwerker, soll er sein oder ein Homo ludens, ein spielender Mensch. Die englisch-lateinische Neuschöpfung „Homo shoppensis" begreift den Menschen als oberflächliches Konsumwesen – und reduziert den modernen Bürger der westlichen Welt einseitig auf einen Käufer von Lebensgefühl und Identität. Die Gleichungen „ich bin, was ich konsumiere" und „weil ich konsumiere, bin ich" treffen beide nicht zu – sie sind für unsere komplexe Wirklichkeit zu einfach.

Sicherlich, viele Waren, insbesondere Markenprodukte, bieten neben dem Gebrauchswert auch ein Image an. Es ist dieses Image, das die Werbung aufwendig kreiert und das Menschen zum Kauf verleitet. Aber war das früher nicht ebenso? Legten die Römer auf Kleidung, Schmuck, auf Wohneinrichtung keinen Wert? Unterschieden sich die Menschen zur Zeit des Sonnenkönigs Ludwig XIV. nicht ebenso durch ihren Stil? Zur Zeit des Absolutismus gab es freilich einen Kleiderkodex, der sich heutzutage aufzulösen beginnt. In einer bewegten, veränderlichen, schnellen Welt wird der Symbolgehalt der Waren mehrdeutig. Ist eine Jogginghose nun trendy und hip oder ein Anzeichen dafür, dass sein Träger „die Kontrolle über sein Leben verloren" hat, wie der Modemacher Karl Lagerfeld befand? Selbst wenn man zugesteht, dass der Warenkauf ein Mittel der Selbststilisierung ist, geht die Rechnung „Turnschuh symbolisiert Fitness" so einfach nicht auf. Moden und Marken kommen und gehen und es ist längst noch nicht ausgemacht, wer in diesem Wettlauf zwischen Produzenten und Konsumenten Hase oder Igel ist. Zugegeben, wir leben in einer Wohlstandsgesellschaft und kaufen gerne und viel. Aber ich kenne niemanden, der sich als Hollister-Boy oder Ray-Ban-Girl versteht.

Möchte ich mir neue Eltern kaufen? Eltern mögen zuweilen anstrengend sein, aber die wenigsten wählen, wenn sie erwachsen geworden sind, ihre Eltern einfach ab. Unsere Beziehungen zu anderen Menschen, die uns nahestehen, zu unseren Eltern, Freunden, später zu den eigenen Kindern, folgen nicht dem Muster aus der Warenwelt. Zu sehr sind wir in unserem Leben von nicht-käuflichen Erfahrungen geprägt, von Geburt und Tod, Krankheiten, Zärtlichkeit, Humor, selbstloser Hilfe, als dass wir durch unser Kaufverhalten restlos konditioniert würden.

So ist auch unsere Identitätsbildung ein komplexer Vorgang, dessen zahlreiche Facetten durch die Formel „Ich bin, was ich kaufe" nur ungenügend eingefangen werden. Gene und Kinderbücher, Familienurlaube und Schulerlebnisse, Freunde und Freundinnen, der Sportverein oder Musikunterricht, Geburtsort und Zeiterfahrungen, Berufs- und Partnerwahl greifen in diesem Prozess, in dem sich eine Persönlichkeit herausschält, auf schwer entwirrbare Weise ineinander. Ob, wie oft und in welche Warenwelt man sich begibt, mag eine gewisse Bedeutung für die eigene Identität erlangen. Dieser oder jener geht vielleicht sogar im Glitzern und Glimmern der schönen Designprodukte auf. Wer aber glaubt, „Kleider machen Leute", war und ist geblendet vom schönen Schein.

In unserer Wohlstandsgesellschaft spielt der Konsum von Dingen, die ein Image transportieren, eine wichtige Rolle. Wir drücken uns mit Kultprodukten – oder durch den Verzicht auf solche – aus. Zu sagen, dass der Kern des Menschen heutzutage im Konsumieren von Lebensgefühl und Identitäten besteht und dass soziale Beziehungen nach dem Muster des Warenkaufs funktionieren, geht entschieden zu weit. Auch im 21. Jahrhundert bleibt der Homo sapiens mehr als die Summe seiner Einkäufe.

1. Würdest du dieser Erörterung des Kernsatzes zustimmen? Diskutiert darüber.
2. Untersuche den Erörterungsteil genauer:
   – Wie werden die Argumente entfaltet?
   – In welcher Weise ist das übliche Aufbauschema (Einleitung, Hauptteil, Schluss) realisiert? Prüfe daraufhin die Gliederung.

„Insofern ist Aufklärung immer noch Ausgang aus selbstverschuldeter Unmündigkeit."

Textstelle

Ich denke, ein Anfang wäre schon gemacht, wenn wir unser Bewusstsein für die Mechanismen, die Dynamik und die Paradoxien des Konsumkapitalismus schärfen. Selbst wenn wir Teil dieses Systems sind und selbst „mitmachen", ist es doch ein Unterschied, ob ich weiß, wobei ich mitmache, oder nur bewusstloses Objekt bin. Es ist eine Sache, ein Spiel blind mitzuspielen. Es ist eine andere Sache, wenn ich die Regeln des Spiels kenne. Ich gewinne dann, auch wenn ich nicht Autor der Regeln bin, an Souveränität zurück. [...]

Insofern ist Aufklärung immer noch Ausgang aus selbstverschuldeter Unmündigkeit. *(Z. 50–58)*

3. Setze dich mit dieser Textstelle auseinander. Verfasse dazu eine schriftliche Erörterung. Nutze dafür den Methodenkasten auf Seite 34.

Einen pragmatischen Text erörtern → S. 268 N

Einen pragmatischen Text erörtern

Methode

1. Verfasse eine **Einleitung**, in der du Angaben zum Titel, zum Autor (zur Autorin), zur Textsorte, zum Erscheinungsjahr und zum Thema machst.
   Der Text mit dem Titel ... des Autors ... aus dem Jahr ... handelt von ...
   Das zentrale Thema des Textes ist ...

2. Untersuche im **ersten Teil des Hauptteils** (Hauptteil I) die **Strategie** des Autors:
   - Worüber schreibt er?
   - Wie schreibt er (sprachliche Aspekte)?
   - Mit welcher Absicht schreibt er?

   Belege deine Aussagen mit Textstellen.
   Zu Beginn führt der Autor in die Thematik ein (vgl. Z. ...).
   Anschließend verstärkt er das Thema, indem er ... (vgl. Z. ...).
   Im dritten Abschnitt nennt er sein erstes Argument (vgl. Z. ...).

3. Formuliere die **Position des Autors** zum Thema und nenne sein **Hauptargument**. Überprüfe dazu deine erste Formulierung seiner Position.
   In seiner Argumentation bekräftigt der Autor seine Auffassung mit ...

4. Nimm im **zweiten Teil des Hauptteils** (Hauptteil II) begründet Stellung zur Position und zu einzelnen Argumenten des Autors.
   - Stimmst du dem Autor vollständig zu, so ergänze möglichst eigene Argumente und Beispiele, die seine Meinung stützen.
     Ich teile die Ansicht des Autors, denn ... Hinzufügen möchte ich, dass ...
   - Bist du ganz oder in Teilen anderer Meinung, so stütze deine Meinung mit eigenen Argumenten und / oder widerlege Argumente des Autors.
     Ich stimme dem Autor an dieser Stelle nicht zu, denn ...

5. Fasse im **Schlussteil** deine **Ergebnisse** knapp zusammen und bringe deine **Position** auf den Punkt: Stimmst du dem Autor zu, dann erkläre, was dich überzeugt hat. Stimmst du ihm nur teilweise oder überhaupt nicht zu, so wiederhole deine Hauptargumente.
   Wie aus der dargelegten Argumentation deutlich wird, vertritt der Autor die Ansicht, dass ... Darin stimme ich mit ihm überein, weil ... Besonders überzeugt hat mich sein Argument ... / Ich hingegen meine, dass ...

→ **Arbeitsheft** S. 10 – 13

Textpanorama

Die große Vielfalt unterschiedlicher Sachtexte lässt sich mithilfe gezielter Kriterien überschaubar machen. Solche Kriterien bietet beispielsweise das Organon-Modell von Karl Bühler, das im Kapitel zur Kommunikation näher vorgestellt wird.

vgl. Kommunikationsmodelle → S. 222 f.

Ordnet man die Vielfalt der Sachtexte nach den von Karl Bühler beschriebenen drei Grundfunktionen der Sprache, so gelangt man zu folgenden drei Texttypen:

Ausdruck	Darstellung	Appell
Texte, die Eindrücke, Gefühle, Überzeugungen und Haltungen des Sprechers/Schreibers wiedergeben	Texte, die an der Sache, am Gegenstand orientiert sind und die Wirklichkeit objektiv darstellen	Texte, die an den Adressaten appellieren, die zu etwas veranlassen, Handlungen auslösen, etwas bewirken wollen

1. Übertrage die Tabelle in dein Heft und ordne die folgenden Textsorten den Texttypen zu. Beachte dabei, dass die meisten Textsorten mit Blick auf die drei Grundfunktionen der Sprache Mischformen darstellen.

> Spendenaufruf ▪ Inhaltsangabe ▪ Bericht ▪ Werbetext ▪ Beschreibung ▪ Kleinanzeige ▪ Gebrauchsanleitung ▪ Protokoll ▪ Erörterung ▪ Lexikonartikel ▪ Dankesrede ▪ Reportage ▪ Kommentar ▪ Liebesbrief ▪ Glosse ▪ Rezension ▪ Nachricht ▪ Gesetzestext ▪ Abhandlung

2. Erstelle nun ein Glossar der oben aufgeführten Textsorten, in dem du für jede von ihnen folgende Fragen beantwortest:
   – Welchem Zweck dient der Text in einer konkreten Kommunikationssituation? Welche Grundfunktion herrscht vor?
   – Welche inhaltlichen und sprachlichen Merkmale prägen die Textsorte?

Abhandlung streng sachbezogene, systematisch aufgebaute ...
Bericht ...
Beschreibung ...
Spendenaufruf ...

Von der Bedeutung des Geldes

Wenn man zu einem Thema Stellung bezieht, sollte man gut darüber Bescheid wissen. Das setzt voraus, dass man sich vorab mithilfe von Texten, Bildern und Grafiken möglichst gründlich und ausgewogen informiert. Auf den folgenden Seiten findest du eine Reihe von Materialien zum Thema „Billigmode".

1. Verfasse auf der Basis der Materialien 1 bis 6 für die Schülerzeitung einen Kommentar zu dem Thema „Billige Mode hat ihren Preis!" Umreiße das Thema knapp und nimm dann begründet zu deiner Position Stellung. Dein Kommentar sollte ca. 800 Wörter umfassen.

Material 1

Billigmode: *Fashion* um jeden Preis?
Raphael Martzloff (2016)

Klamotten, Konsum, kaufen, kaufen, kaufen ... in Zeiten von Shops wie Primark, H&M und Co. boomt das Geschäft mit der Massenware Mode. Obwohl eine Studie der Umweltorganisation Greenpeace zeigt, dass Jugendliche zwischen 12 und 19 Jahren genau über die unwürdigen Arbeitsbedingungen in der Textilherstellung Bescheid wissen, wird ausgerechnet in diesen Läden gekauft und tütenweise nach Hause getragen.

Mode soll Spaß machen. Schon unser Kleidungsstil verrät unserem Gegenüber einiges von uns, ohne dass man sich näher kennt. Ob lässig, sportlich, verspielt, flippig oder extravagant – welchen Stil man auch immer bevorzugt –, es ist wichtig, sich nicht dem unüberlegten Konsum und Modediktat zu unterwerfen. Uns wird suggeriert, man brauche dauernd neue Kleidung. Gerade die weibliche Spezies ist dafür sehr empfänglich. Heute sind kurze Röcke, schmale Tops und Skinny Jeans total in. Nicht einmal zwei Monate später trägt man, wenn man up to date sein will, lieber lange Röcke, fließend weite Oberteile und Boyfriend-Jeans.

Ungetragene Stücke
Im Durchschnitt hat jeder von uns 80 bis 100 Kleidungsstücke im Schrank hängen. Laut Studien befinden sich darunter im Durchschnitt 20 Kleidungsstücke, die wir niemals anziehen. Das ist in etwa ein Fünftel, das ungenutzt bleibt. [...] Fast Fashion nennt man die billige und schnell verfügbare Mode, die es in den meisten großen Modeketten zu kaufen gibt. Allein der schwedische Kleiderhersteller bringt in einem Jahr 12 Kollektionen heraus – Zwischenkollektionen nicht mit eingerechnet. Das heißt, jeden Monat gibt es eine neue! Laut eines Artikels im *Spiegel* „kauft jeder Deutsche fünf neue Kleidungsstücke im Monat, Jugendliche eher mehr. Die Hälfte aller Jugendlichen gibt bis zu 40 Euro, die Älteren vermehrt sogar über 50 Euro im Monat für Kleidung aus!" [...]

Erschreckende Zahlen

Jetzt wird bestimmt mehr als die Hälfte von euch sagen: „Ja, aber ich sortiere ja aus und gebe ‚alte Kleidung' in die Kleiderspende". Dazu mal ein paar Zahlen: In der Altkleidersammlung in Deutschland landen jährlich 750 000 Tonnen Textilien = 1,5 Milliarden Kleidungsstücke, 9 Kilogramm pro Kopf oder 15 Jeans oder 90 T-Shirts. „Dies entspricht einer LKW-Schlange von Kiel bis München gefüllt mit Kleiderbeuteln", so das bundesweite Netzwerk FairWertung. Diese Wegwerfmentalität trägt dazu bei, dass in den Produktionsländern eine Verletzung von Menschenrechten stattfindet – durch ökologisch und sozial unverantwortliche Fertigung der Kleidung, die wir konsumieren. Davon mal abgesehen, dass die Sammlung der Altkleider oft dubios und undurchsichtig ist und die Kleiderballen in Afrika, Osteuropa oder dem mittleren Osten landen und dort lukrativ weiterverkauft werden. Gebrauchte Kleidung also lieber in Kleiderkammern z. B. von Obdachlosenunterkünften, in Second-Hand-Läden, die den Erlös der verkauften Kleidung für gemeinnützige Zwecke einsetzen, oder in Frauenhäuser bringen.

Fehlende Wertschätzung

Wir haben das Bewusstsein verloren für Sachen, die von Menschen gefertigt wurden – und wir treten ihre unwürdigen Arbeitsbedingungen mit unserem Kaufverhalten sprichwörtlich mit den Füßen. Ein T-Shirt bei Primark oder H&M kostet oft nur so viel wie ein belegtes Brötchen oder eine Straßenbahnfahrt in der Freiburger City. 27 Millionen Frauen zwischen 14 und 30 Jahren sind als Näherinnen in den Fabriken in Indien, China, Indonesien, Bangladesch oder anderen Ländern tätig. Eine Sieben-Tage-Woche, Nachtschichten und Überstunden sind keine Seltenheit. Als Lohn bekommen sie z. B. in Bangladesch gerade einmal 50 Euro im Monat. Es gibt zudem keine Sozial- und Sicherheitsstandards. An die Möglichkeit, sich gewerkschaftlich zu organisieren, ist erst recht nicht zu denken.

Allerdings sind selbst teure Stücke nicht gleich ethisch korrekt produziert. Knackpunkt ist die untransparente Lieferkette. Auch Auftraggeber wissen deshalb oftmals nicht, wo die Produkte hergestellt werden. Das fängt bereits bei Anbau und Ernte der Baumwolle an. Im Großteil aller Plantagen stehen Arbeiter, nicht selten auch Kinder, von morgens bis abends auf den Feldern. Dazu kommt, dass diese meist vergiftet sind. 25 Prozent aller Insektizide und zehn Prozent aller Pestizide werden weltweit auf Baumwollfeldern versprüht – mit furchtbaren Konsequenzen für Mensch und Umwelt. Gentechnisch veränderte, schädlingsresistente Baumwolle, die als Alternative gepriesen wurde, hat in Indien die Bauern in Abhängigkeit und einen Schuldenkreislauf getrieben. In Afrika werden Kinder verschleppt und als billige Erntehelfer zur Arbeit auf den Baumwollplantagen gezwungen. Für Konsumenten in Europa hingegen werden Umwelt- und Sozialstandards beim Kaufentscheid zunehmend wichtiger: Die Nachfrage nach Bio-

Baumwolle wächst und kaum ein großes Textilunternehmen kann es sich noch leisten, keine eigene Bio-Baumwoll-Linie anzubieten. Der Anteil von Bio-Baumwolle hat sich im vergangenen Jahr mehr als verdoppelt, beträgt aber immer noch weniger als ein Prozent am Baumwoll-Markt. [...]

Material 2

Wie bei Billig-Mode die Vernunft aussetzt
Katharina Bons, Naemi Goldapp (2013)

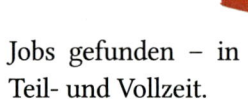

Es ist ein Wahnsinn, den die irische Marke Primark in Perfektion bedient: Ständig neue Klamotten zu kaufen, ist bei T-Shirt-Preisen von 2,50 Euro kein Problem. Job und Schule können da warten.

Es sind Szenen, die sich so eher selten in Deutschland zutragen: Hunderte Menschen harren Stunden vor einem Geschäft aus, warten gespannt auf die Eröffnung. Mit Hilfe von Absperrgittern soll ihre Euphorie im Zaum gehalten werden und die Ordnung gesichert. Die Rede ist nicht etwa von der Eröffnung eines Apple-Stores, sondern eines neuen Geschäfts des irischen Billigmoden-Anbieters Primark in Düsseldorf.

Bereits um 8 Uhr waren die Ersten gekommen, um auch die Ersten zu sein, die in die neue Primark-Filiale an der Schadowstraße 56 gelassen werden. Die Reihe der Wartenden wurde immer länger, bevor der Laden schließlich um 11 Uhr öffnete und die Menschenmasse das Geschäft stürmte. Sicherheitsleute und Polizisten beobachten die Lage.

Ohrringe für 1,50 Euro, ein Rock für sechs und ein Herrenhemd für elf Euro: Die irische Firma ist bekannt für niedrige Preise. Auf 5667 Quadratmetern werden in Düsseldorf nun Kleidung und Co. angeboten. „Es ist unser 267. Store", sagt Primark-Vorstand Breege O'Donoghue. Die Filiale ist die elfte in Deutschland. Mehrere Hundert Mitarbeiter haben hier laut O'Donoghue neue Jobs gefunden – in Teil- und Vollzeit.

Das Erfolgskonzept

Primark expandiert flächendeckend – in Deutschland und auch im Rest von Europa. Mit dem Moderiesen kommt der Konsum, die Preise ziehen die Massen an. Wie solche Preise angeblich zu fairen Produktionsbedingungen zustande kommen können, ist für viele Menschen wohl nicht verständlich. Primark erklärt, das Erfolgskonzept basiere auf „intelligentem Technologieeinsatz, effizientem Vertrieb sowie Groß- und Vorratseinkauf".

Doch bei vielen Menschen bleibt die Skepsis, Kritik wird immer wieder laut. Bei der Eröffnung einer Filiale in Frankfurt sagte eine Sprecherin der Gewerkschaft Verdi, sie könne sich nur schwer vorstellen, wie man mit solchen Preisen zu angemessenen Löhnen kommen solle. Sandra Dusch Silva von der „Kampagne für Saubere Kleidung" (CCC) kritisiert den Aspekt der Nachhaltigkeit: „Weil es so billig ist, kauft man es und wirft es nach kurzer Zeit wieder weg." Das wirke sich verheerend auf die CO_2-Bilanz von Fertigung und Transport aus.

Auch während der Eröffnung der Filiale in Düsseldorf gab es Protest: Greenpeace-Mitglieder machten auf der anderen Straßenseite auf die Produktionsbedingungen aufmerksam, die sozial ungerecht und umweltschädlich seien. Eine Sprecherin von Fair Trade äußerte sich bei der Eröffnung der Filiale in Frankfurt: „Je günstiger Textilien angeboten werden, desto mehr wird der Preisdruck an die Näher und Baumwollbauern weitergegeben."

Arbeitsplätze als Argument

Der Moderiese hält dagegen: Seit 2006 setzt Primark sich für ethischen Handel ein, ist Mitglied der Ethical Trading Initiative. 2011 und 2012 zählte es nach eigenen Angaben zu den fortschrittlichsten Mitgliedern. Zudem investiere die Handelsgruppe in die Produktion in Entwicklungsländer und schaffe weltweit rund 700 000 Arbeitsplätze.

Obwohl das Bekleidungsgeschäft bei der Eröffnung in Düsseldorf nicht mit besonderen Eröffnungsangeboten lockte, war der Andrang groß. „Ich habe mich riesig gefreut", sagt Gymnasiastin Aline, die ganz vorne in der Schlange steht – in der Hand schon einen der typischen Beutel, in denen die Einkäufer im Geschäft ihre Beute deponieren können.

Schulschwänzer enttarnt

Die 18-Jährige war schon mehrmals in der Essener Filiale. „Aber da kann man nicht jeden Tag hin." Das werde nun wohl anders werden, sagt die Bilkerin. Den Eröffnungsmorgen hat sie sich „freigenommen". Viele der anderen jungen Wartenden müssten gerade wohl auch im Unterricht sein. Der Ordnungsdienst der Stadt befragte Teenager deshalb, in welche Schule sie gehen. Kontrollanrufe zeigten: Sieben von 22 Schülern hatten den Unterricht für den Besuch in dem neuen Geschäft geschwänzt.

Doch auch die Erwachsenen waren nicht besser: „Bitte kein Foto", sagt eine Frau. „Meine Chefin denkt, ich arbeite." Schülerin Aline will nach einer Tasche und Schuhen Ausschau halten.

Dass bei den kleinen Preisen die Arbeitsbedingungen der Produzenten in der Kritik stehen, schreckt sie nicht ab. „So verdienen die Leute wenigstens etwas."

Material 3

Der Preis der Jeans
Theresa Münch (2013)

In Asien stehen die Nähstuben der Welt. Arbeiter schuften unter schlimmen Bedingungen. Nach schrecklichen Unglücken mit Hunderten Toten stellt sich die moralische Frage: Weiter kaufen oder nicht?

Zu Hunderten hocken sie eng gereiht in schlecht beleuchteten Räumen. Die Nähmaschinen rattern im Akkord. Tausende Arbeiter nähen in Asien jeden Tag unter katastrophalen Bedingungen T-Shirts und Jeans, die in deutschen Kleiderschränken landen. Doch spätestens seit drei schweren Fabrik-Unglücken mit Hunderten Toten zögern viele Kunden beim Griff nach der Jeans „Made in Bangladesh". Kleidung aus Asien aber kann man nur schwer aus dem Weg gehen. Und ein Boykott würde den Näherinnen kaum helfen, warnen Experten.

„Das meiste, was hier verkauft wird, kommt aus Asien", sagt der Hauptgeschäftsführer des Modeverbands GermanFashion, Thomas Rasch. [...]

Viele Näherinnen bekommen nach Informationen der Kampagne für Saubere Kleidung (CCC) nicht genug Geld, um sich und ihre Familien ausreichend zu ernähren. „Der Lohn reicht nicht aus, um ein Leben in Würde zu führen", sagt CCC-Expertin Kirsten Clodius. Dazu kämen sehr lange Arbeitszeiten und Sicherheitsmängel wie vergitterte Fenster und verriegelte Notausgänge. Fabrikbesitzer verböten den Näherinnen oft das Reden und kontrollierten Toilettengänge. In Kambodscha habe es sogar Massen-Ohnmachtsanfälle gegeben. Menschenrechtler und Umweltschützer warnen zudem vor womöglich giftigen Farben und Kinderarbeit.

Auch hochpreisige Kleidung wird oft in Asien genäht. „Der Verkaufspreis eines T-Shirts bei uns gibt keinen Aufschluss darüber, wo es hergestellt ist", sagt Clodius. In einer Fabrik werde oft für mehrere Auftraggeber gearbeitet.

Darunter seien auch hochwertige Markenhersteller, räumt Rasch ein. Diese Markenhersteller machen ein besonders gutes Geschäft: Die Kampagne für Saubere Kleidung rechnet damit, dass die Lohnkosten einer in Asien genähten 100-Euro-Jeans bei nur einem Euro liegen. Die Werbung mache 25 Euro aus, satte 50 Euro stecke der Handel ein. […]

Material 4

Wer verdient an einer Jeans?

Die vielen Transportkilometer kommen zustande, weil bei der Jeansproduktion immer die billigste Möglichkeit bevorzugt wird, auch wenn es auf Kosten der Arbeitnehmer und der Umwelt geht.

- Nur 1 % des Jeanspreises geht als Lohn an alle Arbeiter.
- Die Materialkosten belaufen sich auf 13 %.
- Die Transportkosten und sonstige Gebühren (z. B. Zoll) machen einen Anteil von 11 % aus.
- Die Markenfirma nimmt 25 % des Jeanspreises für Werbung, Forschung, Entwicklung und Design in Anspruch.
- Die restlichen 50 % kassiert der Einzelhandel.
  Dieser hat zwar auch Kosten wie Verkaufspersonal, Ladenmiete und Verwaltung, aber es bleibt eine große Gewinnspanne.
- Geringe Lohn- und Produktionskosten und die Verlagerung von Kosten auf die Herstellerfirmen im globalen Süden und Osten steigern die Gewinne von Handelshäusern und Markenfirmen in der Modebranche. Daher werden Jeans und Bekleidung in den sogenannten Billiglohnländern hergestellt.

Nach: Die lange Reise einer Jeans. Information der Online-Akademie der Friedrich-Ebert-Stiftung (vgl. das Textquellenverzeichnis am Ende des Bands)

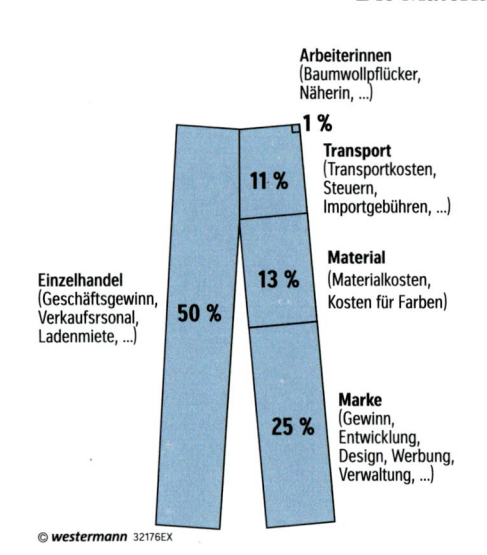

Material 5

Eine Jeans reist um die Welt

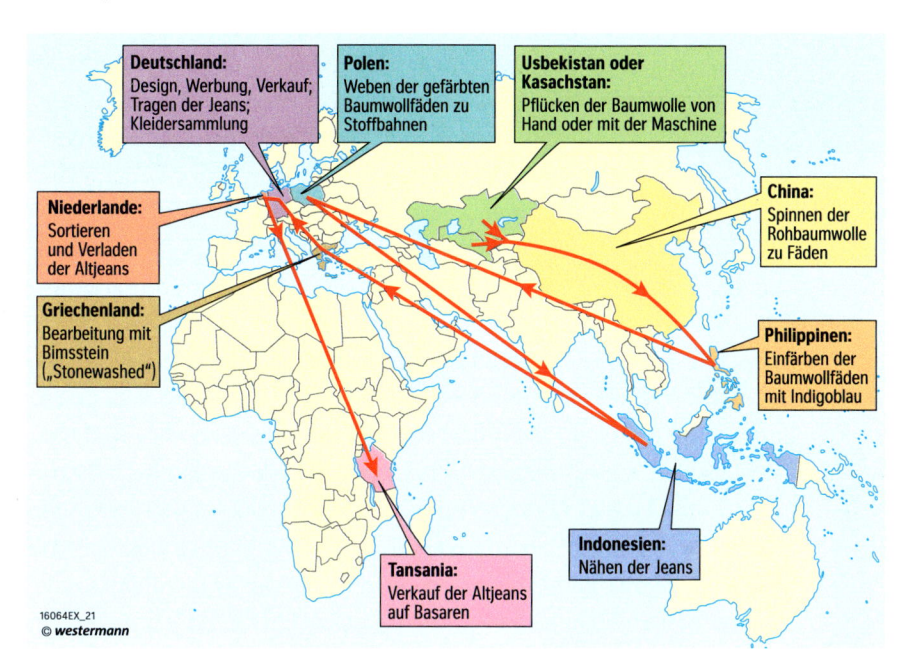

Deutschland: Design, Werbung, Verkauf; Tragen der Jeans; Kleidersammlung

Polen: Weben der gefärbten Baumwollfäden zu Stoffbahnen

Usbekistan oder Kasachstan: Pflücken der Baumwolle von Hand oder mit der Maschine

Niederlande: Sortieren und Verladen der Altjeans

Griechenland: Bearbeitung mit Bimsstein („Stonewashed")

China: Spinnen der Rohbaumwolle zu Fäden

Philippinen: Einfärben der Baumwollfäden mit Indigoblau

Tansania: Verkauf der Altjeans auf Basaren

Indonesien: Nähen der Jeans

Das Schaubild findest du auch im Internetportal.

Material 6

Mein ganz persönlicher Stil. Aus dem Blog einer Schülerin

Nur 20 € für ein komplettes neues Outfit. Das ist unschlagbar und in jeder größeren Stadt zu haben. Ein billiger Spaß für Shopping-Queens mit kleinem Taschengeld. Aber auch ein kurzer Spaß, denn spätestens nach dem zweiten Tragen ist der Reiz des Neuen schon dahin. Die Freundin trägt dasselbe in Pink und auch die Lehrerin war anscheinend im selben Laden. Irgendwie sind wir alle uniformiert, aber wollen wir nicht einzigartig sein?

Ich schon, ich nähe selbst. Klar schaffe ich nicht alles, aber langsam wird es mehr. Und ich bin gar nicht alleine, denn Selbermachen liegt im Trend. Es gibt Nähkurse, die auch von vielen jungen Leuten besucht werden, es gibt Repair-Cafés, wo man sich trifft, um Nähtipps auszutauschen und Lieblingsstücke zu reparieren oder etwas Altes neu umzustylen.

Ich mache unverwechselbare Kleidung nach meinem Geschmack. Ich bin nicht auf Modefarben angewiesen und kann tragen, was mir steht.

Es macht einfach Spaß, passende Stoffe zu finden oder Knöpfe auszusuchen.

Es ist auch nicht unbedingt teuer: Wer sucht, kann manches in Restekisten finden.

Shoppen ist ja ein Zeitvertreib geworden, für manche fast ein Hobby. Sie bestellen und probieren und schicken zurück. Sie kaufen, werfen weg und kaufen neu. Dabei weiß jeder, der ein bisschen informiert ist, dass für unseren Freizeitspaß mit Billig-Klamotten in armen Ländern die Näherinnen zu Dumping-Löhnen in überfüllten Fabriken schuften. In Bangladesh ist vor Kurzem so eine Nähfabrik eingestürzt. Es gab dort viele Tote.

Wer selber näht, kann sich aus dieser Ausbeutung ein Stück weit heraushalten. Außerdem nutzt er seine Zeit sinnvoller als in der Umkleidekabine, denn er lernt immer mehr dazu und freut sich, dass etwas unter den eigenen Händen entsteht. Er schafft etwas, auf das er stolz sein kann, und konsumiert nicht bloß Dinge, die andere „Must-haves" nennen, damit sie verdienen.

Der Naturschutzbund Deutschland berichtet, dass ein Baumwoll-T-Shirt beim Anbau mit rund 150 Gramm Pestiziden und Insektiziden belastet wird und einmal um die halbe Welt fliegt, bevor es im Geschäft landet. Außerdem verbraucht jedes T-Shirt etwa 2000 Liter Wasser. Und Baumwolle wächst besonders häufig in Gegenden mit Wasserknappheit. Und was macht man daraus? Viel zu viel billige Ware für eine Saison.

Wer selber näht, greift zu besserem Material, das länger hält, damit sich die Arbeit lohnt. Er oder sie wird seine Sachen länger tragen und genau das ist der beste Umweltschutz, denn es wird weniger Material verbraucht, weniger Wasser, weniger Färbechemikalien.

Also: Selber Nähen bringt mir persönlich viel. Es ist außerdem besser für die Umwelt und mein Gewissen, als shoppen zu gehen. Ich habe schon lange nicht mehr aus Langeweile im Netz nach Klamotten gesurft, denn Langeweile gibt's nicht mehr.

Methode

Materialgestützt einen argumentierenden Text verfassen

1. Vor dem Schreiben:
die Aufgabenstellung verstehen, das eigene Vorwissen aktivieren, eine persönliche Position finden

- ▶ Erfasse zunächst das Thema und die Teilthemen der **Aufgabenstellung**.
- ▶ Beantworte dafür folgende Fragen:
  - Was ist das Thema deines Schreibauftrages? (Billigmode)
  - Für welche Adressatengruppe schreibst du? (Schüler deiner Schule)
  - Welche Textsorte wird verlangt und was ist dabei zu beachten? (Kommentar)
- ▶ Bestimme den zentralen Begriff der Aufgabenstellung. (Billigmode)
- ▶ Sammle in einer Mindmap / einem Cluster deine **ersten Ideen** zum Thema. (Pro und Kontra von Billigmode)
- ▶ Reflektiere dein eigenes Kaufverhalten:
  - Kaufe ich selber in Billigläden Mode ein?
  - Mache ich mir Gedanken über die Herstellung?
  - Denke ich darüber nach, was ich als Endverbraucher tun kann?

N Cluster → S. 264

2. Während des Schreibens:
die Materialien analysieren und zueinander in Beziehung setzen

- Lies dir alle Texte genau durch. Schreibe dir **wichtige Textstellen** heraus, die für das Thema von Bedeutung sind.
- Finde heraus, welche Texte inhaltlich übereinstimmen und welche Texte neue Aspekte liefern.
- Dabei kannst du die Argumente in einer Tabelle genauer analysieren.

5-Schritt-Lesemethode
→ S. 266 N

Material 1	
These/Behauptung	Begründung, Beispiel
…	…
Material 2	
…	…

- Erstelle nun einen **Schreibplan**.
  - Bringe dafür die Argumente aus den Materialien in eine sinnvolle Reihenfolge. Füge auch eigene Argumente hinzu.
  - Entscheide dich für ein zentrales Argument (oder zwei, je nachdem, ob nur Pro oder auch Kontra), dem du viel Raum in deinem Kommentar einräumen möchtest.

- Schreibe deinen Text.
  - Finde einen interessanten **Einstieg** (Beispiele nennen, Fragen aufwerfen, zitieren), den du in drei bis vier Sätzen formulierst.
  - Formuliere den **Hauptteil** deines Kommentars. Stelle hierbei das Hauptargument ausführlich dar und gruppiere die anderen Argumente entsprechend darum (Pro und Kontra).
  - Finde einen gelungenen **Schluss**, in dem du mit Bezug zur Einleitung das Wichtigste zusammenfasst. Dabei kannst du zum Beispiel an die Leser der Schülerzeitung appellieren, sie zum Nachdenken anregen, einen Ausblick geben, eine offene Frage stellen usw.

Materialgestützt einen argumentierenden Text verfassen → S. 266 f. N

3. Nach dem Schreiben:
den eigenen Text überarbeiten

- **Überprüfe** noch einmal, ob deine Position eindeutig und klar dargestellt ist. Gibst du fremde Argumente wieder oder beziehst du selbst Stellung?
- Enthält dein Kommentar alle wichtigen Aussagen?
- Hat dein Text eine Überschrift und ist er gegliedert (Einleitung, Hauptteil, Schluss)?
- **Überarbeite** deinen Text hinsichtlich des sprachlichen Ausdrucks, der Grammatik und der Rechtschreibung.

→ **Arbeitsheft** S. 14–18

Von der Bedeutung der Gewohnheit

San Salvador Peter Bichsel (1964)

Er hatte sich eine Füllfeder gekauft.

Nachdem er mehrmals seine Unterschrift, dann seine Initialen, seine Adresse, einige Wellenlinien, dann die Adresse seiner Eltern auf ein Blatt gezeichnet hatte, nahm er einen neuen Bogen, faltete ihn sorgfältig und schrieb: „Mir ist es hier zu kalt", dann, „ich gehe nach Südamerika", dann hielt er inne, schraubte die Kappe auf die Feder, betrachtete den Bogen und sah, wie die Tinte eintrocknete und dunkel wurde [in der Papeterie garantierte man, dass sie schwarz werde], dann nahm er seine Feder erneut zur Hand und setzte noch seinen Namen Paul darunter.

Dann saß er da.

Später räumte er die Zeitungen vom Tisch, überflog dabei die Kinoinserate, dachte an irgendetwas, schob den Aschenbecher beiseite, zerriss den Zettel mit den Wellenlinien, entleerte seine Feder und füllte sie wieder. Für die Kinovorstellung war es jetzt zu spät.

Die Probe des Kirchenchores dauert bis neun Uhr, um halb zehn würde Hildegard zurück sein. Er wartete auf Hildegard. Zu all dem Musik aus dem Radio. Jetzt drehte er das Radio ab.

Papeterie (schweiz.) Papierwarenhandlung

Auf dem Tisch, mitten auf dem Tisch, lag nun der gefaltete Bogen, darauf stand in blauschwarzer Schrift sein Name Paul.

„Mir ist es hier zu kalt", stand auch darauf.

Nun würde also Hildegard heimkommen, um halb zehn. Es war jetzt neun Uhr. Sie läse seine Mitteilung, erschräke dabei, glaubte wohl das mit Südamerika nicht, würde dennoch die Hemden im Kasten zählen, etwas müsste ja geschehen sein.

Sie würde in den „Löwen" telefonieren.

Der „Löwen" ist mittwochs geschlossen.

Sie würde lächeln und verzweifeln und sich damit abfinden, vielleicht.

Sie würde sich mehrmals die Haare aus dem Gesicht streichen, mit dem Ringfinger der linken Hand beidseitig der Schläfe entlangfahren, dann langsam den Mantel aufknöpfen.

Dann saß er da, überlegte, wem er einen Brief schreiben könnte, las die Gebrauchsanweisung für den Füller noch einmal – leicht nach rechts drehen – las auch den französischen Text, verglich den englischen mit dem deutschen, sah wieder seinen Zettel, dachte an Palmen, dachte an Hildegard.

Saß da.

Und um halb zehn kam Hildegard und fragte: „Schlafen die Kinder?"

Sie strich sich die Haare aus dem Gesicht.

Kasten (schweiz.) Schrank

1. Lies dir den Text genau durch. Notiere dir Fragen zu Textstellen, die du nicht verstanden hast.

Analyse- und Interpretationsskizze

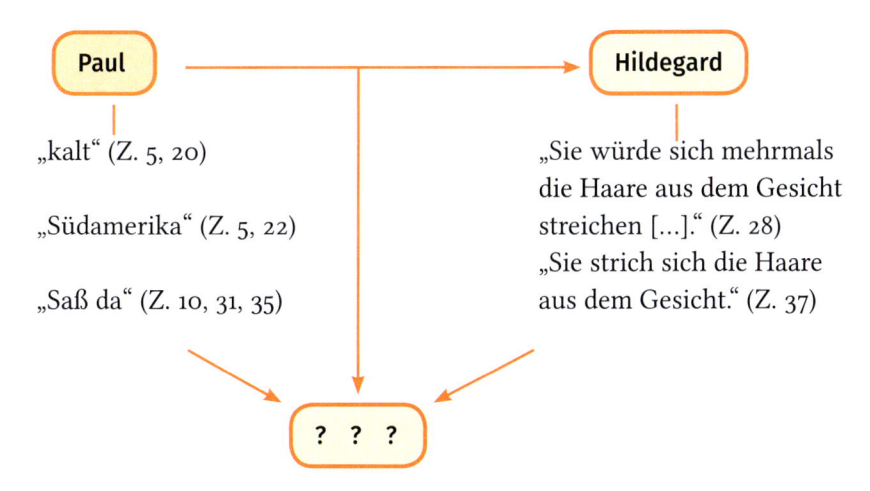

Paul → Hildegard

Paul:
„kalt" (Z. 5, 20)
„Südamerika" (Z. 5, 22)
„Saß da" (Z. 10, 31, 35)

Hildegard:
„Sie würde sich mehrmals die Haare aus dem Gesicht streichen […]." (Z. 28)
„Sie strich sich die Haare aus dem Gesicht." (Z. 37)

? ? ?

2. Bestimme durch eine genaue Analyse des Textes, welches Problem Paul hat. –
Du kannst dazu die Skizze nutzen.

Rituale – die verkannten Baumeister des Alltags

Gewohnheiten bieten Halt in einer unüberschaubaren Welt

Ob Messer, ob Löffel: den Grundsatzstreit übers Frühstücksei sparen wir uns. Auch der harte Zugriff auf die Zeitung – er wie immer die Politik, sie das Lokale – soll uns nicht weiter stören. Die Geschichte nimmt ihren Ausgang schon viel eher. Frühmorgens fängt sie an beim Weckerklingeln. Der eine steht auf metallisches Scheppern, der andere fährt auf den schrillen Signalton ab – „Matrose ahoi!" Der Schöngeist erwacht zu Beethoven, der Zeitgeist zu den Backstreet Boys. Der Weckruf in unseren Schlafzimmern kennt alle Tonarten. Aber wer sich einmal mit der täglichen Pein – viel zu früh, viel zu laut – arrangiert hat, der bleibt dabei. Ob Warnton, ob Radioklang: auch das eine Frage der Gewohnheit. Wir nehmen die immer gleichen Handlungsabläufe am Morgen gar nicht richtig wahr.

Vieles läuft automatisch ab. Wecker aus, aufstehen, ab aufs Klo, dann vor den Spiegel – bäh! Kaffee aufsetzen, Tisch decken. Frühstück: Schatz, wo ist die Marmelade? Die Morgenrituale gehören fest zum Tagesablauf – obwohl sie Stiefkinder des Bewusstseins sind. Aber Rituale sind hartnäckig. Wehe, am Tagesbeginn läuft etwas nicht so ab wie immer, schon geht alles schief. Die Hand auf dem Weg zum Marmeladeglas tappt ins Leere, stößt die Teetasse um und badet vor Schreck die tropfnassen Finger im Zuckertopf. Dann bleibt eigentlich nur eines: zurück ins Bett, Decke über den Kopf und leiden. Diese Verweigerungshaltung können sich die meisten allerdings höchstens an Sonntagen leisten. Und da gelten wieder andere Regeln. Viele Gewohnheiten haben sich längst zu einem festen Zeremoniell entwickelt. Wir haben unsere persönlichen Ticks und Marotten durch ständiges Wiederholen zu rituellen Handlungen veräußerlicht, ohne dass wir es freilich gemerkt hätten. Rituale sind die verkannten Baumeister des Alltags. Sie bringen ein Mindestmaß an Ordnung in die gestaltlose Zeit. Sie bilden das Gerüst im chaotischen Leben, das Halt gibt, Sicherheit suggeriert und Orientierung anbietet. Im taufrischen Tag kommt besser zurecht, wer die ersten Minuten und Stunden so verbringt wie schon alle Tage zuvor. Diese unbewussten Ordnungssysteme greifen vor allem in Momenten, „in denen wir versuchen, Übergänge zu bewältigen", meint die Psychotherapeutin Hildegard Ressel. Übergänge wie etwa der von Nacht zum Tag machten besonders empfindlich für Störungen, schreibt sie in ihrem Buch über „Die Macht der Gewohnheit". Gerade diese „Wechselfälle" im Alltag seien dadurch gekennzeichnet, „dass wir einen Bereich verlassen, aufgeben müssen, den nächsten Bereich aber noch nicht begonnen, ‚im Griff haben'. Da ist es wichtig, sich auf bewährte Abläufe verlassen zu können."

1. Welche Dimension der „Gewohnheiten" (Z. 37) oder immer wiederkehrenden „Rituale" (Z. 42) beschreibt dieser Zeitungsartikel? Sprecht darüber.
2. Welche Rolle spielt dabei die „Macht der Gewohnheit" (Z. 57 f.)?

Die „Macht der Gewohnheit" Beispielaufsatz

Der folgende Text ist ein Teil einer literarischen Erörterung zu folgender Aufgabenstellung: *Erörtere, warum Gewohnheiten eine negative und positive Dimension beinhalten können. – Gehe bei deinen Überlegungen von dem literarischen Text „San Salvador" aus und beziehe sowohl den Zeitungsartikel „Rituale – die verkannten Baumeister des Alltags" als auch eigene Lebenserfahrungen mit ein.*

Peter Bichsels Kurzgeschichte „San Salvador" und der Zeitungstext „Rituale – die verkannten Baumeister des Alltags" zeigen ganz unterschiedliche Erfahrungen der Menschen mit Gewohnheiten.

In der Kurzgeschichte werden vor allem negative Erfahrungen dargestellt. Bei der Hauptfigur Paul löst die Beklemmung über die Festgefahrenheit des Alltags eine Beziehungskrise zu seiner Frau Hildegard aus. Ihm ist „kalt" (Z. 5 und 20) und er sehnt sich offensichtlich nach Wärme: Er möchte nach Südamerika (vgl. Z. 5 und 22). Der Titel der Geschichte – „San Salvador" ist die Hauptstadt des kleinen mittelamerikanischen Staats El Salvador – symbolisiert diese Sehnsucht. Immer wiederkehrende Gewohnheiten haben wohl die Ehe des Protagonisten zur Routine werden lassen und ihn von seiner Frau entfremdet. Er weiß zum Beispiel im Voraus, wie sie sich verhalten wird. Das zeigt der Satz: „Sie würde sich mehrmals die Haare aus dem Gesicht streichen […]" (Z. 28–30). Als Hildegard nach Hause kommt, ist eben diese Geste tatsächlich ihre erste Handlung: „Sie strich sich die Haare aus dem Gesicht" (Z. 37). – Interessant ist aber auch, dass es von Paul am Schluss heißt: „Saß da" (Z. 35). Offenbar ist selbst für ihn die „Macht der Gewohnheit" so groß, dass er sich nicht dazu aufraffen kann, seine Frau zu verlassen.

Negative Erfahrungen mit Gewohnheiten kennt vermutlich jeder. Welchem jungen Menschen stoßen nicht die gewohnheitsmäßigen Besuche bei Verwandten (etwa zu Geburtstagen) sauer auf, bei denen die Gespräche immer um dieselben Themen kreisen (zum Beispiel Krankheiten, Hausumbau, Kapitalanlagen). Dabei kommt bei uns Jugendlichen große Langeweile auf. Ich kann davon ein Lied singen. Nach meinen Interessen und Problemen fragt doch bei diesen Gesprächen keiner; und da sie immer nach dem gleichen Muster ablaufen, muss ich sagen, dass ich auf diese Gewohnheiten gut verzichten könnte.

Aber Gewohnheiten oder „die immer gleichen Handlungsabläufe", von denen der Zeitungsartikel spricht (Z. 17 f.), haben nicht nur negative Auswirkungen. Sie können auch Halt geben.

...

3. Schreibe zu der oben genannten Aufgabenstellung einen eigenen Aufsatz. Wenn du möchtest, kannst du auch den begonnenen Aufsatz weiterschreiben.

Selbsteinschätzung

	Seite	☺☺	☺	😐	☹
Ich kann Schlüsselbegriffe und Kernsätze eines pragmatischen Textes erkennen.	29 f.				
Ich kann den Inhalt eines pragmatischen Textes treffend zusammenfassen und sein Thema erörtern.	31–34				
Ich kann pragmatische Textsorten voneinander unterscheiden.	35				
Ich kann materialgestützt einen argumentierenden Text, zum Beispiel einen Kommentar, verfassen.	36–43				
Ich kann einen literarischen Text inhaltlich erschließen und seinen Gehalt erörtern.	44–47				

Tipp Wenn du dir bei einigen Aussagen unsicher bist, dann präge dir noch einmal genau die Lernhilfen auf den entsprechenden Seiten ein.

Trainingsideen

Einen pragmatischen Text erörtern

Über die Ungerechtigkeit von Schulnoten   Harald Martenstein

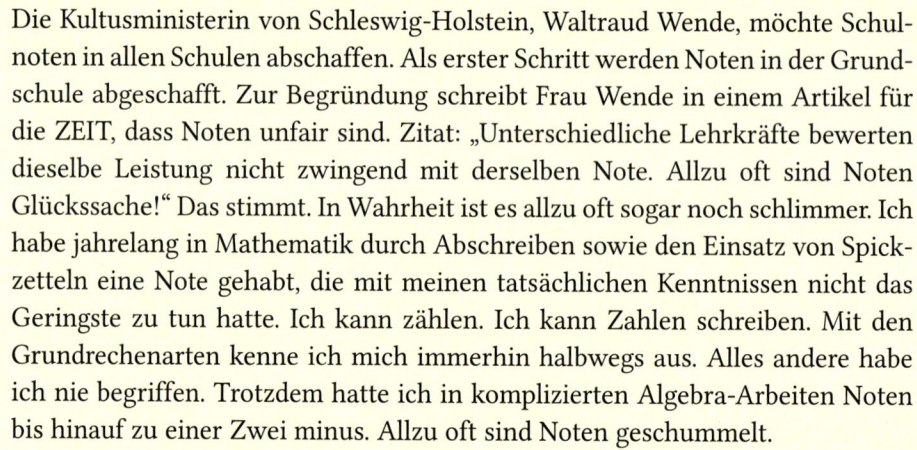

Harald Martenstein, geboren am 9. September 1953 in Mainz, ist ein deutscher Kolumnist. Die hier abgedruckte Kolumne ist 2014 erschienen.

Titanenarbeit riesige, menschliche Kräfte im Grunde übersteigende Arbeit

Die Kultusministerin von Schleswig-Holstein, Waltraud Wende, möchte Schulnoten in allen Schulen abschaffen. Als erster Schritt werden Noten in der Grundschule abgeschafft. Zur Begründung schreibt Frau Wende in einem Artikel für die ZEIT, dass Noten unfair sind. Zitat: „Unterschiedliche Lehrkräfte bewerten dieselbe Leistung nicht zwingend mit derselben Note. Allzu oft sind Noten Glückssache!" Das stimmt. In Wahrheit ist es allzu oft sogar noch schlimmer. Ich habe jahrelang in Mathematik durch Abschreiben sowie den Einsatz von Spickzetteln eine Note gehabt, die mit meinen tatsächlichen Kenntnissen nicht das Geringste zu tun hatte. Ich kann zählen. Ich kann Zahlen schreiben. Mit den Grundrechenarten kenne ich mich immerhin halbwegs aus. Alles andere habe ich nie begriffen. Trotzdem hatte ich in komplizierten Algebra-Arbeiten Noten bis hinauf zu einer Zwei minus. Allzu oft sind Noten geschummelt.

Frau Wende möchte, dass Leistung objektiv gemessen wird und dass es keine Glückssachen mehr gibt. Alles soll total gerecht sein. Es ist eine Titanenarbeit, die sie sich da vorgenommen hat. Allein schon die Tatsache, dass der eine Mensch 1,75 Meter groß ist, ich zum Beispiel, der andere aber zwei Meter, stellt eine Ungerechtigkeit dar, wenn sie beide vor einem Bücherregal stehen und an das oberste Brett herankommen möchten. Wenn aber alle Glückssachen konsequent abgeschafft werden, könnte es passieren, dass Waltraud Wende selbst ein Opfer ihrer Politik wird. Es gibt garantiert Hunderte von Menschen, die in der Lage wären, den Job einer Kultusministerin von Schleswig-Holstein passabel auszufüllen. Dass ausgerechnet sie es geworden ist, war Glückssache. Dass ich hier Kolumnen schreiben darf, ist ebenfalls Glückssache. Jeder, der jemals irgendwo irgendwas geworden ist, hat dies zum Teil glücklichen Umständen zu verdanken. Ich glaube, wir alle werden das Glück vermissen, wenn es tatsächlich verboten wird.

Statt Noten soll es in Zukunft „Kompetenzbeschreibungen" geben. Die Lehrer sollen ausführlich Kompetenzen und Defizite jedes Schülers beschreiben. Statt eines Zeugnisses wird jedem Schüler ein Essayband über sämtliche Facetten seiner Persönlichkeit ausgehändigt. Wenn eine Lehrerin eine Schülerin nicht mag, kann sie natürlich Folgendes machen: Sie gibt der Nervensäge keine schlechte Note, sondern beschreibt deren Verhalten in ihrem Essay in den düstersten Farben. Waltraud Wende will auch dieser Ungerechtigkeit einen Riegel vorschieben. Im Fach Deutsch zum Beispiel soll auch „Zuhören" bewertet werden. Ein Schüler, der weder lesen noch schreiben kann, immer Kaugummi kaut und niemals ein Wort sagt, findet in seinem Abiturzeugnis dann den Satz: „Ben kann gut zuhören und versteht auch manches."

Offenbar werden, um seelische Verwundungen zu vermeiden, Schulzeugnisse den Arbeitszeugnissen angeglichen. Wenn ein Schüler die Mitschüler verprügelt, muss der Lehrer schreiben: „Tobias verfügt über gesundes Selbstvertrauen." Trinkt eine Schülerin auf dem Schulhof Bommerlunder, heißt es: „Durch ihre Geselligkeit trägt Anna zur Verbesserung des Schulklimas bei." In meinem Zeugnis hätte, in Bezug auf Mathe, gestanden: „Harald verstand es, alle Prüfungsaufgaben mit Erfolg zu delegieren." Wird der Schüler aber, weil er mithilfe gefälschter Krankmeldungen geschwänzt hat, der Schule verwiesen, so heißt in Zukunft die faire Formulierung: „Lukas scheidet aus, um in einer anderen Lehranstalt eine höherwertige Tätigkeit zu übernehmen. Wir wünschen ihm vor allem Gesundheit."

zu delegieren einem anderen zu übertragen; (gemeint ist: auf einen anderen abzuwälzen)

1. Bereite eine textgebundene Erörterung vor, indem du zunächst den Text analysierst.
2. Verfasse nun die textgebundene Erörterung:
   – Schreibe eine Einleitung.
   – Untersuche die Vorgehensweise des Autors (worüber und wie schreibt er?), formuliere seine Position und nimm Stellung zu den Aussagen / Argumenten des Autors.
   – Formuliere im Schlussteil deine eigene Position.

Gedanken über die Zeit – Essayistisches Schreiben

Essay engl., frz. essai = Versuch, kürzere Abhandlung

Sujets Gegenstände

Digressionen Abschweifungen

„Mit Vorliebe knüpft er [der Essay] an vertraute Sujets und Meinungen an, um daran durch Verstehen und Kritik bislang Unbeobachtetes zu entdecken und bestehende Vorurteile zu korrigieren.

Der Verzicht auf Systematik, die Zulässigkeit von Digressionen und der ausgiebige Gebrauch von poetischen und rhetorischen Mitteln [...] machen den ästhetischen Reiz des Essays aus, doch sind diese literarischen Strukturen dem Zweck untergeordnet, den Gegenstand anschaulich darzustellen und den Leser für die Argumentation einzunehmen [...]." *(Heinz Schlaffer)*

„Essayistisch schreibt, wer experimentierend verfasst, wer also seinen Gegenstand hin und her wälzt, befragt, betastet, prüft, durchreflektiert, wer von verschiedenen Seiten auf ihn losgeht [...]." *(Max Bense)*

diskursiv lat. discursus = Umherlaufen; ein hin und her laufendes Gespräch

„Ich verstehe darunter einen diskursiven Text, bei dem ich am Anfang noch nicht weiß, was am Schluss dabei herausspringt. Es kommt, wie der Name schon sagt, auf den Versuch an." *(Hans Magnus Enzensberger)*

▶ Finde in diesen unterschiedlichen Äußerungen übereinstimmende Wesensmerkmale des Essays.
▶ Sprecht darüber, inwiefern das Bild Merkmale eines Essays verdeutlicht.

Sprechen, Zuhören, Schreiben, Lesen

„Eine Gesellschaft, die Zeit hat"

Essay über den Essay   Michael Hamburger (1965)

Schon das stimmt nicht ganz: Ein Essay darf eigentlich nichts behandeln, nichts bestimmen oder definieren. Ein Essay ist ein Spaziergang, ein Lustwandeln, keine Handelsreise. Wenn hier also „über" steht, kann es nur bedeuten, dass der Spaziergang über das genannte Feld geht – aber ohne jede Absicht, es zu vermessen. Dieses Feld wird nicht umgepflügt, auch nicht bebaut. Es soll Wiese bleiben, wild. Der eine Spaziergänger interessiert sich für die Blumen, ein anderer für die Aussicht, ein dritter sucht Insekten. Die Jagd nach Schmetterlingen ist erlaubt. Alles ist erlaubt – außer den Absichten des Vermessers, des Bauers, des Spekulanten. Auch ist jedem Spaziergänger erlaubt, von einem Feld zu berichten, was er gerade gesehen hat – wenn es auch nur die Vögel waren, die es überflogen, nur die Wolken, die noch weniger dazugehören, nur die Abwandlungen von Vögeln oder Wolken im eigenen Kopf. Wer aber im Auto hinfuhr, im Auto sitzen blieb und dann sagt, er sei da gewesen, ist kein Essayist. Darum ist der Essay eine veraltete Gattung (fast hätte ich ‚Form' geschrieben, aber der Essay ist keine Form, hat keine Form, er ist ein Spiel, das seine eigenen Regeln schafft).

Der Essay ist ebenso veraltet wie die Kunst des Briefschreibens, wie die Kunst des Gesprächs, wie das Lustwandeln. Seit Montaigne ist der Essay höchst individualistisch, setzt aber zugleich eine Gesellschaft voraus, die den Individualismus nicht nur duldet, sondern auch genießt – eine Gesellschaft, die Zeit hat, zudem genug Bildung, um auf Information zu verzichten. [...]

Der Essay ist keine Form, sondern vor allem ein Stil. Von der reinen, absoluten oder autonomen Kunst unterscheidet er sich durch seinen Individualismus. Der Witz des Essays, wie auch seine Berechtigung und sein Stil, liegt in der Persönlichkeit des Autors, weist immer auf sie zurück. [...]

> **Michael Hamburger** wurde 1924 in Berlin geboren. Bekannt wurde er vor allem als Lyriker; er veröffentlichte jedoch auch essayistische und literaturkritische Texte. Hamburger starb 2007.

> **Michel de Montaigne** (1533–1592) war ein französischer Jurist, Politiker und Schriftsteller. Er gilt als Begründer der Essayistik.

1. Benenne, mit welchem Bild die Textsorte Essay von Michael Hamburger dargestellt wird. Erkläre, wie dies zum Vorhaben passt, essayistisch zu schreiben.

Essay → S. 275 **N**

▶ **Weiter im Kapitel:**

Du lernst (,)
- Merkmale des essayistischen Schreibens kennen.
- essayistische Darstellungsformen zu unterscheiden.
- subjektiv-assoziativ zu formulieren.
- Ideen zu sammeln und zu strukturieren.
- einen gedanklichen Aufbau zu entwickeln.
- einen Essay zu schreiben.

Zeit verwalten und empfinden

Hier findest du verschiedene Texte, deren Verfasser unterschiedliche essayistische Darstellungsformen verwenden.

Text 1

[...] Im Intercity von Hamburg in den Süden ist es wieder passiert. Der Zug bremste abrupt, es roch nach Scheibenbremsen, dieser staubige metallene Geruch, die plötzliche Verlangsamung warf die Passagiere im Gang übereinander, Gepäckstücke wirbelten umher, Stimmen kreischten. Dann hielt der Zug auf offener Strecke. Die plötzliche Stille war lauernd. Die Zeit stand still, als hätten wir alle aufgehört zu atmen. [...]

Text 2

[...] Ich laufe auf das Laufband in der Mitte des Raumes zu und fange an, meine Kalorien purzeln zu lassen. Von dort aus habe ich den besten Blick auf die anderen Leute und optimale Sicht auf die drei Flachbildfernseher an der Wand. Ich schaue MTV. Mit der Musik vergeht die Zeit wie im Flug. Hinzu kommt, dass ich mich mit den Rhythmen der Musik bewege. So sehe ich aus wie ein Hamster im Laufrad, total gequält und mit Schweißperlen im Gesicht. Aber was macht man nicht alles, um fit und gesund zu bleiben. Sozusagen „forever young". *„Young" sein bedeutet „in" sein und „in" sein heißt mit dem neusten Trend gehen,* und der neuste Trend ist definitiv Fitness. Nun lasse ich meinen Blick über die erste Etage des Fitnesscenters schweifen. Dort erblicke ich ein junges „Teenie-Girl", das sich hoch aufgestylt in perfekter Kleidung und mit riesigen Kreolen auf dem Crossgerät keine Erschöpfung anmerken lässt. [...] *(Schülertext)*

Text 3

[...] Es war einmal ein Autofahrer – genauer gesagt ein Testfahrer, der für einen großen deutschen Automobilhersteller neue Autos testete. Dieser Testfahrer wurde von seinen Kollegen liebevoll „Turbo-Rolf" genannt, da er nach eigener Aussage sehr gerne zügig fahre. Er liebte außerdem den Adrenalinstoß, der seinen Körper langsam durchströmte, wenn die Tachonadel sich der 300 km/h Marke näherte. Er liebte es, seinen 500 Pferden die Sporen zu geben und die Überholspur der Autobahn freizuräumen. Doch eines Tages kam ihm während einer seiner zügigen Fahrten ein Kleinwagen in die Quere, der die Überholspur blockierte. [...] Die Frau, die am Steuer des vor ihm fahrenden Kleinwagens saß, erschrak, verriss das Lenkrad und fuhr mit ihrer kleinen Tochter in den Tod. [...] *(Schülertext)*

Text 4

Die Schüler der innerschweizerischen Gemeinde Hitzkirch haben es offenbar übertrieben mit dem Wachsein am frühen Morgen: Die Lehrer merkten rasch, dass da irgendetwas nicht stimmen konnte. Sie gingen der Sache nach – und wurden fündig: Dopingtests ergaben durch die Bänke positive Befunde.

„Die Kinder und Jugendlichen konsumieren Energydrinks als Ersatz fürs Pausenbrot", stellte die Schulleiterin erschüttert fest. Wegen deren aufputschender Wirkung habe es Fälle gegeben, in denen die Schüler „überdreht im Klassenzimmer auffielen". Das könne man nicht dulden. Ein „geordneter Unterricht" müsse doch möglich sein. […] *(Urs Willmann: Gedopte Schüler)*

Text 5

[…] Auf der Suche nach Gründen für den Geschwindigkeitswahn des Menschen muss man auch die Wissenschaft heranziehen. Forscher vermuten nämlich, dass diese Risikobereitschaft auf persönliche Eigenschaften zurückzuführen ist. Außerdem würden Hormone das Glücksgefühl bei hohen Geschwindigkeiten hervorrufen. Eines davon ist das Glückshormon Dopamin. Die Hormonausschüttung sei bei jedem Menschen anders und verursache deshalb ein individuelles Geschwindigkeitsniveau. Gleichzeitig erhöhe dies auch die Risikobereitschaft. […] *(Schülertext)*

1. Untersuche die Textausschnitte und nenne die Darstellungsformen, die verwendet werden. Orientiere dich an dem Merkkasten.
2. Wähle zwei Formen aus und verfasse jeweils einen kurzen essayistischen Text zum Thema „Verwaltete Zeit".

Einen Essay schreiben → S. 264

Essayistische Darstellungsformen → S. 275

Merken

Essayistische Darstellungsformen

Man unterscheidet …
- die **subjektiv-assoziative** Darstellungsform, bei der persönliche Gedanken des Autors spontan niedergeschrieben werden,
- die **narrative (erzählende)** Darstellungsform, bei der die Schreibweise an einen typischen Erzähltext erinnert,
- die **ironisch-pointierte** Darstellungsform, bei der das jeweilige Thema mit einem Augenzwinkern dargestellt wird,
- die **sachlich-argumentative** Darstellungsform, bei der das Thema vergleichsweise objektiv und wissenschaftlich dargestellt wird, und
- die **reflektierende** Darstellungsform, bei der eine Thematik gegebenenfalls auch in kritischer Absicht beleuchtet wird.

→ **Arbeitsheft** S. 19

essayer (frz.) versuchen

*****Kurt Tucholsky** (1890–1935), gehörte zu den wichtigsten Journalisten der Weimarer Republik und war auch als Schriftsteller erfolgreich, insbesondere mit „Schloss Gripsholm. Eine Sommergeschichte" (1931).

„Versuch, versuch alles, und wenn es gar nichts geworden ist, dann sag, es sei ein Essay."*

Schreibimpulse

- ▶ zeitlos
- ▶ unter Zeitdruck
- ▶ auf dem Laufband
- ▶ Zeit ist Geld
- ▶ Multitasking
- ▶ Gleitzeit

- ▶ Nimm dir Zeit und nicht das Leben!
- ▶ Ewigkeit
- ▶ Uhrzeit
- ▶ verwaltete Zeit
- ▶ in Zeitlupe
- ▶ Zeitreise

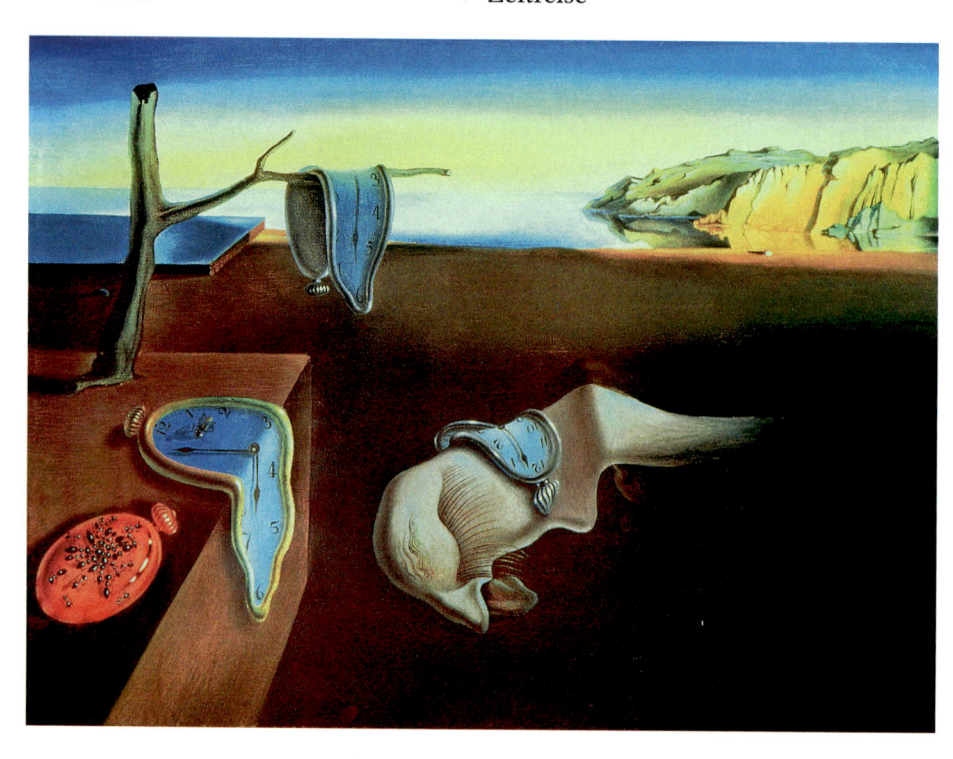

Salvador Dalí (1904–1989): „La Persistance de la mémoire" (dt. „Die Beständigkeit der Erinnerung") (1931). Öl auf Leinwand, 24 x 33 cm, Museum of Modern Art, New York

1. Wähle einen der oben genannten Schreibimpulse aus und schreibe spontan einen Kurztext.
2. Bildet Gruppen und legt eure Texte im Klassenraum zum Lesen aus. Diskutiert,
   - was für Texte entstanden sind und
   - welche Wirkung sie auf den Leser haben.
3. Betrachtet genauer, mit welchen sprachlichen Mitteln diese Wirkung erzielt wird.
4. Reflektiere deine Vorgehensweise beim essayistischen Schreiben, indem du dich mit dem Zitat Tucholskys auseinandersetzt.

Ideencluster

Multitasking ist eine Illusion   Heinrich Kürzeder

Hier eine neue E-Mail-Nachricht, da ein SMS-Beep, dort ein Telefonbimmeln, ein Mausklick und schon ist man im Internet und springt zwischen dem eigentlich zu bearbeitenden Dokument und vier Webseiten hin und her – keine Zeit. Nach zwei Stunden schmerzt der Nacken und mit jeder neuen Ablenkung sinkt die Denkleistung Stück für Stück. Hier ist Zeitmanagement gefragt. Am Ende des Tages überkommt einen das ungute Gefühl, wegen Multitasking mal wieder nichts geschafft zu haben. Kein Wunder, dass so das Abschalten schwerfällt.

Arbeitspsychologische Studien zeigen, dass wir nur ca. 60 Prozent der Zeit wirklich produktiv sind. […] Doch wie packen wir es an? Stressmanagement wäre eine gute Idee, bringt aber nichts, wenn die Ursache nicht bewältigt ist. Auch klassische Zeitmanagementtools erweisen sich oft als zu starr. „Erst wenn wir verstehen, warum wir uns so gern selbst boykottieren, können wir wirklich produktiver werden." […] „Die Forschung zeigt, dass Multitasking eine Illusion ist und wir nur ca. drei bis vier Dinge gleichzeitig überwachen können. Die Zeit ist also nicht die knappe Ressource, sondern unsere Aufmerksamkeit", so der Experte für Zeitmanagement.

Du findest den Text zur Bearbeitung im Internetportal.

1. Markiere die Schlüsselwörter im Text und stelle sie in einem eigenen Cluster zusammen.

Cluster → S. 264 **N**

Methode

Cluster
In einem Cluster (einer Art „Ideentraube") werden Gedanken und Assoziationen gesammelt. Das (bzw. der) Cluster kann stets erweitert werden.

Du findest das angefangene Cluster auch im Internetportal.

2. Ergänze das Cluster, indem du weitere Aspekte hinzufügst.

Einen Essay schreiben – den gedanklichen Aufbau entwickeln

Konzentrische Kreise

→ **Wissenschaft und Technik**
Digitalisierung – Vernetzung

→ **Gesellschaft und Politik**
Marktorientierung – „Zeit ist Geld" –
Mobilität – Globalisierung

→ **mein Umfeld**
(Familie, Schule)
Arbeitszeit – Freizeit – Zeitchaos – ruheloser
Konsum – Muße – Zeitvertreib – Müßiggang

Ich:
mein Zeitverständnis –
mein Umgang mit der Zeit –
Bedürfnis nach
Entschleunigung

Methode

Kontextmethode
Das Thema wird in ganz bestimmte Kontexte gestellt. Diese werden grafisch veranschaulicht, indem man über das Thema „konzentrische" Halbkreise zeichnet. Die Kontexte sind frei wählbar.

N Kontextmethode
→ S. 266

Zeit, die blutige Tyrannin   Anna Sauerbrey

1 Wir essen schneller, schlafen weniger, lernen im Eiltempo. Feste Beziehungen halten weniger lang, wir wechseln häufiger die Arbeitsstelle, den Wohnort und die Religionszugehörigkeit [...].

2 Die Digitalisierung bewirkt ein solches Gefühl [von Beschleunigung]. Zum einen wird die Zahl der Ereignisse pro Zeitspanne größer, zumindest der medial vermittelten Ereignisse. Das Netz haben wir inzwischen immer dabei, die Distanz zwischen dem Betrachter und einem Ereignis wird immer unwichtiger.

3 Zeit ist relativ, wie schnell sie vergeht, hängt vom Beobachter ab. Zeit könne man nur messen, schreibt Augustinus, weil der menschliche Geist den Eindruck, den Ereignisse hinterlassen, im Geist bewahrt.

4 Die Diagnose, dass Gesellschaft und Politik an akuter Beschleunigung leiden, ist keine neue. Schon einmal, vor eineinhalb Jahrhunderten, wurde Europa von diesem Gefühl erfasst, mit der Revolution der Kommunikation durch den Telegraphen und der Erfindung der Eisenbahn. Das Zeitraster, an dem sich der Mensch orientierte, wurde sprunghaft präziser und einheitlicher, schließlich wollte man den Zug nicht verpassen.

5 Die Gegenbewegung, die „Entschleunigung", ist bereits in vollem Gange. Die Menschen verordnen sich selbst Bremsen, Yoga, Slow-Food, Sabbaticals, Landflucht.

Augustinus von Hippo (354–430) war ein lateinischer Kirchenlehrer und Philosoph in Numidien (im heutigen Algerien). Seine „Confessiones" („Bekenntnisse") zählen zu den wirkungsmächtigsten autobiografischen Werken der Weltliteratur.

Sabbatical (berufliche) Auszeit

Ein leeres Kreismuster findest du auch im Internetportal.

1. Lies den Text und prüfe, zu welchen konzentrischen Kreisen die jeweiligen Textbausteine passen.
2. Übertrage die Kreise auf Papier und notiere in ihnen eigene weitere Ideen.

Müßiggang: Schritte für den Anfang

Teil 1: „Smartphone ausstellen, Füße hochlegen, herumhängen – Nichtstun …"
Teil 2: *Überleitung*
Teil 3: Erst in der Neuzeit wurden Faulenzer und Arbeitslose geächtet; erst jetzt galt das Sprichwort: „Müßiggang ist aller Laster Anfang." Technische Errungenschaften wie der Buchdruck, Taschenrechner, Internet, Smartphones, die uns helfen könnten, Arbeit zu vermeiden, haben uns ins Burnout-Zeitalter getrieben, wo Muße und Entspannung wieder gelernt werden müssen …
Teil 4: *Abschweifung, irgendein Gedankengang, der sich daraus ergibt.*

1. Verfasse aus den vier Teilen den Beginn eines essayistischen Textes zum Thema „Müßiggang". Die vier Teile müssen noch ausgeweitet und zu einem Ganzen verbunden werden.
2. Gib deinem Text einen passenden Titel, der zum Lesen verlockt.

Schülerbeispiel
Die Kunst der Faulheit

Smartphone ausstellen, Füße hochlegen, herumgammeln – Nichtstun, ach, wer kann das noch? Oder besser, wer erlaubt das noch? Wenn ich mit meinen Freunden chille, prompt klopft es an der Tür und mein Vater fragt mit leisem Vorwurf in der Stimme: „Habt ihr nichts zu tun?" Für ihn ist Chillen Zeit töten, nicht Zeit, die nach eigenen Wünschen genutzt wird. So lange ich denken kann, wurde mir eingetrichtert, dass das Glück dem Fleißigen gehört. In dem Märchen „Frau Holle" wird auf die faule Marie Pech gekippt, während die fleißige Marie mit Gold überschüttet wird; und das Sprichwort lehrt: „Müßiggang ist aller Laster Anfang" – was ja wohl nichts anderes heißt, als dass derjenige, der keine Leistung im Sinne von Arbeit abliefert, sich Lastern wie dem Alkohol oder der Spielsucht hingibt oder gar zum Verbrecher wird …

Franz von Lenbach (1836–1904): „Hirtenknabe" (1860). Öl auf Leinwand, 108 x 155 cm. Bayerische Staatsgemäldesammlungen, Sammlung Schack München

3. Sprecht darüber, was der Titel des Textes beim Leser auslöst.
4. Untersuche, wie die Anregungen von dem Schüler umgesetzt wurden.
5. Schreibe den Text weiter.

Selbsteinschätzung

	Seite	☺☺	☺	😐	☹
Ich kenne Merkmale essayistischen Schreibens.	50 f.				
Ich kann essayistische Darstellungsformen unterscheiden.	52–53				
Ich kann subjektiv-assoziativ formulieren.	54				
Ich kann Ideen sammeln und strukturieren.	55				
Ich kann den gedanklichen Aufbau eines Essays entwickeln.	56				
Ich kann den Einstieg sprachlich gestalten.	57				
Ich kann Gedanken sinnvoll entwickeln.	58–59				
Ich kann einen vollständigen Essay schreiben.	54–59				

Tipp Wenn du dir bei einigen Aussagen unsicher bist, dann präge dir noch einmal genau die Lernhilfen auf den entsprechenden Seiten ein.

Trainingsideen

Arbeit am essayistischen Schreibversuch

Moment mal!   Sarah Baumgartner

So fängt die Autorin an:

„I see as time goes by, I see the moments they fly, they soon will be gone und so far away, just like a bird in the sky", schallt es mir in den Ohren, als ich mit Kopfhörern im Zug sitze und darauf warte, endlich zu Hause zu sein. Ich träume vor mich hin, genieße die kurze Auszeit und beginne zum ersten Mal, 5 über den Text meines Lieblingsliedes wirklich nachzudenken. Mir fällt auf, dass die Metapher der davonfliegenden Momente eigentlich sehr zutreffend ist. Denn ein Moment ist stets von nur sehr kurzer Dauer, dann verschwindet er sofort und unaufhaltsam wieder, bis er schließlich ganz verschwunden ist. Mitten in diesem Gedankengang sehe ich ein Eichhörnchen, das über die 10 Straße huscht, suchend nach einem leckeren Snack, mit dem es sich eine warme Speckschicht anfuttern kann. Zu gerne würde ich meine angebrochenen gesalzenen Erdnüsse mit ihm teilen. Ich muss grinsen. Welch ein absurder Gedanke. Dieses Schmunzeln war ein kurzer Moment des Glücks, den ich sofort wieder vergesse.

15   Momente wie dieser sind, so kurz sie auch sein mögen, voller Leben. So ein kurzer Zeitpunkt enthält das volle Spektrum an Gefühlen, Wahrnehmungen, Gedanken. Das Zusammenspiel dieser Faktoren macht ihn einzigartig, weshalb kein Moment so ist wie ein anderer. Wenn man es sich genauer überlegt, ist ein Moment eigentlich überhaupt nicht existent. Denn letztlich ist er doch

Kürze den Beginn.

Vertiefe diesen Aspekt, zum Beispiel durch die Beschreibung einer Situation.

nur der Übergang von der Vergangenheit zur Zukunft, oder? Er ist wie ein Punkt auf einem Kreis, er ist da, auf dieser unendlichen Linie, aber nicht zu definieren, von keiner messbaren physikalischen Größe einzufangen. [...]

So leitet die Autorin zum Schluss über:
Den Ursprung dieser Entwicklung sehe ich in der Industrialisierung, seit welcher jeder angetrieben wird, so zügig und effektiv wie möglich zu arbeiten, denn, wie man so schön sagt, Zeit ist Geld.

So ist fraglich, ob dieser hoch angepriesene Fortschritt wirklich so gut war. Klar, er brachte auch erhebliche Menschenrechts- und Freiheitsgesetze mit sich, aber denken wir mal an die negativen Auswirkungen: Umweltverschmutzung, ungleiche Einkommensverteilung und natürlich die Instrumentalisierung der Zeit als Erwerbsmaßnahme.

> Lege deine eigenen Gedanken dazu dar, inwiefern die Industrialisierung zu einer Neubewertung der Zeit führte.

Und so beendet die Autorin ihren Essay:
Also frage ich mich, wie das Leben lange, bevor all dies geschah, aussah. Wie war die Welt, in der es keine Uhren gab, in der die einzige Sorge bezüglich der Zukunft war, dass man nicht genug zu essen fand? Als Menschen noch Menschen waren und keine Maschinen, angetrieben von dem ständigen Verlust der Zeit und dem verzweifelten Versuch, diese festzuhalten, während sie ihnen wie Sand durch die manikürten Hände rieselt. Damals war Zeit noch weniger definiert als heute, es gab keine Sekunden, Minuten, Stunden. Der Tag begann, wenn die Sonne aufging, und war vorbei, wenn sie unterging.

Konnten die Menschen die Zeit also überhaupt so wahrnehmen, wie wir es heute tun? Oder haben sie es einfach nicht getan, weil keine Notwendigkeit für sie bestand? Vielleicht waren auch sie wahre Herren der Zeit, weil sie sich nicht von ihr beknechten ließen. Vielleicht ist die Einstellung, einen Moment gar nicht festhalten zu wollen, sondern seine Vergänglichkeit zu akzeptieren, viel besser als jeder wissenschaftliche Fortschritt.

Denn das ist das Geheimnis der Zeit. Sie vergeht, unaufhaltsam, wir können sie nicht festhalten, sie nicht sehen, hören oder spüren und eigentlich hat sie auch keine andere Funktion, als dass sie vergeht. Wir können sie nur in der Schnittmenge der Vergangenheit und der Zukunft wahrnehmen, einen kurzen Moment lang. So sehen wir, wie sie vergeht, und alles, was wir tun können, ist den Momenten zuzuschauen, wie sie, wie kleine Vögel, davonfliegen und so von der Bildfläche des Hier und Jetzt verschwinden.

> Entwickle und vertiefe weitere Ideen zu der Frage, wie sich die Wahrnehmung von Zeit verändert hat bzw. verändert.

1. Lies den Text und weise Merkmale eines Essays nach.
2. Überlege, inwiefern die Wahl der Überschrift Interesse weckt. Begründe deine Position.
3. Bearbeite den Text mithilfe der am Rand notierten Aufgaben. Wähle zwei der Aufgaben aus.

Essayistisches Schreiben

Zum Bild:
Anselm Kiefer (geb. 1945):
„Schwarze Flocken" (2006)

N Kurzgeschichte
→ S. 280

Menschenschicksale und Zeitumstände – Kurzgeschichten

[Lauter kleine Kreuze]   Wolfgang Borchert

Kegelbahn. Zwei Männer sprachen miteinander.

Nanu, Studienrat, dunklen Anzug an. Trauerfall?

Keineswegs, keineswegs. Feier gehabt. Jungens gehn an die Front. Kleine Rede gehalten. [...] Ergreifende Feier. Ganz ergreifend. Jungens haben gesungen: Gott, der Eisen wachsen ließ. Augen leuchteten. Ergreifend. Ganz ergreifend.

Mein Gott, Studienrat, hören Sie auf. Das ist ja grässlich.

Der Studienrat starrte die anderen entsetzt an. Er hatte beim Erzählen lauter kleine Kreuze auf das Papier gemacht. Lauter kleine Kreuze. Er stand auf und lachte. Nahm eine neue Kugel und ließ sie über die Bahn rollen. Es donnerte leise. Dann stürzten hinten die Kegel. Sie sahen aus wie kleine Männer.

▶ Betrachte das Bild „Schwarze Flocken" von Anselm Kiefer.
  Wie passt es zu Borcherts Text?

Sprechen, Zuhören, Schreiben, Lesen

Die Aufgaben des Schriftstellers

Der Schriftsteller   Wolfgang Borchert (1946)

Der Schriftsteller muss dem Haus, an dem alle bauen, den Namen geben. Auch den verschiedenen Räumen. Er muss das Krankenzimmer „Das traurige Zimmer" nennen, die Dachkammer „Das windige" und den Keller „Das düstere". Er darf den Keller nicht „Das schöne Zimmer" nennen.

Wenn man ihm keinen Bleistift gibt, muss er verzweifeln vor Qual. Er muss versuchen, mit dem Löffelstiel an die Wand zu ritzen. Wie im Gefängnis: Dies ist ein hässliches Loch. Wenn er das nicht tut in seiner Not, ist er nicht echt. Man sollte ihn zu den Straßenkehrern schicken.

Wenn man seine Briefe in anderen Häusern liest, muss man wissen: Aha. Ja. So also sind sie in jenem Haus. Es ist egal, ob er groß oder klein schreibt. Aber er muss leserlich schreiben. Er darf in dem Haus die Dachkammer bewohnen. Dort hat man die tollsten Aussichten. Toll, das ist schön und grausig. Es ist einsam da oben. Und es ist da am kältesten und am heißesten.

Wenn der Steinhauer Wilhelm Schröder den Schriftsteller in der Dachkammer besucht, kann ihm womöglich schwindelig werden. Darauf darf der Schriftsteller keine Rücksicht nehmen. Herr Schröder muss sich an die Höhe gewöhnen. Sie wird ihm gut tun.

Nachts darf der Schriftsteller die Sterne begucken. Aber wehe ihm, wenn er nicht fühlt, dass sein Haus in Gefahr ist. Dann muss er posaunen, bis ihm die Lungen platzen!

1. Lies den Text und arbeite heraus, wie Wolfgang Borchert die Tätigkeit und den gesellschaftlichen Auftrag eines Schriftstellers versteht.
2. Diskutiert, ob dies auch heute noch in gleicher Weise zutrifft.

> ▶ **Weiter im Kapitel:**
>
> Du lernst (,)
> - das künstlerische Selbstverständnis eines Schriftstellers zu erschließen.
> - historische und biografische Informationen zu nutzen, um literarische Texte genauer zu verstehen.
> - eine Kurzgeschichte gestaltend zu interpretieren.
> - textsortenorientiert zu schreiben.

Kinder im Trümmerland

Nachts schlafen die Ratten doch Wolfgang Borchert

Das hohle Fenster in der vereinsamten Mauer gähnte blaurot voll früher Abendsonne. Staubgewölke flimmerten zwischen den steilgereckten Schornsteinresten. Die Schuttwüste döste.

Er hatte die Augen zu. Mit einmal wurde es noch dunkler. Er merkte, dass jemand gekommen war und nun vor ihm stand, dunkel, leise. Jetzt haben sie mich!, dachte er. Aber als er ein bisschen blinzelte, sah er nur zwei etwas ärmlich behoste Beine. Die standen ziemlich krumm vor ihm, dass er zwischen ihnen hindurchsehen konnte. Er riskierte ein kleines Geblinzel an den Hosenbeinen hoch und erkannte einen älteren Mann. Der hatte ein Messer und einen Korb in der Hand. Und etwas Erde an den Fingerspitzen.

Du schläfst hier wohl, was?, fragte der Mann und sah von oben auf das Haargestrüpp herunter. Jürgen blinzelte zwischen den Beinen des Mannes hindurch in die Sonne und sagte: Nein, ich schlafe nicht. Ich muss hier aufpassen. Der Mann nickte: So, dafür hast du wohl den großen Stock da?

Ja, antwortete Jürgen mutig und hielt den Stock fest.

Worauf passt du denn auf?

Das kann ich nicht sagen. Er hielt die Hände fest um den Stock.

Wohl auf Geld, was? Der Mann setzte den Korb ab und wischte das Messer an seinem Hosenboden hin und her.

Nein, auf Geld überhaupt nicht, sagte Jürgen verächtlich. Auf ganz etwas anderes.

Na, was denn?

Ich kann es nicht sagen. Was anderes eben.

Na, denn nicht. Dann sage ich dir natürlich auch nicht, was ich hier im Korb habe. Der Mann stieß mit dem Fuß an den Korb und klappte das Messer zu.

Pah, kann mir denken, was in dem Korb ist, meinte Jürgen geringschätzig, Kaninchenfutter.

Donnerwetter, ja!, sagte der Mann verwundert, bist ja ein fixer Kerl. Wie alt bist du denn?

Neun.

Oha, denk mal an, neun also. Dann weißt du ja auch, wie viel drei mal neun sind, wie?

Klar, sagte Jürgen, und um Zeit zu gewinnen, sagte er noch: Das ist ja ganz leicht. Und er sah durch die Beine des Mannes hindurch. Dreimal neun, nicht?, fragte er noch mal, siebenundzwanzig. Das wusste ich gleich.

Stimmt, sagte der Mann, genau so viel Kaninchen habe ich.

Jürgen machte einen runden Mund: Siebenundzwanzig?

Du kannst sie sehen. Viele sind noch ganz jung. Willst du?

Ich kann doch nicht. Ich muss doch aufpassen, sagte Jürgen unsicher.

Wolfgang Borchert wurde 1921 in Hamburg geboren. 1941 zog man ihn zum Wehrdienst an die Ostfront ein, wo er schon beim ersten Fronteinsatz im Januar 1942 an der Hand verletzt wurde und an Gelbfieber erkrankte. Wegen Äußerungen über die Sinnlosigkeit des Krieges wurde er verhaftet und ihm drohte die Todesstrafe. Zur Bewährung wurde er wieder an die Front geschickt und schließlich wegen Krankheit aus der Armee entlassen. Nach dem Ende des Krieges 1945 begann der schwer kranke Borchert in Hamburg Gedichte und Kurzgeschichten zu schreiben. Er entwarf Theaterprojekte und schmiedete Zukunftspläne. Im Winter 1945/46 zwang ihn die Krankheit endgültig nieder und er starb 1947 im Alter von erst 26 Jahren während eines Kuraufenthaltes in Basel – einen Tag vor der Uraufführung seines Dramas „Draußen vor der Tür", das bis heute (neben seinen Kurzgeschichten) als sein bekanntestes Werk gilt.

Immerzu?, fragte der Mann, nachts auch?

Nachts auch. Immerzu. Immer. Jürgen sah an den krummen Beinen hoch. Seit Sonnabend schon, flüsterte er.

Aber gehst du denn gar nicht nach Hause? Du musst doch essen.

Jürgen hob einen Stein hoch. Da lag ein halbes Brot. Und eine Blechschachtel.

Du rauchst?, fragte der Mann, hast du denn eine Pfeife?

Jürgen fasste seinen Stock fest an und sagte zaghaft: Ich drehe. Pfeife mag ich nicht.

Schade, der Mann bückte sich zu seinem Korb, die Kaninchen hättest du ruhig mal ansehen können. Vor allem die jungen. Vielleicht hättest du dir eines ausgesucht. Aber du kannst hier ja nicht weg.

Nein, sagte Jürgen traurig, nein nein.

Der Mann nahm den Korb und richtete sich auf. Na ja, wenn du hierbleiben musst – schade. Und er drehte sich um. Wenn du mich nicht verrätst, sagte Jürgen da schnell, es ist wegen den Ratten.

Die krummen Beine kamen einen Schritt zurück: Wegen den Ratten?

Ja, die essen doch von Toten. Von Menschen. Da leben sie doch von.

Wer sagt das?

Unser Lehrer.

Und du passt nun auf die Ratten auf?, fragte der Mann.

Auf die doch nicht! Und dann sagte er ganz leise: Mein Bruder, der liegt nämlich da unten. Da. Jürgen zeigte mit dem Stock auf die zusammengesackten Mauern. Unser Haus kriegte eine Bombe. Mit einmal war das Licht weg im Keller. Und er auch. Wir haben noch gerufen. Er war viel kleiner als ich. Erst vier. Er muss hier ja noch sein. Er ist doch viel kleiner als ich.

Der Mann sah von oben auf das Haargestrüpp. Aber dann sagte er plötzlich: Ja, hat euer Lehrer euch denn nicht gesagt, dass die Ratten nachts schlafen?

Nein, flüsterte Jürgen und sah mit einmal ganz müde aus, das hat er nicht gesagt.

Na, sagte der Mann, das ist aber ein Lehrer, wenn er das nicht mal weiß. Nachts schlafen die Ratten doch. Nachts kannst du ruhig nach Hause gehen. Nachts schlafen sie immer. Wenn es dunkel wird, schon.

Jürgen machte mit seinem Stock kleine Kuhlen in den Schutt.

Lauter kleine Betten sind das, dachte er, alles kleine Betten. Da sagte der Mann (und seine krummen Beine waren ganz unruhig dabei): Weißt du was? Jetzt füttere ich schnell meine Kaninchen, und wenn es dunkel wird, hole ich dich ab. Vielleicht kann ich eins mitbringen. Ein kleines, oder, was meinst du?

Jürgen machte kleine Kuhlen in den Schutt. Lauter kleine Kaninchen. Weiße, graue, weißgraue. Ich weiß nicht, sagte er leise und sah auf die krummen Beine, wenn sie wirklich nachts schlafen.

Der Mann stieg über die Mauerreste weg auf die Straße. Natürlich, sagte er von da, euer Lehrer soll einpacken, wenn er das nicht mal weiß.

Da stand Jürgen auf und fragte: Wenn ich eins kriegen kann? Ein weißes vielleicht?

Ich will mal versuchen, rief der Mann schon im Weggehen, aber du musst hier so lange warten. Ich gehe dann mit dir nach Hause, weißt du? Ich muss deinem Vater doch sagen, wie so ein Kaninchenstall gebaut wird. Denn das müsst ihr ja wissen.

Ja, rief Jürgen, ich warte. Ich muss ja noch aufpassen, bis es dunkel wird. Ich warte bestimmt. Und er rief: Wir haben auch noch Bretter zu Hause. Kistenbretter, rief er.

Aber das hörte der Mann schon nicht mehr. Er lief mit seinen krummen Beinen auf die Sonne zu. Die war schon rot vom Abend und Jürgen konnte sehen, wie sie durch die Beine hindurchschien, so krumm waren sie. Und der Korb schwenkte aufgeregt hin und her. Kaninchenfutter war da drin. Grünes Kaninchenfutter, das war etwas grau vom Schutt.

N Figurenbeziehungen untersuchen → S. 265

N Einen analytischen Interpretationsaufsatz schreiben → S. 270

1. Sprecht darüber, welche inneren Bilder beim Lesen in eurer Vorstellung entstanden sind.
2. Interpretiere die Kurzgeschichte. Achte dabei auf folgende Fragen:
   – In welcher Situation befindet sich der Junge und welche Rolle spielt der Mann?
   – Wie verändert sich der Redeanteil beider Figuren im Verlauf des Gesprächs?
   – Welche Absicht verfolgt der Mann?
3. Lies die Informationen zum zeitgeschichtlichen Hintergrund auf der gegenüberliegenden Seite und die Informationen über Wolfgang Borchert auf Seite 64. Diskutiert darüber, ob die Kenntnis dieser Hintergründe zum tieferen Verständnis der Geschichte beiträgt.
4. Der Schriftsteller und Herausgeber von Gedicht- und Geschichtensammlungen Hans Bender (1919–2015) hat die Kurzgeschichte einmal als „Resultat des Zeitklimas" bezeichnet. Erörtert, was mit dieser Formulierung gemeint ist, welche Aufgabe sie der Kurzgeschichte zuweist und ob sich diese Kennzeichnung auf „Nachts schlafen die Ratten doch" anwenden lässt.

Das Schicksal von Kindern in Trümmerdeutschland

Nach dem Ende des Zweiten Weltkriegs und der nationalsozialistischen Gewaltherrschaft – die verheerende Bilanz waren etwa 55 Millionen Tote, 35 Millionen Verwundete und rund 6 Millionen ermordete Juden – war Europa schwer vom Krieg gezeichnet. Auch Deutschland lag 1945 in Trümmern. Viele Städte waren insbesondere durch Fliegerbomben völlig zerstört. Familien wurden durch Flucht und Vertreibung auseinandergerissen, Väter waren im Krieg getötet worden, vermisst oder in Gefangenschaft geraten. Die Kinder wuchsen in Ruinen und Notunterkünften auf und waren häufig unterernährt; es mangelte überall an Nahrung, Wasser, Heizmaterial, Kleidung und Medikamenten.

Was als Spiel begann ...

Der Zweite Weltkrieg dehnte sich nach dem deutschen Angriff auf Polen 1939 schnell auf ganz Europa aus. Menschen in England, Frankreich und Polen, in der Ukraine oder in Weißrussland hatten sehr bald unter den Folgen von Krieg und Naziterror zu leiden. Für viele deutsche Kinder erschien der Krieg zunächst noch als ein abenteuerliches Spiel. Der Vater in Uniform war der Größte und wurde entsprechend bewundert. Kinder spielten mit Kanonen und bewaffneten Soldaten, stimmten Kriegslieder an und waren stolz auf ihre Sammelbilder ranghoher Militärs. Die Nationalsozialisten unterstützten diese Entwicklung: In der Hitlerjugend wurden tapfere Soldaten als Vorbilder gefeiert, Heldenmut und Kampfgeist gefördert. Aber auch die Kirche tat das ihre, dort hieß es: Beten für Führer, Volk und Vaterland. Kinder waren einer solchen Erziehung und Propaganda hilflos ausgeliefert. Woher sollten sie auch wissen, was Krieg bedeutet?

Bombennächte im Luftschutzkeller

Selbst den ersten Bombenalarm empfanden viele Kinder noch als Abenteuer. Doch mit den häufiger und heftiger werdenden Luftangriffen wuchs die Todesangst. Brennende Häuser, von Bomben zerstörte Gebäude, unzählige Tote und Verwundete – all das mussten auch Kinder mit ansehen und verkraften. Viele verbrachten über mehrere Jahre hinweg ihre Nächte im Luftschutzkeller. Tausende von ihnen wurden ausgebombt, verloren bei den Angriffen all ihr Hab und Gut, ihr Zuhause oder sogar ihre Eltern. Der Krieg war nun auch für die Kinder zum Kampf um das blanke Überleben geworden.

> **Merken**
>
> **Literatur in ihren historischen und biografischen Kontexten**
> Literarische Texte nehmen oft – direkt oder indirekt – **Bezug auf die gesellschaftlichen Verhältnisse der Zeit**, in der sie entstanden sind. Zudem fließen in sie vielfach **persönliche Erfahrungen der Autoren** ein. Wenn Autoren menschliches Fühlen und Verhalten gestalten wollen, bleibt ihnen schließlich nichts anderes übrig, als auf das zurückzugreifen, was sie an eigenen Wünschen und Konflikten, Erfahrungen und Beobachtungen in sich tragen.
> Aus diesen Gründen ist es für das Verständnis von literarischen Texten hilfreich, genauere Kenntnis von dem geschichtlichen Abschnitt, aus dem sie stammen, und vom Leben und Denken des Autors bzw. der Autorin zu besitzen.

Literatur in der Diktatur

Die wunderbaren Jahre Reiner Kunze (1976)

Mitschüler

Sie fand, die Massen, also ihre Freunde, müßten unbedingt die farbige Ansichtskarte sehen, die sie aus Japan bekommen hatte: Tokioter Geschäftsstraße am Abend. Sie nahm die Karte mit in die Schule, und die Massen ließen beim Anblick des Exoten kleine Kaugummiblasen zwischen den Zähnen zerplatzen.

In der Pause erteilte ihr der Klassenlehrer einen Verweis. Einer ihrer Mitschüler hatte ihm hinterbracht, sie betreibe innerhalb des Schulgeländes Propaganda für das kapitalistische System.

Schießbefehl

„Ich fahre zum Vater, sagt er, nimmt das Motorrad, und ich denke, warum kommt er denn nicht wieder, wo der bloß bleibt, langsam werde ich unruhig, da kommen die und sagen, ich soll nach P... kommen, er hat über die Grenze gewollt, und sie haben ihn erwischt. Also bin ich mit dem nächsten Zug nach P... gefahren, er hat schon gestanden, sagen sie, und als ich mich nicht mehr beherrschen konnte und mir die Tränen kamen, haben sie gesagt, machen Sie sich keine Sorgen, gute Frau, Ihr Gerhard lebt, er hat gut gegessen, und jetzt schläft er. Und wenn's während der Armeezeit gewesen wäre, wär's schlimmer. Er hatte doch gerade erst seinen Facharbeiter mit Abitur gemacht, und am Montag sollte er einrücken ... Und dann, am Montagnachmittag, kommen die von hier und sagen, ich soll am Dienstag nach P... kommen. Ich backe einen Kuchen, kaufe ein, und dann sagen sie mir in P..., ob ich denn nichts wüßte, ob denn unsere nichts gesagt hätten, er hat sich erhängt. Mit der Unterhose. Und sie hätten ihm einen Zettel gegeben, ob er mir nicht ein paar Worte schreiben wollte, aber er hätte abgelehnt. Wie er mir das hat antun können ... Und sehen darf ich ihn nicht, nur noch kurz vor der Feier, die im Gefängnis stattfindet. Aushändigen können sie mir nur die Urne."

Tatort „Republikflucht": Ermittlungen an einer Überstiegstelle

---

Der Lyriker und Erzähler **Reiner Kunze** wurde 1937 im Erzgebirge geboren. Nach einem Studium der Philosophie und Journalistik war er an der Universität Leipzig tätig, die er aber nach schweren politischen Angriffen gegen ihn verlassen musste. Danach arbeitete er als Hilfsschlosser im Schwermaschinenbau. Sein Prosaband „Die wunderbaren Jahre" konnte 1976 nur in der BRD erscheinen. Kunze wurde daraufhin aus dem Schriftstellerverband der DDR ausgeschlossen, bespitzelt und bedroht. 1977 reiste er in die BRD aus. Kunze erhielt zahlreiche Auszeichnungen, darunter den Georg-Büchner-Preis.

Reiner Kunzes Texte sind in der originalen Rechtschreibung abzudrucken.

---

1. Erläutere, welche politische Situation in den zwei Texten dargestellt wird. Beziehe in deine Überlegungen auch die Informationen über den Autor sowie deine Kenntnisse zur Situation in der DDR Mitte der 1970er-Jahre mit ein.
2. Untersuche die vom Autor verwendeten sprachlichen Mittel und ihre Wirkung.

Fluchtversuche – ein Fallbeispiel

Am 22. November 1980 versuchten drei Jugendliche, über die Grenzanlagen in Hohen-Neuendorf in den Westen zu fliehen. Während zwei jungen Männern, 19 und 24 Jahre alt, die Flucht gelang, wurde auf die 18-jährige Marinetta Jirkowsky geschossen. Sie erlag wenige Stunden später ihren Schussverletzungen.
Die Ausschnitte sind dem offiziellen Bericht entnommen.

1. Vergleiche die Darstellung dieses Falles mit der literarischen Bearbeitung des Themas durch Reiner Kunze.

1 Hauptabteilung I
Grenzkommando Mitte

Bericht
über einen erfolgten Grenzdurchbruch DDR-Westberlin mit Anwendung der Schusswaffe im Abschnitt des GR 38, 50 m links Florastraße, Ortschaft Hohenneuendorf, Kreis Oranienburg, Bezirk Potsdam.
Am 22.11.1980 gegen 04.10 Uhr wurde unserer Diensteinheit durch den OpD-GKM Meldung über einen verhinderten Grenzdurchbruch DDR – Westberlin – mit Anwendung der Schusswaffe – im o. g. Abschnitt, wobei eine weibliche Zivilperson verletzt wurde, erstattet [...].

2 Die verletzte Person Jirkoswsky, Marinetta, geb. am 25.08.1962 in Bad Saarow, Wh.: 1241 Spreenhagen, Birkenweg 13, Lehrling im VEB Reifenkombinat Fürstenwalde, wurde aus dem Sicherungsstreifen geborgen [...].

3 Die J. und zwei weitere männl. Zivilpersonen näherten sich aus dem eigenen Hinterland über ein unbewohntes Gartengrundstück der Hinterlandsmauer im Handlungsraum der Grenztruppen. Die Hinterlandsmauer wurde mithilfe einer sog. Malerleiter überwunden, die mitgeführt wurde. Zur Überwindung des Signalzaunes wurde eine ca. 3 m lange Sprossenleiter verwendet. Zur Überwindung der Grenzmauer feindwärts wurde der zweite Teil der genannten Malerleiter benutzt.

4 Maßnahmen
1. Weiterführung der Tatortuntersuchung durch die Spezialkommission und die Abt. IX der BV Potsdam in Zusammenarbeit mit unserer Diensteinheit und der KD Oranienburg.
2. Absicherung des Grenzverletzers* im Krankenhaus Hennigsdorf durch die KD Oranienburg [...].
3. Auslösung von Fahndungsmaßnahmen gegen den ▬▬▬ durch die KD Oranienburg.
4. Auswertung des Vorkommnisses mit dem Kommandeur des GK-Mitte und GR 38 und Einleitung von zusätzl. Sicherungsmaßnahmen im Rahmen des OZW.
5. Durchführung gemeinsamer Maßnahmen mit den Kommandeuren GK-Mitte und GR 38 zur Feststellung, inwieweit durch die eingesetzten Grenzposten die Wachsamkeit verletzt und damit der erfolgte Grenzdurchbruch von den zwei männl. Zivilpersonen begünstigt wurde [...].
6. Bei weiteren Feststellungen erfolgt Ergänzungsmeldung.
   Leiter der Abteilung

*Gemeint ist die später ihren Verletzungen erlegene Marinetta Jirkowsky.

Kurzgeschichten vor dem historischen Hintergrund interpretieren

Berichte von Hinze und Kunze   Volker Braun (1983)

Die Figuren Hinze und Kunze tauchen erstmals 1975 in Volkers Brauns Drama „Hinze und Kunze" auf und kehren in den „Berichten von Hinze und Kunze" und im „Hinze-Kunze-Roman" (1985) wieder. Funktionär Hinze und sein Chauffeur Kunze bringen Missstände und Kritik am System – meist zwischen den Zeilen – auf den Punkt.

Der Wanderer
Nach dem Buch *Lösungen* von Watzlawick, Weakland und Fisch

Die beiden rätselten in den dafür ins Leben gerufenen Gremien über die herangereiften Probleme. Sie bewegten sich dabei im Rahmen der Möglichkeiten und getreu ihren Grundsätzen, und Punkt für Punkt ihre Überzeugung behauptend. Und sahen doch jetzt keinen Ausweg, die Karre schien festgefahren. Da kam ein Wanderer des Wegs und kratzte mit einem Ästlein neun Punkte in den Sand:

Verbindet sie, sagte er, durch vier zusammenhängende Geraden. — Kunze versuchte es, und Hinze, bis die Zeigefinger brannten; sie kamen nicht zurand. Das ist euer Problem, sagte der Wanderer. Es ist nicht zu lösen, wenn ihr innerhalb der festen Positionen bleibt und das Denksystem nicht verlaßt. — Und er setzte sich auf den Boden, und ruhig zog er die vier Linien:

Eine Parabel erschließen
→ S. 113

1. Löse die Aufgabe, indem zu die Punkte verbindest.
   (Die Lösung findest du auf Seite 289.)
2. Benenne die inhaltliche Aussage des parabelartigen Textes.

Wie es gekommen ist   Volker Braun (Frühjahr 1989)

Es war nichts Besonderes, es war nur die Stimmung im Lande (die man hätte kennen können). Man wußte ja: es denkt in den Leuten; man hatte es nicht ernstgenommen. Nun war es soweit, es meldete sich zu Wort in den Versammlungen, und man mußte eine Antwort geben.

Man war es, offen gestanden, nicht gewohnt. Noch vor wenigen Jahren, ja Monaten, hätte man es verurteilt, man hätte es einfach nicht zugelassen. „Es wird nicht diskutiert!" „Es muß aufhören!" Ja, das waren noch Zeiten, als man die Weisungen gepachtet hatte.

In einer Sitzung dann hat es uns kalt erwischt. Einer brachte, nach dem Gerede, ein wenig verzweifelt, halb im Scherz, einen Antrag ein an das Oberste Amt. An das Oberste Amt, und wir waren doch fast Beamte. (Bei der Zollverwaltung, sozusagen, Hundeführer auf jeden Fall!) Stand uns zu, eine Maßnahme anzuprangern? Und uns einen Kopf zu machen?

Uns, die es tunlichst vermieden hatten ... Die es erwarten konnten. Wir sahen uns um, in dem kalkgrünen fahnenroten Versammlungsraum. Es war nicht mehr undenkbar. D. h. es hakte sich fest, es ergriff Besitz von uns. Es stand in den Gesichtern geschrieben. Und wir hoben, zögernd, von einer herrlichen Kraft gezogen, die Hand auf und ergaben uns dem neuen Gefühl.

Ich hätte ebensogut für meine Absetzung stimmen können, und natürlich wurde sofort vom Obersten Amt darauf hingearbeitet – aber etwas schien ihm dazwischenzukommen. Aber wirklich wurde ich irgendwie abgelöst von mir selber, und ein anderer trat meinerseits auf ohne ein Wort der Entschuldigung, es sei halt passiert. „Es war stärker als ich." – Wer hätte gedacht, daß es sich unserer Köpfe bediente? Es schreckte vor nichts zurück.

3. Interpretiere den Text.
4. Nimm zu der Anmerkung des Journalisten Lothar Müller im Kasten rechts Stellung. Überlege, inwieweit es für deine Beurteilung der im Text geschilderten Ereignisse von Bedeutung wäre zu wissen, wann die Geschichte entstanden ist.

Volker Braun wurde am 7. Mai 1939 in Dresden geboren.
Er arbeitete einige Jahre im Bergbau und Tiefbau, bevor er in Leipzig Philosophie studierte. Braun hatte große Schwierigkeiten, seine Theaterstücke, Romane und Sprechgedichte in der DDR zu veröffentlichen. Der Autor lebt heute in Berlin.

Volker Brauns Texte sind in der originalen Rechtschreibung abzudrucken.

Methode

Einen literarischen Text unter Berücksichtigung des historischen und biografischen Hintergrundes interpretieren

▶ Lies den Text und unterstreiche Stellen, in denen **zeitgeschichtliche Bezüge** deutlich werden.
▶ Informiere dich über die historischen Hintergründe und gesellschaftlichen Zusammenhänge der Stellen, die du dir angestrichen hast.
▶ Informiere dich über das **Leben und Denken des Autors bzw. der Autorin**. Viele Autoren geben in persönlichen oder programmatischen Texten Auskunft über ihre Sicht auf die Welt.
▶ Überlege, welche **Absichten** der Autor bzw. die Autorin wohl mit seinem (ihrem) Text verfolgt haben könnte. Beziehe deine Gedanken dazu in deine Interpretation mit ein.
▶ In einer Interpretation geht es nicht darum, Vermutungen darüber anzustellen, was sich der Autor wohl bei der Sache gedacht hat. In deiner Interpretation soll dein **eigenes Verständnis des Textes** zum Ausdruck kommen. Aber oft ist es dennoch nützlich, mit dem Autor und seinem Denken vertraut zu sein, um eine eigene überzeugende Vorstellung davon zu entwickeln, was der Text dem Leser zu sagen hat.

Keinem dieser Texte hat der Verlag ein Entstehungsdatum beigegeben, zu keinem angemerkt, wann und wo er zuerst veröffentlicht wurde, ob in der DDR oder in der Bundesrepublik. Das ist bei einem Autor, der so verstrickt ist in seine Zeit und sein Deutschland wie Volker Braun, mehr als schade. Es ist ärgerlich.
Lothar Müller in der „Süddeutschen Zeitung", Ausgabe vom 20. März 2002

Literarische Texte im historischen und biografischen Kontext interpretieren → S. 266

Einen analytischen Interpretationsaufsatz schreiben → S. 270

→ Arbeitsheft S. 23–29

„Dem Führer" treu bis in den Tod

Das Eiserne Kreuz Heiner Müller (1956)

Im April 1945 beschloß in Stargard in Mecklenburg ein Papierhändler, seine Frau, seine vierzehnjährige Tochter und sich selbst zu erschießen. Er hatte durch Kunden von Hitlers Hochzeit und Selbstmord gehört.

Im Ersten Weltkrieg Reserveoffizier, besaß er noch einen Revolver, auch zehn Schuß Munition.

Als seine Frau mit dem Abendessen aus der Küche kam, stand er am Tisch und reinigte die Waffe. Er trug das Eiserne Kreuz am Rockaufschlag, wie sonst nur an Festtagen.

Der Führer habe den Freitod gewählt, erklärte er auf ihre Frage, und er halte ihm die Treue. Ob sie, seine Ehefrau, bereit sei, ihm auch hierin zu folgen. Bei der Tochter zweifle er nicht, daß sie einen ehrenvollen Tod durch die Hand ihres Vaters einem ehrlosen Leben vorziehe.

Er rief sie. Sie enttäuschte ihn nicht.

Ohne die Antwort der Frau abzuwarten, forderte er beide auf, ihre Mäntel anzuziehen, da er, um Aufsehen zu vermeiden, sie an einen geeigneten Ort außerhalb der Stadt führen werde. Sie gehorchten. Er lud dann den Revolver, ließ sich von der Tochter in den Mantel helfen, schloß die Wohnung ab und warf den Schlüssel durch die Briefkastenöffnung.

Es regnete, als sie durch die verdunkelten Straßen aus der Stadt gingen, der Mann voraus, ohne sich nach den Frauen umzusehen, die ihm mit Abstand folgten. Er hörte ihre Schritte auf dem Asphalt.

Nachdem er die Straße verlassen und den Fußweg zum Buchenwald eingeschlagen hatte, wandte er sich über die Schulter zurück und trieb zur Eile. Bei dem über der baumlosen Ebene stärker aufkommenden Nachtwind, auf dem regennassen Boden, machten ihre Schritte kein Geräusch.

Er schrie ihnen zu, sie sollten vorangehen. Ihnen folgend, wußte er nicht: hatte er Angst, sie könnten ihm davonlaufen, oder wünschte er, selbst davonzulaufen. Es dauerte nicht lange, und sie waren weit voraus. Als er sie nicht mehr sehen konnte, war ihm klar, daß er zuviel Angst hatte, um einfach wegzulaufen, und er wünschte sehr, sie täten es. Er blieb stehen und ließ sein Wasser. Den Revolver trug er in der Hosentasche, er spürte ihn kalt durch den dünnen Stoff. Als er

Heiner Müller (1929–1995) begann seine literarische Karriere in den Fünfzigerjahren. Er arbeitete als Dramaturg am Maxim-Gorki-Theater in Ost-Berlin (1958/59), am Berliner Ensemble (1970–1977) und an der Volksbühne (1977–1982). Sein dramatisches Werk (etwa „Hamletmaschine", 1986, und „Germania 3 Gespenster am Toten Mann", UA 1996) verschaffte ihm internationales Ansehen.

Texte von Heiner Müller sind in ihrer originalen Orthografie abzudrucken.

Eisernes Kreuz (Z. 7): Orden, der für besondere Tapferkeit verliehen wird. Er wurde 1813 während der Befreiungskriege gegen das napoleonische Frankreich durch den damaligen preußischen König Friedrich Wilhelm III. gestiftet.

Eisernes Kreuz erster Klasse aus der Zeit des Ersten Weltkrieges

schneller ging, um die Frauen einzuholen, schlug die Waffe bei jedem Schritt an sein Bein. Er ging langsamer. Aber als er in die Tasche griff, um den Revolver wegzuwerfen, sah er seine Frau und die Tochter. Sie standen mitten auf dem Weg und warteten auf ihn.

Er hatte es im Wald machen wollen, aber die Gefahr, daß die Schüsse gehört wurden, war hier nicht größer.

Als er den Revolver in die Hand nahm und entsicherte, fiel die Frau ihm um den Hals, schluchzend. Sie war schwer, und er hatte Mühe, sie abzuschütteln. Er trat auf die Tochter zu, die ihn starr ansah, hielt ihr den Revolver an die Schläfe und drückte mit geschlossenen Augen ab. Er hatte gehofft, der Schuß würde nicht losgehen, aber er hörte ihn und sah, wie das Mädchen schwankte und fiel.

Die Frau zitterte und schrie. Er mußte sie festhalten. Erst nach dem dritten Schuß wurde sie still.

Er war allein.

Da war niemand, der ihm befahl, die Mündung des Revolvers an die eigene Schläfe zu setzen. Die Toten sahen ihn nicht, niemand sah ihn.

Er steckte den Revolver ein und beugte sich über seine Tochter. Dann fing er an zu laufen.

Er lief den Weg zurück bis zur Straße und noch ein Stück die Straße entlang, aber nicht auf die Stadt zu, sondern westwärts. Dann ließ er sich am Straßenrand nieder, den Rücken an einen Baum gelehnt, und überdachte seine Lage, schwer atmend. Er fand, sie war nicht ohne Hoffnung.

Er mußte nur weiterlaufen, immer nach Westen, und die nächsten Ortschaften meiden. Irgendwo konnte er dann untertauchen, in einer größeren Stadt am besten, unter fremdem Namen, ein unbekannter Flüchtling, durchschnittlich und arbeitsam.

Er warf den Revolver in den Straßengraben und stand auf.

Im Gehen fiel ihm ein, daß er vergessen hatte, das Eiserne Kreuz wegzuwerfen. Er tat es.

1. Sieh dir die historische Postkarte aus der Zeit des Ersten Weltkrieges an: Was hat sie inhaltlich mit der Kurzgeschichte „Das Eiserne Kreuz" zu tun?
2. Markiere Textstellen, in denen der historische Hintergrund der Kurzgeschichte deutlich wird.
3. Schreibe in Stichworten auf, wie sich die Handlung entwickelt.
4. Untersuche, welche Motive der Papierhändler für sein Handeln hat.

Die Kurzgeschichte findest du auch im Internetportal.

Innerer Monolog

Die Mutter
Warum schreit er so? Er soll nicht schreien! – Mein Gott, wenn ... Nicht weinen jetzt. – Was ist das für ein Geräusch? Dieses Schlagen. Der Revolver ... er hat ihn nicht in der Hand ... ist in seiner Tasche. Ich höre seinen Atem. Er keucht. Was, wenn er unsicher ist? – Nein, nein, er weiß, was er tut. Hat es immer gewusst. Ich muss ihm vertrauen. Das Eiserne Kreuz macht ihn stark. – Gleich. Gleich. Nicht umdrehn! Gemeinsam sterben. Wie der Führer. Ich folge ihm. – Eisern bleiben. – Mein Kind. Oh Gott! Mein Kind! Nur nicht anschauen. – Was, wenn ich mich umdrehe ...

Die Tochter
Warum bleibt Vater so weit zurück? Verlässt ihn der Mut? Warum lässt er mich mit Mutter allein, mit ihrem Jammern und Klagen, ihren ungeschickten Versuchen, mich anzufassen und sich an mir festzuhalten? Sind das die Menschen, auf die der Führer gebaut hat, um den Krieg zu gewinnen? Habe ich mich in meinen Eltern getäuscht, wie sich der Führer in seinem Volk getäuscht hat?

Der Vater
War schwerer, als ich gedacht hatte. Die Augen von Ursula ... so weit aufgerissen. Erst dachte ich, sie lebt noch. – Es musste sein. Schluss. – Das Blut, so viel Blut ... widerwärtig! – Nicht zurückschauen! Ist vorbei! Sie spüren nichts mehr. Sie sehen mich nicht mehr. Wie still es ist. Wo bin ich? Wie lange bin ich gelaufen? Ruhig, ruhig. Ich sitze hier. Allein. Ruhig, ruhig. Meine Hände zittern. Keiner hat's gesehn. – Ich darf nicht so schwer atmen. – Das fällt auf. Hat doch keiner gesehn. – Also –

N Eine gestaltenden Interpretationsaufsatz schreiben → S. 266

N Innerer Monolog → S. 278

Merken

Beurteilungskriterien für einen inneren Monolog:
- Führt der innere Monolog zu einem vertieften Verständnis der Kurzgeschichte?
- Ist die Deutung der Figur nachvollziehbar?
- Ist der Ton des Ausgangstextes getroffen?

---

1. Überlege, zu welchen Textstellen in der Kurzgeschichte diese inneren Monologe passen.
2. Untersuche, wie die innere Verfassung der Figur jeweils dargestellt wird.
3. Versetze dich in die Figur des Vaters und setze seinen Monolog fort. Achte dabei auf die Beurteilungskriterien eines inneren Monologes in der Randspalte.
4. Tausche dich mit einer Partnerin bzw. einem Partner aus: Was sagen eure Monologe über die Motive und die Tat des Vaters aus?
5. Schreibe zu einer weiteren Textstelle einen inneren Monolog.

Dialog

Konfrontation mit dem Schwager Beispieltext (Auszug)

Nehmen wir an, der Fluchtversuch des Papierhändlers endete bereits in einer der nächsten westwärts gelegenen Ortschaften. Zu bald nach der Tat waren die Leichen seiner Frau und seiner Tochter aufgefunden worden. Trotz der Auflösungserscheinungen der staatlichen Macht in den Wirren der letzten Kriegstage waren die polizeilichen Dienststellen der Region informiert und der entkräftete Papierhändler war noch am selben Tag aufgegriffen worden. Er hatte bei seiner Verhaftung keinen Widerstand geleistet. Im Gefängnis erhält er Besuch von seinem Schwager.

PAPIERHÄNDLER *wird hereingeführt, setzt sich, blickt geradeaus, an dem Besucher vorbei, der ebenfalls schweigt; nach einer Minute.* Was willst du?

DER SCHWAGER Verstehen, Fritz, verstehen, wie es zu dieser entsetzlichen Tat kommen konnte. Was ist passiert?

PAPIERHÄNDLER *ruhig, mit einem leisen Unterton von Verachtung.* Wenn du ein Mann von deutscher Ehre wärst, würdest du mir diese Frage nicht stellen.

DER SCHWAGER *betroffen.* So stimmt es, was sie sagen, dass du Ursula und Eva selbst getötet hast? *Mit vor Grauen belegter Stimme.* Wie konntest du? Dein eigen Fleisch und Blut.

PAPIERHÄNDLER *tonlos.* Auch der Führer hat seine Frau getötet. *Pause.* Und der Minister Goebbels seine ganze Familie ausgelöscht. Keusche deutsche Frauen dürfen nicht in die Hände des Feindes fallen. Ich habe getan, was getan werden musste – was du zu tun dich nicht getraut hättest. Das hast du mit dir abzumachen. Lass mich mit mir abmachen, was ich getan habe.

DER SCHWAGER Du Ungeheuer! Du erbärmlicher Mensch! Meine Schwester und Eva waren nicht dein Eigentum! Hast du sie gefragt, ob sie lieber sterben als weiterleben wollen?

PAPIERHÄNDLER *mit leisem Triumph.* Eva hat mir direkt in die Augen gesehen, als ich die Waffe auf sie gerichtet habe. Ganz ruhig. Das war ein deutsches Mädel – stärker und fester in ihrem Willen als wir alle. *Mit Geringschätzung.* Was Ursula angeht, so war sie wie du. Sie hat immer einen Stärkeren an ihrer Seite gebraucht, der für sie entschied und handelte. Sie hat ihn gehabt, bis zuletzt.

DER SCHWAGER Und du? Warum lebst du noch? Warst du stark genug, Frau und Tochter zu erschießen, aber dann, als es um dein eigenes Leben ging, hat dich der Mut verlassen?

PAPIERHÄNDLER *schaut zur Seite.* Was weißt du schon. [...]

1. Untersuche, wie sich der Papierhändler in diesem Gespräch verhält: Passt sein Verhalten zu den Vorstellungen, die du von ihm gewonnen hast?
2. Setze den Dialog fort. Besprecht eure Entwürfe.

Merken

Hilfreich bei der Gestaltung eines Dialogs sind Fragen wie:
- Was wissen, fühlen, denken die Figuren zu diesem Zeitpunkt?
- Wie gehen sie nach außen hin mit ihrer inneren Verfassung um?

Dialog → S. 274 N

Einen Dialog schreiben → S. 264 N

Merken

Beurteilungskriterien für einen Dialog:
- Wird der Zeitpunkt, zu dem der Dialog stattfindet, klar? (Auf welche Ereignisse beziehen sich die Figuren? Welche Entwicklungen sind ihnen noch verborgen?)
- Welcher Konflikt zwischen den Gesprächspartnern kommt im Dialog zur Sprache und macht ihn spannend?
- Wird die Art der Beziehung zwischen den Beteiligten deutlich?
- Stehen alle Gesprächsäußerungen in inhaltlichem Einklang mit der dem Dialog zugrunde liegenden Geschichte?

Alles aus Treue gegenüber „dem Führer" ...

Arbeitsauftrag zu Heiner Müllers Kurzgeschichte „Das Eiserne Kreuz":
Stelle dir vor, der Papierhändler wird von den amerikanischen Besatzern vor Gericht gestellt. Schreibe eine Gerichtsszene. Berücksichtige dabei folgende Fragen:
- Warum erschießt der Papierhändler seine Frau und seine Tochter, aber nicht sich selbst?
- Welche Bedeutung hat das Eiserne Kreuz in diesem Zusammenhang?

Vor Gericht   Schülerbeispiel (Auszug)

Ort: Gerichtssaal. Personen: Richter, zwei Beisitzer, Angeklagter, Protokollantin, ein Zeuge, Frau aus dem Publikum, weitere Zuschauer

RICHTER Sie haben Ihre Frau und Ihre Tochter getötet. – Warum taten Sie das?
ANGEKLAGTER *mit fester Stimme.* Ich kann nur so viel sagen, ich konnte mir ein ehrenvolles Leben ohne Hitler nicht vorstellen. Mir bedeutet der Begriff Ehre viel. Deshalb habe ich unseren gemeinsamen Tod beschlossen.
RICHTER *sichtlich um Fassung bemüht.* Aber Sie haben nur Ihre Familienangehörigen erschossen, nicht sich! *Lauter.* Wie erklären Sie sich das?
ANGEKLAGTER *räuspert sich.* Das alles ist mir selber noch kaum verständlich. *Pause.* Irgendwann wollte ich meine Frau und meine Tochter gar nicht mehr erschießen. Aber – wie hätte ich dagestanden – vor mir und vor ihnen? *Empörte Zwischenrufe.* Ich habe getan, was von einem Mann mit Ehrgefühl erwartet wird.
RICHTER Ich verstehe aber nicht, wieso Sie so fluchtartig den Tatort verlassen haben.
ANGEKLAGTER Das kann ich mir selbst nicht erklären. Vermutlich stand ich unter Schock.
RICHTER *erregt.* Sie sind beobachtet worden – der Junge wird gleich nochmals befragt werden –, wie Sie ein Eisernes Kreuz weggeworfen haben. Können Sie mir sagen, wieso Sie das bei der – *Pause, dann mit erhobener Stimme.* Hinrichtung Ihrer Frau und der Tochter getragen haben?
ANGEKLAGTER *erstaunt.* Das Eiserne Kreuz bedeutet für seinen Träger eine besondere Verpflichtung, wenn Sie verstehen, was ich meine. Ich habe das Kreuz im Ersten Weltkrieg bekommen. *Mit lauter, feierlicher Stimme.* Was ich tat, geschah aus Achtung vor dem Führer! ...

1. Beurteile die Szene: Inwieweit hat der Schreiber die Vorgaben erfüllt?
2. Begründe, weshalb und in welcher Weise dieser Text die Kurzgeschichte interpretiert.
3. Schreibe die Szene weiter und gib ihr einen Abschluss.

Textsortenspezifisches Schreiben: Aufgabenbeispiele

Brief
Der Papierhändler schreibt aus dem Gefängnis einen Brief an seine Schwester.
a) Schreibe diesen Brief.
b) Begründe, was du in diesem Brief besonders hervorgehoben hast.

Tagebucheintrag
Am frühen Morgen des Tages, an dem sie sterben wird, vertraut die Frau des Papierhändlers ihrem Tagebuch ihre Sorgen an.
a) Schreibe diesen Tagebucheintrag.
b) Erkläre, wie du ihn gestaltet hast.

Zeitungskommentar
In einem Zeitungskommentar äußert sich ein Journalist zu dem Fall des Papierhändlers, dessen Prozess er miterlebt hat.
a) Schreibe den Kommentar.
b) Stelle dar, welche Aspekte der Gerichtsverhandlung du kommentiert hast und warum.

Rede
Das Gerichtsverfahren ist abgeschlossen. Der Richter begründet den Schuldspruch.
a) Verfasse diese Begründung und erläutere dabei die Höhe des Strafmaßes, das du in der Rolle des Richters für angemessen hältst.
b) Stelle dar, welche Aspekte der Tat dich zu dem Urteil und der Höhe des Strafmaßes bewogen haben.

Innerer Monolog
„Es dauerte nicht lange, und sie waren weit voraus. Als er sie nicht mehr sehen konnte, war ihm klar, daß er zuviel Angst hatte, um einfach wegzulaufen, und er wünschte sehr, sie täten es." (Z. 31–36).
Welche Gedanken und Gefühle gehen dem Mann in dieser Situation durch den Kopf? Schreibe einen inneren Monolog, in dem der Mann an seine Familie, die Vergangenheit und die Zukunft denkt.

Interview
Der alte Mann wird als Zeitzeuge interviewt. Verfasse ein wörtliches Protokoll dieses Gesprächs. Beschreibe auch, wie der alte Mann sich verhält, und erläutere anschließend deine Entscheidungen.

Merken

Textsortenspezifisch schreiben
- klarer gedanklicher Aufbau und sachlicher Stil
- Gedanken, Gefühle, Situationen, Beziehungen, Entwicklungen darstellen und reflektieren
- die zum derzeitigen Zeitpunkt der Handlung passenden Gedanken und Gefühle formulieren
- Vergangenheit, Gegenwart und Zukunft einbeziehen
- argumentierend und wertend schreiben
- die innere Verfassung, die Gedanken und Gefühle des Sprechers und anderer Figuren darstellen
- in dialogischer Form mithilfe von Fragen und Antworten objektive Sachverhalte und persönliche Erfahrungen ermitteln

Arbeitsheft → S. 30–31

Innerer Monolog → S. 278 **N**
Einen Tagebucheintrag verfassen → S. 269 **N**
Textsorte „Rede" → S. 23

---

1. Ordne die im Merkkasten aufgeführten Hinweise den Aufgabenbeispielen zu. Für welche Textsorten sind welche Punkte besonders wichtig?
2. Wähle eine Aufgabe aus und schreibe dazu eine gestaltende Interpretation.
3. Wie könnte der Schluss deines Textes filmisch gestaltet werden? Skizziere ein entsprechendes Drehbuch.

Menschen in der DDR und im Krieg

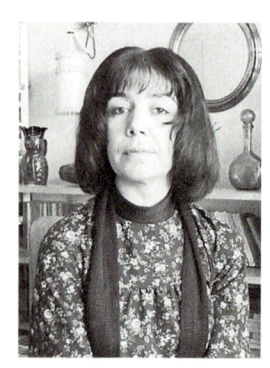

Auf den Seiten der Leseideen findest du zwei Kurzgeschichten. Die eine erzählt in parabelhafter Form von der DDR, die andere von Menschen im Krieg. Ernest Hemingway, der Autor der zweiten Geschichte, war für die deutschen Autoren, die nach 1945 Kurzgeschichten zu schreiben begannen, ein wichtiges Vorbild.
Du kannst diese beiden Geschichten einfach nur lesen und auf dich wirken lassen. Du kannst aber auch darüber nachdenken, was sie mit anderen Kurzgeschichten dieses Kapitels verbindet, und deine Überlegungen schriftlich ausformulieren. Vielleicht regen dich die Geschichten auch an, weitere Texte von Irmtraut Morgner und Ernest Hemingway zu lesen und mehr über die deutsche Autorin und den amerikanischen Autor – den Literaturnobelpreisträger von 1954 – in Erfahrung zu bringen.

Irmtraud Morgner wurde 1933 in Chemnitz geboren und starb 1990 in Ost-Berlin. In ihren Erzählungen und Romanen (etwa „Hochzeit in Konstantinopel", 1968, „Leben und Abenteuer der Trobadora Beatriz nach Zeugnissen ihrer Spielfau Laura", 1974, und „Amanda. Ein Hexenroman", 1983) kritisiert sie ein Zuviel an Ordnung und System, indem sie das Alltägliche verfremdet und den Leser dadurch ahnen lässt, dass es Alternativen zum Leben im sozialistischen Alltag gibt.

„Das Duell" entstammt dem größeren Erzählzusammenhang des Romans „Hochzeit in Konstantinopel", wird darin aber als in sich abgeschlossene Geschichte präsentiert: „Bele taufte das Ziel der Hochzeitsreise Konstantinopel. Paul trug die Koffer in ihr Zimmer. Gegen Morgen erzählte sie Paul folgende Geschichte:" (S. 11)

BVG Berliner Verkehrsbetrieb

Das Duell   Irmtraud Morgner (1968)

Ich arbeitete jahrelang an diesem Entschluss. Eines Abends war er gefasst. Kurz vor Geschäftsschluss betrat ich den Laden und verlangte einen luftbereiften Roller. Der Verkäufer zeigte mir verschiedene Ausführungen. Ich verlangte einen ganz bestimmten. Der Verkäufer holte drei weitere Exemplare vom Lager. Ich verlangte den verchromten mit schaumgummigepolsterter Sitzeinrichtung, Hand- und Fußbremse sowie dynamobetriebener Lampe zu achtundneunzig Mark siebzig aus dem Schaufenster. „Fensterware erst nach Dekorationswechsel", sagte der Verkäufer. „Wann wird gewechselt?" – „In drei bis vier Tagen." – „Zu spät", sagte ich. Der Verkäufer fragte nach dem Datum des Geburtstages. Ich versicherte, kein Geburtstagsgeschenk kaufen zu wollen. „Dann kann das Kind auch noch drei, vier Tage warten", sagte er. „Keine Stunde", sagte ich. „Wie alt ist denn das Kind?", fragte er. „Ich kaufe den Roller für mich", sagte ich. Der Verkäufer wechselte einen Blick mit dem Ladenmeister. Der winkte die anderen beiden Verkäufer zur Kasse. Ich stand vor der Kasse und wedelte mit dem Scheck. Der Ladenmeister bedauerte, mir auf Scheck nichts verkaufen zu können. Ich verwies darauf, dass es sich bei dem Papier um einen Barscheck handelte, steckte ihn ein und holte vier grüne Geldscheine aus der Tasche. Der Ladenmeister brachte seine Verwunderung über die Summe zum Ausdruck, die ich mit mir führte. „Lohntag", sagte ich. „Wo?", fragte er. „Bei der BVG", sagte ich. „Was arbeiten Sie denn da?", fragte er wieder. „Ich bin Schaffnerin, krieg ich nun den Roller, ja oder nein." – „Schaffnerin", sagte der Ladenmeister und wechselte Blicke mit seinem Personal. Ich wechselte das Standbein. Ein Verkäufer riss den Arm hoch, winkelte ihn an und gab bekannt, dass die Uhr in fünf Minuten neunzehn Uhr anzeigen würde. Wir verglichen unsere Uhren. Wir stellten Einstimmigkeit fest. Der Ladenmeister erklärte seinen Laden für geschlossen und bat mich, morgen wiederzukommen. Ich machte ihn auf die Gesetzwidrigkeit seiner vorzeitigen Handlung aufmerksam, sagte ferner, dass ich meine Zeit nicht gestohlen hätte, und bestieg einen der herumstehenden luftbereiften, jedoch nicht verchromten und nicht mit schaumgummigepolsterter Sitzeinrichtung versehenen Roller, entschlossen, die noch verbleibenden viereinhalb Minuten für Trainingszwecke zu nutzen. Der Laden war weiträumig. Sein linker Trakt wurde von vier Säulen gestützt. Ich benutzte ihn als Slalomstrecke. Obgleich ich noch nie in meinem Leben auf einem luftbereiften Roller gestanden hatte, nahm ich die Kurven sicher. An den Schaufenstern standen Leute. Die Finger meiner rechten Hand lagen auf dem Bremshebel. Vor jeder Kurve klappte ich ordnungsgemäß den Winker heraus und verringerte die Geschwindigkeit. Wenn ich am Verkaufspersonal vorbeifuhr, blendete ich ab und klingelte. An den Schaufenstern drängten sich Menschen. Die Räder waren vorzüglich gelagert, einmal mit dem Fuß abstoßen, und ich hatte Schwung für eine ganze Runde. Menschenmassen belagerten die Schaufenster. Der Geschäftsführer schien um die Scheiben zu bangen. Er rannte abwechselnd zu den Scheiben und hinter mir her. Ich war schneller. Er gestikulierte. Stumm. Das gesamte Personal gestikulierte stumm. Schließlich bestieg der Ladenmeister das Auslagenpodest, um den Ruf des Ladens zu retten, wie er später in seiner Anzeige formulierte, er bestieg, wie gesagt, das Podest, schnitt den an Perlonfäden hängenden verchromten, mit schaumgummigepolsterter Sitzeinrichtung, Hand- und Fußbremse sowie dynamobetriebener Lampe versehenen Roller ab, schrieb einen Kassenzettel aus, ich betätigte sofort Hand- und Fußbremse und stellte das relativ gute Gerät zurück zu den anderen seiner Art, dankte, man händigte mir das absolut gute gegen die auf dem Preisschild angegebene Summe aus. Eingepackt, ich musste versprechen, den mit mehreren Quadratmetern Wellpappe verhüllten und mit Tauwerk verschnürten Traum nach Hause zu tragen.

Als Kind hatte ich von Holzrollern geträumt. Ein Mädchen im Nebenhaus besaß einen gummibereiften zu sieben Mark achtzig. Mit dem fuhr ich nachts über die Dächer. Bisweilen erschien mir auch ein Tretroller im Traum. Den fuhren Damen von Schneewittchen aufwärts. Aber luftbereift war auch der nicht gewesen. Unvergleichbar jenem, den ich bis zur Unkenntlichkeit verschnürt aus dem Laden schleppte. Geschultert. Die Menge bildete eine Gasse. Ich schritt hindurch und auf dem schnellsten Weg nach Hause, versprochen ist versprochen.

Die meisten Bewohner meines Hauses bezeichneten mein Hobby als komisch. Anfangs. Ein international bekannter Radballsportler, wohnhaft im Vorderhaus, griff sich an den Kopf. Ich boykottierte die Verkehrsmittel, deren unentgeltliche Benutzung mir zustand, und fuhr täglich mit dem Roller zum Dienst. Mein Gesundheitszustand verbesserte sich. Doktor Lauritz, der mir von je Bewegung verordnet hatte, war zufrieden. Als ich ihm verriet, wie ich mich bewegte, verwickelte er mich in ein längeres Gespräch über Gegenstände, die auf seinem Schreibtisch standen. Außer Dienst bewegte ich mich vorzugsweise luftbereift, zum Bäcker fuhr ich, zum Fleischer, alle Besorgungen erledigte ich mit dem Rol-

Winker Vorläufer des Blinkers

Eine Straßenbahn der Linie 49 auf dem Berliner Alexanderplatz, Aufnahme vom Februar 1967

Aufmarsch der FDJ in der Berliner Karl-Marx-Allee beim „Nationalen Jugendfestival" im Juni 1979

ler, Plage wandelte sich in Wohltat, manchmal kaufte ich für meine Nachbarn ein. Natürlich ließ sich der Lenker schwer bedienen, wenn prallgefüllte Netze an ihm hingen, aber die Erziehung, die ich genossen hatte, wertete Angenehmes nur dann moralisch auf, wenn es mit Nützlichem verbunden war. Ich versteuerte mich nie, beladen und dennoch leicht fuhr ich dahin, beflügelt von dieser selten erlebten Harmonie zwischen Moral und Lust, ich fuhr, ich fuhr, größer als sonst – zwischen Trittbrett und Straße maß der Abstand zwölf Zentimeter –, ich schaukelte mich auf den Luftpolstern über die Unebenheiten von Pflaster-, Asphalt- und Betonstraßen, bergauf stieg ich nie ab, schon bei geringem Gefälle war Anschieben mit dem Fuß überflüssig, tat ich es dennoch, überholte ich nicht selten Straßenbahnzüge auf Strecken, die nur mit einer Geschwindigkeit von dreißig Kilometern befahren werden durften. Oft saß ich jedoch auch auf dem schaumgummigepolsterten Sitz, der stahlrohrgestützt über dem verchromten Kotflügel des Hinterrads angebracht war, lauschte dem Summen des Dynamos und genoss den Fahrtwind. Der stemmte sich gegen mich, zauste das Haar, bauschte den Mantel, trieb mir Tränen in die Augen: Ich besiegte ihn immer. So eroberte ich binnen Kurzem alle Straßen des Stadtbezirks und eine mir umständehalber bis dahin vorenthalten gebliebene Lustbarkeit des Lebens. Ich pries sie, wo sich Gelegenheit bot. Die meisten Erwachsenen fanden sie wie gesagt komisch. Mitleidig oder auch froh über die unverhoffte Abwechslung sahen sie auf mich herab. Anfangs. Die Kinder hörten mir zu. Alle lachten. Am fünften Tag nach dem Kauf standen, als ich meinen Roller bestieg, um zum Dienst zu fahren, einige Frauen und Männer vor der Haustür. Als ich wiederkehrte, versperrte eine Menschenmenge den Torweg. Ich fragte, ob man gestatten würde, man gestattete, zögernd, eine Frau verlangte Auskunft über den Zweck, zu welchem ich mich derartig benähme. Ich erläuterte den Zweck der Fortbewegung. Man fragte nach dem Sinn. Ich erläuterte den Sinn des Spaßes. Die Menschenmenge sah

Altbau der Psychiatrischen Nervenklinik der Charité in Berlin-Mitte

misstrauisch zu mir hinauf. Am anderen Morgen besuchte mich ein Herr in meiner Wohnung und protestierte im Namen gegen derartige Provokationen, die einer Verächtlichmachung des Radsports, das heißt einer olympischen Sportart, das heißt der olympischen Idee, gleichkäme. Ich versicherte ihn meiner Loyalität. Er versicherte mir, nicht zu ruhen. Als ich gegen Mittag den Roller im Straßenbahndepot an seinen Platz stellte, wurde ich zu Betriebsarzt Lauritz gerufen. Er schrieb mir eine Überweisung für die psychiatrische Abteilung der Charité. Auf dem Weg zur Charité merkte ich, dass die Fußbremse defekt war. Da ich den Laden in der Nähe wusste, fuhr ich einen kleinen Umweg und wandte mich vertrauensvoll an den Fachmann, bei dem ich den Roller gekauft hatte. Der Fachmann wechselte sofort einen Blick mit dem Ladenmeister. Dieser winkte die anderen beiden Verkäufer zur Kasse. Ich stand vor der Kasse und erläuterte mein Anliegen. Als keiner von den vier Herren die bedrohte Kasse, wie später in der Anzeige formuliert war, verließ, um den Schaden in Augenschein zu nehmen, führte ich den Schaden vor. Ich stellte den rechten Fuß aufs Trittbrett, stieß mich mit dem linken zweimal kräftig ab, trat mit dem linken Absatz mehrmals auf den Bremsknopf, vergebens, ich fuhr zwei Runden durch den weiträumigen Laden, alle anwesenden Käufer konnten bestätigen, dass die Fußbremse nicht funktionierte. Der Ladenmeister nahm meine Personalien auf, händigte mir einen Reparaturzettel aus und behielt den Roller. Kurz darauf bekam ich die Mitteilung, dass gegen mich eine Anzeige wegen groben Unfugs sowie Erregung öffentlichen Ärgernisses vorläge.

Da machte ich mich zum dritten Mal auf den Weg, betrat den Laden kurz vor der Mittagspause, stellte mich in einer Entfernung von zirka zwei Metern vor dem Ladenmeister auf, gab die Bedingungen bekannt, verzichtete auf einen Sekundanten, gewährte ihm drei, nahm die Schultern zurück, zählte, holte tief Luft und lachte ihn tot.

Charité Universitätsklinik in Berlin

Sekundant Zeuge und Beistand beim Duell

Alter Mann an der Brücke   Ernest Hemingway (1938)

Ein alter Mann mit einer Stahlbrille und sehr staubigen Kleidern saß am Straßenrand. Über den Fluss führte eine Pontonbrücke, und Karren und Lastautos und Männer, Frauen und Kinder überquerten sie. Die Maultier-Karren schwankten die steile Uferböschung hinter der Brücke hinauf, und Soldaten halfen und stemmten sich gegen die Speichen der Räder. Die Lastautos arbeiteten schwer, um aus alledem herauszukommen, und die Bauern stapften in dem knöcheltiefen Staub einher. Aber der alte Mann saß da, ohne sich zu bewegen. Er war zu müde, um noch weiterzugehen.

Ich hatte den Auftrag, über die Brücke zu gehen, den Brückenkopf auf der anderen Seite auszukundschaften und ausfindig zu machen, bis zu welchem Punkt der Feind vorgedrungen war. Ich tat das und kehrte über die Brücke zurück. Jetzt waren dort nicht mehr so viele Karren und nur noch wenige Leute zu Fuß, aber der alte Mann war immer noch da.

„Wo kommen Sie her?", fragte ich ihn.

„Aus San Carlos", sagte er und lächelte.

Es war sein Heimatort, und darum machte es ihm Freude, ihn zu erwähnen, und er lächelte.

„Ich habe die Tiere gehütet", erklärte er.

„So", sagte ich und verstand nicht ganz.

„Ja", sagte er, „wissen Sie, ich blieb, um die Tiere zu hüten. Ich war der Letzte, der die Stadt San Carlos verlassen hat."

Er sah weder wie ein Schäfer noch wie ein Rinderhirt aus, und ich musterte seine staubigen, schwarzen Sachen und sein graues, staubiges Gesicht und seine Stahlbrille und sagte: „Was für Tiere waren es denn?"

„Allerhand Tiere", erklärte er und schüttelte den Kopf. „Ich musste sie dalassen." Ich beobachtete die Brücke und das afrikanisch aussehende Land des Ebro-Deltas und war neugierig, wie lange es jetzt wohl noch dauern würde, bevor wir den Feind sehen würden, und ich horchte die ganze Zeit über auf die ersten Geräusche, die immer wieder das geheimnisvolle Ereignis ankündigen, das man ‚Fühlung nehmen' nennt, und der alte Mann saß immer noch da.

„Was für Tiere waren es?", fragte ich.

„Es waren im ganzen drei Tiere", erklärte er. „Es waren zwei Ziegen und eine Katze und dann noch vier Paar Tauben."

„Und Sie mussten sie dalassen?", fragte ich.

„Ja, wegen der Artillerie. Der Hauptmann befahl mir, fortzugehen wegen der Artillerie."

„Und Sie haben keine Familie?", fragte ich und beobachtete das jenseitige Ende der Brücke, wo ein paar letzte Karren die Uferböschung herunterjagten.

„Nein", sagte er, „nur die Tiere, die ich angegeben habe. Der Katze wird natürlich nichts passieren. Eine Katze kann für sich selbst sorgen, aber ich kann mir nicht vorstellen, was aus den anderen werden soll."

Ernest Hemingway (1899–1961) im Spätjahr 1939 im Ferienort Sun Valley in Idaho. Das Porträt in Schriftstellerpose stammt von dem Fotografen Lloyd Arnold und wurde für die Erstausgabe von Hemingways Roman „For Whom the Bell Tolls" („Wem die Stunde schlägt") aufgenommen, der 1940 erschien. Der Held des Romans ist ein US-amerikanischer Guerillakämpfer im Spanischen Bürgerkrieg.

Pontonbrücke (Z. 2) auf Schwimmkörpern ruhende, behelfsmäßige Brücke

Ebro Fluss im Nordosten Spaniens

Artillerie Sammelbegriff für großkalibrige Geschütze und Raketen

„Wo stehen sie politisch?", fragte ich.

„Ich bin nicht politisch", sagte er. „Ich bin sechsundsiebzig Jahre alt. Ich bin jetzt zwölf Kilometer gegangen, und ich glaube, dass ich jetzt nicht weitergehen kann."

„Dies ist kein guter Platz zum Bleiben", sagte ich. „Falls Sie es schaffen können, dort oben, wo die Straße abzweigt, sind Lastwagen."

„Ich will ein bisschen warten", sagte er, „aber danke sehr. Nochmals sehr schönen Dank."

Er blickte mich ganz ausdruckslos und müde an, dann sagte er, da er seine Sorgen mit jemandem teilen musste: „Der Katze wird nichts passieren, das weiß ich; man braucht sich wegen der Katze keine Sorgen zu machen. Aber die andern; was glauben Sie wohl von den andern?"

„Ach, wahrscheinlich werden sie heil durch alles durchkommen."

„Glauben Sie das?"

„Warum nicht?", sagte ich und beobachtete das jenseitige Ufer, wo jetzt keine Karren mehr waren.

„Aber was werden sie unter der Artillerie tun, wo man mich wegen der Artillerie fortgeschickt hat?"

„Haben Sie den Taubenkäfig unverschlossen gelassen?", fragte ich.

„Ja."

„Dann werden sie wegfliegen."

„Ja, gewiss werden sie wegfliegen. Aber die andern; es ist besser, man denkt nicht an die andern", sagte er.

„Wenn Sie sich ausgeruht haben, sollten Sie gehen", drängte ich. „Stehen Sie auf, und versuchen Sie jetzt einmal zu gehen."

„Danke", sagte er und stand auf, schwankte hin und her und setzte sich dann rücklings in den Staub.

„Ich habe die Tiere gehütet", sagte er eintönig, aber nicht mehr zu mir. „Ich habe doch nur Tiere gehütet."

Man konnte nichts mit ihm machen. Es war Ostersonntag, und die Faschisten rückten gegen den Ebro vor. Es war ein grauer, bedeckter Tag mit tiefhängenden Wolken, darum waren ihre Flugzeuge nicht am Himmel. Das und die Tatsache, dass Katzen für sich selbst sorgen können, war alles an Glück, was der alte Mann je haben würde.

Von links nach rechts: Der holländische Dokumentarfilmer Joris Ivens (1898–1989), Ernest Hemingway (1899–1961) und der deutsche Schriftsteller Ludwig Renn (1889–1979) 1936 während des Spanischen Bürgerkrieges, der vom Sommer 1936 bis zum Frühjahr 1939 andauerte. Hemingway, der damals schon ein bekannter Romancier war, berichtete als Kriegsreporter aus Spanien. Er verfasste und sprach auch den Kommentar zu dem Film „The Spanish Earth" (1939), mit dem Joris Ivens den Kampf der Republikaner gegen General Franco nach dessen erfolgreichem Putsch gegen die demokratisch gewählte Regierung des Landes unterstützte.

Selbsteinschätzung

	Seite	😊😊	😊	😐	☹
Ich kann eine Kurzgeschichte vor ihrem historischen Hintergrund interpretieren.	64–71				
Ich bin in der Lage, mich eigenständig über das Leben und Denken eines Autors bzw. einer Autorin zu informieren und diese Informationen für die Interpretation zu nutzen.	71				
Ich kann eine Kurzgeschichte gestaltend erschließen.	72–76				
Ich kenne die Merkmale der für das gestaltende Interpretieren wichtigen Textsorten.	77				
Ich kann textsortenspezifisch schreiben.	77				

Tipp Wenn du dir bei einigen Aussagen unsicher bist, dann präge dir noch einmal genau die Lernhilfen auf den entsprechenden Seiten ein.

Trainingsideen

Eine Kurzgeschichte erschließen

Die Kegelbahn Wolfgang Borchert (1946)

Zwei Männer hatten ein Loch in die Erde gemacht. Es war ganz geräumig und beinahe gemütlich. Wie ein Grab. Man hielt es aus.

Vor sich hatten sie ein Gewehr. Das hatte einer erfunden, damit man damit auf Menschen schießen konnte. Meistens kannte man die Menschen gar nicht. Man verstand nicht mal ihre Sprache. Und sie hatten einem nichts getan. Aber man musste mit dem Gewehr auf sie schießen. Das hatte einer befohlen. Und damit man recht viele von ihnen erschießen konnte, hatte einer erfunden, dass das Gewehr mehr als sechzig Mal in der Minute schoss. Dafür war er belohnt worden.

Etwas weiter ab von den beiden Männern war ein anderes Loch. Da guckte ein Kopf raus, der einem Menschen gehörte. Er hatte eine Nase, die Parfüm riechen konnte. Augen, die eine Stadt oder eine Blume sehen konnten. Er hatte einen Mund, mit dem konnte er Brot essen und Inge sagen oder Mutter. Diesen Kopf sahen die beiden Männer, denen man das Gewehr gegeben hatte.

Schieß, sagte der eine.

Der schoss.

Da war der Kopf kaputt. Er konnte nicht mehr Parfüm riechen, keine Stadt mehr sehen und nicht mehr Inge sagen. Nie mehr.

Die beiden Männer waren viele Monate in dem Loch. Sie machten viele Köpfe kaputt. Und die gehörten immer Menschen, die sie gar nicht kannten. Die ihnen nichts getan hatten und die sie nicht mal verstanden. Aber einer hatte das Gewehr erfunden, das mehr als sechzig Mal schoss in der Minute. Und einer hatte es befohlen.

Allmählich hatten die beiden Männer so viele Köpfe kaputt gemacht, dass man einen großen Berg daraus machen konnte. Und wenn die beiden Männer schliefen, fingen die Köpfe an zu rollen. Wie auf einer Kegelbahn. Mit leisem Donner. Davon wachten die beiden Männer auf.

Aber man hat es doch befohlen, flüsterte der eine.

Aber wir haben es getan, schrie der andere.

Aber es war furchtbar, stöhnte der eine.

Aber manchmal hat es auch Spaß gemacht, lachte der andere.

Nein, schrie der Flüsternde.

Doch, flüsterte der andere, manchmal hat es Spaß gemacht. Das ist es ja. Richtig Spaß.

Stunden saßen sie in der Nacht. Sie schliefen nicht. Dann sagte der eine:

Aber Gott hat uns so gemacht.

Aber Gott hat eine Entschuldigung, sagte der andere, es gibt ihn nicht.

Es gibt ihn nicht?, fragte der Erste.

Das ist seine einzige Entschuldigung, antwortete der Zweite.

Aber uns – uns gibt es, flüsterte der Erste.

Ja, uns gibt es, flüsterte der andere.

Die beiden Männer, denen man befohlen hatte, recht viele Köpfe kaputt zu machen, schliefen nicht in der Nacht. Denn die Köpfe machten leisen Donner.

Dann sagte der eine: Und wir sitzen nun damit an.

Ja, sagte der andere, wir sitzen nun damit an.

Da rief einer: Fertigmachen. Es geht wieder los.

Die beiden Männer standen auf und nahmen das Gewehr.

Und immer, wenn sie einen Menschen sahen, schossen sie auf ihn. Und immer war das ein Mensch, den sie gar nicht kannten. Und der ihnen nichts getan hatte. Aber sie schossen auf ihn. Dazu hatte einer das Gewehr erfunden. Er war dafür belohnt worden.

Und einer – einer hatte es befohlen.

ansitzen auf dem Ansitz (Hochsitz) sein und auf Jagdwild warten (Jägersprache)

1. Lies die Kurzgeschichte.
2. Interpretiere die Kurzgeschichte. Beachte dabei die folgenden Hinweise:
   – Beschreibe die Figuren und ihre Beziehung zueinander: Worüber sprechen sie, wie reden sie und wie denken sie über ihr Handeln?
   – Die Kurzgeschichte wird auf einer realistischen und auf einer metaphorischen Ebene erzählt. Wie hängen diese beiden Ebenen zusammen?
   – Notiere, welche historischen Hintergründe und welche persönlichen Motive Wolfgang Borchert veranlasst haben könnten, diese Geschichte zu schreiben.

Sektfrühstück in Prag Peter Schlemihl (1988)

Ich treffe sie durch Zufall. Bei einem Bekannten, mit dem ich eine grenzüberschreitende Blues-Session machen will, sitzt sie im Zimmer. Spielt Konstantinopel-Punk. Ein Bleistift, zwischen die Saiten geklemmt. Abschrammel. Schräge Töne, schräge Frau.

Findet alles „verschärft", „urst gut". Für sie ist der Boden nicht dreckig, sondern „keimig". Sie will Schauspielerin werden. Und will es doch wieder nicht. Und schauspielert ununterbrochen. Schwierig auseinanderzuhalten, was nur Pose, Provokation, was echt ist. Sagt, ich könne sie sowieso nicht verstehen. Schließlich sei ich unter ganz anderen Verhältnissen groß geworden. Dass sie nicht in den Westen wolle. Dass mir hier doch alles so schäbig vorkommen müsse. Dass ich sie ja sowieso nur interessiere, weil ich aus dem Westen komme. West-Männer, die hätten was Exotisches. Nicht, weil sie was Besonderes seien – nur, weil sie aus dem Westen kommen. Und dann verschwinden sie ja doch wieder. Ab über die Mauer, als sei nichts gewesen. Komm mir bloß nicht zu nahe – du könntest mich verletzen. Und dann erzählt sie doch Stunde um Stunde aus ihrem Leben. Mir gegenüber könne sie so offen sein. Was sie mir erzählt, nehme ich mit in ein ganz anderes Leben. Sie müsse bei mir keine Angst davor haben, dass ich ihr auf der Straße begegne und sie sich dann ihrer Mitteilsamkeit schämen müsse. Sie sei ja vor dem Mitwisser durch die Grenze geschützt, Gott sei Dank. Die Mauer, die trennt und verbindet.

Kurz vor der Abfahrt noch ein Wunsch. Sie interessiere sich für Bücher von und über Frauen. Aber nicht für „Emanzen"-Bücher. Sie ist gegen Frauen, die sich auf Kosten der Männer emanzipieren wollen. Findet, wo es um Gleichberechtigung gehe, könne frau nicht einfach das andere Geschlecht ausschließen.

In die Schlange der Wartenden eingereiht, wenige Minuten vor Mitternacht, Lippen zerkauend. Letzte Sätze im Kopf. Ob ich wiederkomme. Dieses Unwirkliche. Dieser Gedanke, dass wir gerade noch so nahe beieinander waren und in wenigen Stunden schon wieder eine Unendlichkeit.

Die Stadt – nicht mehr nur eine Anhäufung von Geschichte, von Gebäu-

urst regional umgangssprachlich für ‚äußerst', ‚sehr'

Die berühmte Karlsbrücke über die Moldau in Prag

den, sondern auch rote Haare, ein Lachen, ein Geruch, eine Stimme am Telefon, nachts. Sie empfinde meinen Besuch schon am nächsten Tag so, als hätte es ihn nie gegeben. An mein Gesicht könne sie sich nicht mehr erinnern. Ob ich ein gutes Foto von mir hätte. Wann ich wiederkomme. Ein Sektfrühstück in Prag? Ein Erwachen wie aus einem schönen Traum. Je mehr sie versuche, sich an das Geträumte zu erinnern, desto mehr entschwinde es.

Sie ist zu Hause geblieben. Wollte keine Abschiedszeremonie an der Grenze. Zu viel Hollywood. Im Radio Sade Adus *Tell me why, tell me why, tell me why can't we live together:* Ich weiß die Antwort.

1. Lies den Text und begründe, warum es sich um eine Kurzgeschichte handelt.
2. Ordne die Handlung in ihren historischen Hintergrund ein.
3. Versetze dich in eine der beiden Figuren und beschreibe ihre Gedanken. Überlege, ob du dabei lieber als allwissender Erzähler agieren oder in der Ich-Perspektive schreiben willst, und begründe deine Entscheidung.
4. Informiere dich über die Bedeutung der Stadt Prag in den Zeiten des Kalten Krieges und der Wende und überlege, welche symbolische Funktion Prag in dieser Kurzgeschichte hat.
5. Bei dem Namen des Autors handelt es sich offensichtlich um einen Decknamen, um ein Pseudonym, denn „Peter Schlemihl" ist auch der Titelheld einer berühmten Erzählung von Adelbert von Chamisso (1781–1838). Informiere dich über die romantische Erzählung und stelle Vermutungen an, warum der Autor der Kurzgeschichte gerade diesen Namen als Pseudonym gewählt hat.

Zum Bild: Mike Loos kam 1964 in Kansas City (Missouri / USA) zur Welt und lebt seit 1966 in Deutschland. Das Bild entstand 2015 im Rahmen des Projekts „Flucht und Asyl" der Projektgruppe „Comicwerkstatt" an der Fakultät für Gestaltung der Hochschule Augsburg.

N Lyrik → S. 280

Nirgendwo ist hier – Lyrik zu Flucht und Asyl

Was nimmt man mit, wenn man nicht weiß, wohin man geht?
Wie richtet man sich ein, wenn man nicht weiß, wie lange man bleiben kann?
Wie verständigt man sich, wenn man eine Sprache nicht spricht?
Wie wächst man auf, wenn man wieder abgeschoben werden kann, in eine Heimat, die man nicht – oder nicht mehr – kennt?
Was bedeutet es, ein Flüchtling zu sein?

▶ Beschreibe die digitale Comiczeichnung und erläutere, welche Wirkung das Motiv auf dich hat.
▶ Informiere dich über weltweite Fluchtbewegungen.

Sprechen, Zuhören, Schreiben, Lesen

„Kann uns zum Vaterland die Fremde werden?"*

*Johann Wolfgang Goethe (1749–1832), Zitat aus dem Schauspiel „Iphigenie auf Tauris" (1787), I, 2, V. 76

Über Jahrhunderte hinweg waren Menschen auf der Flucht und gezwungen, ihre Heimat zu verlassen – unter ihnen auch viele prominente Menschen, etwa Schriftsteller, die sich dem Aufkommen des Nationalsozialismus entgegengestellt hatten.

„Am Tage, da ich meinen Pass verlor, entdeckte ich mit achtundfünfzig Jahren, dass man mit seiner Heimat mehr verliert als einen Fleck umgrenzter Erde."

Stefan Zweig (1881–1942)

„Der Paß ist der edelste Teil von einem Menschen. Er kommt auch nicht auf so eine einfache Weise zustand wie ein Mensch. Ein Mensch kann überall zustandkommen, […] aber ein Paß niemals. Dafür wird er auch anerkannt, wenn er gut ist, während ein Mensch noch so gut sein kann und doch nicht anerkannt wird."

Bertolt Brecht (1898–1956)

„Es [das Exil] ist schwer zu ertragen. Aber was es leichter macht, ist die Vergegenwärtigung der vergifteten Atmosphäre, die in Deutschland herrscht. Das macht es leichter, weil man in Wirklichkeit nichts verliert. Wo ich bin, ist Deutschland. Ich trage meine deutsche Kultur in mir. Ich lebe im Kontakt mit der Welt und ich betrachte mich selbst nicht als gefallenen Menschen."

Thomas Mann (1875–1955)

„Und als ich wiederkam, da – kam ich nicht wieder. […] Du bist nicht mehr der, der wegging, und du findest das Haus nicht mehr, das du verließest. Man weiß es nicht, wenn man weggeht; man ahnt es, wenn man sich auf den Rückweg macht, und man erfährt es bei der Annäherung, beim Betreten des Hauses."

Alfred Döblin (1878–1957)

1. Recherchiert die Lebensumstände dieser vier Autoren während ihrer Jahre im Exil.
2. Wählt einen Autor aus und stellt ihn im Plenum genauer vor.
3. Beantwortet die von Goethe in seinem Schauspiel „Iphigenie auf Tauris" aufgeworfene Frage unter dem Blickwinkel der von den vier späteren Autoren getroffenen Aussagen.

> ▶ **Weiter im Kapitel:**
>
> Du lernst (,)
> ▸ dich mit dem Thema „Flucht und Asyl" auseinanderzusetzen.
> ▸ Gedanken zu Gedichten zu formulieren.
> ▸ Gedichte in ihrem historischen Kontext und vor dem biografischen Hintergrund ihrer Autorinnen bzw. Autoren zu interpretieren.

„Wen es trifft"

1. Lies dir die folgenden Gedichte aufmerksam durch und notiere die Stimmung, die sie in dir hervorrufen. Halte deine Gedanken zu den Gedichten fest.

Exil   Erich Fried (1946)

Auch dies: Es hat mich ja als Kind vertrieben.
Sechs Jahre Fremde bleichen jedes Wort.
Und was die Tinte schreibt, bleibt hingeschrieben.

Die Berge aber sind daheim geblieben!
5 Der Stallgeruch, der an den Hang gebaute Ort,
der Wildbach und das Mundartwort,
die Stadt und, auf dem Friedhof schon, die Lieben:
Sie warten alle. – Ich nur, ich bin fort.

Wen es trifft   Hilde Domin (1953)

Hilde Domin (1909–2006)

geseiht (Vers 23) umgangssprachlich für ‚gesiebt'

Wen es trifft,
der wird aufgehoben
wie von einem riesigen Kran
und abgesetzt
5 wo nichts mehr gilt,
wo keine Straße
von Gestern nach Morgen führt.
Die Knöpfe, der Schmuck und die Farbe
werden wie mit Besen
10 von seinen Kleidern gekehrt.
Dann wird er entblößt
und ausgestellt.
Feindliche Hände
betasten die Hüften.
15 Er wird unter Druck
in Tränen gekocht
bis das Fleisch
auf den Knochen weich wird
wie in den langsamen Küchen der Zeit.
20 Er wird durch die feinsten
Siebe des Schmerzes gepresst
und durch die unbarmherzigen
Tücher geseiht,
die nichts durchlassen
25 und auf denen das letzte Korn
Selbstgefühl
zurückbleibt.
So wird er ausgesucht
und bestraft
30 und muss den Staub essen
auf allen Landstraßen des Betrugs
von den Sohlen aller Enttäuschten,
und weil Herbst ist
soll sein Blut
35 die großen Weinreben düngen
und gegen den Frost feien.
[…]

Lyrik zu Flucht und Asyl

Flucht   Dagmar Nick (1945)

Weiter. Weiter. Drüben schreit ein Kind.
Lass es liegen, es ist halb zerrissen.
Häuser schwanken müde wie Kulissen
durch den Wind.

5 Irgendjemand legt mir seine Hand
in die meine, zieht mich fort und zittert.
Sein Gesicht ist wie Papier zerknittert,
unbekannt.

Ob du auch so um dein Leben bangst?
10 Alles andre ist schon fortgegeben.
Ach, ich habe nichts mehr, kaum ein Leben,
nur noch Angst.

*(Erstveröffentlichung durch Erich Kästner in der
Startnummer der „Neuen Zeitung", 18. Oktober 1945)*

Flucht aus Aleppo   Peter H. Carlan (2015)

Das Leben ging fort aus Aleppo. Unter den Trümmern
Der Häuser begraben liegt
Dein Lächeln,
Suleika.

5 Zwischen den Mauerresten wohnt nun die Leere,
Hinter geborstenem Glas das
Schweigen der Welt.

Auch Du bist gegangen. Zwischen Mutter und Vater,
Hand in Hand in Hand,
10 Barfuß auf steinigen Straßen

Bis an die Zäune Europas,
Wo Stacheldraht
Um fremde Herzen rankt.

Gefecht in Aleppo

2. Sprecht über eure Gedanken, die ihr während des Lesens notiert habt.
3. Wähle dir ein Gedicht aus und interpretiere es.

Eine analytische Interpretation schreiben
Analyseaspekte:
▸ Gehalt / Inhalt
▸ Gestalt / Form
▸ Intention / Wirkung
(Klasse 9)

„Die Heimat hat mir Treue nicht gehalten"

Dies schrieb der Dichter Max Herrmann-Neiße im August 1933 aus Scheveningen (einem Stadtteil Den Haags) an einen Freund in Deutschland:
„Ich könnte ja auch ein anerkannter deutscher Lyriker jetzt werden, mit meiner Naturlyrik und meiner uralten schlesischen Bauernahnenreihe, aber ich brächte es nicht über mich, auch nur stillschweigend mich fördern zu lassen von einem System, das für mich das wahrhaft teuflischste ist."

Rast auf der Flucht   Max Herrmann-Neiße (1933)

Lass mich das Leben noch schmecken,
eh die Vernichtung uns trifft:
Gaskrieg, Marter, Verrecken,
Bombe, tückisches Gift.
5 Sommerlich sind noch die Stühle
auf die Straßen gestellt,
Bilder, Farben, Gefühle,
Schmuck einer glücklichen Welt.
Gönne mir noch diesen weichen,
10 kindlich verspielten Genuss,
morgen vielleicht trifft zur gleichen
Zeit mich der tödliche Schuss.
Heut noch am Springbrunnen träumen
in den tönenden Tag,
15 sich an das Schöne versäumen
kurz vor dem Glockenschlag,
der das alles beendet,
dem letzten, den man vernimmt.
Was das Geschick dann sendet,
20 werde, wie es bestimmt.
Heut lass zum letzten Male
arglos und froh mich hier sein,
fülle die gläserne Schale
mir mit Abschiedswein!
25 Wird sie geleert zerscherben,
war ich doch göttlich zu Gast.
Gönne vor Kampf und Sterben
mir diese lindernde Rast!

zerscherben (Vers 25) in Scherben gehen, zerbrechen

PEN internationaler Verband von Autoren (Abkürzung für: *Poets, Essayists, Novelists*)

Max Herrmann-Neiße wurde am 23. Mai 1886 in Neiße (Schlesien) geboren. 1917 verließ er die Provinz und ging nach Berlin. Dort veröffentlichte er mehrere Gedichtbände, ferner Romane, Erzählungen, Theaterstücke und Texte fürs Kabarett. 1924 erhielt Herrmann-Neiße den Eichendorff-Preis, 1927 folgte der Gerhart-Hauptmann-Preis. Ende der Zwanzigerjahre aber geriet er fast in Vergessenheit. 1933, kurz nach dem Reichstagsbrand, floh er gemeinsam mit seiner Frau zunächst in die Schweiz, dann über die Niederlande und Frankreich nach London, wo er sich im September 1933 niederließ. Zwar gründete er Ende 1933 gemeinsam mit anderen Autoren den Exil-PEN, doch blieb er in England isoliert.

Nach seiner Ausbürgerung 1938 beantragte er die englische Staatsbürgerschaft – ohne Erfolg. Im Exil schrieb er viele Gedichte, die zu seinen besten gerechnet werden. Im April 1941 starb er in London an den Folgen eines Herzinfarkts. Nach seinem Tod blieb auch sein Werk vier Jahrzehnte lang gleichsam heimatlos. Erst Anfang der Achtzigerjahre wurde es neu entdeckt.

Heimatlos   Max Herrmann-Neiße (1936)

Wir ohne Heimat irren so verloren
und sinnlos durch der Fremde Labyrinth.
Die Eingebornen plaudern vor den Toren
vertraut im abendlichen Sommerwind.
5 Er macht den Fenstervorhang flüchtig wehen
und lässt uns in die lang entbehrte Ruh
des sichren Friedens einer Stube sehen
und schließt sie vor uns grausam wieder zu.

Die herrenlosen Katzen in den Gassen,
10 die Bettler, nächtigend im nassen Gras,
sind nicht so ausgestoßen und verlassen
wie jeder, der ein Heimatglück besaß
und hat es ohne seine Schuld verloren
und irrt jetzt durch der Fremde Labyrinth.
15 Die Eingebornen träumen vor den Toren
und wissen nicht, dass wir ihr Schatten sind.

George Grosz (1893–1959): „Der Dichter Max Herrmann-Neiße". Öl auf Leinwand, 1927

1. Lies dir beide Gedichte durch und betrachte das Porträt von Max Herrmann-Neiße. Äußere deinen ersten Eindruck.
2. Vergleiche die Gedichte miteinander. Berücksichtige dabei die Zusatzinformationen zum Leben des Dichters und zum historischen Kontext.
3. Überlege, welchen Stellenwert die Kenntnis biografischer und historischer Kontexte für das Verstehen und Interpretieren von Gedichten haben kann.

Gedichte vergleichen
→ S. 266 N

Die beiden Gedichte findest du auch im Internetportal, damit du den Gedichtvergleich durch Anstreichungen und Anmerkungen vorbereiten kannst.

„Ich hatte einst ein schönes Vaterland."

In der Fremde. III   Heinrich Heine (1832)

Ich hatte einst ein schönes Vaterland.
Der Eichenbaum
Wuchs dort so hoch, die Veilchen nickten sanft.
Es war ein Traum.

5 Das küsste mich auf deutsch, und sprach auf deutsch
(Man glaubt es kaum
Wie gut es klang) das Wort: „ich liebe dich!"
Es war ein Traum.

> **Merken**
>
> **Textimmanent interpretieren**
> Die textimmanente Interpretation versteht den literarischen Text als eigenständiges Kunstwerk, dessen Aussageabsicht im Zusammenspiel von Inhalt/Gehalt und Form/Gestalt hinreichend deutlich wird. Eine textimmanente Interpretation kommt also ohne Zusatzinformationen zum Autor und zum Kontext des Werkes aus.

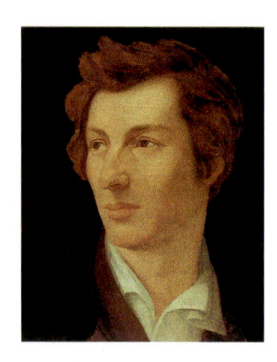

1. Tragt euch das Gedicht gegenseitig laut vor. Achtet dabei auf eine angemessene Betonung, um dem Gedicht einen starken Ausdruck zu verleihen.
2. Beschreibe die Stimmung, die der lyrische Text in dir hervorruft.
3. Interpretiere das Gedicht textimmanent.

Heinrich Heine (1797–1856) wurde bereits als junger Autor wegen seiner politischen Ansichten angefeindet. Seine Schriften wurden immer wieder zensiert, sodass er 1831 nach Paris übersiedelte. Hier begann seine zweite Lebens- und Schaffensphase. Zeit seines Lebens sehnte er sich nach Deutschland zurück.

Während eines Erholungsaufenthalts auf Helgoland im Sommer 1830 erfährt Heine vom Beginn der Julirevolution und schreibt darüber:

[…] Fort ist meine Sehnsucht nach Ruhe. Ich weiß jetzt wieder, was ich will, was ich soll, was ich muss […] Ich bin der Sohn der Revolution und greife wieder zu den gefeiten Waffen, worüber meine Mutter ihren Zaubersegen ausgesprochen […] Blumen! Blumen! Ich will mein Haupt bekränzen zum Todeskampf. Und auch die Leier, reicht mir die Leier, damit ich ein Schlachtlied singe […] Worte gleich flammenden Sternen, die aus der Höhe herabschießen und die Paläste verbrennen und die Hütten erleuchten […] Worte gleich blanken Wurfspeeren, die bis in den siebenten Himmel hinaufschwirren und die frommen Heuchler treffen, die sich dort eingeschlichen ins Allerheiligste […] Ich bin ganz Freude und Gesang, ganz Schwert und Flamme!

4. Analysiert, welche sprachlichen Mittel Heinrich Heine in den zitierten Passagen nutzt, um seine Gefühle und seine Einstellung gegenüber der revolutionären Erhebung deutlich zu machen.
5. Recherchiere weiter zur damaligen politischen Situation und ihren Auswirkungen auf Heinrich Heines Werk.
6. Überarbeite nun deine textimmanente Interpretation, indem du den gewonnenen historischen und biografischen Kontext in deine Interpretation einbeziehst.

Das Gedicht findest du auch im Internetportal, um es durch Vorlesezeichen für den Vortrag vorbereiten zu können.

Nachtgedanken Heinrich Heine (1844)

Denk ich an Deutschland in der Nacht,
Dann bin ich um den Schlaf gebracht,
Ich kann nicht mehr die Augen schließen,
Und meine heißen Tränen fließen.

5 Die Jahre kommen und vergehn!
Seit ich die Mutter nicht gesehn,
Zwölf Jahre sind schon hingegangen;
Es wächst mein Sehnen und Verlangen.

Mein Sehnen und Verlangen wächst.
10 Die alte Frau hat mich behext,
Ich denke immer an die alte,
Die alte Frau, die Gott erhalte!

Die alte Frau hat mich so lieb,
Und in den Briefen, die sie schrieb,
15 Seh ich, wie ihre Hand gezittert,
Wie tief das Mutterherz erschüttert.

Die Mutter liegt mir stets im Sinn.
Zwölf lange Jahre flossen hin,
Zwölf lange Jahre sind verflossen,
20 Seit ich sie nicht ans Herz geschlossen.

Deutschland hat ewigen Bestand,
Es ist ein kerngesundes Land,
Mit seinen Eichen, seinen Linden,
Werd ich es immer wiederfinden.

25 Nach Deutschland lechzt ich nicht so sehr,
Wenn nicht die Mutter dorten wär:
Das Vaterland wird nie verderben,
Jedoch die alte Frau kann sterben.

Seit ich das Land verlassen hab,
30 So viele sanken dort ins Grab,
Die ich geliebt – wenn ich sie zähle,
So will verbluten meine Seele.

Und zählen muss ich – Mit der Zahl
Schwillt immer höher meine Qual,
35 Mir ist, als wälzten sich die Leichen,
Auf meine Brust – Gottlob! sie weichen!

Gottlob! durch meine Fenster bricht
Französisch heitres Tageslicht;
Es kommt mein Weib, schön wie der Morgen,
40 Und lächelt fort die deutschen Sorgen.

7. Lies das Gedicht aufmerksam durch und arbeite heraus, welche persönlichen Erlebnisse und Erfahrungen Heine darin verarbeitet hat.
8. Bereite nun einen wirkungsvollen Gedichtvortrag vor.

Biografisch-historisch interpretieren
Der biografisch-historische Interpretationsansatz bezieht **Kenntnisse über das Leben des Autors / der Autorin** mit ein und prüft, inwieweit bestimmte **Erlebnisse, Erfahrungen oder historische Ereignisse** die Themenwahl und Gestaltung eines literarischen Textes beeinflussen oder bestimmen.

Aktuelle Texte zum Thema „Flucht und Asyl"

> Auf den Seiten der Leseideen findest du aktuelle Gedichte und einen Rap-Text zum Thema „Flucht und Asyl".
> Du kannst diese Texte beispielsweise
> ▶ in Ruhe durchlesen.
> ▶ miteinander vergleichen.
> ▶ kritisch bewerten.
> ▶ textimmanent interpretieren.
> ▶ biografisch-historisch interpretieren, indem du den Kontext recherchierst.

Unruhig   Ferhad Haydari (2012)

Ferhad Haydari lebte 2012 seit zwei Jahren als Asylbewerber aus Afghanistan in Salzburg.

Ich bin unruhig, meine Freunde,
wegen meines Landes,
weil es noch immer Krieg gibt,
wegen meiner Staatsangehörigen,
5   weil sie noch immer leiden.

Ich bin unruhig, meine Freunde,
wegen der Mütter, die weinen,
weil ihre Kinder
im Krieg getötet werden,
10   wegen der traurigen Lieder,
weil die Menschen
von ihren Wunden singen.

Ich bin unruhig, meine Freunde,
wegen der reinen Herzen,
15   die längst gebrochen sind,
wegen meiner liebevollen Mutter,
weil sie im Krieg gefallen ist.

Ich bin unruhig, meine Freunde,
wegen des Himmels voller Sterne,
20   weil alle Sterne sich verstecken,
wegen der lieblichen Kinder,
weil sie noch ihre Mütter suchen.

Ich bin unruhig, meine Freunde,
wegen der Menschen auf der Welt,
25   die Selbstmord begehen,
weil sie nicht glücklich sein können,
wegen der Haie im Wasser.

Ich bin unruhig, meine Freunde,
wegen der Frauen,
30   deren Männer im Krieg gefallen sind,
und wegen mir selbst,
weil ich diese schöne Welt nicht
von ihren Problemen retten kann.

Ich bin unruhig,
35   ich bin noch immer unruhig,
meine Freunde.

Gedicht / Lied Najet Adouani (2015)

Sooft ich davonflieg, weit fort,
weil sich ein Unheil anbahnt
zwischen mir und meinem Land,
zwinkert ein Stern
seiner Erwählten am Himmel zu.

Gemeinsam sind zu mir sie aufgestiegen
Und haben meine Verse rezitiert:

Hier wurde ich geboren,
von hier aus habe ich mich aufgemacht
mit den Augen eines Falken,
mit den Flügeln einer Taube,
mit einer Kehle aus Messing.

(Originalfassung auf Arabisch: Tunesien 1994)

Wegen ihrer kritischen Texte und Gedichte, in denen sie für Meinungsfreiheit und die Rechte der Frauen eintritt, wird die Tunesierin **Najet Adouani** von den Salafisten auf die „schwarze Liste" gesetzt und geht ins Exil nach Deutschland. Die drei erwachsenen Söhne bleiben in der Heimat zurück. Sie müssen alle persönlichen Spuren ihrer Mutter vernichten. Seit 2013 lebt Najet Adouani in Berlin.

Flucht übers Wasser Heidrun Gemähling (2013)

(Menschen flüchten aus Afrika)

Muttererde,
mit Hoffnung verschnürt
wagen Flüchtende die Reise
durch Wüstensand übers weite Meer
ins Ungewisse,
nach Beistand für ihre
ausweglose Lage suchend.

Dicht an dicht kauern Verängstigte
für viel Geld in morschen überfüllten Booten,
den Stürmen in nächtlicher Finsternis
gnadenlos ausgesetzt,
um in die erträumte Freiheit,
ans rettende Ufer zu gelangen,
der Hilfe entgegen.

Nicht für alle.
Ertrunken treiben sie
mit den Wellen zum Strand.

Machtloses Entsetzen!
Aufschrei der Zeit!
Grauen der Apokalypse!

Parastou Forouhar
(geboren 1962 in Teheran, Iran): „Water Mark"

Aktuelle Texte zum Thema „Flucht und Asyl"

LESEIDEE

*Originaltext orthografisch angepasst

Megaloh (bürgerlicher Name: Uchenna van Cappeleveen, geboren 1981) ist ein Berliner Rapper mit Wurzeln in Nigeria.

Tipp
Rap-Texte haben formale Ähnlichkeit mit Gedichten und können demnach auch als lyrische Texte betrachtet werden. Überlegt, worin die Gemeinsamkeiten zwischen Rap-Texten und Gedichten bestehen.

Wohin Megaloh (feat. Musa)*

Ich weiß nicht, wohin (11x)

Sie sagen, ich bin illegal hier
Ich habe kein Recht
Ich such' nur 'nen Platz, um zu leben
5 Ich habe kein Recht
Sie sagen, ich soll arbeiten gehen, aber
Ich habe kein Recht
Sie sagen, ich soll zurück in die Heimat
Sie haben kein Recht

10 Krieg in meinem Land, sie profitieren insgesamt
Ich musste fliehen in Angst, wir sind gerannt
Verlor die halbe Familie, ich weiß nicht, wo sie sind, verdammt
Wir sind verdammt – wir sind verdammt
Ich weiß nicht, wohin, ich weiß nicht, wohin
15 Ich weiß nicht, wohin, ich weiß nicht, wohin
Sie nahmen mir die Heimat, das Erbe, die Hoffnung
Die Würde, die Freiheit, die Freude
Die Kinder im Garten beim Spielen zu sehen, ist etwas, das leider nicht sollte
Ich hatte ein kleines Haus, es war nicht sehr schön, doch es war meins
20 Sie haben vorbeigeschaut, unser Heim geklaut und jetzt pass' ich nirgendwo mehr rein

Ich weiß nicht, wohin (5x)
Ich weiß nicht
Ich weiß nicht, wohin (2x)
Ich weiß nicht (2x)
25 Ich weiß nicht, wohin (4x)

Ich wusste nicht, wo ich hin kann
Mein Zuhause, sie nahmen es an sich
Bin auf der Flucht schon so lang
Ich hatte Angst, ich erreiche dieses Land nicht
30 Jetzt bin ich endlich da
Hab' es geschafft, doch sie sagen mir was anderes
Sag mir, gibt es einen Platz für mich hier
Im Paragraph 23*
Ich wusste nicht, wo ich hin kann
35 Mein Zuhause, sie nahmen es an sich
(Ich weiß nicht, wohin)

*Gesetz über den Aufenthalt, die Erwerbstätigkeit und die Integration von Ausländern im Bundesgebiet (Aufenthaltsgesetz – AufenthG), §23: Aufenthaltsgewährung durch die obersten Landesbehörden; Aufnahme bei besonders gelagerten politischen Interessen; Neuansiedlung von Schutzsuchenden

Lyrik zu Flucht und Asyl

Bin auf der Flucht schon so lang
Ich hatte Angst, ich erreiche dieses Land nicht
(Ich weiß nicht, wohin)
Jetzt bin ich endlich da
Hab' es geschafft, doch sie sagen mir was anderes
Sag mir gibt es einen Platz für mich hier
Im Paragraph 23

Ich weiß nicht, wohin (14x)

Sie sagen, ich bin illegal hier
Ich habe kein Recht
Ich such' nur 'nen Platz, um zu leben
Ich habe kein Recht
Sie sagen, ich soll arbeiten gehen, aber
Ich habe kein Recht
Sie sagen, ich soll zurück in die Heimat
Sie haben kein Recht

[...]

Ich weiß nicht, wohin (4x)

Ich war jahrelang auf der Flucht
Die Aussicht von nada zu mager
Von Lager zu Lager, Festnahme Misrata
Bestechung der Wärter, Bezahlung der Schleuser
Die Fahrt unbezahlbar, die Sicht auf Kadaver makaber
Gibt keinen Trost, leb' für immer in Qual
Hab' keine Kohle mehr, bin illegal
Schlaf' auf dem Boden, es ist ihnen egal
Ich weiß nicht, wohin

[Outro]

Tipp
Du findest das Aufenthaltsgesetz beim Bundesministerium der Justiz und für Verbraucherschutz im Internet unter https://www.gesetze-im-internet.de/aufenthg_2004/

nada spanisch für ‚nichts'

Misrata Stadt in Libyen

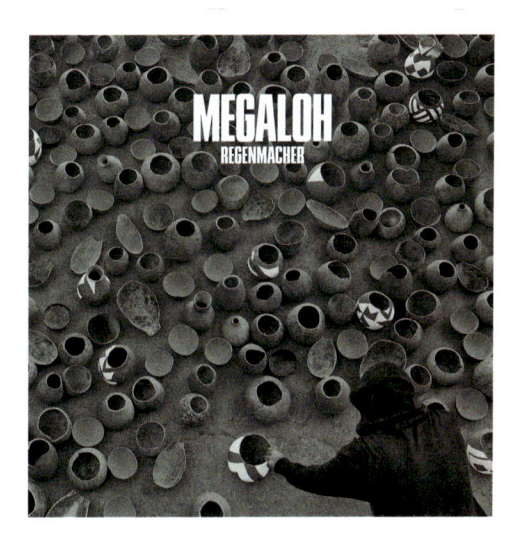

Cover des Albums „Regenmacher" (2016) von Megaloh

Selbsteinschätzung

	Seite	☺☺	☺	😐	☹
Ich kann mich mit einer Thematik (z. B. „Flucht und Asyl") in die Tiefe gehend auseinandersetzen.	89				
Ich kann Gedanken zu unterschiedlichen Gedichten entwickeln und Stimmungen genau beschreiben.	90–91				
Ich kann Gedichte textimmanent interpretieren.	94				
Ich kann den historisch-biografischen Kontext für eine Gedichtinterpretation nutzen.	92–95				

Tipp Wenn du dir bei einigen Aussagen unsicher bist, dann präge dir noch einmal genau die Lernhilfen auf den entsprechenden Seiten ein.

Trainingsideen

Lyrik im biografisch-historischen Kontext interpretieren

Ich vergesse nicht   Rose Ausländer (1979)

Ich vergesse nicht

das Elternhaus
die Mutterstimme
den ersten Kuss
5 die Berge der Bukowina
die Flucht im ersten Weltkrieg
das Darben in Wien
die Bomben im zweiten Weltkrieg
den Einmarsch der Nazis
10 das Angstbeben im Keller
den Arzt der unser Leben rettete
das bittersüße Amerika

Hölderlin Trakl Celan*

meine Schreibqual
15 den Schreibzwang
noch immer

1. Interpretiere das Gedicht von Rose Ausländer zunächst textimmanent.
2. Überarbeite nun deine textimmanente Interpretation, indem du die Zusatzmaterialien zum historischen und biografischen Kontext einbeziehst.

***Friedrich Hölderlin** (1770–1843): Das Leitbild des Dichters (vor allem: Lyrikers) Hölderlin war die antike griechische Idee eines harmonischen Zusammenlebens von Göttern und Menschen. In seinen Gedichten bringt er häufig seinen Schmerz über die Kälte und Zweckrationalität seiner Zeit zum Ausdruck.

Georg Trakl (1887–1914) war ein österreichischer Lyriker. Nach einer Apothekerlehre studierte er Pharmazie und leistete seinen Militärdienst ab. Im Ersten Weltkrieg wurde er an der Ostfront in Galizien (heutiges Polen) in einer Sanitätsstaffel eingesetzt. Nach der Schlacht von Grodek musste er fast hundert Schwerverletzte in einer Scheune betreuen, ohne ihnen wirksam helfen zu können. Dieses Erlebnis traumatisierte ihn schwer. Er starb an einer Überdosis Kokain.

Paul Celan (1920–1970) war ein deutschsprachiger jüdischer Dichter, geboren in Czernowitz (heutige Ukraine). Seine Familie litt unter den Nationalsozialisten, 1942 wurden seine Eltern deportiert. Celan selbst nahm sich 1970 das Leben. Eines von Celans bekanntesten Gedichten ist die *Todesfuge*.

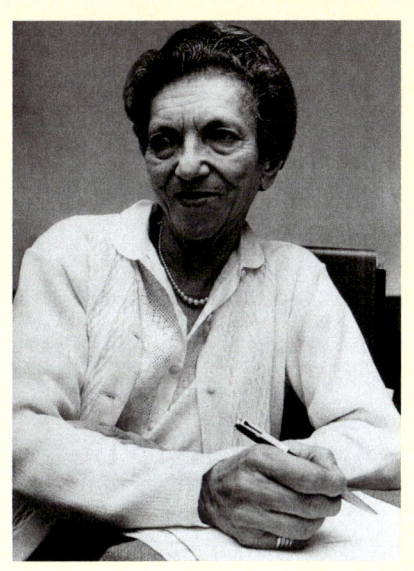

Rose Ausländer (1901–1988), aufgewachsen in Czernowitz (Bukowina), stammte aus einer jüdischen Familie; sie musste während des Ersten Weltkrieges zum ersten Mal gemeinsam mit ihren Eltern die Heimat verlassen und verbrachte die Jahre 1916 bis 1918 in Wien. Das Studium der Literatur und Philosophie brach sie nach dem frühen Tod des Vaters 1920 ab. Große Armut veranlasste sie, 1921 in die USA auszuwandern; 1931 kehrte sie nach Czernowitz zurück, um die kranke Mutter zu pflegen. 1939 erschien ihr erster Gedichtband.

Sie überlebte 1943/44 die Ermordung von ca. 55 000 Czernowitzer Juden durch die Nationalsozialisten gemeinsam mit ihrer Mutter in Kellerverstecken. Im jüdischen Ghetto in Czernowitz traf sie erstmals Paul Celan, mit dem sie sich intensiv dichterisch austauschte. 1946 emigrierte sie erneut in die USA, wurde dort aber nie ganz heimisch; sie kehrte nach einer Europareise und Begegnungen mit Celan zur Dichtung in deutscher Sprache und 1965 nach Deutschland zurück. Ab 1970 bis zu ihrem Tod wohnte sie im jüdischen Seniorenheim in Düsseldorf.

Bukowina, früher deutsch auch „Buchenland": historische Landschaft in der Ukraine und in Rumänien, deren Zentrum Czernowitz war; in der ersten Hälfte des 20. Jahrhunderts geprägt durch die ethnische Vielfalt, den kulturellen Reichtum und die Mehrsprachigkeit ihrer Bewohner, zu denen auch viele Juden zählten; ab 1919 Rumänien zugeteilt; 1940 teilweise an die Ukraine abgetreten; Besetzung durch die Nationalsozialisten 1941 bis 1944. Seit 1945 gehört die Nord-Bukowina zur Ukraine, der südliche Teil der Region zu Rumänien.

Die Synagoge in Czernowitz

Zum Bild:
Vincent van Gogh (1853–1890): „Der Sämann"

Verschlüsselte Botschaften – Gleichnisse und Parabeln

Was ist ein Gleichnis?

Wenn man jemandem etwas erklären will,
was er noch nicht kennt,
was er noch nicht erlebt hat,
womit er also keine eigenen Erfahrungen gemacht hat,
dann hilft eine Art Vergleich.
Man erzählt seinem Gegenüber zum besseren Verständnis eine Begebenheit,
in der sich Ähnliches wiederfindet. In der Art:
Das ist zum Beispiel so, wie wenn du …

- ▶ Beschreibe das Bild. Was hat es mit dem Thema dieses Kapitels zu tun?
- ▶ Sprecht über eure Erfahrungen beim Erklären. In welchen Zusammenhängen bietet sich die Erzählung einer vergleichbaren Situation an?

Sprechen, Zuhören, Schreiben, Lesen

Aus der Bibel

Das Gleichnis vom Sämann   Matthäus 13, 1–9

¹An demselben Tage ging Jesus aus dem Hause und setzte sich an das Meer. ²Und es versammelte sich viel Volks zu ihm, also dass er in das Schiff trat und saß, und alles Volk stand am Ufer. ³Und er redete zu ihnen mancherlei durch Gleichnisse und sprach: Siehe, es ging ein Säemann aus, zu säen. ⁴Und indem er säte, fiel etliches an den Weg; da kamen die Vögel und fraßen's auf. ⁵Etliches fiel in das Steinige, wo es nicht viel Erde hatte; und ging bald auf, darum dass es nicht tiefe Erde hatte. ⁶Als aber die Sonne aufging, verwelkte es, und dieweil es nicht Wurzel hatte, ward es dürre. ⁷Etliches fiel unter die Dornen; und die Dornen wuchsen auf und erstickten's. ⁸Etliches fiel auf gutes Land und trug Frucht, etliches hundertfältig, etliches sechzigfältig, etliches dreißigfältig. ⁹Wer Ohren hat zu hören, der höre.
¹⁰Und die Jünger traten zu ihm und sprachen: Warum redest du zu ihnen durch Gleichnisse? ...

Albrecht Dürer (1471–1528): „Der Sämann"

Links: Jean-François Millet (1814–1875): „Der Sämann"

Mitte: Vincent van Gogh (1853–1890): „Der Sämann, nach Millet"

Rechts: Vincent van Gogh: „Der Sämann"

1. Das Gleichnis vom Sämann enthält viele sprachliche Bilder. Diskutiert deren verschlüsselte Botschaften.
2. Deutet das Gleichnis.
3. Beantwortet die Frage der Jünger: Warum spricht Jesus zum Volk in Gleichnissen?

> ▶ **Weiter im Kapitel:**
>
> Du lernst (,)
> ▸ Merkmale der epischen Kleinformen Gleichnis und Parabel kennen.
> ▸ Parabeln unterschiedlicher Art kennen.
> ▸ Sach- und Bedeutungsebene zu unterscheiden.
> ▸ Parabeln zu erschließen.

Von Söhnen

Das Gleichnis vom verlorenen Sohn   Lukas 15, 11–32

11 Und er sprach: Ein Mensch hatte zwei Söhne. 12 Und der jüngere von ihnen sprach zu dem Vater: Gib mir, Vater, das Erbteil, das mir zusteht. Und er teilte Hab und Gut unter sie. 13 Und nicht lange danach sammelte der jüngere Sohn alles zusammen und zog in ein fernes Land; und dort brachte er sein Erbteil durch mit Prassen. 14 Als er nun all das Seine verbraucht hatte, kam eine große Hungersnot über jenes Land und er fing an zu darben 15 und ging hin und hängte sich an einen Bürger jenes Landes; der schickte ihn auf seinen Acker, die Säue zu hüten. 16 Und er begehrte, seinen Bauch zu füllen mit den Schoten, die die Säue fraßen; und niemand gab sie ihm. 17 Da ging er in sich und sprach: Wie viele Tagelöhner hat mein Vater, die Brot in Fülle haben, und ich verderbe hier im Hunger! 18 Ich will mich aufmachen und zu meinem Vater gehen und zu ihm sagen: Vater, ich habe gesündigt gegen den Himmel und vor dir. 19 Ich bin hinfort nicht mehr wert, dass ich dein Sohn heiße; mache mich zu einem deiner Tagelöhner! 20 Und er machte sich auf und kam zu seinem Vater. Als er aber noch weit entfernt war, sah ihn sein Vater und es jammerte ihn; er lief und fiel ihm um den Hals und küsste ihn. 21 Der Sohn aber sprach zu ihm: Vater, ich habe gesündigt gegen den Himmel und vor dir; ich bin hinfort nicht mehr wert, dass ich dein Sohn heiße. 22 Aber der Vater sprach zu seinen Knechten: Bringt schnell das beste Gewand her und zieht es ihm an und gebt ihm einen Ring an seine Hand und Schuhe an seine Füße 23 und bringt das gemästete Kalb und schlachtet's; lasst uns essen und fröhlich sein! 24 Denn dieser mein Sohn war tot und ist wieder lebendig geworden; er war verloren und ist gefunden worden. Und sie fingen an, fröhlich zu sein. 25 Aber der ältere Sohn war auf dem Feld. Und als er nahe zum Hause kam, hörte er Singen und Tanzen 26 und rief zu sich einen der Knechte und fragte, was das wäre. 27 Der aber sagte ihm: Dein Bruder ist gekommen und dein Vater hat das gemästete Kalb geschlachtet, weil er ihn gesund wiederhat. 28 Da wurde er zornig und wollte nicht hineingehen. Da ging sein Vater heraus und bat ihn. 29 Er antwortete aber und sprach zu seinem Vater: Siehe, so viele Jahre diene ich dir und habe dein Gebot noch nie übertreten, und du hast mir nie einen Bock gegeben, dass ich mit meinen Freunden fröhlich gewesen wäre. 30 Nun aber, da dieser dein

Rembrandt van Rijn (1606–1669): „Die Rückkehr des verlorenen Sohns". Öl auf Leinwand, um 1668. 262 x 205 cm. Eremitage Museum, Sankt Petersburg

Sohn gekommen ist, der dein Hab und Gut mit Huren verprasst hat, hast du ihm das gemästete Kalb geschlachtet. ³¹Er aber sprach zu ihm: Mein Sohn, du bist allezeit bei mir und alles, was mein ist, das ist dein. ³²Du solltest aber fröhlich und guten Mutes sein; denn dieser dein Bruder war tot und ist wieder lebendig geworden, er war verloren und ist wiedergefunden.

[Heimkehr]   Franz Kafka (aus dem Nachlass, undatiert)

Ich bin zurückgekehrt, ich habe den Flur durchschritten und blicke mich um. Es ist meines Vaters alter Hof. Die Pfütze in der Mitte. Altes, unbrauchbares Gerät, ineinander verfahren, verstellt den Weg zur Bodentreppe. Die Katze lauert auf dem Geländer. Ein zerrissenes Tuch, einmal im Spiel um eine Stange gewunden, hebt sich im Wind. Ich bin angekommen. Wer wird mich empfangen? Wer wartet hinter der Tür der Küche? Rauch kommt aus dem Schornstein, der Kaffee zum Abendessen wird gekocht. Ist dir heimlich, fühlst du dich zu Hause? Ich weiß es nicht, ich bin sehr unsicher. Meines Vaters Haus ist es, aber kalt steht Stück neben Stück, als wäre jedes mit seinen eigenen Angelegenheiten beschäftigt, die ich teils vergessen habe, teils niemals kannte. Was kann ich ihnen nützen, was bin ich ihnen und sei ich auch des Vaters, des alten Landwirts Sohn. Und ich wage nicht an die Küchentür zu klopfen, nur von der Ferne horche ich, nur von der Ferne horche ich stehend, nicht so, dass ich als Horcher überrascht werden könnte. Und weil ich von der Ferne horche, erhorche ich nichts, nur einen leichten Uhrenschlag höre ich oder glaube ihn vielleicht nur zu hören, herüber aus den Kindertagen. Was sonst in der Küche geschieht, ist das Geheimnis der dort Sitzenden, das sie vor mir wahren. Je länger man vor der Tür zögert, desto fremder wird man. Wie wäre es, wenn jetzt jemand die Tür öffnete und mich etwas fragte. Wäre ich dann nicht selbst wie einer, der sein Geheimnis wahren will.

1. Untersuche Aufbau und Struktur des Gleichnisses vom verlorenen Sohn. Auf welchem Teil liegt der inhaltliche Schwerpunkt? Begründe.
2. Nenne Gründe dafür, weshalb der ältere Sohn eine Erklärung für das Verhalten des Vaters gegenüber seinem jüngeren Sohn einfordert.
3. Formuliere schriftlich, welcher Appell an die Zuhörer ergeht.
4. Stelle Vermutungen darüber an, weshalb in religiösen, aber auch nichtreligiösen Kontexten Gleichnisse – statt eindeutiger Benennungen – verwendet werden.
5. Tauscht euch über die Wirkung von Franz Kafkas Parabel aus.
6. Beschreibe die Gefühle des Erzählers, als er sein Elternhaus betritt.
7. Vergleiche die in den beiden Texten beschriebenen Vater-Sohn-Beziehungen miteinander.
8. Betrachte die Schlussgestaltungen beider Texte: Welche Unterschiede stellst du fest?

Franz Kafka wurde 1883 in Prag geboren und starb 1924 bei Wien. Er entstammte einer jüdischen Familie. Sein Vater hatte sich aus armen Verhältnissen emporgearbeitet und war Besitzer eines Galanteriewarengeschäfts in Prag. Franz Kafka studierte Jura, erwarb sogar den Doktortitel und arbeitete anschließend als Angestellter bei einer halbstaatlichen Versicherungsanstalt. Noch lange Zeit wohnte er, der drei jüngere Schwestern hatte und unverheiratet blieb, bei seinen Eltern, auch wenn er dort nach eigener Aussage wie ein Fremder lebte. Besonders die Beziehung zum so ganz anders gearteten Vater war kompliziert und belastet. Kafkas einziges Interesse galt dem Schreiben. Er schrieb, sooft es ging, brachte aber wenig zu Ende und veröffentlichte nur kleinere Texte. Im Sommer 1917 wurde bei Kafka eine Lungentuberkulose diagnostiziert. Testamentarisch verfügte er, dass sein literarischer Nachlass verbrannt werden solle. Max Brod, Kafkas engster Freund und Nachlassverwalter, hielt sich jedoch nicht an diese Weisung. Er gab Kafkas unvollendete Werke – darunter die Romanfragmente „Der Process" und „Das Schloss" – heraus. Kafka ist seit Mitte des 20. Jahrhunderts einer der bekanntesten Autoren der Weltliteratur. Für seinen ganz eigenen literarischen Stil wurde die Bezeichnung „kafkaesk" geprägt.

Gleichnis → S. 276 f. N

Parabel → S. 282 N

Nathan der Weise
Gotthold Ephraim Lessing (1779)

Die Handlung des Stückes spielt in Jerusalem zur Zeit des Dritten Kreuzzugs. Die Titelfigur ist ein jüdischer Kaufmann, dessen Familie einst von Christen ermordet worden ist und der kurz danach das neugeborene Kind einer Christin und eines Moslems, eines Freundes von ihm, an Kindes statt angenommen hat. Dem nun erwachsenen Kind, Nathans Tochter Recha, ist ihre wahre Herkunft unbekannt. Diese und auch weitere Verwandtschaftsbeziehungen kommen im Laufe des Stückes ans Licht, an dessen Ende die Angehörigen der drei Religionen eine wahre Menschheitsfamilie bilden. Im Zentrum des Stückes steht die sogenannte Ringparabel, die Nathan dem Sultan Saladin erzählt, als dieser ihn zu sich bestellt, um Geld von ihm zu leihen, und ihn zu Beginn des Gesprächs auffordert, ihm seine Meinung darüber zu sagen, welche der drei großen Religionen – Judentum, Christentum, Islam – die wahre sei.

Gotthold Ephraim Lessing, 1729 in Kamenz, Oberlausitz, geboren und 1781 in Braunschweig gestorben, gilt als einer der bedeutendsten Dichter der Epoche der Aufklärung. Als Dramatiker führte er in Deutschland die neue Gattung des bürgerlichen Trauerspiels ein. Er verfasste neben theoretischen Schriften, die vor allem den Gedanken der Toleranz formulierten, Werke zur Dramentheorie und leistete mit der „Hamburgischen Dramaturgie" (1767–1769) einen entscheidenden Beitrag zur Entwicklung des deutschen Theaters.

Dritter Aufzug, Siebter Auftritt

NATHAN. [...]
    Doch, Sultan, eh ich mich dir ganz vertraue,
1905   Erlaubst du wohl, dir ein Geschichtchen zu
                  Erzählen?
SALADIN.   Warum das nicht? Ich bin stets
    Ein Freund gewesen von Geschichtchen, gut
                  Erzählt.
NATHAN. Ja, gut erzählen, das ist nun
    Wohl eben meine Sache nicht.
SALADIN.   Schon wieder
1910   So stolz bescheiden? – Mach! erzähl, erzähle!
NATHAN. Vor grauen Jahren[1] lebt' ein Mann in
                  Osten[2],
    Der einen Ring von unschätzbarem Wert
    Aus lieber Hand besaß. Der Stein war ein
    Opal, der hundert schöne Farben spielte[3],
1915   Und hatte die geheime Kraft, vor Gott
    Und Menschen angenehm zu machen, wer
    In dieser Zuversicht ihn trug. Was Wunder,
    Dass ihn der Mann in Osten darum nie
    Vom Finger ließ; und die Verfügung traf,
    Auf ewig ihn bei seinem Hause zu 1920
    Erhalten? Nämlich so. Er ließ den Ring
    Von seinen Söhnen dem geliebtesten;
    Und setzte fest, dass dieser wiederum
    Den Ring von seinen Söhnen dem vermache,
    Der ihm der liebste sei; und stets der Liebste, 1925
    Ohn Ansehn der Geburt[4], in Kraft allein[5]
    Des Rings, das Haupt, der Fürst des Hauses
                  werde. –
    Versteh mich, Sultan.
SALADIN.   Ich versteh dich. Weiter!
NATHAN. So kam nun dieser Ring, von Sohn zu
                  Sohn,
    Auf einen Vater endlich von drei Söhnen; 1930
    Die alle drei ihm gleich gehorsam waren,
    Die alle drei er folglich gleich zu lieben
    Sich nicht entbrechen[6] konnte. Nur von Zeit

---

1 *Vor grauen Jahren* Vor vielen Jahren, vor langer Zeit
2 *in Osten* im Osten, im Orient
3 *der hundert schöne Farben spielte* der in hundert schönen Farben schimmerte
4 *Ohn Ansehn der Geburt* Ohne Rücksicht auf das traditionelle Erstgeburtsrecht
5 *in Kraft allein* kraft (allein durch den Ring)
6 *entbrechen* enthalten

Zu Zeit schien ihm bald der, bald dieser, bald
Der dritte, – so wie jeder sich mit ihm
Allein befand, und sein ergießend Herz
Die andern zwei nicht teilten, – würdiger
Des Ringes; den er denn auch einem jeden
Die fromme Schwachheit hatte, zu versprechen.
Das ging nun so, solang es ging. – Allein
Es kam zum Sterben, und der gute Vater
Kömmt in Verlegenheit. Es schmerzt ihn, zwei
Von seinen Söhnen, die sich auf sein Wort
Verlassen, so zu kränken. – Was zu tun? –
Er sendet in geheim[7] zu einem Künstler,
Bei dem er, nach dem Muster seines Ringes,
Zwei andere bestellt, und weder Kosten
Noch Mühe sparen heißt, sie jenem gleich,
Vollkommen gleich zu machen. Das gelingt
Dem Künstler. Da er ihm die Ringe bringt,
Kann selbst der Vater seinen Musterring
Nicht unterscheiden. Froh und freudig ruft
Er seine Söhne, jeden insbesondere[8];
Gibt jedem insbesondere seinen Segen, –
Und seinen Ring, – und stirbt. – Du hörst
                  doch, Sultan?

SALADIN *der sich betroffen von ihm gewandt.*
Ich hör, ich höre! – Komm mit deinem Märchen
Nur bald zu Ende. – Wird's?

NATHAN.   Ich bin zu Ende.
Denn was noch folgt, versteht sich ja von
                  selbst. –
Kaum war der Vater tot, so kömmt ein jeder
Mit seinem Ring, und jeder will der Fürst
Des Hauses sein. Man untersucht, man zankt,
Man klagt. Umsonst; der rechte Ring war nicht
Erweislich[9]; –

Nach einer Pause, in welcher er des Sultans Antwort erwartet.

              Fast so unerweislich, als
Uns itzt – der rechte Glaube.

SALADIN.   Wie? das soll
Die Antwort sein auf meine Frage? ...

NATHAN.   Soll
Mich bloß entschuldigen, wenn ich die Ringe,
Mir nicht getrau zu unterscheiden, die
Der Vater in der Absicht machen ließ,
Damit sie nicht zu unterscheiden wären.

SALADIN. Die Ringe! – Spiele nicht mit mir! –
                  Ich dächte,
Dass die Religionen, die ich dir
Genannt, doch wohl zu unterscheiden wären.
Bis auf die[10] Kleidung; bis auf Speis und Trank!

NATHAN. Und nur von Seiten ihrer Gründe
                  nicht. –
Denn gründen alle sich nicht auf Geschichte?
Geschrieben oder überliefert! – Und
Geschichte muss doch wohl allein auf Treu
Und Glauben angenommen werden? – Nicht? –
Nun wessen Treu und Glauben zieht man denn
Am wenigsten in Zweifel? Doch der Seinen?
Doch deren Blut wir sind? doch deren, die
Von Kindheit an uns Proben ihrer Liebe
Gegeben? die uns nie getäuscht, als wo
Getäuscht zu werden uns heilsamer war? –
Wie kann ich meinen Vätern weniger,
Als du den deinen glauben? Oder umgekehrt. –
Kann ich von dir verlangen, dass du deine
Vorfahren Lügen strafst, um meinen nicht
Zu widersprechen? Oder umgekehrt.
Das Nämliche gilt von den Christen. Nicht? –

SALADIN. (Bei dem Lebendigen! Der Mann hat
                  Recht.
Ich muss verstummen.)

NATHAN.   Lass auf unsre Ring'
Uns wieder kommen. Wie gesagt: die Söhne
Verklagten sich; und jeder schwur dem Richter,
Unmittelbar aus seines Vaters Hand
Den Ring zu haben. – Wie auch wahr! – Nachdem
Er von ihm lange das Versprechen schon
Gehabt, des Ringes Vorrecht einmal zu
Genießen. – Wie nicht minder wahr! – Der Vater,
Beteu'rte jeder, könne gegen ihn

---

7 *in geheim* insgeheim, heimlich
8 *insbesondere* für sich allein
9 *Erweislich* Auszumachen, erkennbar

10 *Bis auf die* Bis hinunter zur

Nicht falsch gewesen sein; und eh er dieses
Von ihm, von einem solchen lieben Vater,
Argwohnen lass': eh müss' er seine Brüder,
So gern er sonst von ihnen nur das Beste
Bereit zu glauben sei, des falschen Spiels
Bezeihen[11]; und er wolle die Verräter
Schon auszufinden wissen; sich schon rächen.

SALADIN. Und nun, der Richter? – Mich verlangt
zu hören,
Was du den Richter sagen lässest. Sprich!

NATHAN. Der Richter sprach: wenn ihr mir
nun den Vater
Nicht bald zur Stelle schafft, so weis ich euch
Von meinem Stuhle[12]. Denkt ihr, dass ich Rätsel
Zu lösen da bin? Oder harret ihr,
Bis dass der rechte Ring den Mund eröffne? –
Doch halt! Ich höre ja, der rechte Ring
Besitzt die Wunderkraft beliebt zu machen;
Vor Gott und Menschen angenehm. Das muss
Entscheiden! Denn die falschen Ringe werden
Doch das nicht können! – Nun; wen lieben zwei
Von euch am meisten? – Macht, sagt an! Ihr
schweigt?
Die Ringe wirken nur zurück? und nicht
Nach außen? Jeder liebt sich selber nur
Am meisten? – O so seid ihr alle drei
Betrogene Betrieger[13]! Eure Ringe
Sind alle drei nicht echt. Der echte Ring
Vermutlich ging verloren. Den Verlust
Zu bergen[14], zu ersetzen, ließ der Vater
Die drei für einen machen.

SALADIN. Herrlich! herrlich!

NATHAN. Und also; fuhr der Richter fort, wenn ihr
Nicht meinen Rat, statt meines Spruches[15], wollt:
Geht nur! – Mein Rat ist aber der: ihr nehmt
Die Sache völlig wie sie liegt. Hat von
Euch jeder seinen Ring von seinem Vater:
So glaube jeder sicher seinen Ring
Den echten. – Möglich; dass der Vater nun
Die Tyrannei des Einen Rings nicht länger
In seinem Hause dulden wollen! – Und gewiss;
Dass er euch alle drei geliebt, und gleich
Geliebt: indem er zwei nicht drücken[16] mögen,
Um einen zu begünstigen. – Wohlan!
Es eifre jeder seiner unbestochnen
Von Vorurteilen freien Liebe nach!
Es strebe von euch jeder um die Wette,
Die Kraft des Steins in seinem Ring an Tag
Zu legen[17]! komme dieser Kraft mit Sanftmut,
Mit herzlicher Verträglichkeit, mit Wohltun,
Mit innigster Ergebenheit in Gott,
Zu Hülf! Und wenn sich dann der Steine Kräfte
Bei euern Kindes-Kindeskindern äußern:
So lad ich über tausend tausend Jahre,
Sie wiederum vor diesen Stuhl. Da wird
Ein weisrer Mann auf diesem Stuhle sitzen,
Als ich; und sprechen[18]. Geht! – So sagte der
Bescheidne Richter.

SALADIN. Gott! Gott!

NATHAN. Saladin,
Wenn du dich fühlest, dieser weisere
Versprochne Mann zu sein: ...

SALADIN *der auf ihn zustürzt, und seine Hand ergreift, die er bis zu Ende nicht wieder fahren lässt.*
Ich Staub? Ich Nichts?
O Gott!

NATHAN. Was ist dir, Sultan?

SALADIN. Nathan, lieber Nathan! –
Die tausend tausend Jahre deines Richters
Sind noch nicht um. – Sein Richterstuhl ist nicht
Der meine. – Geh! – Geh! – Aber sei mein Freund.

---

11 *Bezeihen* Bezichtigen, beschuldigen
12 *weis ich euch / Von meinem Stuhle* (Richterstuhle) verweigere ich euch den Urteilsspruch; bin ich nicht bereit, eure Sache zu verhandeln
13 *Betrieger* Betrüger
14 *bergen* verbergen
15 *Spruches* Richterspruches, Urteils
16 *drücken* benachteiligen
17 *an Tag / Zu legen* an den Tag zu legen, zu erweisen
18 *sprechen* ein Urteil sprechen, definitive Auskunft geben

Wolfgang Michael als Sultan Saladin und Klaus Maria Brandauer als Nathan in Lukas Hemlebs Inszenierung aus dem Jahre 2004 am Wiener Burgtheater

1. Stellt Vermutungen an, was Saladin wohl damit bezweckt hat, Nathan danach zu fragen, welche Religion die wahre sei.
2. Untersuche die Reaktionen Saladins auf Nathans Erzählung.
3. Erkläre die Wandlung in seinem Verhalten.
4. Analysiere die Parabel, in dem du die Bildebene erschließt und auf die Sachebene überträgst. Worin liegt das Gleichnishafte der Erzählung?
5. Formuliere zusammenfassend, worin die Aussage der Parabel besteht.
6. Erläutere die Bedeutung der Aussage für dich.
7. Stelle Vermutungen darüber an, weshalb Nathan auf die Frage des Sultans mit einer Parabel antwortet.

Merken

Gleichnisse und Parabeln

▶ Das **Gleichnis** ist ein erzählender Text religiösen Ursprungs, in dem eine allgemeine Belehrung durch die Darstellung eines typischen Einzelfalls konkretisiert wird.
▶ **Parabel** (griech./lat. parabole) bedeutet das Nebeneinandergestellte.
▶ Häufig lassen sich Gleichnis und Parabel nur schwer voneinander unterscheiden.
▶ Die Parabel ist eine **lehrhaft angelegte, meist kurze Erzählung**, die eine allgemeine Erkenntnis oder sittliche Forderung zur Anschauung bringt.
▶ Die im Vordergrund stehende Begebenheit/Handlung enthält eine **Bildebene**. Diese besitzt eine übertragene Bedeutung, die als **Bedeutungsebene** (oder auch **Sachebene**) bezeichnet wird.
▶ Mithilfe eines **Analogieschlusses** wird eine Lehre oder Erkenntnis bzw. allgemeine Wahrheit gewonnen.

→ Arbeitsheft S. 35

Die Sorge des Hausvaters Franz Kafka (1920)

Die einen sagen, das Wort Odradek stamme aus dem Slawischen und sie suchen auf Grund dessen die Bildung des Wortes nachzuweisen. Andere wieder meinen, es stamme aus dem Deutschen, vom Slawischen sei es nur beeinflusst. Die Unsicherheit beider Deutungen aber lässt wohl mit Recht darauf schließen, dass keine zutrifft, zumal man auch mit keiner von ihnen einen Sinn des Wortes finden kann.

Natürlich würde sich niemand mit solchen Studien beschäftigen, wenn es nicht wirklich ein Wesen gäbe, das Odradek heißt. Es sieht zunächst aus wie eine flache sternartige Zwirnspule, und tatsächlich scheint es auch mit Zwirn bezogen; allerdings dürften es nur abgerissene, alte, aneinander geknotete, aber auch ineinander verfitzte Zwirnstücke von verschiedenster Art und Farbe sein. Es ist aber nicht nur eine Spule, sondern aus der Mitte des Sternes kommt ein kleines Querstäbchen hervor und an dieses Stäbchen fügt sich dann im rechten Winkel noch eines. Mit Hilfe dieses letzteren Stäbchens auf der einen Seite, und einer der Ausstrahlungen des Sternes auf der anderen Seite, kann das Ganze wie auf zwei Beinen aufrecht stehen.

Man wäre versucht zu glauben, dieses Gebilde hätte früher irgendeine zweckmäßige Form gehabt und jetzt sei es nur zerbrochen. Dies scheint aber nicht der Fall zu sein; wenigstens findet sich kein Anzeichen dafür; nirgends sind Ansätze oder Bruchstellen zu sehen, die auf etwas Derartiges hinweisen würden; das Ganze erscheint zwar sinnlos, aber in seiner Art abgeschlossen. Näheres lässt sich übrigens nicht darüber sagen, da Odradek außerordentlich beweglich und nicht zu fangen ist.

Er hält sich abwechselnd auf dem Dachboden, im Treppenhaus, auf den Gängen, im Flur auf. Manchmal ist er monatelang nicht zu sehen; da ist er wohl in andere Häuser übersiedelt; doch kehrt er dann unweigerlich wieder in unser Haus zurück. Manchmal, wenn man aus der Tür tritt und er lehnt gerade unten am Treppengeländer, hat man Lust, ihn anzusprechen. Natürlich stellt man an ihn keine schwierigen Fragen, sondern behandelt ihn – schon seine Winzigkeit verführt dazu – wie ein Kind. „Wie heißt du denn?", fragt man ihn. „Odradek", sagt er. „Und wo wohnst du?" „Unbestimmter Wohnsitz", sagt er und lacht; es ist aber nur ein Lachen, wie man es ohne Lungen hervorbringen kann. Es klingt etwa so, wie das Rascheln in gefallenen Blättern. Damit ist die Unterhaltung meist zu Ende. Übrigens sind selbst diese Antworten nicht immer zu erhalten; oft ist er lange stumm, wie das Holz, das er zu sein scheint.

Vergeblich frage ich mich, was mit ihm geschehen wird. Kann er denn sterben? Alles, was stirbt, hat vorher eine Art Ziel, eine Art Tätigkeit gehabt und daran hat es sich zerrieben; das trifft bei Odradek nicht zu. Sollte er also einstmals etwa noch vor den Füßen meiner Kinder und Kindeskinder mit nachschleifendem Zwirnsfaden die Treppe hinunterkollern? Er schadet ja offenbar niemandem; aber die Vorstellung, dass er mich auch noch überleben sollte, ist mir eine fast schmerzliche.

Den Text findest du auch im Internetportal.

1. Setze dich mit dem Titel des Textes auseinander.
2. Untersuche Aufbau und Struktur der Parabel.
3. Erschließe die Bildebene des Textes und übertrage sie auf die Bedeutungsebene.
4. Versuche, einen ähnlichen Text zu verfassen.

Die Nachricht vom Kellner   Franz Hohler (2008)

Kürzlich, als ich auf dem Bahnhof von Bonn auf meinen Zug wartete, stürzte sich ein Kellner aus dem Bahnhofsrestaurant, schaute sich hastig nach allen Seiten um und rannte dann zwischen Reisenden, Koffern und Gepäckkulis durch, bis er eine Frau mit einem Rucksack eingeholt hatte, die ein Kind an der Hand führte.

5 Der Kellner drückte dem Kind den Stoffseehund, den er bei sich trug, in den Arm und ging nachher wieder ins Restaurant hinein, langsamer, als er herausgekommen war.

Als ich am selben Abend im Radio die Meldungen über Finanzkrisen, Selbstmordattentate und Armee-Einsätze gegen Demonstrationen hörte, merkte ich
10 plötzlich, wie sehr ich die Nachricht vom Kellner vermisste, der dem Kind seinen vergessenen Stoffseehund zurückgebracht hatte.

Franz Hohler (geb. 1943) ist ein Schweizer Schriftsteller, der auch als Kabarettist, Liedermacher und Kinderbuchautor bekannt ist. Fotografie aus dem Jahre 2007

5. Beschreibe und beurteile das Verhalten des Kellners.
6. Deute die Reaktion des Erzählers am Abend.
7. Diskutiert euer Verständnis des Textes und überlegt, ob es sich um eine Parabel handelt oder nicht.

Methode

Eine Parabel erschließen

▶ Stelle Fragen an den Text: Was ist dir unklar? Was ist rätselhaft? Um welches Thema geht es?
▶ Kläre, ob bestimmte verwendete Begriffe metaphorischer oder symbolischer Art sind.
▶ Untersuche die Bildebene des Textes und überlege, wie sie sich auf die Bedeutungsebene übertragen lässt.
▶ Untersuche das Verhalten der handelnden Figuren.
▶ Beschreibe die dargestellte Situation.
▶ Überlege, inwiefern eine Verallgemeinerung der Aussage möglich ist.
▶ Übertrage die Inhalte auf deine eigene Erfahrungswelt. Frage dich:
  – In welcher Situation verhalte ich mich wie die Figur im Text?
  – Wo erlebe ich solches Verhalten?
  – In welcher Weise hilft mir die durch den Text vermittelte Einsicht persönlich weiter?

Eine Parabel erschließen
→ S. 267 **N**

→ **Arbeitsheft** S. 36–39

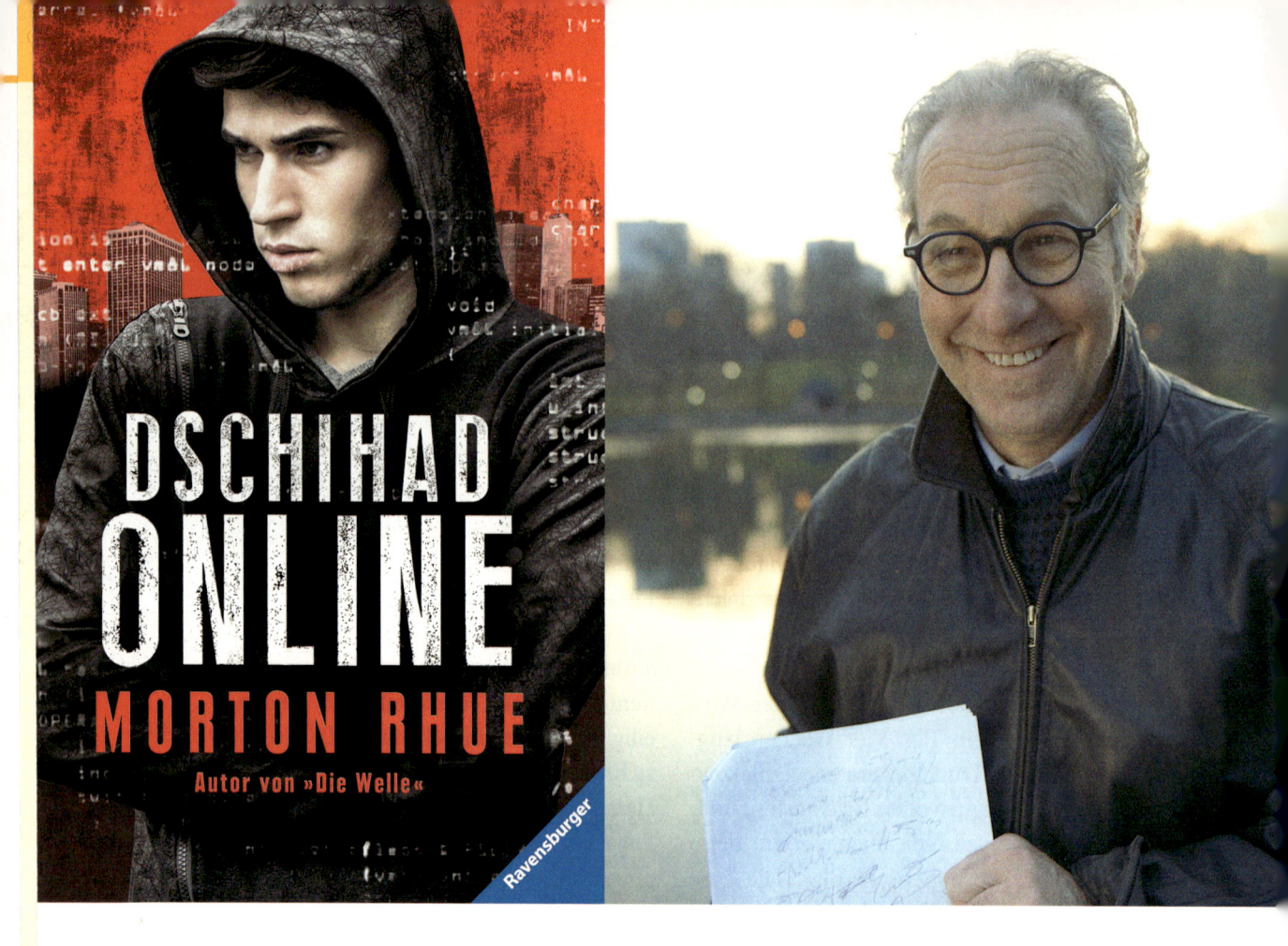

Ein Autor und sein Werk – Morton Rhue, „DSCHIHAD ONLINE"

Morton Rhue wurde 1950 in New York City geboren. Sein eigentlicher Name lautet Todd Strasser und sein Künstlername ist nach eigenen Angaben ein Wortspiel aus den französischen Wörtern *Mort (Tod = Todd)* und *Rue (Straße = Strasser)*. In den USA wurde er durch zahlreiche Publikationen sowie durch mehrere Romane für Jugendliche bekannt. Er greift in seinen Büchern aktuelle und kontroverse Themen auf.

„Ich verfolge nicht ein einzelnes konkretes Ziel. Es geht mir ganz allgemein darum, Bücher zu schreiben in der Hoffnung, dass das die Welt zu einem besseren Platz und zu einem gerechten und fairen Lebensraum macht."

„Ich schreibe für junge Leute, weil bei ihnen die Zukunft liegt, und weil sie in die Welt noch hineinwachsen."

„Ich hoffe, dass ich gefährdete junge Männer und Frauen erreichen kann mit der Aufforderung, vorsichtig mit dem umzugehen, was sie im Internet sehen und lesen – besonders von bestimmten Autoritätspersonen. [...] Ich will junge Menschen auffordern, kritisch zu hinterfragen, was die Menge schreit."

▶ Lies die Interviewaussagen von Morton Rhue und äußere deine Gedanken.
▶ Sprich darüber, was du von einem Jugendroman erwartest.

Sprechen, Zuhören, Schreiben, Lesen

Die Suche nach einer Antwort

Morton Rhue greift in seinen Büchern aktuelle, meist gesellschaftspolitische Themen auf und stellt sie in Geschichten dar, die für Jugendliche spannend und interessant sind. Aus den folgenden Aussagen, die aus unterschiedlichen Interviews stammen, erfährst du einiges über seine Themenwahl und seine Absichten.

Frage: Wie kam es zu Ihrem Bestseller „Die Welle"?

Antwort: Er basiert ja auf einem Experiment, das ein Lehrer namens Ron Jones in seiner Klasse in Kalifornien durchgeführt hat. Er wollte den Schülern etwas über den Holocaust beibringen, und sie haben nicht richtig verstanden, wie so etwas passieren kann. Spontan hat er dann dieses Experiment ausprobiert, das außer Kontrolle geraten ist – und das ist die Geschichte der „Welle". Ich habe davon über meinen Verleger erfahren, der Jones' Zeitschriftenessay gelesen hatte, und sie dachten, dass es eine gute Geschichte für junge Leute wäre. Also haben sie mich darum gebeten. Für zahlreiche meiner Bücher muss ich viel recherchieren, aber hier kannte ich die Geschichte und hatte den Essay – es ging nur noch darum, daraus ein aufregendes Buch für Jugendliche zu machen.

Frage: Sie schrieben vor einigen Jahren den Roman „Boot Camp" über dieses Erziehungslager für auffällige Jugendliche, wie das so schön heißt. Neulich hat man in Spanien ein solches „Camp" entdeckt, gegründet von Schweizern. Wie kommen Sie auf Ihre Geschichten, genauer: auf die spannenden und sehr gegenwärtigen Inhalte Ihrer Romane?

Antwort: Es gibt da zwei unterschiedliche Zugänge. Nehmen wir das Buch „Über uns Stille". Das gründet auf einer Erfahrung, die ich selbst machte: Meine Eltern haben sich nämlich wirklich einen Bunker gebaut während der Kuba-Krise. Daneben stoße ich auf Themen, etwa in Zeitungen und ähnlichen Informationsmedien, die mich packen. Da möchte ich dann weiterarbeiten, recherchieren. Zum Beispiel in „Ich knall euch ab". Meine Kinder waren ja in der Schule, und für Eltern ist die Schule, ebenso wie für die Schüler, ein „sicherer" Raum. Und dann gehen ein paar Schüler bewaffnet dorthin und schießen um sich und töten. Ich wollte herausfinden, warum gingen sie immer in Schulen, warum nicht in Restaurants oder sonstwohin? Ich stieß dabei auf diese Verknüpfung von Schießen, Mobbing, Quälen, Ausgrenzen. – Das Schreiben eines Buches ist bisweilen auch die Suche des Schreibers nach einer Antwort. Und das Buch ist sozusagen der „Report", also der Bericht dieser Suche.

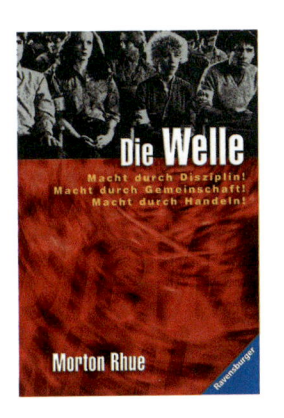

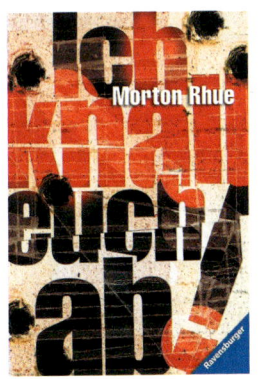

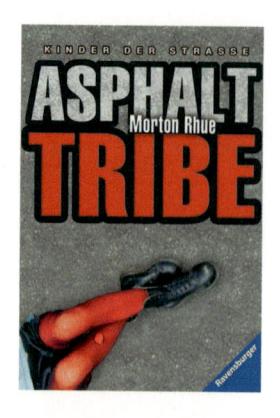

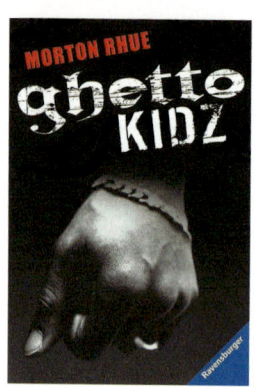

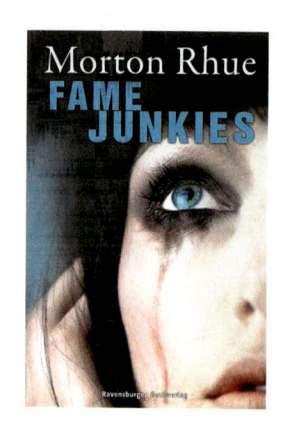

Frage: Sie schreiben immer aus der Perspektive des Außenseiters?

Antwort: Bis vor Kurzem war mir gar nicht bewusst, dass ich immer die Perspektive des Außenseiters einnehme. Als ich aufgewachsen bin, war ich auch immer ein Außenseiter, ich habe nie zu den Insidern, den coolen Kindern in der Schule gehört. Zu mir kommen immer die Gedanken der Außenseiter. Vor Kurzem habe ich in Denver gelesen, und auf dem Rückweg fragte mich meine Gastgeberin, ob ich sie begleiten würde, sie wollte in einem Obdachlosenheim vorbeisehen und dort etwas zu essen abgeben. Ich sagte „klar", und begriff zunächst gar nicht, dass es sich um ein Obdachlosenheim für Teenager handelte, da lebten Teenager auf der Straße! Daraus wurde dann mein Buch „Asphalt Tribe". Und genau so war es mit „Ghetto Kidz", ich habe in einer Schule in einem Schwarzenghetto in New York City gelesen und gesehen, wie schrecklich dort alles war, und diese Kinder hatten überhaupt nicht das geringste Interesse daran, etwas zu lernen! Und dieses Erlebnis gab mir dann die Inspiration für „Ghetto Kidz".

Frage: Glauben Sie, dass Ihre Bücher Menschen oder die Welt verändern?

Antwort: Ich habe vor Kurzem eine E-Mail von einem Jungen bekommen, der das Buch „Ghetto Kidz" gelesen hat. Dieser meinte, dass er noch nie über das Thema, welches das Buch anspricht, nachgedacht hat. Das ist es, was ich mit meinen Büchern erreichen will.

Frage: Ist „Fame Junkies" eine Kritik an Leuten, die Stars vergöttern?

Antwort: Ich mache viele Lesungen in Schulen und die Schüler stellen immer vernünftige und gute Fragen, aber auch immer wieder Fragen wie: „Wie viel Geld verdienen Sie?" oder „Was für ein Auto fahren Sie?" und auch „Sind Sie berühmt?" Ich habe die Schüler gefragt, ob es wichtig ist, berühmt zu sein. Sie meinten natürlich, dass es toll ist, wenn man berühmt ist. Sie wollten berühmt sein, ohne wirklich zu verstehen, was das bedeutet. Als ich ein Kind war, wollten wir auch berühmt sein, aber wegen Dingen, die wirklich viel Arbeit erfordern. Heute wollen die Leute berühmt sein, ohne etwas dafür geleistet zu haben. Ich finde, dass man nicht bekannt sein sollte, ohne etwas dafür getan zu haben – und das möchte ich auch mit dem Buch zum Ausdruck bringen.

Frage: Wie haben Sie all diese besonderen Charaktere entwickelt?

Antwort: Ich habe eine Idee und entwickle dann die Charaktere, die ich brauche, um die Geschichte zu erzählen. Bei dieser Methode muss man viel recherchieren. Für „Fame Junkies" habe ich viel über Models oder Schauspieler und andere Berühmtheiten gelesen. Während ich recherchiere, entwickle ich die Charaktere.

Morton Rhue „DSCHIHAD ONLINE"

Frage: Ihr Buch „No place, no home" befasst sich mit dem Thema Obdachlosigkeit. Wen soll dieses Buch ansprechen?

Antwort: Ich habe dieses Buch für Jugendliche geschrieben, die noch ein Zuhause haben. Es soll diesen zeigen, wie vergänglich das Leben sein kann, auch wenn man alles richtig macht.

Frage: War es leicht, Obdachlose dazu zu bewegen, Ihnen ihre Geschichten zu erzählen?

Antwort: Die Menschen wollten mit mir sprechen. Ich habe bemerkt, dass man Obdachlose in zwei Gruppen einteilen kann. Die einen reden sich ein, dass ihre Situation nur für eine bestimmte Zeit andauere, die anderen finden sich einfach damit ab. Die Obdachlosen, die dazu bereit waren, mit mir zu reden, waren hauptsächlich solche, die sich mit der Situation nicht anfreunden konnten.

Frage: Alles in allem ein Thema, das junge Menschen interessieren sollte. Denn es geht ja auch um mögliche Zukunftsszenarien.

Antwort: Völlig richtig! Das kann heute jedem passieren. Wir dürfen niemals auf Menschen hinunterschauen, die unglücklich sind, die ihr Haus, ihre Wohnung, ihren Job verloren haben. Sie verdienen unsere Unterstützung. In den USA sagen wir „Get back on your feet", also: komm wieder auf die Beine, und dabei müssen wir ihnen helfen und nicht wegschauen.

1. Morton Rhue erläutert, wie er auf die Geschichten kommt, die er erzählt. Gib seine Intentionen mit eigenen Worten wieder.
2. Formuliere Fragen an den Autor, die du ihm zur Entstehung, zu den Themen seiner Romane oder zu seiner Arbeit als Schriftsteller stellen möchtest.
3. Wähle dir einen Roman von ihm aus und stelle ihn deiner Klasse vor.
4. Überlege, ob du schon Bücher gelesen oder Filme gesehen hast, die dich besonders beeindruckt oder vielleicht auch dein Denken verändert haben.

> **Weiter im Kapitel:**
>
> Du lernst (,)
> ▸ einen Autor, sein Werk und die Intentionen seines literarischen Schreibens kennen.
> ▸ Vorstellungen zu einem Roman zu entwickeln und diese zu kommentieren und auszutauschen.
> ▸ einen literarischen Text szenisch zu interpretieren.
> ▸ einen Essay zu schreiben.
> ▸ die Intentionen literarischen Schreibens zu bewerten.

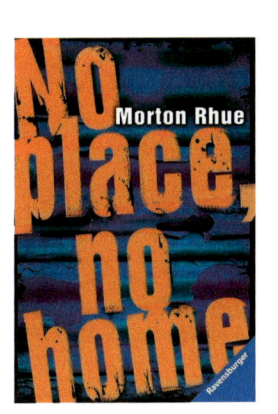

Ordnung in einer ungeordneten Welt

Khalil und Amir

Die Mitglieder der muslimischen Familie des sechzehnjährigen Khalil sind als Flüchtlinge aus Bosnien in die USA gekommen, um vor dem Krieg im eigenen Land zu fliehen und ein besseres Leben zu finden.

Khalil geht zur Schule und ist ein sehr guter Schüler. Die Situation ändert sich, als die Eltern aus familiären Gründen nach Bosnien zurückkehren müssen und ihre Kinder Khalil und Amir allein zurückbleiben.

Die Brüder Khalil und Amir leben nach der Abreise ihrer Eltern mit beschränkten Mitteln in den USA, in der Hoffnung, ihr neues Leben allein zu meistern. Von nun an wohnen die beiden in einer notdürftigen Unterkunft unter unwürdigen Bedingungen. Um zu überleben, beteiligt sich Khalil an kleinkriminellen Aktivitäten, angestiftet von seinem älteren Bruder. Bald geht Khalil nicht mehr regelmäßig zur Schule, was letztlich zu seinem Schulausschluss führt. Seine Schulfreunde Vitaly und Angie vermissen ihn. Khalil fühlt sich zwischen seinem Bruder und seinen Freunden hin- und hergerissen. Dieses Gefühl verstärkt sich, als Khalil erkennt, dass das Verhalten seines Bruders Amir sich allmählich verändert, da er unter den Einfluss von Islamisten gerät ...

Unter dem Begriff **Bosnienkrieg** wird der aufgrund des beginnenden Zerfalls der Sozialistischen Föderativen Republik Jugoslawien von 1992 bis 1995 geführte Krieg in Bosnien und Herzegowina verstanden. Die bewaffneten Auseinandersetzungen zwischen den unterschiedlichen Volksgruppen wurden von den jeweiligen nationalistischen Gruppierungen angeheizt und von sogenannten ethnischen Säuberungen begleitet. Dabei starben Tausende Menschen. Höhepunkt der Gräueltaten war 1995 das Massaker von Srebrenica mit 8000 Toten.

Allmählich packt mich die kalte Wut. Keiner dieser Jugendlichen lebt in einer eiskalten Kellerwohnung mit einem Vermieter, der droht, die Immigrationsbehörde zu alarmieren, wenn man Ärger macht. Keiner von denen ist selbst für Essen oder Wäsche verantwortlich, weil seine Eltern sich am anderen Ende der Welt um ihre kranken, bedürftigen Verwandten kümmern müssen. Keiner von denen lebt mit einem ständigen Gefühl der Zerrissenheit – in diesem verrückten, großartigen Land, in dem die Menschen sich einerseits sicher fühlen können, genug zu essen und Arbeit haben und wo andererseits jede verschleierte muslimische Frau und jeder muslimische Mann mit Bart und Gebetskappe für einen potenziellen Terroristen gehalten wird. *(S. 53 f.)*

Ich war elf, als Amir die Highschool abbrach, und ich weiß noch, wie meine Eltern deswegen mit ihm stritten. Er war kein toller Schüler, aber auch nicht richtig schlecht. Eines Tages weigerte er sich einfach hinzugehen, ohne zu sagen, warum. Meine Eltern gaben sich alle Mühe, ihn umzustimmen, vergeblich. Sie schleppten ihn sogar zum Psychologen, der Amir für depressiv erklärte und ihm Prozac verschrieb. Schließlich schlossen sie einen Kompromiss. Er würde zur Berufsschule gehen und Automechaniker lernen.

Prozac häufig verordnetes Antidepressivum

Ich habe ihn nie gefragt, warum er die Schule abgebrochen hat, und er hat von sich aus nie darüber geredet. Aber ich habe eine Theorie: In der Highschool war etwas anders, er fühlte sich nicht mehr akzeptiert. Er ist seinen Akzent nie richtig losgeworden, und er hat sich in Gegenwart von Mädchen nie wohlgefühlt. Tatsächlich kann ich mich kaum erinnern, ihn je mit Mädchen reden gesehen zu haben. In der Grundschule hatte er viele Freunde, aber in der Highschool waren davon nur noch ein paar übrig, und die stammten alle aus demselben Teil der Welt wie unsere Familie. Er lebte also weder in der Heimat unserer Eltern noch in der neuen. Der einzige Ort, an dem er sich wohlfühlte, war das Internet. *(S. 69 f.)*

[...] Es ist fast zehn Monate her, seit Mom und Dad nach Srebrenica zurückgekehrt sind, und jedes Mal, wenn wir skypen und ich sie frage, wann sie wieder in die USA kommen, sagt Mom „bald", wendet aber den Blick ab. Dad sagt, ich solle mir deswegen keine Gedanken machen und mich einfach auf die Schule konzentrieren.

Ich fühle mich einsam hier ohne sie, und Amir ist auch keine große Hilfe. Mein Bruder hat sich nicht nur äußerlich verändert. Er ist still und verschlossen und verbringt mehr Zeit denn je in der Werkstatt oder in seinem Zimmer vor dem Computer. [...] Wenn ich Amir mal dazu bringen kann, mit mir zu reden, artet es jedes Mal in eine seiner Hetzreden gegen den bösen Westen aus. Als ich irgendwann zu ihm sagte, ich könne ja verstehen, wie es ihm gehe – einerseits weil ich tatsächlich das Gefühl hatte, andererseits um ihn zum Reden zu bewegen –, schüttelte er den Kopf und sagte: „Du bist nicht bereit." Als ich ihn fragte, was er damit meine, antwortete er nicht. *(S. 77 f.)*

„Wir könnten jemand sein, kleiner Bruder. Was sind wir denn? Nichts. Niemand. Wir hätten genauso gut nie geboren sein können. Aber stell dir mal vor, du wärst jemand. Stell dir vor, du wärst Teil von etwas, was so groß und mächtig ist, dass es dem Präsidenten der Vereinigten Staaten schlaflose Nächte bereitet."

Shahid Märtyrer

Klingt bekloppt, aber vielleicht steckt doch ein Fünkchen Wahrheit dadrin. Eben noch bist du nichts, ein vollkommener Nobody. Im nächsten Moment schnappst du dir eine Waffe, lässt eine Kochtopfbombe hochgehen, greifst einen Polizisten an, und schon kennt die ganze Welt deinen Namen. Du bist ein Held, ein Märtyrer, jemand, der in Tweets und Videos erwähnt wird, weil du dich gegen das größte, böseste, mächtigste Land der Welt erhoben hast.

„Hier werden Dschihadisten als Terroristen bezeichnet", fährt Amir fort. „Warum? Weil ab und zu mal ein Shahid eine Bombe legt oder eine Militärbasis angreift und ein paar Soldaten tötet? Und was machen die Amerikaner? Schicken täglich Drohnen über unser Volk und bombardieren unsere Städte. Jeden Tag töten sie Hunderte Frauen und Kinder. Versetzt uns das vielleicht nicht tagtäglich in Angst und Schrecken? Und das soll kein Terrorismus sein?" *(S. 95 f.)*

Ramadan ist der Fastenmonat der Muslime. Während dieser Zeit fasten gläubige Muslime ab der Morgendämmerung bis zum Moment des Sonnenuntergangs. Abhängig vom Islamischen Kalender kann ein Fastentag somit bis zu 19 Stunden dauern.

Allah war nicht immer für mich da. Er war wie die Sonne, manchmal leuchtete er hell und stark, manchmal versteckte er sich hinter den Wolken. Sogar während des Ramadans vergaß ich manchmal, dass es ihn gab. Aber in letzter Zeit spielt er wieder eine größere Rolle für mich. Vielleicht weil meine Eltern weg sind und niemand mir sagt, was ich tun soll und was nicht. Vielleicht weil ich mit Amir zusammenlebe, der sich zu einem strengen Gläubigen entwickelt hat und wie alle anständigen Moslems fünfmal am Tag betet. Wenn der Koran so etwas wie Ordnung in eine ungeordnete Welt bringt, warum nicht? Wenigstens hat man das Gefühl, dass das Leben eine Richtung bekommt. *(S. 119)*

1. Lest euch die Textauszüge genau durch.
2. Tauscht euch anschließend über eure Leseeindrücke, Gedanken, Gefühle oder Assoziationen, die ihr während des Lesens hattet, aus. Nutzt dafür die Placemat-Methode (vgl. den Methodenkasten auf der folgenden Seite).
3. Im Zentrum der Textausschnitte stehen Begriffe wie Heimat, Heimatlosigkeit, Glauben, Verlust und Orientierungslosigkeit. Welche Konnotationen haben diese Wörter für euch? Diskutiert darüber.

N Konnotat → S. 279 f.
N Denotat → S. 274

Morton Rhue „DSCHIHAD ONLINE"

Die Placemat-Methode

Methode

Die Placemat-Methode ist eine Möglichkeit, sich zunächst allein über ein Thema oder zu einer Aufgabenstellung Gedanken zu machen und diese zu notieren, bevor dann ein Ideenaustausch mit den Gruppenmitgliedern stattfindet. Im Anschluss werden die Ideen strukturiert, weiterentwickelt, zusammengeführt und als Ergebnisse festgehalten. So könnt ihr vorgehen:

Vorarbeit:
- Teilt einen großen Bogen Papier entsprechend der Anzahl der Schüler in gleich große Teile. In der Mitte solltet ihr genügend Platz lassen für gemeinsam gefundene Antworten auf die eingangs gestellte Frage, Aufgabe oder These.

1. Phase:
- Arbeitet zunächst einzeln. Pro Feld nimmt je ein Schüler Platz und schreibt in einer vorgegebenen Zeit seine Gedanken, Gefühle, Assoziationen usw. zu einer Aufgabenstellung auf (im vorliegenden Fall: Leseeindrücke zu einem Roman notieren). Dabei können auch Fragen, Unklarheiten oder Widersprüche festgehalten werden.

2. Phase:
- In der Gruppe tauscht ihr nun eure individuellen Notizen mit den anderen Gruppenmitgliedern aus.
- Dazu dreht ihr das Blatt im Uhrzeigersinn und lest, kommentiert, ergänzt oder erweitert die bereits festgehaltenen Ausführungen der anderen. Dies wiederholt ihr in einer vorgegeben Zeit so oft, bis jeder Schüler sein ursprüngliches Feld erneut vor sich hat.
- Nachdem alle Gruppenmitglieder sämtliche Eintragungen gelesen haben, einigt ihr euch auf zwei bis drei zentrale Antworten und Aussagen zu der gestellten Frage, Aufgabe oder These.
- Diese tragt ihr dann als gemeinsame Antwort in das Feld für das Gruppenergebnis ein.

3. Phase:
- Präsentiert nun eure Ergebnisse aus den Kleingruppen vor der Klasse.
- Stützt euch dabei inhaltlich auf das Feld mit dem Gruppenergebnis. Im Idealfall ist dieses Feld leicht vom Placemat zu entfernen oder auszuschneiden.
- Damit erhaltet ihr die Möglichkeit, eure Ergebnisse mit denen der anderen Kleingruppen an der Tafel zu vergleichen.

Placemat engl. = Platzdeckchen

Placemat-Methode
→ S. 267 **N**

Lüge und Wahrheit

Khalil und Angie

Angie, ein Mädchen aus wohlhabenden Verhältnissen, fühlt sich in der Schule seit geraumer Zeit zu Khalil hingezogen und auch Khalil hat sich in sie verliebt. Doch im Laufe der Zeit lässt er sich immer seltener in der Schule blicken. Seine zunehmende Schwänzerei bringt ihn in Schwierigkeiten. Dass seine Eltern wieder in der alten Heimat sind, um sich um eine verwitwete Tante und deren Kinder zu kümmern, darf niemand wissen – nicht einmal Angie, der Khalil lauter Lügen auftischt: über seine Eltern und deren angebliche Bäckerei, in der er immer helfen muss.

1. Lies dir die folgenden Textausschnitte aufmerksam durch.

Szene 1:
Wir warten in der Dunkelheit. Angst ist zu einem ständigen Begleiter in meinem Leben geworden. Ich gehe zu einer Party, und es endet damit, dass ich mich im Keller verstecke. Ich gehe zur Schule und muss mich am Schulbüro vorbeischleichen. Ich gehe nach Hause und rechne damit, dass die Polizei vor der Tür steht, um mich wegen eines Geldautomatendiebstahls zu verhaften. Es ist würdelos, Angst zu haben und sich verstecken zu müssen. […] *(S. 119 f.)*

Angie hat eine Nachricht geschickt. Die Polizei ist weg, wir können hochkommen. Ohne die ganzen Leute sieht das Wohnzimmer noch schlimmer aus als vorher. Überall liegen Flaschen, Dosen und Essen.
   Angie nimmt mich beiseite und flüstert: „Warum habt ihr euch versteckt?"
   Ich werfe kurz einen Blick in Vitalys Richtung und flüstere zurück: „Seine Eltern sind total streng. Wenn die wüssten, dass er hier ist, kriegt er einen Monat Hausarrest."
   Angie sieht mich skeptisch an, also wechsle ich das Thema. *(S. 121)*

Szene 2:
Angie sieht mir in die Augen, und wieder fragt ihr Blick, ob sie mir glauben soll. Hat sie etwas gehört, was ihr Anlass zum Zweifeln gibt? Aber wie soll ich ihr die Wahrheit sagen? Würde sie verstehen, dass in Wirklichkeit *ich* mich verstecken musste, weil wenn die Polizei Fragen gestellt hätte, sie schnell herausgefunden hätten, dass ich mit einem Bruder zusammenwohne, der als illegal registriert ist? Würde sie verstehen, dass damit mein Leben hier in Amerika beendet wäre? Dass, wenn Amir ausgewiesen wird, ich mit ihm gehen muss. Weil er sich ansonsten vollkommen verraten vorkäme. Wir waren immer zusammen und immer füreinander da. Vitaliy ist vielleicht mein bester Freund, aber selbst er ist meilenweit entfernt von Amir, der, seitdem ich denken kann, mein Anführer, mein Beschützer, mein Anker ist.

Angie mag sich Gedanken um ihre Noten machen, um die Schule, Freunde und auch um Politik, aber sie musste sich noch nie Sorgen um ihre Existenz machen. Sie hat keine Ahnung, was es bedeutet, mit dem Wissen zu leben, dass, sobald ein Polizist Amir nach seinem Ausweis fragt, unser Leben hier zu Ende ist. Amerikanische Jugendliche lügen hin und wieder, um keinen Ärger zu kriegen. Aber sie wissen nicht, was es heißt, lügen zu müssen, um zu überleben.

„Das ist der Grund?", sagt Angie schließlich. „Nur wegen Vitalys Eltern?"

„Warum sonst?"

Sie zuckt mit den Schultern, legt ihre Hand auf meine und setzt ein Lächeln auf, aus dem ich lese, dass sie hofft, ich sage die Wahrheit. *(S. 124 f.)*

Szene 3:
„Ich verstehe das alles nicht", sagt Angie, nachdem ich ihr heute Morgen geschrieben habe, dass sie nicht mit dem Bus fahren soll. Es ist fast unmöglich, sie unter der Woche nach der Schule zu sehen. Wenn sie nicht gerade im Tauchkurs ist oder Cello-Unterricht hat, sucht sie Fotos für das Jahrbuch aus.

Jetzt laufen wir gemeinsam zur Schule. Angie trägt einen Rucksack auf dem Rücken und mehrere Ringbücher vor der Brust. Ihr Nasenring funkelt in der Sonne. Wir gehen schnell, damit sie nicht zu spät kommt. Die Fragen, die sie so lange zurückgehalten hat, sprudeln nur so aus ihr heraus. „Wie kann es sein, dass deine Eltern dich so lange fehlen lassen? [...] Und warum kann ich sie nicht kennenlernen? Warum kann ich noch nicht mal zu dir nach Hause kommen?"

„Das ist schwer zu erklären."

Ihr Blick sagt, dass sie meine ausweichenden Antworten nicht mehr akzeptiert.

„Meine Eltern sind nicht mehr hier. Sie sind zurück in ihre Heimat gegangen."

„Warum?"

Ich erklärte es ihr.

„Was ist mit der Bäckerei?"

„Sie ... sie mussten sie aufgeben."

Sie bleibt stehen und sieht mich böse an. „Wann war das alles?"

„Schon etwas länger her."

Angie dreht sich um und marschiert weiter. „Etwas länger her? Und was hast du seitdem gemacht? Ich dachte, du hast für sie gearbeitet."

„Es ist kompliziert, Angie."

Sie weiß, dass ich lüge, und je mehr ich lüge, desto schneller läuft sie. Als wollte sie vor den Lügen davonlaufen, vor mir. Wir preschen die Straße entlang und um die Ecke und dann sind wir vor der Schule.

„Warte ..." Ich muss aufpassen, dass ich sie nicht verliere. „Du musst mir zuhören."

Aber sie wird nicht langsamer, sie sieht mich nicht mal an. „Komisch, ich kann gar nichts hören."

„Du musst erst stehen bleiben."

„Ich hab keine Lust, zu spät zu kommen."

„Angie, es ist wichtig."

Sie joggt jetzt praktisch. „Schule ist auch wichtig. Ich glaube sogar, sehr viel wichtiger als alles, was du zu sagen hast."

Ich packe sie am Arm und zwinge sie, stehen zu bleiben. Erschrocken versucht sie, sich aus meinem Griff zu befreien. „Lass mich los!"

Ich halte sie fest. „Du musst mir zuhören."

„Nein!" Sie wehrt sich immer noch. „Muss ich nicht. Ich habe genug gehört. Und es war reine Zeitverschwendung." Sie reißt sich los, aber dabei rutschen ihr ein paar Ringe von den Fingern und fallen klackernd auf den Bürgersteig.

Wir hocken uns beide hin, um sie aufzusammeln. „Bitte, Angie."

Sie steckt die Ringe in die Tasche, springt auf und rennt los.

„Warte!" Ich folge ihr.

Und laufe direkt in die Arme des Schuldirektors. *(S. 168–170)*

Das Meeting ist zu Ende. Ich soll in die Klasse gehen. Im Flur werde ich von ein paar Schülern komisch angeguckt, andere fragen, wo ich war. In der Pause halte ich Ausschau nach Angie, kann sie aber nirgends entdecken. Macht nichts. Ich sehe sie bestimmt beim Mittagessen.

Als ich jedoch im Eingang der Cafeteria stehe und mich nach ihr umblicke, ist sie auch nicht da. Dafür aber Vitaly, allerdings mit dem Rücken zu mir. Ich sollte mich besser nicht erwischen lassen, wie ich ziellos durch die Flure laufe, aber das Risiko gehe ich ein. Ich sehe im Jahrbuch-Büro nach, im Labor, im Musikraum, in der Bibliothek. Angie ist unauffindbar.

Es ist noch Zeit, zurück in die Cafeteria zu gehen und etwas zu essen, nur dass ich plötzlich nicht mehr besonders scharf darauf bin, angestarrt und gefragt zu werden, wo ich war. Stattdessen bleibe ich in der Bibliothek, bis es klingelt. Was bedeutet, dass ich gleich wieder im Unterricht sitze und sowohl meine Mitschüler als auch der Lehrer mich anstarren. Das ertrag ich nicht länger. Ich gehe. *(S. 174)*

N Figurenbeziehungen untersuchen → S. 265

N Eine szenische Interpretation durchführen → S. 269

2. Untersuche in den drei Szenen, welche Gefühle (Entsetzen, Wut, Furcht, …) Angie Khalil entgegenbringt.

3. Bereite nun gemeinsam mit einem Partner die szenische Interpretation einer Szene vor. Nutze dazu die methodische Anleitung auf der folgenden Seite.

Morton Rhue „DSCHIHAD ONLINE"

Eine szenische Interpretation durchführen

Bei einer szenischen Interpretation werden literarische Texte mithilfe unterschiedlicher Verfahren aus der Theaterpraxis gedeutet.

- ▶ Lest euch die Textpassagen genau durch und achtet auf die ersten Bilder, die dabei in eurem Kopf entstehen.
  Achtet auch auf die Redeanteile der agierenden Personen.
- ▶ Visualisiert diese ersten Bilder mithilfe von Standbildern, in denen bereits unterschiedliche Deutungsmöglichkeiten sichtbar werden.

- ▶ Bildet eine Gruppe von vier bis sechs Schülern. Tauscht euch zunächst über die Charaktereigenschaften der jeweiligen Personen und ihr Verhältnis zueinander aus (Angie, Khalil).
- ▶ Beratet euch, welche Mittel der Gestik, Mimik, Körperhaltung, Stellung der Figuren zueinander usw. euch sinnvoll erscheinen, um die Charaktereigenschaften der Figuren und ihr Verhältnis zueinander zum Ausdruck zu bringen.
- ▶ Wählt zwei Schüler als Darsteller aus. Sie verhalten sich im Folgenden passiv – wie bewegliche Puppen.
- ▶ Die übrigen Gruppenmitglieder formen wie „Regisseure" das Standbild, indem sie den Darstellern vorspielen oder erläutern, wie das Standbild aussehen soll (Haltung der Hände, Gesichtsausdruck, Stellung der Füße, Sitz-/Stehhaltung usw.).
- ▶ Ist das Standbild perfekt aufgebaut, entfernen sich die Regisseure von der „Bühne" und geben ein Zeichen. Die Darsteller verharren unverändert in der Position.
- ▶ Alle Schüler können sich das Standbild genau betrachten und sich in einem Auswertungsgespräch dazu äußern. Folgende Fragen können dabei gestellt werden:
  – Wer wird durch wen dargestellt?
  – Welche Charakterzüge/Beziehungsaspekte sind erkennbar?
  – Woran erkennt man sie?
  – Welche Figur wirkt ängstlicher/aggressiver/verzweifelter?
  – Welche Gesten/Körperhaltungen dienen welchem Zweck?

- ▶ Spielt nun die Szene. Der Dialog muss dabei nicht wortwörtlich wiedergegeben werden, Improvisationen sind erlaubt.
- ▶ Nach dem Spiel geben die Zuschauer ein Feedback.

Ein Standbild bauen
→ S. 268 f. N

Morton Rhue „DSCHIHAD ONLINE"

Eine Entscheidung

Amir und Khalil

Nachdem sich Angie endgültig von Khalil abgewendet hat und auch sein bester Freund mit seiner Familie nach Ablauf ihrer Aufenthaltsgenehmigung abgeschoben worden ist, gerät Khalil immer mehr unter den Einfluss seines großen Bruders. Sie diskutieren die Lage der Muslime in der Welt und debattieren über die Kriege, in die die USA verwickelt sind. Daraus leitet Amir das Recht ab, selbst gewalttätig zu werden – und einmal im Leben im Mittelpunkt zu stehen. Khalil soll ihn unterstützen und ein mit Sprengstoff beladenes Auto direkt auf eine Polizeiwache zusteuern.

Angie geht nicht ans Telefon und beantwortet auch meine Nachrichten nicht. Ich gebe trotzdem nicht auf. In der Zwischenzeit hat Amir eine neue Bleibe für uns gefunden. [...] Ein Zimmer in einer Art Wohnheim. Zwei Einzelbetten, ein kleiner Kühlschrank, eine Mikrowelle. Es ist warm und sauber, auch wenn wir uns das Bad auf dem Gang mit anderen Bewohnern teilen müssen. [...]

Ich bekomme die Hälfte der Schubladen in der Kommode und die Hälfte vom Schrank. Im Schrank hängt ein neues graues Camouflage-Shirt, das ich noch nie gesehen habe, und auf dem Fußboden stehen ein schwarzes Paar Kampfstiefel und eine große schwarze Nylontasche. Ich öffne sie und finde eine Panzerweste, eine Nachtsichtbrille, eine Maske aus irgendeinem Hartstoff und ein schwarzes Stirnband [...].

Mich fröstelt. Fehlt nur noch die Kalaschnikow. Das sind keine bloßen Worte mehr, das ist militärische Ausrüstung. Plant mein Bruder etwas? Ich stöbere noch ein bisschen herum und entdecke einen verschließbaren Plastikbeutel mit mehreren Handys, einer kleinen Platine, einer Digitalschaltuhr und Schnappverbindungen für eine Neun-Volt-Batterie. *(S. 175 f.)*

„Gar nichts", sage ich. „Er plant nichts." Und was wenn doch? *Stell dir vor, du würdest etwas tun. Du würdest dich für etwas einsetzen, an das du glaubst. Du würdest etwas ändern.* Amirs Worte, die ich so und ähnlich seit Wochen in Dauerschleife höre, gehen mir durch den Kopf. Mr Umarov [der Vater von Vitaly] meinte, es habe keinen Sinn, den Märtyrer zu spielen, wenn man im nächsten Krieg schon vergessen sei. Aber geht es darum? Kennt jemand die Namen der zahllosen Moslems, die während der Kreuzzüge um das Heilige Land gekämpft haben? Natürlich nicht. Das ist tausend Jahre her. Aber wenn sie damals nicht gekämpft und ihr Leben gegeben hätten, hätten wir dann heute Mekka? Nein. Kann das etwas sein, wofür es sich zu kämpfen und zu sterben lohnt? Vielleicht. *(S. 204)*

In einem mit Sprengstoff beladenen Wagen geht es durch die Dunkelheit. Jedes Mal, wenn ich über einen Huckel fahre, schlägt mir das Herz bis zum Hals und ich frage mich, ob ich gleich in die Luft fliege. Aber dann denke ich, was für ein

Morton Rhue „DSCHIHAD ONLINE"

Segen es wäre, von diesem schrecklichen Herzschmerz wegen Angie erlöst zu werden, ein Geschenk des Himmels, nicht mehr diese wahnsinnige innere Leere spüren zu müssen.

Es ist kurz nach acht und immer noch viel Verkehr auf den Straßen. Was, wenn ich erwischt werde? Dann wandere ich für den Rest meines Lebens ins Gefängnis. Aber bin ich das nicht praktisch sowieso schon? *(S. 214)*

Noch zehn Minuten bis zum Ziel. Zehn Minuten, bis ich etwas gegen die Ermordung unschuldiger Frauen und Kinder tun kann. Wie Amir sagt, man tut wenigstens etwas. Was besser ist, als nichts zu tun. Mit jedem Atemzug sehne ich mich nach Angie. Ohne sie bin ich eine leere Plastiktüte, die hilflos im Wind weht. Das hab ich nicht verdient. Wenn ich sie angelogen habe, dann nur, weil ich nicht anders konnte. Und war ich nicht auch gut zu ihr? Ich war immer gut zu ihr. Ich hab sie nie unter Druck gesetzt. Hab sie nie angerührt, obwohl ich manchmal verrückt war vor Verlangen. Sie ist vielleicht reif für ihr Alter, aber sie ist immer noch fünfzehn. Ein kleines, unschuldiges amerikanisches Mädchen.

Das, was wir hatten, war etwas Reines. Der Koran sagt, keine Versuchung sei gefährlicher als die Frauen. Was Angie betrifft, hat mich immer etwas aufgehalten. Etwas in mir. Einerseits, weil ich sie respektiere. Andererseits, weil es die Sünde ist, die man nicht rückgängig machen kann, wie Amir sagt.

Es gibt andere Dinge, die ich bereue. Das nicht. *(S. 216 f.)*

[…] „Tu, was ich sage. Sonst."

„Sonst was?" Nicht, dass das noch eine Rolle spielen würde. Ich hab den Zünder schon in einen Gully geworfen.

„Töten wir deine Freundin und ihre Familie." *(S. 222)*

1. Diskutiert über das Zitat: *„Stell dir vor, du würdest etwas tun. Du würdest dich für etwas einsetzen, an das du glaubst. Du würdest etwas ändern."*
2. Schreibe einen Essay zum Thema „Werte und Ideale".

FREIHEIT
FRIEDEN
EHRLICHKEIT
LEBEN
TREUE
HILFSBEREITSCHAFT
GESUNDHEIT
SOLIDARITÄT
FREUNDE
FAMILIE
WAHRHEIT

Eine Diskussionsrunde durchführen und bewerten
→ S. 264 N

Einen Essay schreiben
→ S. 265 N

Checkliste

Einen Essay schreiben
✓ Zu welchem Thema möchte ich einen Essay verfassen?
✓ Welche thematischen Eingrenzungen muss ich eventuell vornehmen?
✓ Habe ich dementsprechend eine aussagekräftige Überschrift gewählt?
✓ Führt meine Einleitung in die von mir gewählte und eingegrenzte Problemstellung ein?
✓ Ist in meinem Hauptteil der „rote Faden" gewahrt?
✓ Habe ich gute Argumente, um die von mir gewählte Problemstellung zu unterstützen?
✓ Werden die Argumente mit Beispielen belegt?
✓ Hat mein Essay eine nachvollziehbare Struktur, ist er inhaltlich schlüssig aufgebaut?
✓ Habe ich verschiedene sprachliche Mittel (z. B. rhetorische Fragen, Metaphern, Alliterationen, Wiederholungen, Ironie usw.) verwendet?
✓ Zeigen Andeutungen, Mehrdeutigkeiten und Zitate die pointierte Auseinandersetzung mit dem Thema?
✓ Biete ich Denkanstöße?

Die Wahl

Rückkehr nach Bosnien

Aus Angst, dass Angie etwas passieren könnte, möchte Khalil sie und ihre Familie warnen. Da Angie keinen Kontakt mehr mit Khalil zulässt, bittet er einen Freund aus der Nachbarschaft, sie zu informieren. Doch nachdem er ihm erzählt hat, dass eventuell ein Terrorist versuchen wird, Angie und ihre Familie zu töten, ruft der Freund das FBI.

Nach zahlreichen Verhören hilft Khalil schließlich dem FBI, an die Hintermänner der Terrorzelle zu kommen. Damit rettet er sich und seinen Bruder Amir vor dem Gefängnis.

„Wir haben Amir vor ein paar Stunden erwischt, als er das Land verlassen wollte", sagt die rote Krawatte.

Was? Ich spüre einen stechenden Schmerz in der Brust. Wie von allein umklammern meine Hände die Tischkante. Beide Agenten sehen das. Schnell lasse ich die Hände unter den Tisch gleiten und versuche, mich zu entspannen. *Sie lügen! Das kann nicht wahr sein. Mein Bruder würde mich niemals hier allein lassen. Niemals!*

„Aus seiner Reiseroute ging deutlich hervor, dass er sich dem Kalifat anschließen wollte."

Nein, nein, nein! Ich kann mich nicht entspannen. Kann kaum atmen. Es fühlt sich an, als hätte man mir ein Messer in die Brust gerammt. *Amir wäre nicht weggegangen, ohne mir Bescheid zu sagen.* (S. 235)

Kalifat auf den Geboten des Islam beruhende Regierungsform. Die Terrororganisation „Islamischer Staat" bezeichnet das von ihr beherrschte Gebiet als Kalifat.

Wo soll ich anfangen? Damit, was ich alles bereue? Ja? Es ist nicht nur, dass ich Amir blind in sein Terrornetzwerk gefolgt bin. Nachdem meine Eltern nach Bosnien zurückgegangen sind, habe ich die Schule nicht mehr ernst genommen und alle möglichen Lügen erfunden, um mich durchzumogeln. Ich habe das immer damit begründet, dass ich anders nicht überleben konnte. Aber stimmte das wirklich? Oder war es nur die einfachste Ausrede?

Ich wünschte, ich könnte sagen, dass ich mein Verhalten nicht verstehe, aber so ist es nicht. Ich war faul geworden und sogar ein bisschen arrogant, ich hielt mich für clever und glaubte, überall durchzukommen, indem ich meinen Charme spielen ließ, indem ich log, den Leuten erzählte, was sie hören wollten, und mir vorstellte, am Ende würde ich das Gesicht von Vitalys Firma werden und alles wäre gut. (S. 245)

Morton Rhue „DSCHIHAD ONLINE"

„Wasser?", fragt Fred, der mir gegenübersitzt. Er ist der asiatische FBI-Agent mit der blau-grün gestreiften Krawatte und den gegelten Haaren.

Ich nicke. Er steht auf, kommt mit einer Flasche Wasser zurück und schließt die Handfessel auf, die mit einer Kette um meine Hüfte verbunden ist. Mit der freien Hand hebe ich die kühle Flasche an die Lippen und trinke. Auf der anderen Gangseite, ein paar Reihen vor mir, dreht Amir sich zu mir um und sieht mich böse an. Er weigert sich, mit mir zu reden, hat mich bisher kaum beachtet. Als Teil meines Deals mit dem FBI muss ich auch ihn im Glauben lassen, dass ich der Verräter war. Kein Wunder, dass er stinksauer ist. Fürs Erste. Sie wissen, dass ich ihm irgendwann die Wahrheit sagen werde, [...]. *(S. 246f.)*

1. Schreibe dieses Gespräch der beiden Brüder auf.

Wir schauen beide aus dem Fenster. Ich muss daran denken, wie seltsam es ist, hoch oben über der Welt in diesem Privatjet zu fliegen, dem ultimativen Symbol von amerikanischem Kapitalismus und freier Marktwirtschaft. Ich bin kein amerikanischer Staatsbürger mehr, ich wurde ausgebürgert und darf nie wieder in die USA einreisen. Ich spüre mein Herz klopfen. Nicht nur wegen Angie. Oder Vitaly. Auch wegen Amerika und der Zukunft, die mich dort erwartet hätte. Trotz Heuchelei und Rassismus, trotz all der Kriege, die es im Namen des Friedens führt, gibt es wahrscheinlich kein besseres, freieres und chancenreicheres Land auf der Welt.

Ich vermisse es jetzt schon. *(S. 248)*

2. Im Flugzeug sitzend blickt Khalil mit gemischten Gefühlen auf seine Zeit in den USA zurück. Untersuche und bewerte seine Gedanken am Schluss des Romans.
3. Was will der Autor Morton Rhue deiner Meinung nach mit diesem Schluss zu verstehen geben und was hältst du von diesem Schluss?
4. „Ich will junge Menschen auffordern, kritisch zu hinterfragen, was die Menge schreit." Diskutiert, ob dieser Anspruch Morton Rhues an sich und sein Schreiben in seinem Roman „DSCHIHAD ONLINE" eingelöst wird.

Figur
↕
Autor

Tipp
Ihr könnt zur Vorbereitung der Abschlussdiskussion auch nochmals die Methode Placemat anwenden.

Placemat-Methode
→ S. 267

„Maria Stuart" und „Der gute Mensch von Sezuan" – Klassisches und episches Drama

Zum Bild links:
Corinna Kirchhoff (l.) als Maria Stuart und Elisabeth Orth (r.) als Elisabeth in Andrea Breths Inszenierung von Schillers „Maria Stuart" am Wiener Burgtheater im Jahre 2001

Zum Bild rechts:
Janina Sachau als Shui Ta in Thomas Krupas Inszenierung von Brechts „Der gute Mensch von Sezuan" am Theater Freiburg (2006)

Frauen lesen anders   Ruth Klüger (1994)

[...] Die interessanten Menschen in den Büchern, die als wertvoll gelten, sind männliche Helden. Wir identifizieren uns mit ihnen und klopfen beim Lesen jede Frauengestalt auf ihr Identifikationsangebot ab, um sie meist seufzend links liegen zu lassen. Denn wer will schon ein verführtes Mädchen oder ein verführendes Machtweib oder eine selbstmörderische Ehebrecherin oder ein puppenhaftes Lustobjekt sein? Höhenflüge und Abenteuer wollen wir und widmen uns dementsprechend den Männergestalten, denen wir das allgemein Menschliche abgewinnen. [...]

▶ Könnt ihr dieser Meinung zustimmen? Diskutiert darüber.

Sprechen, Zuhören, Schreiben, Lesen

Frauengestalten in Dramen

Literatur des Sturm und Drang → S. 188–219

Faust I (Szene „Garten") Johann Wolfgang Goethe (1808)

Margarete spricht zu Faust, der sie umwirbt.
MARGARETE Ich fühl es wohl, dass mich der Herr nur schont,
  Herab sich lässt, mich zu beschämen.
  Ein Reisender ist so gewohnt
  Aus Gütigkeit fürlieb zu nehmen,
5 Ich weiß zu gut, dass solch erfahrnen Mann
  Mein arm Gespräch nicht unterhalten kann. *(V. 3073–3078)*

Kabale und Liebe (II, 3 und IV, 7) Friedrich Schiller (1784)

Präsident von Walter will seinen Sohn mit der Mätresse des Fürsten – welcher im Begriff steht, eine politisch motivierte Ehe einzugehen – verheiraten. Ferdinand jedoch liebt die bürgerliche Luise Miller und verurteilt die Existenz der Lady. Sie entgegnet:
LADY MILFORD [...] Ich bin nicht die Abenteurerin, Walter, für die Sie mich halten. [...] eine ausländische Waise kam ich nach Hamburg. Ich hatte nichts gelernt, als das bisschen Französisch [...] Der Herzog sah mich, verfolgte mich, fand meinen Aufenthalt, – lag zu meinen Füßen und schwur, dass er mich
5 liebe. [...] aber das Blut der Norfolk empörte sich in mir: Du eine geborene Fürstin, Emilie, rief es, und jetzt eines Fürsten Konkubine? (II,3)
Luise Miller verzichtet – nachdem ihr und ihren Eltern übel mitgespielt worden ist – im Gespräch mit Lady Milford auf ihre Liebe zu Ferdinand von Walter:
LUISE Jetzt ist er I h n e n ! Jetzt Mylady nehmen Sie ihn hin! Rennen Sie in seine
10 Arme! Reißen Sie ihn zum Altar – Nur vergessen Sie nicht, dass zwischen Ihren Brautkuss das Gespenst einer S e l b s t m ö r d e r i n stürzen wird – Gott wird barmherzig sein – Ich kann mir nicht anders helfen. (IV,7)

Konkubine abwertend für Geliebte; eine von ihrem Liebhaber abhängige Frau

1. Beschreibe, in welcher Situation bzw. Verfassung sich die Frauen befinden.
2. Äußere dich schriftlich, inwiefern diese Frauengestalten als Identifikationsfiguren für heutige Leserinnen taugen. Begründe deine Aussagen.

> ▶ **Weiter im Kapitel:**
>
> Du lernst (,)
> ▸ unterschiedliche Frauengestalten im Drama kennen.
> ▸ Dramenfiguren vor dem historischen Hintergrund besser zu verstehen.
> ▸ Figurenkonstellationen herauszuarbeiten.
> ▸ mit Subtexten Inhalte zu erschließen.
> ▸ Zusatzszenen zu improvisieren.
> ▸ geschlossene und epische Dramenformen zu vergleichen.

Maria Stuart Friedrich Schiller (1801)

Elisabeths Räte drängen sie, aus politischem Kalkül eine Heirat einzugehen. Sie wehrt sich gegen diese Zumutung, als Königin einem Manne untertan zu sein.

ELISABETH Doch eine Königin, die ihre Tage
   Nicht ungenützt in müßiger Beschauung
   Verbringt, die unverdrossen, unermüdet,
   Die schwerste aller Pflichten übt, d i e sollte
   Von dem Naturzweck ausgenommen sein,
   Der Eine Hälfte des Geschlechts der Menschen
   Der andern unterwürfig macht – *(II, 2, V. 1178–1184)*

                Kein Zweifel,
   Herr Abgesandter, dass ein Ehebündnis
   mit einem königlichen Sohne Frankreichs
   Mich ehrt! Ja, ich gesteh es unverhohlen,
   Wenn es sein m u s s – wenn ich's nicht ändern kann,
   Dem Dringen meines Volkes nachzugeben –
   […]
              Hat die Königin doch nichts
   Voraus vor dem gemeinen Bürgerweibe!
   Das gleiche Zeichen weist auf gleiche Pflicht,
   Auf gleiche Dienstbarkeit – Der Ring macht Ehen,
   Und Ringe sind's, die eine Kette machen.
   – Bringt Seiner Hoheit dies Geschenk. Es ist
   N o c h keine Kette, bindet mich noch nicht,
   Doch kann ein Reif draus werden, der mich bindet. *(II, 2, V. 1194–1214)*

Maria war durch die Liebe in politische Machenschaften verstrickt.

MARIA Den König, meinen Gatten, ließ ich morden,
   Und dem Verführer schenkt' ich Herz und Hand!
   Streng büßt' ich's ab mit allen Kirchenstrafen,
   Doch in der Seele will der Wurm nicht schlafen. *(V, 7, V. 3697–3700)*

   Jetzt, Leicester, darf ich ohne Schamerröten
   Euch die besiegte Schwachheit eingestehn –
   Lebt wohl, und wenn Ihr könnt, so lebt beglückt! *(V, 9, V. 3830–3832)*

Mit seinem fünfaktigen Trauerspiel „Maria Stuart", das 1799 / 1800 entstand und im Juni 1800 uraufgeführt wurde (die erste Buchausgabe erschien im April 1801), griff **Friedrich Schiller** (1759–1805) einen geschichtlichen Stoff auf, den er ganz und gar auf die Katastrophe, nämlich Marias Hinrichtung, konzentrierte. So setzt der 1. Akt schon mit Marias Verurteilung ein, die Hinrichtung erfolgt im 5. Akt.

Der gute Mensch von Sezuan Bertolt Brecht (1943)

Die Prostituierte Shen Te hat ein gutes Herz. Das Geld, das sie von den Göttern für ihre Gastfreundschaft erhalten und von dem sie einen Tabakladen erworben hat, will sie mit den Armen teilen. Außerdem hat sie sich in Yang Sun verliebt, einen jungen Mann, dessen Traum es ist, als Postflieger zu arbeiten.

SHEN TE *zum Publikum*
   Ich will mit dem gehen, den ich liebe.
   Ich will nicht ausrechnen, was es kostet.
   Ich will nicht nachdenken, ob es gut ist.
   Ich will nicht wissen, ob er mich liebt.
5 Ich will mit ihm gehen, den ich liebe. *(5. Bild, S. 75)*

SHEN TE [...] Ich sage euch, es entgeht euch viel, wenn ihr nicht liebt und eure Stadt seht in der Stunde, wo sie sich vom Lager erhebt wie ein nüchterner alter Handwerker, der seine Lungen mit frischer Luft vollpumpt und nach seinem Handwerkzeug greift, wie die Dichter singen. *Zu den Wartenden:*
5 Guten Morgen! Da ist der Reis! *Sie teilt aus, dann erblickt sie Wang.* Guten Morgen, Wang. Ich bin leichtsinnig heute. Auf dem Weg habe ich mich in jedem Schaufenster betrachtet und jetzt habe ich Lust, mir einen Shawl zu kaufen. *Nach kurzem Zögern.* Ich würde so gern schön aussehen.
(4. Bild, S. 54)

Bertolt Brecht (1898–1956) schrieb das Stück „Der gute Mensch von Sezuan" von 1938–1941 in der Emigration. 1941 wurde es in Zürich uraufgeführt. In diesem Stück setzt sich Brecht mit der moralischen Frage auseinander, wie der Mensch in dieser Welt gut sein kann.

Texte von Bertolt Brecht müssen in ihrer ursprünglichen Schreibung abgedruckt werden (zitiert wird hier nach: SBB 25).

Shui Ta, in den sich Shen Te verwandelt, lässt die Liebe nicht zu, da sie den Menschen ruiniert. Nur so kann Shen Te ihre Existenz sichern.

SHUI TA [...] Die Zeiten sind furchtbar, diese Stadt ist eine Hölle, aber wir krallen uns an der glatten Mauer hoch. Dann ereilt einen von uns das Unglück: er liebt. Das genügt, er ist verloren. Eine Schwäche und man ist abserviert. Wie soll man sich von allen Schwächen freimachen, vor allem von der töd-
5 lichsten, der Liebe? Sie ist ganz unmöglich! Sie ist zu teuer! *(5. Bild, S. 69)*

   1. Untersuche, worüber Elisabeth, Maria und Shen Te bzw. Shui Ta sprechen und wie sie sich selbst sehen.
   2. Formuliert eure ersten Eindrücke und äußert Vermutungen zu den Konflikten, in denen sich die Figuren befinden.

Friedrich Schiller: „Maria Stuart"

Die geschichtlichen Gestalten Maria und Elisabeth

Bild links: Maria Stuart (Gemälde von François Clouet, ca. 1559)

Bild rechts: Elisabeth I. (Gemälde von Nicholas Hilliard, ca. 1575)

Maria Stuart

1542 Geburt Maria Stuarts; Krönung zur schottischen Königin; katholische Erziehung, seit 1548 in Frankreich, dem Heimatland der Mutter

1558 Heirat mit dem vierzehnjährigen französischen Thronfolger Franz

1559 Krönung zur Königin Frankreichs

1560 Tod Franz II.; Rückkehr Marias nach Schottland (1561)

1565 Heirat des vier Jahre jüngeren Verwandten Lord Darnley, gegen den Widerstand der protestantischen Clanchefs; vermutliche Affäre mit dem Privatsekretär David Rizzio, den Darnley 1566 ermorden lässt; kurz darauf Geburt eines Sohns (Jakob VI.); gewaltsamer Tod Darnleys; Maria geht mit Lord Bothwell, dem Hauptverschwörer, eine dritte Ehe ein

1567 Aufstand der Clanchefs und erzwungene Abdankung Marias; Krönung des Kindes Jakob

1568 Flucht nach England; dort Inhaftierung als Staatsgefangene; Briefwechsel mit Elisabeth I., die jedoch eine persönliche Begegnung ablehnt

1587 Verurteilung und Hinrichtung Marias – die erste Hinrichtung einer gesalbten Königin

1603 Marias Sohn Jakob wird als Nachfolger Elisabeths König von England (Jakob I.).

Elisabeth I.

1533 Geburt Elisabeths als zweites Kind Heinrichs VIII. und seiner zweiten Frau, Anne Boleyn; da sich der Papst weigert, die erste Ehe des Königs zu annullieren, macht sich dieser 1534 selbst zum Oberhaupt der englischen Kirche; Elisabeth wird zwei Jahre später, nach der Enthauptung ihrer Mutter als vermeintlicher Ehebrecherin, für illegitim erklärt und vom Hof entfernt; viele Jahre ein Leben in dauernder Gefahr

1558–1603 Nach dem Tod des Vaters (1547) sowie der Halbgeschwister Eduard VI. (1553) und Maria I. ab 1558 Königin von England; Weigerung, aus dynastischen Erwägungen heraus eine Heirat einzugehen; lange und erfolgreiche Regierungszeit: das „Elisabethanische Zeitalter" im Innern als eine Zeit wirtschaftlichen Aufschwungs und kultureller Blüte (z. B. Shakespeare); außenpolitisch Aufstieg zur Weltmacht (Sieg der englischen Flotte über die spanische Armada im Jahr 1588); allerdings jahrelange Beunruhigung durch die Thronansprüche der Staatsgefangenen Maria, in deren Namen es zu inneren Staatsstreichversuchen kommt und Invasionen durch äußere Mächte drohen; 1587 schließlich Verurteilung und Enthauptung Marias.

1. Vergleiche die Biografien der Königinnen: Inwiefern hängen sie zusammen?
2. Überlege, was Schiller als Dramatiker daran interessiert haben könnte.

Zwei Briefe

Maria Stuarts letzter Brief an Elisabeth aus Fotheringhay, am 19. Dezember 1586

Gnädige Frau!
Ich habe von jenen, in deren Hände Ihr mich gegeben habt, die Ermächtigung nicht erlangen können, Euch selbst darzulegen, was ich auf dem Herzen habe, sowohl um mich von dem Vorwurf zu entlasten irgend bösen Willens oder des Gelüsts, Grausames oder Feindseligkeit zu planen gegen mir Blutsverwandte, wie auch um Euch liebevoll übermitteln zu können, was mir zu Eurem eigen Schutz und Heil dienlich schien, wie auch zur Bewahrung des Friedens dieser Insel – die Verwirklichung dieser Absicht hätte wohl nicht schädlich sein können, da es ja bei Euch stand, meinen Rat anzunehmen oder zu verwerfen [...]. Ziehet mich nicht der Überheblichkeit, wenn ich beim Verlassen dieser Welt, mich für eine bessere bereitend, Euch daran erinnere, dass ein Tag kommt, da von Euch Rechenschaft gefordert wird über Euch anvertrautes Amt und jene, die Euch vorangehen mussten aus den irdischen Grenzen.
    Eure Schwester und Base, die widerrechtlich Gefangene.
                                      Maria, Königin.

Elisabeth an Jakob VI. nach Maria Stuarts Hinrichtung, Brief vom 14. Februar 1587

Mein lieber Bruder, ich wollte nur, Ihr wüsstet (dass Ihr ihn empfindet, will ich nicht), welch tiefer Schmerz meine Seele zernagt um des furchtbaren Unglücks willen, das ganz gegen meine Absicht über Uns gekommen ist. [...] Gott und viele Menschen wissen, wie unschuldig ich in diesem Falle bin. Glaubet mir, hätte ich irgendwelchen Befehl gegeben, so würde ich auch heute noch zu ihm stehn. Ich bin nicht so niedrigen Geistes, dass ich aus Furcht vor einem Menschen oder Fürsten nicht täte, was gerecht ist; oder, falls es getan wurde, es ableugnete. Ich bin weder so niederer Herkunft, noch so gemeinen Charakters. Offenes Eintreten für seine Taten ziemt sich für einen König, und deshalb werde ich auch immer zu dem stehen, was ich tue, dabei aber dafür sorgen, dass es so gesehen wird, wie ich es gemeint habe. [...] Ich habe mir nichts vorzuwerfen, da ich es nie beabsichtigt habe. [...]
        Eure Euch treulichst liebende Schwester und Kusine
                        Elisabeth R.

3. Schreibe in eigenen Worten auf, was Maria in ihrem Brief zum Ausdruck bringt und wie sich Elisabeth in dem Brief an Marias Sohn rechtfertigt.
4. Untersuche, wie sich die beiden Frauen jeweils sprachlich ausdrücken und welche Haltung auf diese Weise zum Ausdruck kommt.

Einen Dramentext verstehen → S. 264 N

Methode

Einen Dramentext verstehen
a) textimmanente Deutung:
- Ermittle das Thema / die Themen.
- Formuliere den Konflikt, in dem sich die Hauptfigur/en befindet/befinden.
- Formuliere die Positionen der Figuren und ihre Aussagen zu diesem Konflikt.
- Bewerte die Positionen und Aussagen und begründe deine Bewertungen.

b) Deutung vor dem historischen und geistesgeschichtlichen Hintergrund:
- Informiere dich über die Entstehungszeit des Werkes und über den/die Autor/in.
- Informiere dich über (politische, geistige, künstlerische und andere) Ideen, die für den Autor und damit auch für das Werk von Bedeutung waren.
- Zeige am Text, wie sich diese Ideen im Werk niedergeschlagen haben.
- Mache dir klar, welches Menschenbild dem Werk zugrunde liegt.

Arbeitsheft → S. 40–41

Die Figurenkonstellation herausarbeiten

Elisabeth und Maria: ihre Beziehungen zu den Männern

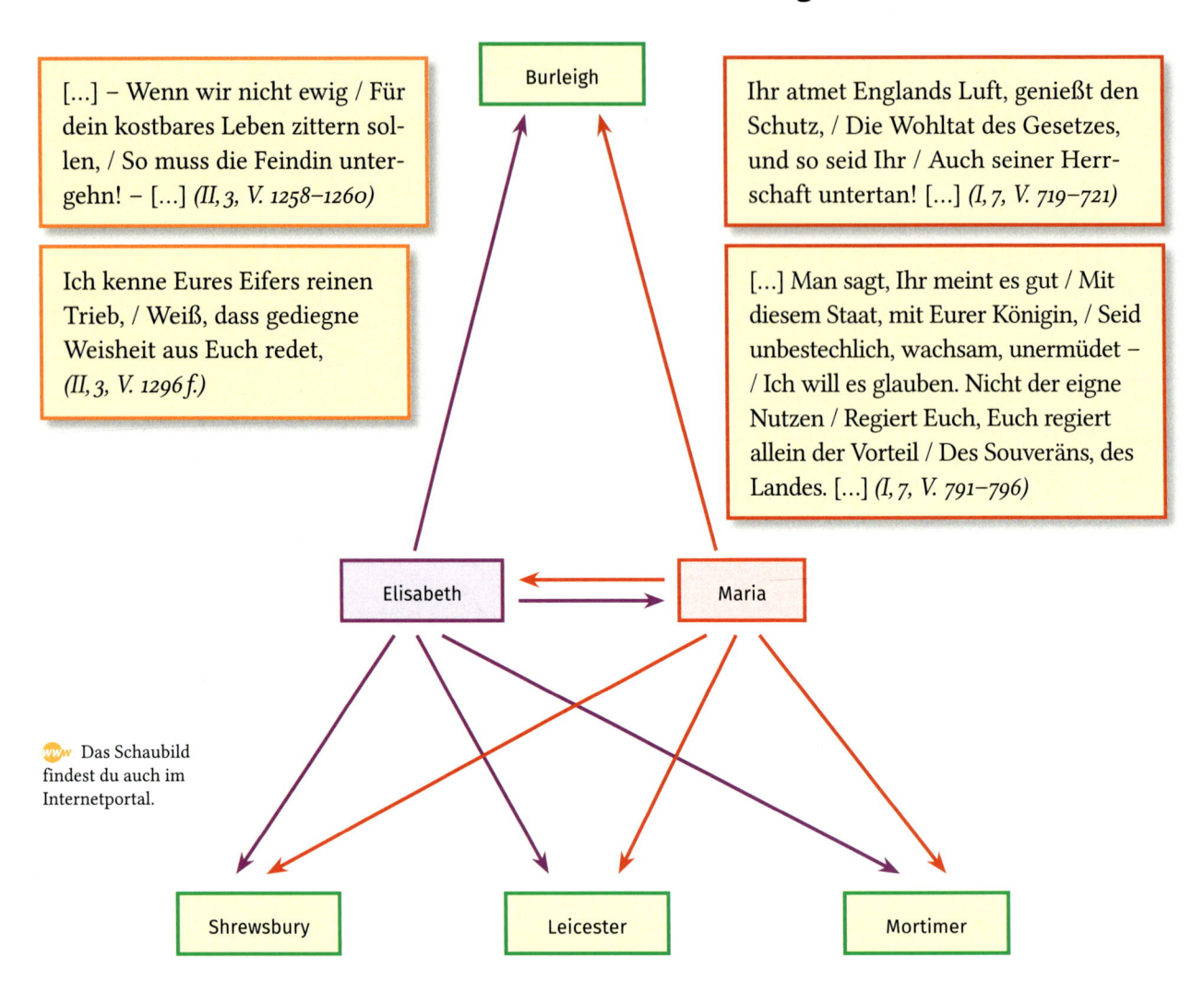

[…] – Wenn wir nicht ewig / Für dein kostbares Leben zittern sollen, / So muss die Feindin untergehn! – […] *(II, 3, V. 1258–1260)*

Ich kenne Eures Eifers reinen Trieb, / Weiß, dass gediegne Weisheit aus Euch redet, *(II, 3, V. 1296 f.)*

Ihr atmet Englands Luft, genießt den Schutz, / Die Wohltat des Gesetzes, und so seid Ihr / Auch seiner Herrschaft untertan! […] *(I, 7, V. 719–721)*

[…] Man sagt, Ihr meint es gut / Mit diesem Staat, mit Eurer Königin, / Seid unbestechlich, wachsam, unermüdet – / Ich will es glauben. Nicht der eigne Nutzen / Regiert Euch, Euch regiert allein der Vorteil / Des Souveräns, des Landes. […] *(I, 7, V. 791–796)*

Figuren: Burleigh — Elisabeth ↔ Maria — Shrewsbury, Leicester, Mortimer

Das Schaubild findest du auch im Internetportal.

N Figurenkonstellation → S. 265 f.

1. Lies die vier Zitate: Wer spricht mit wem? Welcher Konflikt wird deutlich?
2. Suche für jede der dargestellten Beziehungen (analog zu den Beispielen Elisabeth und Burleigh sowie Maria und Burleigh) weitere Textstellen aus dem Drama.

Interessen und Haltungen der Männer:

• Opferbereitschaft	• Enthusiasmus	• Staatsinteresse
• Gerechtigkeitssinn	• Skrupellosigkeit	• Loyalität
• Taktik	• Opportunismus	• Aufrichtigkeit

3. Ordne die Begriffe aus dem Kasten den vier männlichen Figuren zu und begründe deine Zuordnung. Mehrfachnennungen sind möglich.

Klassisches und episches Drama

Leicesters Doppelspiel mit Elisabeth und Maria

A Stehst du nicht blühend da in Jugendkraft, / Welkt jene nicht mit jedem Tag zum Grabe? / Bei Gott! Du wirst, ich hoff's, noch viele Jahre / Auf ihrem Grabe wandeln, ohne dass / Du selber sie hinabzustürzen brauchtest –
(II, 3, V. 1432–1436)

E So stürzen meine Hoffnungen – ich suche / In diesem Schiffbruch meines Glücks ein Brett / Zu fassen – und mein Auge wendet sich / Der ersten schönen Hoffnung wieder zu. / Mariens Bild, in ihrer Reize Glanz, / Stand neu vor mir, Schönheit und Jugend traten / In ihre vollen Rechte wieder ein,
(II, 8, V. 1805–1811)

B Ich habe dich so reizend nie gesehn, / Geblendet steh ich da von deiner Schönheit.
(II, 9, V. 1948 f.)

F Ja – wenn ich jetzt die Augen auf dich werfe – / Nie warst du, nie zu einem Sieg der Schönheit / Gerüsteter als eben jetzt – [...] (II, 9, V. 2036–2038)

C Nachdem ich zehen bittre Jahre lang / Dem Götzen ihrer Eitelkeit geopfert, / Mich jedem Wechsel ihrer Sultanslaunen / Mit Sklavendemut unterwarf, das Spielzeug / Des kleinen grillenhaften Eigensinns, / Geliebkost jetzt von ihrer Zärtlichkeit, / Und jetzt mit sprödem Stolz zurückgestoßen,
(II, 8, V. 1781–1787)

G Was soll der Dritte zwischen dir und mir! / [...] / Und ich bestehe drauf, dass sich der Lord / Entferne! [...] (IV, 6, V. 2901 und 2905 f.)

H Wer war's nun, der dich rettete? War es / Mylord von Burleigh? Wusst er die Gefahr, / Die dich umgab? War er's, der sie von dir / Gewandt? – Dein treuer Leicester war dein Engel!
(IV, 6, V. 3011–3014)

D Ich liebe Dich. Wärst du die ärmste Hirtin, / Ich als der größte Fürst der Welt geboren, / Zu deinem Stand würd ich heruntersteigen, / Mein Diadem zu deinen Füßen legen
(II, 9, V. 1964–1967)

I Willst du den Preis der Schandtat nicht verlieren, / Dreist musst du sie behaupten und vollführen! – / Verstumme Mitleid, Augen, werdet Stein, / Ich seh sie fallen, ich will Zeuge sein.
(V, 10, V. 3857–3860)

4. Ordne jede Karte in den Dramenzusammenhang ein: In welcher Situation wird gesprochen?
5. Welche Karte fällt heraus? Begründe.
6. Untersuche, welche Rollen Leicester Elisabeth und Maria gegenüber spielt.

Tipp
Um Graf Leicester als **Dramenfigur zu charakterisieren**, kannst du auch im Arbeitsheft weiterarbeiten.

Arbeitsheft → S. 42–43

Gestaltendes Interpretieren

Die Begegnung der beiden Königinnen (III, 4: Der Beginn)

Schiller stellt diese Begegnung, die historisch nie stattgefunden hat, ins Zentrum seines Dramas. Graf Leicester, der am Hofe geschickt taktiert, ist es gelungen, Elisabeth zu einem Treffen zu überreden, indem er sie auf Maria neugierig macht. Maria glaubt, die Königin müsse sie nach einer persönlichen Begegnung begnadigen.

ELISABETH *zu Leicester.* Wie heißt der Landsitz?
LEICESTER   Fotheringhayschloss.
ELISABETH *zu Shrewsbury.* Schickt unser Jagdgefolg voraus nach London,
  Das Volk drängt allzu heftig in den Straßen,
  Wir suchen Schutz in diesem stillen Park.
  Talbot entfernt das Gefolge. Sie fixiert mit den Augen die Maria,
  indem sie zu Paulet weiterspricht.
  Mein gutes Volk liebt mich zu sehr. Unmäßig,
  Abgöttisch sind die Zeichen seiner Freude,
  So ehrt man einen Gott, nicht einen Menschen.
MARIA *welche diese Zeit über halb ohnmächtig auf die Amme gelehnt war,*
  erhebt sich jetzt und ihr Auge begegnet dem gespannten Blick der Elisabeth.
  Sie schaudert zusammen und wirft sich wieder an der Amme Brust.
  O Gott, aus diesen Zügen spricht kein Herz!
ELISABETH Wer ist die Lady? *Ein allgemeines Schweigen.*
LEICESTER – Du bist zu Fotheringhay, Königin.
ELISABETH *stellt sich überrascht und erstaunt, einen finstern Blick auf*
  Leicester richtend. Wer hat mir das getan? Lord Leicester!
LEICESTER Es ist geschehen, Königin – Und nun
  Der Himmel deinen Schritt hierhergelenkt,
  So lass die Großmut und das Mitleid siegen.
[…]
Maria rafft sich zusammen und will auf die Elisabeth zugehen, steht aber auf
halbem Weg schaudernd still, ihre Gebärden drücken den heftigsten Kampf aus.
ELISABETH   Wie, Mylords?
  Wer war es denn, der eine Tiefgebeugte
  Mir angekündigt? Eine Stolze find ich,
  Vom Unglück keineswegs geschmeidigt. *(III, 4, V. 2225–2244)*

> Den Dramenauszug findest du auch im Internetportal, um deine Subtexte ergänzen zu können.

> Ich muss unbedingt mein Gesicht wahren und so tun, als sei ich hier zufällig vorbeigekommen. Leicester wird schon mitspielen.

> Die Textauszüge aus „Maria Stuart" (vgl. die Seiten 136, 142, 143, 144 f., 151 und 156) sind mit Zeilenzählern versehen, die der einfacheren Orientierung halber immer bei „1" beginnen. Man sollte sich aber bewusst halten, dass in Versdramen wie „Maria Stuart" die Verszeilen von der ersten bis zur letzten Zeile des Stückes durchgezählt werden, sodass jeder Vers eigentlich eine feste Versnummer hat (vgl. die den Textauszügen nachgestellten Versangaben) –, sofern das Stück nicht in mehreren Fassungen existiert, wie es gerade bei Schiller manchmal der Fall ist, der für verschiedene Inszenierungen seiner Stücke öfters leichte Änderungen vornahm oder auf Wünsche der Theaterleiter einging. Auch sollte man wissen, dass beispielsweise die ersten beiden Zeilen des Textauszugs auf dieser Seite eigentlich zusammen *einen* Vers bilden und nur in zwei Zeilen stehen, weil mitten im Vers der Sprecher wechselt.

N Subtexte erkennen und verfassen → S. 269

1. Klärt die Situation: Wo spielt die Szene? Was geschieht? Worum geht es?
2. Was sprechen Elisabeth und Maria nicht aus? Schreibe dazu Subtexte. Du kannst dich an dem Beispiel am Anfang der Szene orientieren.
3. Überlege, an welchen anderen Stellen in der kompletten Szene III, 4 Subtexte Aufschluss über Gefühle und Absichten einer Figur geben könnten.

Die Begegnung der beiden Königinnen (III, 4: Das Ende)

ELISABETH – Ja, es ist aus, Lady Maria. Ihr verführt
  Mir keinen mehr. Die Welt hat andre Sorgen. [...]
MARIA *auffahrend.* Schwester! Schwester!
  O Gott! Gott! Gib mir Mäßigung!
5 ELISABETH *sieht sie lange mit einem Blick stolzer Verachtung an.*
  Das also sind die Reizungen, Lord Leicester,
  Die ungestraft kein Mann erblickt, daneben
  Kein andres Weib sich wagen darf zu stellen!
  Fürwahr! Der Ruhm war wohlfeil zu erlangen,
10 Es kostet nichts, die a l l g e m e i n e Schönheit
  Zu sein, als die g e m e i n e sein für a l l e!
MARIA Das ist zu viel!
ELISABETH *höhnisch lachend.* Jetzt zeigt Ihr Euer wahres
  Gesicht, bis jetzt war's nur die Larve.
15 MARIA *von Zorn glühend, doch mit einer edlen Würde.*
  Ich habe menschlich, jugendlich gefehlt,
  Die Macht verführte mich [...].
SHREWSBURY *tritt zwischen beide Königinnen.*
  O Gott des Himmels! Muss es dahin kommen!
20 Ist das die Mäßigung, die Unterwerfung,
  Lady Maria?
MARIA Mäßigung! Ich habe
  Ertragen, was ein Mensch ertragen kann.
  Fahr hin, lammherzige Gelassenheit, [...]
25 SHREWSBURY O sie ist außer sich!
  Verzeih der Rasenden, der schwer Gereizten!
  Elisabeth, für Zorn sprachlos, schießt wütende Blicke auf Marien.
LEICESTER *in der heftigsten Unruhe, sucht die Elisabeth hinwegzuführen.* Höre
  Die Wütende nicht an! Hinweg, hinweg
30 Von diesem unglücksel'gen Ort!
MARIA Der Thron von England ist durch einen Bastard
  Entweiht, der Briten edelherzig Volk
  Durch eine list'ge Gauklerin betrogen.
  – Regierte Recht, so läget I h r vor mir
35 Im Staube jetzt, denn i c h bin Euer König.
  Elisabeth geht schnell ab, die Lords folgen ihr in der höchsten Bestürzung.
  (III, 4, V. 2407–2451)

4. Leicester beobachtet den Verlauf dieses Gesprächs. Schreibe einen Subtext.
5. Welche Folgen hat der Ausgang des Gesprächs für Maria sowie für Elisabeth? Schreibe dazu einen kurzen zusammenhängenden Text.

Dramatischer Konflikt
→ S. 274 f. N

Methode

Subtexte erkennen und verfassen
Subtexte kommentieren und interpretieren die Leerstellen, d. h. das Unausgesprochene in einem Dramentext. Sie bringen die geheimen Gedanken und Gefühle, die unterschwellige Motivation einer Figur zum Ausdruck. Will man einen Subtext verschriftlichen, so bietet sich die Form des inneren Monologs an.

Arbeitsheft → S. 44–45

Aus dem Rollenbuch eines Regisseurs: Szene V, 9

Ein Regisseur hat sich für die Probenarbeit vorbereitet, indem er den Dramentext mit Kennzeichnungen und Anmerkungen versehen hat.

DIE VORIGEN. HANNA KENNEDY *und* DIE ANDERN FRAUEN *der Königin dringen herein mit Zeichen des Entsetzens, ihnen folgt* DER SHERIFF, *einen weißen Stab in der Hand, hinter demselben sieht man durch die offen bleibende Türe* GEWAFFNETE MÄNNER.

[Randnotiz links, Zeilen 1–10:] auf eine sorgfältige Choreografie achten / Aufteilung des Bühnenraums / Brauche für die Proben unbedingt die Beleuchtung.

MARIA Was ist dir, Hanna? – Ja, nun ist es Zeit!
    Hier kommt der Sheriff, uns zum Tod zu führen.
    Es muss geschieden sein! Lebt wohl! lebt wohl!
    Ihre Frauen hängen sich an sie mit heftigem Schmerz; zu Melvil.
    Ihr, werter Sir, und meine treue Hanna,
    Sollt mich auf diesem letzten Gang begleiten.
    Mylord versagt mir diese Wohltat nicht!
BURLEIGH Ich habe dazu keine Vollmacht.
MARIA   Wie?
    Die kleine Bitte könntet Ihr mir weigern?

[Randnotiz links: Streichen!]

    Habt Achtung gegen mein Geschlecht! Wer soll
    Den letzten Dienst mir leisten! Nimmermehr
    Kann es der Wille meiner Schwester sein,
    Dass mein Geschlecht in mir beleidigt werde,
    Der Männer rohe Hände mich berühren!
BURLEIGH Es darf kein Weib die Stufen des Gerüstes
    Mit Euch besteigen – Ihr Geschrei und Jammern –
MARIA Sie soll nicht jammern! Ich verbürge mich

[Randnotiz links: Kruzifix als Requisit? Evtl. streichen! Nicht das Katholische/Eher Verzicht betonen/ Muss noch diskutiert werden!]

    Für die gefasste Seele meiner Hanna!
    Seid gütig, Lord. O trennt mich nicht im Sterben
    Von meiner treuen Pflegerin und Amme!
    Sie trug auf ihren Armen mich ins Leben,
    Sie leite mich mit sanfter Hand zum Tod.
PAULET *zu Burleigh.* Lasst es geschehn.
BURLEIGH   Es sei.
MARIA   Nun hab ich nichts mehr

[Randnotiz links: Auf dieses pantomimische Spiel muss alles zulaufen; Leicester hält sie wie eine „Mater dolorosa". Vorsicht: nicht lächerlich! Maria als „Heilige Geläuterte" oder vielleicht doch noch Schöne? Mal sehen!]

    Auf dieser Welt – *Sie nimmt das Kruzifix und küsst es.*
                Mein Heiland! Mein Erlöser!
    Wie du am Kreuz die Arme ausgespannt,
    So breite sie jetzt aus, mich zu empfangen.
    Sie wendet sich zu gehen, in diesem Augenblick begegnet ihr Auge dem Grafen Leicester, der bei ihrem Aufbruch unwillkürlich aufgefahren, und nach ihr hingesehen – Bei diesem Anblick zittert Maria, die Knie versagen ihr, sie ist im Begriff hinzusinken, da ergreift sie Graf Leicester, und empfängt sie in seinen Armen.

Sie sieht ihn eine Zeitlang ernst und schweigend an, er kann ihren Blick nicht
40 *aushalten, endlich spricht sie.*
   Ihr haltet Wort, Graf Leicester – Ihr verspracht
   Mir Euren Arm, aus diesem Kerker mich
   Zu führen, und Ihr leihet mir ihn jetzt!
   Er steht wie vernichtet. Sie fährt mit sanfter Stimme fort.
45 Ja, Leicester, und nicht bloß
   Die Freiheit wollt' ich Eurer Hand verdanken.
   Ihr solltet mir die Freiheit t e u e r machen,
   An Eurer Hand, beglückt durch Eure Liebe,
   Wollt' ich des neuen Lebens mich erfreun.
50 Jetzt, da ich auf dem Weg bin, von der Welt
   Zu scheiden, und ein sel'ger Geist zu werden,
   Den keine ird'sche Neigung mehr versucht,
   Jetzt, Leicester, darf ich ohne Schamerröten
   Euch die besiegte Schwachheit eingestehn –
55 Lebt wohl, und wenn Ihr könnt, so lebt beglückt!
   Ihr durftet werben um zwei Königinnen,
   Ein zärtlich liebend Herz habt Ihr verschmäht,
   Verraten, um ein stolzes zu gewinnen,
   Kniet zu den Füßen der Elisabeth!
60 Mög Euer Lohn nicht Eure Strafe werden!
   Lebt wohl! – Jetzt hab ich nichts mehr auf der Erden!
   Sie geht ab, der Sheriff voraus, Melvil und die Amme ihr zur Seite, Burleigh
   und Paulet folgen, die Übrigen sehen ihr jammernd nach, bis sie verschwunden
   ist, dann entfernen sie sich durch die zwei andern Türen.
   (V, 9, V. 3794–3838)

Ihr Abgang muss durch Körperhaltung, Raum königlich überhöht werden. Lichteffekte!

Marginal notes:

Inszenierung technische und künstlerische Realisierung eines Werkes auf der Bühne durch das Zusammenwirken von Regisseur, Dramaturg, Schauspielern, Bühnenbildner und Bühnentechnikern.

Große Intimität!!! zwischen den beiden, als wäre niemand sonst um sie/ Worte wie Liebesgeflüster?!!!

Sprechweisen ausprobieren! Auf jeden Fall Pathos vermeiden!

Checkliste

Einen dramatischen Text inszenieren
Inszenieren bedeutet, dem Zuschauer ein Interpretationsangebot zu einem Text oder einer Figur zu unterbreiten. Das setzt Werkkenntnis und Textverständnis voraus.
Folgende Aspekte müssen betrachtet werden:
✓ Welches Problem oder welcher Konflikt macht den Kern des Werkes aus?
✓ Welche Aussagen sind besonders wichtig?
✓ Wie kann ich sie durch meine Inszenierung unterstreichen?
✓ Sind die Aussagen und Konflikte noch aktuell? Wo ist das konkret der Fall?
✓ Wie kann ich diese Aktualität verdeutlichen?
✓ Wie kann ich Figuren und den Bühnenraum gestalten, um die Aussagen des Werkes zur Geltung zu bringen?

---

1. Diskutiert, inwiefern der Regisseur durch seine Textstreichung die Szene verändert. Überlegt zudem, ob ihr seinen deutenden Anmerkungen zustimmt oder ob ihr einzelne Passagen anders auffasst als er.
2. Skizziere den Bühnenraum. Überlege, wo die Figuren stehen und wie sich ihre Positionen auf der Bühne im Laufe des Gesprächs verändern. Trage deine Ergebnisse mithilfe von Bewegungspfeilen in die Skizze ein.
3. Sprecht über eure Ideen.
4. Wähle eine Szene aus und fertige dazu eine Strichfassung an.
5. Entwirf eine Skizze zu einer weiteren Szene deiner Wahl.

Die Szene findest du auch im Internetportal, um deine eigenen Inszenierungsideen eintragen zu können.

Figurenbeziehungen untersuchen → S. 265 **N**

Bertolt Brecht: „Der gute Mensch von Sezuan"

Szenisches Interpretieren: Shen Te / Shui Ta

1. Versetze dich in eine der Figuren, indem du ihre Haltung einnimmst.
2. Stelle dich als die jeweilige Figur vor, zum Beispiel so:
   – *Ich bin Shen Te. Hier stehe ich in meinem Hochzeitskleid …*
   – *Ich bin Shui Ta. Hier ziehe ich an meiner Zigarre und überlege, …*
3. Diskutiert in der Klasse, warum das Straßenmädchen Shen Te gezwungen ist, seine Identität zu wechseln und in die Rolle des Shui Ta zu schlüpfen.

Zu den Bildern: Jule Boewe als Shen Te und als Shui Ta in Friederike Hellers Inszenierung des Stückes an der Schaubühne am Lehniner Platz in Berlin (Bühne und Kostüme: Sabine Kohlstedt, Premiere: 21. April 2010)

Zwischenspiel: Vor dem Vorhang

Shen Te tritt, in den Händen die Maske und den Anzug des Shui Ta, auf und singt

DAS LIED VON DER WEHRLOSIGKEIT DER GÖTTER UND GUTEN

In unserem Lande
Braucht der Nützliche Glück. Nur
Wenn er starke Helfer findet
Kann er sich nützlich erweisen.
Die Guten
Können sich nicht helfen und die Götter sind machtlos.
    Warum haben die Götter nicht Tanks und Kanonen
    Schlachtschiffe und Bombenflugzeuge und Minen
    Die Bösen zu fällen, die Guten zu schonen?
    Es stünde wohl besser mit uns und mit ihnen.

Sie legt den Anzug des Shui Ta an und macht einige Schritte in seiner Gangart.

Die Guten
Können in unserem Lande nicht lang gut bleiben.
Wo die Teller leer sind, raufen sich die Esser.
Ach, die Gebote der Götter
Helfen nicht gegen den Mangel.
    Warum erscheinen die Götter nicht auf unsern Märkten
    Und verteilen lächelnd die Fülle der Waren
    Und gestatten den vom Brot und vom Weine Gestärkten
    Miteinander nun freundlich und gut zu verfahren?

Sie setzt die Maske des Shui Ta auf und fährt mit seiner Stimme zu singen fort.

Um zu einem Mittagessen zu kommen
Braucht es der Härte, mit der sonst Reiche gegründet werden.
Ohne zwölf zu zertreten
Hilft keiner einem Elenden.
    Warum sagen die Götter nicht laut in den obern Regionen
    Daß sie den Guten nun einmal die gute Welt schulden?
    Warum stehn sie den Guten nicht bei mit Tanks und Kanonen
    Und befehlen: Gebt Feuer! und dulden kein Dulden? *(S. 61f.)*

1. Probiert in der Gruppe aus, wie der Rollenwechsel von Shen Te zu Shui Ta auf der Bühne gezeigt werden kann.
2. Welche Antwort würden wohl die Götter Shen Te geben? Diskutiert darüber.

Die Welt von morgen

So stellen sich Forscher das Leben im Jahr 2030 vor
Lars-Thorben Niggehoff

Aus: „Die Welt", Ausgabe vom 6. Oktober 2016

Selbstfahrende Autos, mechanische Haushaltshilfen, digitale Polizisten: Das Leben wird sich in den kommenden 14 Jahren nachhaltig verändern, viele Jobs verschwinden. Eine Gewissheit allerdings bleibt.

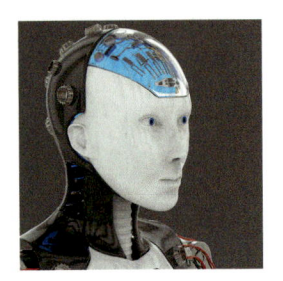

Das Wichtigste zuerst: Die Herrschaft der Maschinen kommt (noch) nicht. Diesen Schluss zumindest zieht eine Studie der renommierten amerikanischen Universität Stanford, die sich mit der zukünftigen Entwicklung künstlicher Intelligenz befasst.

[...] Über die nächsten 100 Jahre wollen Wissenschaftler in regelmäßigen Abständen den Stand der Forschung zu künstlicher Intelligenz (englisch „Artificial Intelligence", kurz AI) vorstellen und jeweils auch einen Blick in die Zukunft wagen.

Diesmal ging die Kopfreise in das Jahr 2030. Wie wird sich das Leben bis dahin verändert haben? Hier die wichtigsten Visionen im Überblick:

Verkehr
Die Forscher gehen davon aus, dass selbstfahrende Autos in 15 Jahren weitestgehend Normalität sind. [...]

[...] Langfristig kann das zu einer höheren Lebenserwartung für die Menschen führen. Durch gut funktionierende autonome Fahrzeuge soll die Zahl der Verkehrstoten drastisch sinken. Dazu kommen Drohnen, die – wie bereits heute etwa vom Onlinehändler Amazon getestet – Waren aus der Luft liefern.

Heim-Roboter
Haushaltsroboter sind heute noch kaum verbreitet: Wenn überhaupt, verfügen die wenigsten Haushalte über viel mehr als einen selbstständigen Staubsauger. Hier erwarten die Experten bis 2030 klare Veränderungen. So könnten Roboter beispielsweise den lästigen Wohnungsputz [erledigen] oder auch für Sicherheit sorgen.

Allerdings dürften solche Roboter aufgrund der Komplexität der Aufgabe, technischer Hindernisse und daraus steigender Kosten auch in naher Zukunft kein Produkt für die breite Masse sein. Fenster zu putzen, dürften wir Menschen also nicht so schnell verlernen.

Gesundheit
Besonders großes Potenzial für den Einsatz künstlicher Intelligenz sehen die Stanford-Forscher im Gesundheitsbereich. Bereits heute sammeln Gesundheits-Apps und Fitness-Armbänder Daten über unsere Gesundheit. In Zukunft sollen Programme die Gesundheitsdaten noch umfassender auswerten und früher genauere Hinweise auf Krankheiten und Risiken geben können – sowohl an Ärzte als auch an Patienten. [...]

Bildung

In 15 Jahren wird der direkte Kontakt zwischen Lehrern und Schülern kaum mehr nötig sein. Intelligente Lernprogramme bestimmen dann passgenau, was welcher Schüler in welchem Tempo lernen muss. Während der klassische Unterricht im Klassenzimmer wohl nicht ganz verschwinden wird, so vermuten die Forscher doch, dass immer mehr Lerninhalte digital vermittelt werden – vom Kindergarten bis zur Universität.

Öffentliche Sicherheit

Umfassende Analyseprogramme sollen in naher Zukunft helfen, effektiver gegen die digitale Kriminalität vorzugehen. Intelligente Software soll Straftaten wie Kreditkartenbetrug praktisch unmöglich machen. […]

Außerdem sollen mit künstlicher Intelligenz ausgestattete Programme den Sicherheitsbehörden dabei helfen, ihre Ressourcen optimal einzusetzen. In New York verwendet die Polizei bereits heute Techniken, die prognostizieren, wo und wann am ehesten Verbrechen verübt werden. […]

Arbeitsmarkt

Laut den Forschern bedroht technischer Fortschritt erfahrungsgemäß eher Jobs, die ein mittleres Bildungsniveau voraussetzen. Stellen dagegen, die eine besonders hohe oder besonders niedrige Qualifikation verlangen, sind eher selten betroffen. Die Befürchtung mancher, dass Maschinen innerhalb kürzester Zeit alle Jobs ersetzen, halten sie aber für sehr unwahrscheinlich.

Trotzdem könnte künstliche Intelligenz langfristig unser gesamtes Wirtschaftsmodell auf den Kopf stellen. Wenn nur noch wenige Menschen im klassischen Sinne arbeiten und Geld verdienen, da Maschinen dem Menschen die meisten Tätigkeiten abnehmen, braucht es neue soziale Absicherungen für die Bevölkerung. […]

Unterhaltung

In der heutigen Entertainment-Welt spielen intelligente Geräte wie Smartphones oder smarte Fernseher eine immer größere Rolle. Diese Entwicklung wird sich weiter fortsetzen. Die technischen Möglichkeiten werden zu einer weiteren Demokratisierung der Unterhaltungsindustrie führen […]: „Heute kann ein Amateur mithilfe einer Kamera und frei verfügbarer Software einen relativ guten Film machen." Und die immer leistungsfähigeren Programme werden diesen Effekt in der Zukunft noch verstärken. Ähnliches gilt für Musik. […]

1. Erstelle eine **Strukturskizze** zu dem vorliegenden Text.
   – Erfasse zunächst die wichtigsten Informationen aus dem Text.
   – Notiere dann die Schlüsselbegriffe und bestimme die Kernaussage.
   – Stelle nun, ausgehend von der Kernaussage, die Beziehungen zu den weiteren Textinformationen dar.
   – Unterscheide dabei zwischen Ober- und Unterbegriffen.

Tipp
Eine **Strukturskizze** dient dazu, Inhalte eines Textes übersichtlich zu veranschaulichen.

Eine Strukturskizze zu einem Sachtext erstellen
→ S. 269 **N**

Zukunftsentwicklungen   Martin R. Textor (2016)

Im Jahr 2013 lebten in Deutschland 80,8 Millionen Menschen. Laut der 13. koordinierten Bevölkerungsvorausberechnung des Statistischen Bundesamtes von 2015 werden es 2030 zwischen 79,2 und 80,9 Millionen sowie 2060 zwischen 67,6 und 73,1 Millionen sein. Die Unterschiede zwischen den Zahlen ergeben sich dadurch, dass bei der (unteren) Variante 1 von einer Nettozuwanderung von 130 000 Menschen pro Jahr und bei der (oberen) Variante 2 von jährlich 230 000 Menschen ausgegangen wird. Weitere Annahmen sind eine gleich bleibende Geburtenziffer (d. h. Zahl der Kinder pro Frau) von 1,4 und ein moderater Anstieg der Lebenserwartung von männlichen Neugeborenen auf 84,8 Jahre und von weiblichen Neugeborenen auf 88,8 Jahre im Jahr 2060. [...]

Dieser Bevölkerungsrückgang wird unaufhaltsam sein, weil in den kommenden Jahren immer kleinere Geburtsjahrgänge Familien gründen werden. [...] Da gleichzeitig immer mehr Menschen aus geburtenstarken Jahrgängen sterben werden, wird das Geburtendefizit [...] von knapp 200 000 auf 450 000 bis 500 000 im Jahr 2060 zunehmen. Der Bevölkerungsrückgang kann weder durch Zuwanderungsüberschüsse aus dem Ausland noch durch eine etwas höhere Kinderzahl je Frau nennenswert begrenzt werden.

Der größte Unsicherheitsfaktor bei den Varianten 1 und 2 [...] liegt in den Annahmen zur jährlichen Nettozuwanderung. So hat sich der Wanderungsgewinn in den letzten fünf Jahren vervierfacht und liegt nun bei ca. 500 000 Menschen im Jahr (2010: 127 677 Personen). Die in Variante 1 vorausgesetzte Nettozuwanderung von 130 000 Menschen pro Jahr beruht auf der Annahme, dass der Wanderungsgewinn von 500 000 im Jahr 2014 auf 100 000 Personen im Jahr 2021 sinken und dann bis 2060 konstant bleiben wird. Bei der Variante 2 wird von einem Rückgang auf 200 000 Menschen im Jahr 2021 ausgegangen (danach konstant). Diese Annahmen sind recht gewagt: Selbst wenn die Zahl der Zuwanderer aus anderen EU-Staaten (derzeit zwei Drittel aller Migranten) aufgrund der dortigen demographischen Entwicklung (Schrumpfung und Alterung der Bevölkerung) sinken sollte, könnte der derzeitige Zustrom von Bürgerkriegs- und Wirtschaftsflüchtlingen weiter zunehmen. So steigt die Zahl der Asylsuchenden stark an: Während 202 815 Personen im Jahr 2014 registriert wurden, wurden 2015 rund 890 000 Asylbewerber/innen registriert.

Hinzu kommt, dass die Wirtschaft in den kommenden Jahren immer mehr Fachkräfte im Ausland anwerben wird, um den bereits spürbaren Arbeitskräftemangel zu kompensieren (zurückgehende Zahl der Menschen im Erwerbsalter). Im Gegensatz zu früher wandern schon jetzt mehr Ausländer mit einem akademischen Abschluss ein; der Anteil der Migranten ohne Berufsabschluss ist auf weniger als ein Viertel gesunken. Inzwischen hat in der Bundesrepublik fast ein Drittel aller Familien mit Kindern unter 18 Jahren einen Migrationshintergrund, d. h. mindestens ein Elternteil hat ausländische Wurzeln. Im Jahr 2020 werden etwa 40 % der unter 25-Jährigen einen Migrationshintergrund haben.

Dr. Martin R. Textor ist Mitbegründer des Instituts für Pädagogik und Zukunftsforschung (IPZF) in Würzburg. Dieser Text erschien auf seiner Website http://www.zukunftsentwicklungen.de/#zbg, die einen komprimierten Überblick über bedeutsame Zukunftsentwicklungen in den Bereichen Weltgeschehen, Umwelt, Technik, Wissenschaft, Wirtschaft, Arbeitswelt, Bevölkerung, Gesellschaft und Familie liefert.

In den kommenden Jahren werden also noch viele Ausländer zuwandern, da für Deutschland mehr Wirtschaftswachstum als für andere EU-Staaten erwartet wird, die politische und wirtschaftliche Situation in vielen (vorder-) asiatischen und (nord-) afrikanischen Ländern angespannt bleiben dürfte und mit mehr Klimaflüchtlingen zu rechnen ist. Asylanten und Flüchtlinge werden weiterhin hohe Kosten verursachen, die eine rasch alternde Gesellschaft immer schwerer aufbringen kann. Auch könnte der wachsende Anteil von Migranten an der Bevölkerung zu mehr Fremdenfeindlichkeit und Konflikten mit Deutschen führen.

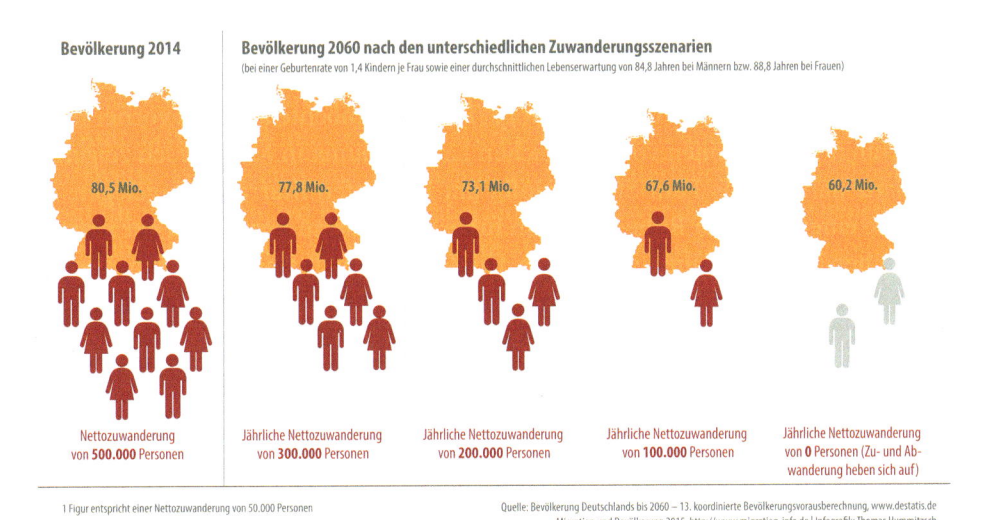

Bevölkerung 2014: 80,5 Mio. – Nettozuwanderung von **500.000** Personen

Bevölkerung 2060 nach den unterschiedlichen Zuwanderungsszenarien
(bei einer Geburtenrate von 1,4 Kindern je Frau sowie einer durchschnittlichen Lebenserwartung von 84,8 Jahren bei Männern bzw. 88,8 Jahren bei Frauen)

- 77,8 Mio. – Jährliche Nettozuwanderung von **300.000** Personen
- 73,1 Mio. – Jährliche Nettozuwanderung von **200.000** Personen
- 67,6 Mio. – Jährliche Nettozuwanderung von **100.000** Personen
- 60,2 Mio. – Jährliche Nettozuwanderung von **0** Personen (Zu- und Abwanderung heben sich auf)

1 Figur entspricht einer Nettozuwanderung von 50.000 Personen

Quelle: Bevölkerung Deutschlands bis 2060 – 13. koordinierte Bevölkerungsvorausberechnung, www.destatis.de
Migration und Bevölkerung 2015, http://www.migration-info.de | Infografik: Thomas Hummitzsch

2. Äußere dich darüber, welche Themen im Text angesprochen werden.
3. Gliedere den Text in Sinnabschnitte. Schreibe wichtige Schlüsselbegriffe der einzelnen Textteile heraus.
4. Finde nun die Kerngedanken des Textes.
5. Schreibe eine Inhaltsangabe. Nutze dazu die folgende Checkliste.

Checkliste

Eine Inhaltsangabe zu einem Sachtext schreiben

- ✓ Lies den Text zunächst nach der **5-Schritt-Lesemethode**.
- ✓ Ordne deine Notizen in **Einleitung**, **Hauptteil**, **Schluss**.
- ✓ Die **Einleitung** enthält Angaben zu Autor/in, Titel, Quelle, Erscheinungsdatum und Thema des Textes.
- ✓ Im **Hauptteil** gibst du die wichtigen Aussagen des Autors sachlich wieder.
- ✓ In einem **Schlusssatz** kannst du z. B. die Position des Autors zusammenfassen (falls er sie mitteilt oder sie dem Text implizit zu entnehmen ist).
- ✓ Schreibe die Inhaltsangabe im **Präsens**.
- ✓ Nutze zur Wiedergabe von Aussagen des Autors die **indirekte Rede**.

Eine Inhaltsangabe zu einem Sachtext schreiben
→ S. 271 **N**

5-Schritt-Lesemethode
→ S. 266 **N**

→ **Arbeitsheft** S. 50–51

6. Wähle aus dem Text Zahlen und Fakten aus und stelle sie in einem Diagramm – etwa einem Kreis-, einem Säulen- oder einem Kurvendiagramm – dar.

Für Historiker ist die vergangene Zukunft in den letzten Jahrzehnten zu einem eigenen Forschungsfeld geworden: „Die Zukunft" ist für sie nicht mehr wie im 19. Jahrhundert einfach nur der Zeitraum des Kommenden, sondern (übrigens ebenso wie die Vergangenheit) eine zeitgebundene Projektionsfläche der Gesellschaft. Sprachlich drückt sich dies darin aus, dass heute immer häufiger statt von der einen Zukunft von vielen „Zukünften" die Rede ist. Doch dies reduziert die Zukunft nicht auf eine subjektive Vision oder Illusion, sondern stellt sie in einen gesellschaftlichen Zusammenhang zwischen verschiedenen Zeiten und Räumen. [...]

Die Gegenwart ist das Feld, das wir bearbeiten und gestalten müssen
Doch umgekehrt stellt sich auch der Politik heute verstärkt die Frage nach unserer zukünftigen Vergangenheit: Wie werden sich die Flüchtlingswelle unserer Zeit und die politischen Antworten auf sie später einmal darstellen? Wie werden wir eines Tages auf die neuen Möglichkeiten der Genmanipulation zurückschauen? Politische Entscheidungen müssen sich heute nicht mehr nur vor der zeitgenössischen Öffentlichkeit verantworten, sondern auch vor der Zukunft. Das ist schwierig – auch wenn sich Eltern bei der Erziehung ihrer Kinder schon immer vor dieses Dilemma gestellt sahen.

Im Lichte der Zukunftsforschung verändert sich auch nicht nur die Bedeutung der Zukunft, sondern auch die der Gegenwart: Sie ist nicht mehr der selbstverständliche Boden, auf dem wir stehen, sondern das Feld, das wir bearbeiten und gestalten können und müssen. Zwischen dem Heute und dem Morgen entfaltet sich ein intensiver ethischer Diskurs. Denn wir wissen nicht nur, dass das Morgen vom Heute abhängt, sondern auch, dass wir unsere heutigen Entscheidungen morgen verantworten müssen. Unser Nichtwissen der Zukunft schützt uns nicht davor, diese Verantwortung tragen zu müssen – und dies gilt es schon heute zu bedenken.

Es reicht daher nicht mehr, dass sich jede Gegenwart immer wieder neu in die Vergangenheit und Zukunft entwirft. Die Beschäftigung mit der Zukunft hat uns vielmehr sensibel gemacht für die Brüche in der Zeit, die wir durchlaufen. Erwartungseinbrüche, wie sie die Deutschen etwa 1918, 1945 und 1989 verkraften mussten, gehören zu den schwersten Belastungen, die einer Gesellschaft widerfahren können. Oft dauert es Jahrzehnte, bis die Menschen wieder Vertrauen in die Zukunft gefasst haben. Das gilt es auch bei künftigen Geschichtsbrüchen zu bedenken. [...]

Tipp
zum Textverständnis:

Vor dem Lesen:
– Vorwissen aktivieren
– Fragen an den Text stellen

Während des Lesens:
– Schlüsselbegriffe und wichtige Textpassagen markieren
– Kerngedanken zusammenfassen und notieren
– den Text in sinnvolle Abschnitte gliedern

Nach dem Lesen:
– die Struktur und die entscheidenden Aussagen des Textes in einer Strukturskizze veranschaulichen

N 5-Schritt-Lesemethode
→ S. 266

1. Erschließe den Text nach der 5-Schritt-Lesemethode.
2. Verfasse eine vollständige Textanalyse. Nutze dafür den Merkkasten auf Seite 169.
3. Formuliere weitere Fragen nach *„unserer zukünftigen Vergangenheit"* (Z. 91 f.).
4. Diskutiert darüber, was „(noch) nicht möglich" ist.

Eine Sachtextanalyse verfassen

Gliederung	Analyseaspekte	Fragestellungen
EINLEITUNG	1. Verfasser/in, Titel, Erscheinungsdatum des Textes 2. Textsorte, Thema, ggf. auch Intention des Verfassers und Anlass	– Gibt es einen spezifischen Adressatenkreis bzw. eine bestimmte Zielgruppe?
HAUPTTEIL *Inhalt und Aufbau*	3. die vermittelten Informationen und Aussagen, die mögliche These 4. der gedankliche und argumentative Aufbau des Textes 5. Quellen und Belege 6. Einseitigkeit oder Ausgewogenheit der Behandlung des Themas	– Welche Schlüsselwörter enthält der Text? – Enthält der Text Absätze und Zwischenüberschriften? – Gibt es Hinweise auf Personen, Medien, Institutionen und Studien? – Wie hoch ist der Anteil an direkter/indirekter Rede?
Sprache und Gestaltungsmittel	7. sprachliche Mittel 8. Bilder, Diagramme, Strukturskizzen (sofern vorhanden)	– Finden sich sprachliche Mittel (Metaphern, rhetorische Fragen, Ironie, Personifikationen, Neologismen …)? – Überwiegt hochsprachlicher, fachsprachlicher oder umgangssprachlicher Stil? – Wie sind Text und Bild miteinander kombiniert?
Absicht und Wirkung	9. vermutliche Intentionen	– Will der Verfasser nur informieren oder hat er ein persönliches Anliegen? Wenn ja, welches ist sein Anliegen und mit welchen Mitteln verfolgt er es?
SCHLUSS	10. persönliches Fazit	– Hat der Text seine Absicht bei mir erreicht? – Waren die Informationen aus dem Text für mich nützlich (Wissenszuwachs, Meinungsbildung)?

→ **Arbeitsheft** S. 52–54

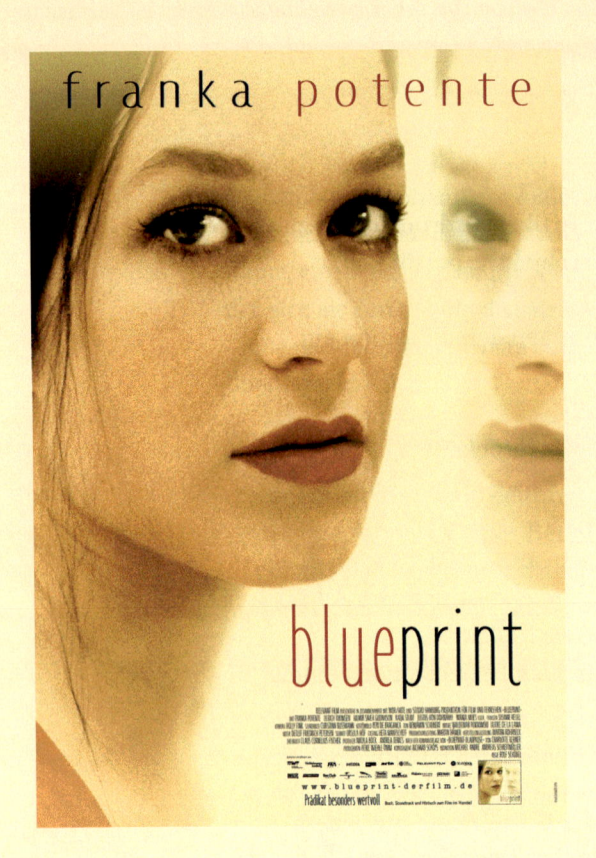

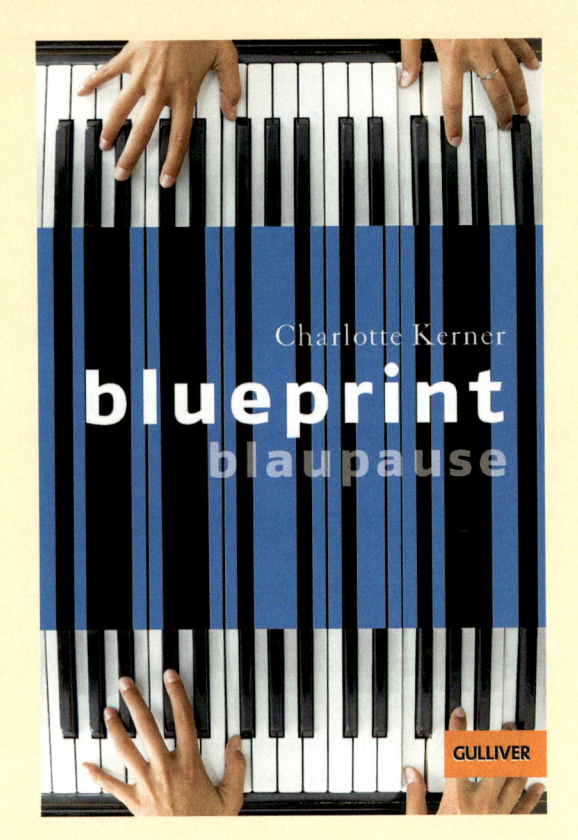

„Blueprint" – Literaturverfilmung

Das Buch
Charlotte Kerner: „Blueprint – Blaupause". Weinheim: Verlag Beltz und Gelberg 1999, Neuausgabe 2012

Der Film
Titel: „Blueprint"
Drehbuch: Claus Cornelius Fischer
Regie: Rolf Schübel
Musik: Detlef F. Petersen
Produktion: Relevant Film 2003
Darsteller: Franka Potente, Ulrich Thomsen, Hilmir Snaer Gudnason, Katja Studt, Wanja Mues u. a.

Zum Inhalt des Buches

Charlotte Kerner beschreibt in ihrem 1999 erschienenen Roman „Blueprint – Blaupause" das Leben von Iris und Siri Sellin.

Iris Sellin, eine hochbegabte Pianistin und Komponistin, erfährt im Alter von 30 Jahren, dass sie unheilbar an multipler Sklerose erkrankt ist. Damit ihr musikalisches Talent nicht mit ihr aus der Welt verschwindet, lässt sie sich klonen. Siri – das Klonkind – soll als Kopie ihrer Mutter Iris' Vision vom Fortbestehen ihres Talents und ihres Erfolgs verwirklichen.

Doch als Teenager zerbricht Siri fast daran, ‚nur' eine Kopie ihrer Mutter zu sein. Ihr Leben besteht in dieser Phase aus Versuchen, sich von Iris abzugrenzen und ihre eigene Persönlichkeit zu finden. Erst nach Iris' Tod gelingt es ihr, ihren eigenen Weg zu gehen.

▶ Was interessiert euch an der Thematik von „Blueprint – Blaupause"?
▶ Lest das Buch und schaut euch den Film an.

Sprechen, Zuhören, Schreiben, Lesen

Literaturverfilmungen

> Der Begriff **Literaturverfilmung** ist umstritten. Der Haupteinwand lautet: Durch diesen Begriff werde das filmische Medium ab- und das literarische Medium aufgewertet; der Film sei lediglich ein Verwertungsprodukt des Romans.

alle Zitate aus: Werner Kamp und Michael Braun: „Filmperspektiven" (2011)

> Als Alternativbegriff zur ‚Literaturverfilmung' wird gerne der Begriff Adaption verwendet. Adaption heißt Anpassung (lateinisch „adaptere": „passend machen") des einen Mediums an das andere. Das bedeutet aber nicht, dass der Text (das Ausgangsmedium) wie ein Spiegelbild im Bild (dem Zielmedium) erscheint.

> Der wichtigste Aspekt des Medienwechsels ist die Visualisierung.

> Der Transfer vom Text zum Film ist auch deshalb für Leser oft enttäuschend, weil die eigene Vorstellungswelt, die der Roman in der Imagination erzeugt hat, im Film nicht wiederzufinden ist. Versteht man eine Literaturverfilmung nicht als die Filmfassung, sondern als eine filmische Interpretation der Vorlage, dann bietet der Film interessantes Material gerade für die Kenner der Vorlage.

1. Diskutiert, ausgehend von diesen Zitaten, eure eigenen Erwartungen an und Erfahrungen mit Literaturverfilmungen.

> ▶ **Weiter im Kapitel:**
>
> Du lernst (,)
> - einen Roman und einen Film miteinander zu vergleichen, um dabei ihre spezifischen künstlerischen Gestaltungsmittel zu erkennen und gegeneinander abzuwägen.
> - dass eine gelungene Filmhandlung meist anderen Gesetzen folgt als eine überzeugende Romanhandlung.
> - wie die Analyse eines Films den Blick für filmsprachliche Techniken zur Beeinflussung des Zuschauers schärft.
> - dass die filmische Erzählsprache komplexer als die der Literatur, aber auch mehr auf Eindeutigkeit hin angelegt ist und so der mitschöpferischen Kraft des Rezipienten weniger Freiheit lässt.

Buch und Film

„Blueprint" – der Film

Charlotte Kerners Roman wurde 2003 von Rolf Schübel verfilmt – mit Franka Potente in der Hauptrolle. Hier ist der Beginn der Filmhandlung wiedergegeben:

Siri beim Fotografieren

Iris und Professor Fisher

Siri und Greg

Siri als Kind

Sequenz 1 Kanada, in naher Zukunft. Eine junge Frau (Siri) lebt ganz allein in der Wildnis und fotografiert Wapiti-Hirsche. Sie macht die Bekanntschaft des jungen Kanadiers Greg. Auf dem Bildtelefon in ihrer Blockhütte meldet sich eines Tages Iris, ihre Mutter, die von schwerer Krankheit gezeichnet ist.

Sequenzen 2–5 Rückblende. Iris Sellin, die berühmte Pianistin, ist an multipler Sklerose erkrankt, will aber der Nachwelt ihr Talent und ihr Schaffen erhalten.
Sie überredet den Wissenschaftler Martin Fisher, sie zu klonen und damit sich und ihn als Forscher unsterblich zu machen. Iris wird schwanger und bringt Siri zur Welt.

Sequenz 6 Kanada. Greg besucht Siri in ihrer Blockhütte und repariert ihren Stromgenerator. Die beiden beginnen, Freundschaft zu schließen.

Sequenzen 7–9 Rückblende. Siris Kindheit: Da ihre Mutter so oft abwesend ist, verbringt Siri viel Zeit mit Janeck, dem gut vier Jahre älteren Sohn ihres Kindermädchens. Sie will eine ebenso berühmte Pianistin werden wie Iris.

Sequenz 10 Kanada. Greg hat heimlich Siris Flügel aufgebaut und erntet damit nur ihren Unmut …

1. Vergleiche den Inhalt und die Chronologie von Buch und Film. Wo sind Unterschiede, wo Gemeinsamkeiten?
2. Warum hat der Drehbuchautor deiner Ansicht nach die Rahmenhandlung (Kanada) erfunden?
3. Kennst du andere Beispiele, bei denen die Literaturverfilmung von der Buchvorlage abweicht?

Klavierkonzert „Für Siri" – die Filmmusik

In den Sequenzen 1 (Siri in Kanada) und 11 (Klavierkonzert für Siri) taucht dieselbe Musik auf, über die der Komponist Detlef Friedrich Petersen Folgendes sagt:

Wie sah ihr musikalisches Konzept für „Blueprint" aus?
Ausgangspunkt meiner Überlegungen war die musikalische Umsetzung des Filmthemas. Im Mittelpunkt stand ein Konflikt zwischen einem Klon und seinem Original. Das Original und den Klon beschrieb ich musikalisch mit einer Oktave: ein Gleichklang – allerdings unterschieden durch die Tonhöhe. Dieses Intervall wurde der Kern meines Grundmotivs, das ich auch in dem Klavierkonzert „Für Siri", das Iris für ihre Tochter Siri komponiert, verwende und variiere. Da Iris Pianistin ist, steht natürlich das Piano im Vordergrund.

Siri in Kanada

Wie haben Sie Siri und Iris musikalisch differenziert?
Musikalisch haben wir das Hauptthema des Filmes in gewisser Weise umgekehrt: Siri, der Klon, bekam ein eigenes musikalisches Thema, das allerdings von Iris komponiert wurde. Iris, das Original, wird in erster Linie durch die Musik, die sie spielt, definiert: Bach, Mozart, Beethoven, Schumann und Debussy. Sie ist die strenge rationale Frau, die sich bemüht, über den Verstand alles zu ordnen und zu lenken, während Siri ausbricht und ihre Selbstfindung in den kanadischen Wäldern sucht. So erinnert ihr musikalisches Motiv auch entfernt an Folk.

Iris am Flügel

4. Hört euch bei den beiden Sequenzen zunächst nur den Ton an. Welche Stimmung erzeugt die Musik jeweils bei euch?
5. Vergleicht eure Eindrücke von der Musik mit den Aussagen des Filmkomponisten Detlef Friedrich Petersen.
6. Schaut euch die Sequenzen jetzt mit Bild und Ton an: In Sequenz 1 ist die Musik asynchron über die Handlung gelegt, in Sequenz 11 läuft sie als synchroner Bildton. Wie unterscheidet sich jeweils ihre Funktion?
7. In den Sequenzen 5 und 6, 11 sowie 19 und 20 werden die „Tautropfen" als Filmmusik verwendet. Wie wird die Musik hier filmisch eingesetzt?

Bildton, synchron akustische Ereignisse, die im Bild vorkommen, z. B. Geräusche, Dialoge

Fremdton, asynchron akustische Ereignisse, die nicht im Bild vorkommen, z. B. Filmmusik

Iris – Siri, gespiegelte Namen

Siri findet für die Beziehung zu ihrer Mutter sprachlich neue Formen, eine ‚Klonsprache'. Hier einige Beispiele aus dem Roman:

1 Aber wenn meine Stirn auf den hölzernen Leib von Mister Black trifft, rast diese verdammte Melodie nur umso schneller durch meine Gehirnwindungen. Und dieses Kreisen will einfach nicht aufhören: Iris-Risi-Isir-Siri-Iris-Risi-Isir-Siri.

Unsere Namen haben denselben Klang, einen Klang. Wir waren Iris-Siri und Siri-Iris. Es sollte noch lange dauern bis zum *big bang*. Denn am Anfang unseres Zwillingsdaseins lebten wir tatsächlich im Einklang. *(S. 36 f.)*

2 Plötzlich war dieser Name da, einfach so: Muzwi. Er hörte sich lustig an. Wenn ich beide Silben kurz und hoch aussprach, klang das fast wie Vogelgezwitscher, und sagte ich „Muzwi" sanft und gedehnt, war es ein schöner Kosename. Doch ich konnte Muzwi auch scharf und schneidend aussprechen. Dann bellte ich das „Mu" wie einen Befehl, ganz kurz und hart, wobei das „zwi" dafür richtig zischen musste.

Muzwi bedeutet Mutterzwilling, der Name kam mir kurz vor meinem achten Geburtstag in den Sinn. Bis dahin hatte ich nur alles nachgeplappert. Jetzt dachte ich selbstständiger und begann langsam zu verstehen, mehr noch zu fühlen, was es hieß, nicht nur ein Zwilling, sondern ein Klon-Zwilling zu sein. Vielleicht fiel mir deshalb dieser Name für dich ein, Muzwi. *(S. 71)*

3 Das Musikstück, das ich aufführen sollte, hieß „Dein Leben" und ich irrte umher inmitten dieser festgelegten Lebenslinien und Lebensnoten. Ich versuchte es als „Mein Leben" zu spielen, ich wollte den Beifall für mich allein. Aber am Ende war ich nur eine Marionette, die an deinen DNS-Fäden hing, Iris. Und die hatten sich an diesem Abend verheddert. Deshalb bewegte sich die Marionette nicht richtig, deshalb spielte ich nur die Noten vom Blatt.

Nein, Iris, das Lampenfieber war nicht schuld, das ist wirklich zu einfach. Es waren die widersprüchlichen Erwartungen von dir und von mir. Ichdu und Duich flüsterten mir abwechselnd verschiedene Anweisungen ins Ohr. Die verwirrten mich und ich hörte nicht mehr, was ich spielte. Immer mehr Stimmen redeten auf mich ein, aber etwas gewann in diesem Gewirr die Oberhand und wurde lauter und lauter: Und das, Iris, war dein / mein / unser höhnisches Lachen. *(S. 114 f.)*

1. Welche Aspekte der Beziehung zu Iris spiegeln sich in Siris sprachlichen Neuschöpfungen? Informiere dich auch in einem Herkunftswörterbuch über den Vornamen Iris.

Spiegel-Bilder des Films

Im Film kommen häufig Szenen mit einem Spiegel vor.

Sequenz 2: Iris im Spiegel

Sequenz 7: Iris und Siri vergleichen sich vor dem Spiegel.

Sequenz 12: Siris Nasenbluten vor dem Muttertagskonzert

Sequenz 17: Siri entfernt sich vor dem Spiegel das Muttermal.

2. Was soll das Spiegelmotiv im Film ausdrücken?
3. Stellt euch zu zweit als Standbild vor einen Spiegel und versucht folgende Beziehungsaspekte auszudrücken: Innigkeit – Dominanz / Unterdrückung – Hass – gegenseitiges Verstehen – Unverständnis – Selbstsicherheit – Unsicherheit – Fürsorge – Stolz – Verzweiflung.
4. Untersucht die Verwendung von weiteren Motiven im Buch und im Film, zum Beispiel die Bedeutung von „Mister Black" (dem Flügel) oder von „Rudolph" (Siris Stoff-Rentier einerseits und dem weißen Wapiti in Kanada andererseits).
5. Findest du die Übertragung der symbolischen Elemente des Buchs in die visuelle Sprache des Films gelungen? Begründe.

Figurenbeziehungen untersuchen → S. 265 N

Vom Buch zum Drehbuch

Obwohl auch ein Film auf einem Text basiert, unterscheidet sich ein Drehbuch von einem Roman. Das zeigt beispielsweise der hier ausgewählte Handlungsabschnitt, in dem Iris Daniela als Kinderfrau einstellt.

Romanauszug

Als die Tochter drei Monate alt war, fand Iris nach längerer Suche die ideale Kinderfrau. Sie hieß Daniela Hausmann, war Ende dreißig, frisch geschieden und Musikpädagogin. Sie war eine kräftige, zupackende Frau, die Vertrauen ausstrahlte. Um ihren Unterhalt aufzubessern, wollte sie wieder arbeiten, denn ihr viereinhalb Jahre alter Sohn Janeck kam endlich in den Kindergarten.

Der Arbeitsvertrag, den Frau Hausmann nach einigen Gesprächen unterschrieben hatte, verpflichtete sie ausdrücklich, Siri Sellin musikalisch zu fördern. Und dafür war sie so gut geeignet, dass Iris sogar den Sohn in Kauf nahm, den die Kinderfrau – darauf hatte sie bestanden – jederzeit mitbringen durfte. *(S. 41)*

Auszug aus dem Drehbuch von Claus Cornelius Fischer

Szene 29   **Außen – Villa Sellin – Auffahrt und Garten – Tag**

Eine junge Frau – DANIELA HAUSMANN (39) – rollt auf ihrem Fahrrad die Auffahrt herauf, bis vor das geschlossene Haupttor.
Die junge Frau steigt ab und geht auf das Tor zu. Sie trägt Jeans, eine rote Windjacke und Turnschuhe. Ihr blondes Haar ist kurzgeschnitten, Bubikopf; die Augen sind blau, frisch und neugierig. Wir sehen ihre letzten Schritte –

Daniela Hausmann (Katja Studt) und Iris Sellin (Franka Potente)

Szene 30 Innen – Villa Sellin – Eingangshalle – Tag

– auf dem Monitor der Überwachungsanlage, bis es klingelt. IRIS kommt heran und betrachtet sie.
IRIS Ja?
DANIELA Guten Morgen. Daniela Hausmann. Ich komme wegen der Stelle als Kindermädchen.
IRIS Sie sind die Neunte. Aber die Erste, die unpünktlich ist.

Szene 31 Innen – Villa Sellin – Flur – Tag

Mit ihren ausgreifenden, energischen Schritten führt IRIS DANIELA durch das Haus. Immer etwas voraus, in Eile. Durch die offenen Türen sehen wir im POV DANIELA, dass die Zimmer alle ziemlich kahl sind, kaum eingerichtet.
DANIELA Wohnen Sie schon lange hier?
IRIS Acht Jahre. Ich habe mir noch nicht die Zeit genommen, alles einzurichten. Bisher hab ich vor allem aus dem Koffer gelebt. Aber das wird sich jetzt ändern.

POV „POINT OF VIEW", subjektive Kameraeinstellung aus der Sicht einer Figur

Szene 32 Innen – Villa Sellin – Kinderzimmer – Tag

IRIS stößt die Tür zu einem völlig leeren, weißen Raum mit Blick auf den Garten auf.
IRIS Das ist – das wird das Kinderzimmer.
DANIELA Hoffentlich mag es Weiß …
IRIS Sie. Sie heißt Siri.

1. Vergleiche die Sequenz des Drehbuchs mit der Romanpassage. Wie unterscheiden sich die Erzählformen der beiden unterschiedlichen Medien?
2. Notiere, welche Merkmale ein Drehbuchtext in Aufbau und Stil hat.

Merken

Filmanalyse
- Durch die Veränderung des Bildausschnitts – die unterschiedlichen **Einstellungsgrößen** – und die **Kameraführung** lenken Regisseur und Kameramann die Aufmerksamkeit des Zuschauers und sorgen auf der emotionalen Ebene für **Nähe und Distanz**.
- **Musik und Geräusche** werden im Film genutzt, um **Atmosphäre und Stimmungen** zu vermitteln. Sie werden oft nur unterschwellig wahrgenommen und bilden so ein diskretes und effektives Mittel der Beeinflussung des Zuschauers.
- Im Film werden **viele Sinne gleichzeitig** angesprochen. Die Erarbeitung eines **Sequenzprotokolls** schärft den Blick für die unterschiedlichen Darstellungsmittel, die zur **Gesamtwirkung** beitragen.
- **Filmplots** weisen meist eine einfache **dreiaktige Grundstruktur** auf.
- Die **Informationsvergabe** an den Leser bzw. Zuschauer erfolgt in Literatur und Film auf unterschiedliche Weise. Das macht ein Vergleich zwischen Roman und Drehbuch deutlich.

→ Arbeitsheft S. 57–59

„Blueprint" im Spiegel der Kritik

Der Film „Blueprint" wurde von der Kritik unterschiedlich aufgenommen.
Hier einige Auszüge aus verschiedenen Filmkritiken:

1 Solange hierzulande die Filmschaffenden Kino wahlweise für eine Verblödungsmaschine oder eine moralische Besserungsanstalt halten, werden wir wohl weiterhin mit Erziehungs-Werken wie „Blueprint" leben müssen. Rolf Schübel erzählt in seinem Science-Fiction-Drama von einer kranken Pianistin, die sich klonen lässt, damit ihr Talent nicht verloren geht. Leider entwickelt sich die geklonte Tochter anders als vorgesehen. Franka Potente liefert in einer Doppelrolle eine sehenswerte Leistung ab. Aber „Blueprint" ist so hölzern konstruiert, dass man sich einen Klon wünscht, der stellvertretend dieses Betroffenheitsgesäusel über sich ergehen lässt, während man selber seine Zeit sinnvoll verbringt.

Charivari – Filmkritiken-Archiv

2 Noch nie hat sich ein Film aus der Sicht des Klons an das Thema herangewagt. Rolf Schübel hat es nun glücklicherweise verstanden, dem schwierigen Stoff auch gerecht zu werden. Ohne dass andere Themen ablenken, hat der Zuschauer zwischen gleitenden Flugansichten kanadischer Küstenlandschaften und langsamen Kamerafahrten in die Gesichter der am Piano sitzenden Mutter und Tochter alle Zeit der Welt, die verschiedenen Aspekte auf sich wirken zu lassen. Franka Potente schafft es – nicht nur bei der späteren deutlichen „Alterung" der Mutter –, die charakterlichen Unterschiede zwischen Mutter und Tochter, zwischen Original und Kopie, wunderbar zum Ausdruck zu bringen. […]

Allen Freunden des anspruchsvollen Kinos können wir „Blueprint" aufs Wärmste empfehlen.

cineclub

3 […] Ich hatte im Nachhinein das Gefühl, dass der Film zu viele Handlungsstränge erzählen will, die in der Romanvorlage von Charlotte Kerner vorkommen. Dem Tempo des Films hätte es nicht geschadet, wenn ein paar davon gerafft oder komplett gestrichen worden wären. Denn das eigentliche Thema des Films – wie geht die Kopie mit dem Wissen um, eben nur eine Kopie zu sein – kommt fast ein wenig zu kurz.

Was den Film davor rettet, ein gefühlloses Kammerspiel zu werden, ist Franka Potente. […] Aber nur die eindrucksvolle Darbietung von Potente reicht eben nicht, um aus einem guten Stoff auch einen guten Film zu machen. Zu zäh kommt er daher, dauert zu lange und kommt zu spät auf den Punkt. Leider. Denn die Grundidee hinter dem Film ist sehr spannend; kein Wunder, dass man auch einen spannenden Film erwartet und dementsprechend enttäuscht ist, ihn nicht zu bekommen.

Anke Gröner, Phlow – Magazin für Musik & Netzkultur

4 [...] Aber weder die gelungene Regie noch die Star-Power einer superb aufspielenden Franke Potente helfen „Blueprint" gegen seine inhärenten Schwächen, die denn auch an einem beachtlichen Publikumserfolg zweifeln lassen. Diese betreffen nicht nur die schwer greifbare Thematik des Films, sondern auch sein Scheitern in den meisten Aspekten einer konventionellen Erzählung. So bleiben nahezu alle zwischenmenschlichen Beziehungen – abgesehen von der zwischen Mutter und Tochter – seltsam steril, als würden die nötigen Gefühle zwar im Drehbuch stehen, aber es nicht auf die Leinwand schaffen. Wesentlich kritischer jedoch: das Fehlen einer klaren dramaturgischen Linie. So interessant und gut umgesetzt die Geschichte von Siris Heranwachsen und ihrer schließlichen Rebellion auch ist, sie braucht etwas lange, um in Schwung zu kommen, dazu will sich ein sinnvoller Abschluss nicht so recht anbieten, und so kommt man nicht umhin, das Ende des Films dann als ein wenig beliebig und kaum überzeugend zu betrachten.

Was schlussendlich wieder die Frage nach der sinnvollen oder gelungenen Buchadaption aufwirft, denn in der erzählerisch weitaus freieren Romanform – ohne die dramaturgischen Zwänge einer Filmhandlung – ist „Blueprint" sicherlich ein beeindruckendes Erlebnis. Als Film ist „Blueprint" ein wenig übermannt von der Tiefe seiner Geschichte und tut sich schwer damit, dem Selbstfindungskampf Siris und der zentralen Frage nach der Identität eines Klons gerecht zu werden. [...]

F.-M. Helmke, Filmszene

inhärenten ihm (dem Film) innewohnenden

1. Untersuche die Filmkritiken auf ihren Gehalt hin. Welchen Argumenten der Filmkritiker stimmst du zu, welchen nicht?
2. Welche Rezensionen hältst du für gelungen, welche nicht? Begründe.
3. Was erwartest du von einer guten Rezension?
4. Schreibe deine eigene Filmkritik zu „Blueprint".

Merken

Filmkritiken

- **Filmkritiken** sind **oft subjektiver** als Literaturkritiken.
- Die persönliche Ausstrahlung von Schauspielern und die entsprechenden **Vorlieben oder Abneigungen** von Filmkritikern sind in Filmkritiken ein wichtiger Faktor.
- **Negative Kritik** von Filmkritikern fällt **meist harscher** aus als die von Literaturkritikern, da diese sich vermutlich stärker der wirtschaftlichen Konsequenzen bewusst sind, welche ihre Urteile für die kritisierten Künstler haben.
- Eine **faire, professionell analysierende** und gut informierende **Filmkritik** zu verfassen, ist aufgrund der Komplexität der filmischen Erzählsprache eine sehr **anspruchsvolle Aufgabe**.

„Das Herz schlägt früher, als unser Kopf denkt ..." – Literatur des Sturm und Drang

Die kurze literaturgeschichtliche Epoche des Sturm und Drang wird auch als „Geniezeit" bezeichnet. „Natur" und „Genie", so Rüdiger Safranski in seinem Buch „Goethe & Schiller. Geschichte einer Freundschaft", waren die Zauberworte der Epoche. „Beide Begriffe gehören zusammen und stehen in Opposition zu Künstlichkeit und Zwang. Das Genie hält sich nicht an Regeln, sondern gibt sich selber welche, die der eigenen schöpferischen Natur entstammen. Für diesen Gedanken wird Kant später die bündige Formel finden, dass Genie jene Naturgabe ist, welche ‚der Kunst die Regel gibt'."

▶ Betrachtet die oben abgebildeten Personen und stellt fest, welche ihr kennt.
▶ Tauscht euch darüber aus, welche der abgebildeten Personen für euch ein Genie darstellen. Begründet eure Meinung.
▶ Macht eine Liste weiterer Personen, die eurer Ansicht nach Genies sind.
▶ Erläutert, was eurer Meinung nach ein Genie ausmacht.

Sprechen, Zuhören, Schreiben, Lesen

Der Sturm und Drang (1770 – 1785)

Der Sturm und Drang ist eine Epoche oder auch Strömung der deutschen Literatur zwischen der Aufklärung (ca. 1740 – 1790) und der Weimarer Klassik (ca. 1785 – 1805). Die Epochenbezeichnung entstammt dem Titel eines Schauspiels von Friedrich Maximilian Klinger (ursprünglicher Titel „Wirrwarr"). Eine Leitidee des Sturm und Drang ist der Wunsch, sich von sozialen Zwängen und politischer Unterdrückung zu befreien. Die Unabhängigkeitserklärung der Vereinten Staaten von Amerika (1776) schien zu bezeugen, dass solche Verhältnisse Wirklichkeit werden könnten. Die Autoren des Sturm und Drang waren vorwiegend junge Männer, oft noch Studenten, die sich häufig gegen den Willen ihrer Väter stellten und ihren eigenen Neigungen folgten. Insofern kann die Bewegung auch teilweise aus einem Generationenkonflikt heraus verstanden werden. Entsprechend sind einerseits Vater-Sohn-Konflikte (vor allem in den Dramen), andererseits der Protest gegen Fürstenwillkür und Despotie wichtige Themen des Sturm und Drang. Weitere Leitideen sind Liebe, Freundschaft und die Selbsterfahrung des aus den Fesseln überkommener Traditionen und Konventionen befreiten Individuums. Der einseitigen Betonung des Verstandes durch die Aufklärung werden subjektives Gefühl und sinnliches Erleben entgegengehalten. An die Stelle der alten Regelpoetik, nach der Poesie lehr- und erlernbar ist, tritt die Genieästhetik, die den Autonomieanspruch der Literatur begründet. Die bisher als höchster Maßstab geltende französische Klassik des 17. Jahrhunderts (La Fontaine, Racine, Corneille) mit ihren hochadligen Helden, ihrer künstlichen Sprache und ihren kontrollierten Gefühlen wird von den jungen Autoren abgelehnt. Ihr großes Vorbild ist der Menschenbildner Shakespeare, ihr poetisches Ideal finden sie in einer Sprache der Natürlichkeit und Spontaneität.

1. Lies den Text und erstelle eine Tabelle, in der du wesentliche Aspekte der Aufklärung und des Sturm und Drang erfasst.
2. Stellt Vermutungen an, aus welchen Gründen sich die Epochen Aufklärung und Sturm und Drang zeitlich überschneiden.

> ▶ **Weiter im Kapitel:**
>
> Du lernst (,)
> - wesentliche Merkmale der Epoche Sturm und Drang kennen.
> - lyrische Texte dieser Epoche kennen.
> - Gedichte vergleichend zu interpretieren.
> - das Drama „Kabale und Liebe" von Friedrich Schiller in Auszügen kennen.
> - den Briefroman „Die Leiden des jungen Werthers" von Johann Wolfgang Goethe kennen.
> - die Wirkungsgeschichte des „Werther"-Stoffs zu betrachten.

„Schiller liest die Räuber im Bopserwald [bei Stuttgart]". 1780 entstandene Tuschzeichnung von Schillers Mitschüler in der Hohen Karlsschule Viktor Wilhelm Peter Heidelhoff (1757 – 1817)

Autoren und Werke des Sturm und Drang:

Johann Gottfried Herder (1744 – 1803): „Abhandlung über den Ursprung der Sprache" (1772)

Gottfried August Bürger (1747 – 1794): „Gedichte" (1778)

Johann Wolfgang Goethe (1749 – 1832): Gedichte (‚Erlebnislyrik', ‚Sturm und Drang-Hymnen'); Drama: „Götz von Berlichingen" (1773); Roman: „Die Leiden des jungen Werthers" (1774)

Jakob Michael Reinhold Lenz (1751 – 1792): Dramen: „Der Hofmeister" (1774), „Die Soldaten" (1776)

Friedrich Maximilian Klinger (1752 – 1831): Drama: „Sturm und Drang" (1776)

Friedrich Schiller (1759 – 1805): Gedichte sowie Dramen: „Die Räuber" (1782), „Die Verschwörung des Fiesco zu Genua" (1783), „Kabale und Liebe" (1784)

Genie und Liebe

Prometheus   Johann Wolfgang Goethe (1774)

Bedecke deinen Himmel Zeus
Mit Wolkendunst!
Und übe Knabengleich
Der Disteln köpft,
5 An Eichen dich und Bergeshöhn!
Musst mir meine Erde
Doch lassen stehn.

Und meine Hütte,
Die du nicht gebaut,
10 Und meinen Herd
Um dessen Glut
Du mich beneidest.

Ich kenne nichts Ärmer's
Unter der Sonn als euch Götter.
15 Ihr nähret kümmerlich
Von Opfersteuern und Gebetshauch
Eure Majestät, und darbtet wären
Nicht Kinder und Bettler
Hoffnungsvolle Toren.

20 Als ich ein Kind war
Nicht wusste wo aus wo ein
Kehrt' mein verirrtes Aug
Zur Sonne als wenn drüber wär
Ein Ohr zu hören meine Klage
25 Ein Herz wie meins
Sich des Bedrängten zu erbarmen.

Wer half mir wider
Der Titanen Übermut
Wer rettete vom Tode mich
30 Von Sklaverei?
Hast du's nicht alles selbst vollendet
Heilig glühend Herz?
Und glühtest jung und gut,
Betrogen, Rettungsdank
35 Dem Schlafenden dadroben.

Ich dich ehren? Wofür?
Hast du Schmerzen gelindert
Je des Beladenen
Hast du die Tränen gestillt
40 Je des Geängsteten.
Hat nicht mich zum Manne geschmiedet
Die allmächtige Zeit
Und das ewige Schicksal
Meine Herrn und deine.

45 Wähntest etwa
Ich sollt das Leben hassen
In Wüsten fliehn
Weil nicht alle Knabenmorgen-
Blütenträume reiften.

50 Hier sitz ich forme Menschen
Nach meinem Bilde
Ein Geschlecht das mir gleich sei
Zu leiden weinen
Genießen und zu freuen sich,
55 Und dein nicht zu achten
Wie ich.

„Prometheus erwehrt sich des Adlers". **Zeichnung Goethes** (Bleistift, Feder, Tusche), vermutlich erst nach 1787

Goethes berühmteste Sturm und Drang-Hymne findest du auch im Internetportal.

N Genie → S. 276

Merken

Das schöpferische Genie im Sturm und Drang
Schon der englische Politiker und philosophierende Schriftsteller der Frühaufklärung Anthony Ashley-Cooper, 3. Earl of Shaftesbury (1671–1713), hatte Prometheus als Symbol des – künstlerischen – Genies gedeutet: „Such a Poet is indeed a second Maker; a just Prometheus, under Jove" („Soliloquy, or Advice to an Author", 1710). Während Shaftesbury das schöpferische Genie allerdings noch der Gottheit unterordnet, erscheint es in Goethes Hymne emanzipiert und autonom.

1. Bereite einen Lesevortrag vor, der die Haltung des Sprechers zum Ausdruck bringt.
2. Charakterisiere Prometheus und beschreibe sein Selbstbild.
3. Formuliere mit eigenen Worten Prometheus' Vorwürfe und bestimme sein Verhältnis zu den Göttern.
4. Erläutere, inwiefern Prometheus als Genie bezeichnet werden kann. Beziehe deine Kenntnisse zum Sturm und Drang in deine Argumentation mit ein.

Willkommen und Abschied   Johann Wolfgang Goethe

Erste Fassung von 1771 (Erstdruck 1775)

Mir schlug das Herz; geschwind zu Pferde,
Und fort, wild, wie ein Held zur Schlacht!
Der Abend wiegte schon die Erde,
Und an den Bergen hing die Nacht;
5   Schon stund im Nebelkleid die Eiche,
Ein aufgetürmter Riese, da,
Wo Finsternis aus dem Gesträuche
Mit hundert schwarzen Augen sah.

Der Mond von seinem Wolkenhügel,
10 Schien kläglich aus dem Duft hervor;
Die Winde schwangen leise Flügel,
Umsausten schauerlich mein Ohr;
Die Nacht schuf tausend Ungeheuer –
Doch tausendfacher war mein Mut;
15 Mein Geist war ein verzehrend Feuer,
Mein ganzes Herz zerfloss in Glut.

Ich sah dich, und die milde Freude
Floss aus dem süßen Blick auf mich.
Ganz war mein Herz an deiner Seite,
20 Und jeder Atemzug für dich.
Ein rosenfarbes Frühlings Wetter
Lag auf dem lieblichen Gesicht,
Und Zärtlichkeit für mich, ihr Götter!
Ich hofft' es, ich verdient' es nicht.

25 Der Abschied, wie bedrängt, wie trübe!
Aus deinen Blicken sprach dein Herz.
In deinen Küssen, welche Liebe,
O welche Wonne, welcher Schmerz!
Du gingst, ich stund, und sah zur Erden,
30 Und sah dir nach mit nassem Blick;
Und doch, welch Glück! geliebt zu werden,
Und lieben, Götter, welch ein Glück.

Zweite Fassung von 1810

Es schlug mein Herz; geschwind zu Pferde!
Es war getan fast eh' gedacht;
Der Abend wiegte schon die Erde,
Und an den Bergen hing die Nacht:
5   Schon stand im Nebelkleid die Eiche,
Ein aufgetürmter Riese, da,
Wo Finsternis aus dem Gesträuche
Mit hundert schwarzen Augen sah.

Der Mond von einem Wolkenhügel
10 Sah kläglich aus dem Duft hervor,
Die Winde schwangen leise Flügel,
Umsaus'ten schauerlich mein Ohr;
Die Nacht schuf tausend Ungeheuer;
Doch frisch und fröhlich war mein Mut:
15 In meinen Adern welches Feuer!
In meinem Herzen welche Glut!

Dich sah ich, und die milde Freude
Floss von dem süßen Blick auf mich;
Ganz war mein Herz an deiner Seite,
20 Und jeder Atemzug für dich.
Ein rosenfarbnes Frühlingswetter
Umgab das liebliche Gesicht,
Und Zärtlichkeit für mich – Ihr Götter!
Ich hofft' es, ich verdient' es nicht!

25 Doch ach! schon mit der Morgensonne
Verengt der Abschied mir das Herz:
In deinen Küssen, welche Wonne!
In deinem Auge, welcher Schmerz!
Ich ging, du standst und sahst zur Erden,
30 Und sahst mir nach mit nassem Blick:
Und doch, welch Glück geliebt zu werden!
Und lieben, Götter, welch ein Glück!

> Die beiden Gedichte findest du auch im Internetportal.

1. Bereite einen ausdrucksvollen Lesevortrag der früheren Fassung vor.
2. Schreibe eine Interpretation der früheren Fassung des Gedichtes.
3. Vergleiche die frühere mit der späteren Fassung und erläutere, welche Absichten Goethe vermutlich bei der Umarbeitung des Gedichtes verfolgt hat.

Lyrik interpretieren → S. 271 N

Arbeitsheft → S. 60–61

Kabale geheime Umtriebe und Ränke an Höfen, Intrigen

Friedrich Schiller: „Kabale und Liebe"

Ein bürgerliches Trauerspiel

Friedrich Schiller veröffentlichte sein Drama „Kabale und Liebe" 1784. Im gleichen Jahr fand in Mannheim die Uraufführung statt. Die Handlung spielt in einer süddeutschen Residenzstadt.
Der schwärmerische junge Adlige Ferdinand von Walter und die tugendhafte Bürgertochter Louise Miller haben sich ineinander verliebt, obwohl sie unterschiedlichen Gesellschaftssphären angehören.

Personen

Präsident von Walter, *am Hof eines deutschen Fürsten.*
Ferdinand, *sein Sohn, Major.*
Hofmarschall von Kalb.
Lady Milford, *Favoritin des Fürsten.*
Wurm, *Haussekretär des Präsidenten.*
Miller, *Stadtmusikant, oder wie man sie an einigen Orten nennt, Kunstpfeifer.*
Dessen Frau.
Louise, *dessen Tochter.*
Sophie, *Kammerjungfer der Lady.*
Ein Kammerdiener des Fürsten.
Verschiedene Nebenpersonen

Lektüretipp
Friedrich Schiller. Kabale und Liebe. Braunschweig: Schroedel Verlag 2017 (Reihe Schroedel Lektüren; mit Wort- und Sacherläuterungen und acht Seiten zu Schillers Leben und Werk)

Favoritin begünstigte Hofdame, Geliebte des Fürsten

Erster Akt. Erste Szene

Zimmer beim Musikus.
MILLER steht eben vom Sessel auf, und stellt sein Violoncell auf die Seite. An einem Tisch sitzt FRAU MILLERIN noch im Nachtgewand, und trinkt ihren Kaffee.

MILLER *schnell auf und abgehend.* Einmal für allemal. Der Handel[1] wird ernsthaft. Meine Tochter kommt mit dem Baron ins Geschrei. Mein Haus wird verrufen. Der Präsident bekommt Wind, und – kurz und gut, ich biete[2] dem Junker[3] aus. 5

Norman Hacker als Miller und Anna Steffens als dessen Frau in Michael Thalheimers Inszenierung am Thalia Theater Hamburg aus dem Jahre 2002

---
1 *Handel* (unangenehme) Angelegenheit
2 *ich biete dem Junker aus* ich verbiete dem Junker den Zutritt zu meinem Haus
3 *Junker* im 18. Jahrhundert: Sohn eines adligen Herrn

FRAU. Du hast ihn nicht in dein Haus geschwatzt – hast ihm deine Tochter nicht nachgeworfen.

MILLER. Hab ihn nicht in mein Haus geschwatzt – hab ihm's Mädel nicht nachgeworfen; wer nimmt Notiz davon? – Ich war Herr im Haus. Ich hätt meine Tochter mehr koram nehmen[4] sollen. Ich hätt dem Major besser auftrumpfen[5] sollen – oder hätt gleich alles Seiner Exzellenz dem Herrn Papa stecken[6] sollen. Der junge Baron bringt's mit einem Wischer hinaus[7], das muss ich wissen, und alles Wetter[8] kommt über den Geiger.

FRAU *schlürft eine Tasse aus.* Possen[9]! Geschwätz! Was kann über dich kommen? Wer kann dir was anhaben? Du gehst deiner Profession[10] nach, und raffst Scholaren[11] zusammen, wo sie zu kriegen sind.

MILLER. Aber, sag mir doch, was wird bei dem ganzen Kommerz[12] auch herauskommen? – Nehmen[13] kann er das Mädel nicht – Vom Nehmen ist gar die Rede nicht, und zu einer dass Gott erbarm? – Guten Morgen! – Gelt[14], wenn so ein Musje von[15], sich da und dort, und dort und hier schon herumbeholfen[16] hat, wenn er, der Henker weiß was als[17]? gelös't[18] hat, schmeckt's meinem guten Schlucker[19] freilich, einmal auf süß Wasser[20] zu graben. Gib du acht! gib du acht! und wenn du aus jedem Astloch ein Auge strecktest, und vor jedem Blutstropfen Schildwache[21] ständest, er wird sie, dir auf der Nase[22], beschwatzen, dem Mädel eins hinsetzen[23], und führt sich ab[24], und das Mädel ist verschimpfiert[25] auf ihr Lebenlang, bleibt sitzen, oder hat's Handwerk verschmeckt[26], treibt's fort. *Die Faust vor die Stirn.* Jesus Christus!

FRAU. Gott behüt uns in Gnaden!

MILLER. Es hat sich zu behüten. Worauf kann so ein Windfuß[27] wohl sonst sein Absehen[28] richten? – Das Mädel ist schön – schlank – führt seinen netten Fuß[29]. Unterm Dach[30] mag's aussehen, wie's will. Darüber kuckt man bei euch Weibsleuten weg, wenn's nur der liebe Gott parterre[31] nicht hat fehlen lassen – Stöbert mein Springinsfeld[32] erst noch dieses Kapitel aus – heh da! geht ihm ein Licht auf, wie meinem Rodney[33], wenn er die Witterung eines Franzosen kriegt, und nun müssen alle Segel dran, und drauf los, und –

---

4 *koram nehmen* (von lat. ›coram‹: ›öffentlich‹) zur Rede stellen, zurechtweisen
5 *auftrumpfen* deutlich die Meinung sagen
6 *stecken* ›zustecken‹, verraten
7 *bringt's mit einem Wischer hinaus* bringt es mit einem Verweis hinter sich, kommt mit einem blauen Auge davon
8 *Wetter* hier: Unwetter im Sinne von Unglück
9 *Possen* Unfug, Unsinn
10 *Profession* Beruf
11 *Scholaren* (lat.) Schüler; hier: Millers Musikschüler
12 *Kommerz* Handel, Umgang, Verkehr
13 *Nehmen* hier: heiraten, zur Frau nehmen
14 *Gelt* nicht wahr, gell (süddeutsch)
15 *ein Musje von* ein Herr von, ein adliger Herr. ›Musje‹ ist eine Verballhornung des französischen Wortes ›Monsieur‹ (›Herr‹).
16 *herumbeholfen* Liebesabenteuer gehabt
17 *als* (schwäbisch) hier: alles
18 *gelös't* hier: eingehandelt
19 *guten Schlucker* eifrigen Konsumenten; gemeint ist Ferdinand
20 *süß Wasser* frisches, klares Wasser; Anspielung auf Louises Reinheit und Unschuld
21 *Schildwache* mittelalterlicher Ausdruck für Wache in voller Rüstung (mit Schild)
22 *auf der Nase* direkt vor den Augen
23 *dem Mädel eins hinsetzen* das Mädchen schwängern
24 *führt sich ab* macht sich aus dem Staub, macht sich davon
25 *verschimpfiert* entehrt, verrufen
26 *hat's Handwerk verschmeckt* hat an der Sache Gefallen gefunden
27 *Windfuß* leichtsinniger, windiger Bursche
28 *Absehen* Absicht
29 *führt seinen netten Fuß* hat einen schönen Gang
30 *Unterm Dach* im ›Oberstübchen‹, im Kopf
31 *parterre* (frz.) zu ebener Erde; hier anzüglich für den Rest des Körpers; gemeint ist: wenn der Körper wohlgeformt ist
32 *Springinsfeld* leichtsinniger Kerl
33 *Rodney* Hund Millers; benannt nach dem englischen Admiral Georges Brydges Rodney (1718–1792), der 1780 und 1782 bedeutende Siege über die französische Flotte errang

ich verdenk's ihm gar nicht[34]. Mensch ist Mensch. Das muss ich wissen.

FRAU. Solltest nur die wunderhübsche Billetter[35] auch lesen, die der gnädige Herr an deine Tochter als[36] schreiben tut. Guter Gott! Da sieht man's ja sonnenklar, wie es ihm pur[37] um ihre schöne Seele zu tun ist.

MILLER. Das ist die rechte Höhe. Auf den Sack schlagt man; den Esel meint man. Wer einen Gruß an das liebe Fleisch zu bestellen hat, darf nur das gute Herz Boten gehen lassen. Wie hab ich's gemacht? Hat man's nur erst so weit im Reinen, dass die Gemüter topp machen[38], wutsch! nehmen die Körper ein Exempel[39]; das Gesind[40] macht's der Herrschaft nach und der silberne Mond[41] ist am End nur der Kuppler[42] gewesen.

FRAU. Sieh doch nur erst die prächtigen Bücher an, die der Herr Major ins Haus geschafft haben. Deine Tochter betet auch immer draus.

MILLER *pfeift*. Hui da! Betet! Du hast den Witz davon.[43] Die rohe Kraftbrühen der Natur[44] sind Ihro Gnaden zartem Makronenmagen[45] noch zu hart. – Er muss sie erst in der höllischen Pestilenzküche[46] der Bellatristen[47] künstlich aufkochen lassen. Ins Feuer mit dem Quark. Da saugt mir das Mädel – weiß Gott was als für[48]? – überhimmlische Alfanzereien[49] ein, das läuft dann wie spanische Mucken[50] ins Blut und wirft mir die Handvoll Christentum noch gar auseinander, die der Vater mit knapper Not so so noch[51] zusammenhielt. Ins Feuer sag ich. Das Mädel setzt sich alles Teufelsgezeug[52] in den Kopf; über all dem Herumschwänzen in der Schlaraffenwelt[53] findet's zuletzt seine Heimat nicht mehr, vergisst, schämt sich, dass sein Vater Miller der Geiger ist, und verschlägt mir[54] am End einen wackern ehrbaren Schwiegersohn, der sich so warm in meine Kundschaft hineingesetzt hätte – – Nein! Gott verdamm mich. *Er springt auf, hitzig.* Gleich muss die Pastete auf den Herd[55], und dem Major – ja ja dem Major will ich weisen, wo Meister Zimmermann das Loch[56] gemacht hat. *Er will fort.*

FRAU. Sei artig Miller. Wie manchen schönen Groschen[57] haben uns nur die Präsenter[58] – –

MILLER *kommt zurück und bleibt vor ihr stehen.* Das Blutgeld[59] meiner Tochter? – Schier

---

34 *ich verdenk's ihm gar nicht* ich nehme es ihm gar nicht übel
35 *Billetter* Eindeutschung aus dem Französischen: kleine Briefe, Liebesbriefchen
36 *als* (schwäbisch) hier: immer
37 *pur* (lat.) rein; gemeint ist: ausschließlich, einzig und allein
38 *topp machen* sich einigen, einwilligen, einverstanden sind
39 *nehmen die Körper ein Exempel* nehmen sich die Körper daran ein Beispiel
40 *das Gesind* die Dienerschaft
41 *der silberne Mond* Anspielung auf die Liebeslyrik der Empfindsamkeit
42 *Kuppler* »eine Person, welche eine unerlaubte fleischliche Vermischung zwischen Personen zweierlei Geschlechtes zu stiften sucht« (Johann Christoph Adelung: Grammatisch-kritisches Wörterbuch der Hochdeutschen Mundart, 1774–1786)
43 *Du hast den Witz davon.* ironisch: Du hast es erfasst.
44 *rohe Kraftbrühen der Natur* Gemeint ist Louises natürliches, unverfälschtes Wesen.
45 *Makronenmagen* Magen, der nur an ausgefallene bzw. besondere Speisen gewöhnt ist
46 *Pestilenzküche* Pestküche
47 *Bellatristen* (frz.) eigentl. ›Belletristen‹; hier: Verfasser von schöngeistiger Literatur bzw. Unterhaltungsliteratur
48 *als für* hier: alles für
49 *Alfanzereien* Albernheiten, Dummheiten, Truggebilde
50 *spanische Mucken* spanische Fliegen; damals als sexuelles Reizmittel verwendet
51 *so so noch* gerade noch so, einigermaßen
52 *Teufelsgezeug* Teufelszeug
53 *Schlaraffenwelt* Schlaraffenland; Ort aus dem Märchen, in dem alles im Überfluss vorhanden ist
54 *verschlägt mir … einen* vertreibt mir einen, bringt mich um einen
55 *Gleich muss die Pastete auf den Herd* Die Sache muss sofort erledigt werden
56 *das Loch* hier: die Tür
57 *Groschen* deutsche Silbermünze von geringem Wert
58 *Präsenter* Geschenke
59 *Blutgeld* Sühnegeld, das der Täter an die Familie seines Opfers zahlt, damit sie darauf verzichtet, Blutrache an ihm zu üben; hier eine Anspielung auf die mögliche Entjungferung der Tochter

dich[60] zum Satan infame[61] Kupplerin! – Eh[62] will ich mit meiner Geig' auf den Bettel herumziehen[63], und das Konzert um was Warmes[64] geben – eh will ich mein Violoncello zerschlagen, und Mist im Sonanzboden[65] führen, eh ich mir's schmecken lass von dem Geld, das mein einziges Kind mit Seel und Seligkeit abverdient. – Stell den vermaledeiten[66] Kaffee ein, und das Tobakschnupfen[67], so brauchst du deiner Tochter Gesicht nicht zu Markt zu treiben. Ich hab mich satt gefressen, und immer ein gutes Hemd auf dem Leib gehabt, eh so ein vertrackter[68] Tausendsassa[69] in meine Stube geschmeckt hat[70].

---

60 *Schier dich* Scher dich
61 *infame* ehrlose
62 *Eh* Eher
63 *auf den Bettel herumziehen* betteln gehen
64 *was Warmes* eine warme Mahlzeit
65 *Sonanzboden* Resonanzboden (hier: des Cellos)
66 *vermaledeiten* verfluchten, verwünschten
67 *Kaffee … Tobakschnupfen* Kaffee und Tabak waren im 18. Jahrhundert hoch besteuerte Luxusgüter.
68 *vertrackter* hier: verfluchter
69 *Tausendsassa* vielseitig begabter und wohl auch etwas leichtfertiger Mensch; hier im Sinne von: Schwerenöter, Frauenheld
70 *geschmeckt hat* (schwäbisch) eingedrungen ist

FRAU. Nur nicht gleich mit der Tür ins Haus. Wie du doch den Augenblick in Feuer und Flammen stehst! Ich sprech ja nur, man müss den Herrn Major nicht disguschtüren[71], weil Sie des Präsidenten Sohn sind.

MILLER. Da liegt der Has im Pfeffer. Darum, just eben darum, muss die Sach noch heut auseinander[72]. Der Präsident muss es mir Dank wissen, wenn er ein rechtschaffener Vater ist – Du wirst mir meinen roten plüschenen Rock[73] ausbürsten, und ich werde mich bei Seiner Exzellenz anmelden lassen. Ich werde sprechen zu Seiner Exzellenz: Dero Herr Sohn haben ein Aug auf meine Tochter; meine Tochter ist zu schlecht[74] zu Dero Herrn Sohnes Frau, aber zu Dero Herrn Sohnes Hure ist meine Tochter zu kostbar, und damit basta[75]! – Ich heiße Miller.

---

71 *disguschtüren* schwäbische Verballhornung von ›disgustieren‹ (vgl. frz. ›dégoûter‹: ›ablehnen, abstoßen‹); hier: vor den Kopf stoßen
72 *die Sach … auseinander* das Verhältnis … beendet werden
73 *plüschenen Rock* aus Wollsamt gefertigter Gehrock
74 *schlecht* schlicht, einfach
75 *basta* (italien./span.) es ist genug

---

1. Lest die Szene zunächst still und anschließend mit verteilten Rollen.
2. Stelle fest, welcher wesentliche Konflikt der Dramenhandlung in dieser Szene bereits angedeutet wird.
3. Charakterisiere Miller und seine Frau, indem du ihre unterschiedlichen Einstellungen zum angedeuteten Konflikt herausarbeitest.

Eine literarische Figurencharakterisierung
- Einleitungssatz
- Figur beschreiben: Erscheinungsbild (z. B. Gestalt, Gesicht)
- Figur charakterisieren: Wesensmerkmale, Verhaltens- und Denkweisen (z. B. Charakter oder Typ, Handlungen, Motive, Auffassungen)
- Sprechweise (z. B. Wortwahl, Sprechhandlungen)
- Textbelege geben/ zitieren
- Tempus: Präsens

Arbeitsheft → S. 62–64

Eine Figurencharakterisierung verfassen → S. 265

Mit gnädigster Erlaubniß
Eines Hochedlen und Hochweisen Magistrats
der Kaiserl. Freyen Reichs- Wahl- und Handels-Stadt Frankfurt am Mayn
wird heute Montags den 3. May 1784.
von der Großmännischen Schauspieler-Gesellschaft
aufgeführt werden:
Kabale und Liebe.
Ein bürgerliches Trauer-Spiel, in fünf Aufzügen; von Friederich Schiller.

Theaterzettel der zweiten Aufführung von „Kabale und Liebe" am 3. Mai 1784 in Frankfurt a. M. (Ausschnitt)

Auch Wurm, der Sekretär des Präsidenten, liebt Louise und möchte sie heiraten. Jedoch wird er von Miller und seiner Frau als Schwiegersohn abgelehnt. Daraufhin klärt er den Präsidenten von Walter über die Beziehung von Ferdinand zu Louise auf. Der Präsident, der Wurms Motive durchschaut, fordert diesen auf, ihm dabei zu helfen, das unstandesgemäße Liebesverhältnis seines Sohns zu zerstören, und verspricht Wurm im Gegenzug, ihm dabei behilflich zu sein, Louise zur Frau zu gewinnen.

Auch den Hofmarschall von Kalb, einen albern-wichtigtuerischen Höfling, spannt der Präsident für seine Zwecke ein. Von Kalb soll den Plan des Präsidenten, Ferdinand mit Lady Milford zu verheiraten, überall in der Residenzstadt als vollendete Tatsache ausstreuen. Zudem soll er der Lady mitteilen, dass sich Ferdinand um ihre Hand bewerben werde. Lady Milford ist die bisherige Mätresse des Fürsten, die vor dessen anstehender Vermählung anderweitig versorgt werden muss. Der Präsident will, indem er dem Fürsten diesen Gefallen erweist, seinen eigenen Einfluss festigen und Ferdinand die Möglichkeit einer glänzenden Karriere bei Hofe eröffnen.

Erster Akt. Siebente Szene

Beim Präsidenten.
FERDINAND. PRÄSIDENT. WURM,
der gleich abgeht.

FERDINAND. Sie haben befohlen, gnädiger Herr Vater –
PRÄSIDENT. Leider muss ich das, wenn ich meines Sohns einmal froh werden will – Lass Er uns allein, Wurm. – Ferdinand, ich beobachte dich schon eine Zeit lang, und finde die offene rasche Jugend nicht mehr, die mich sonst so entzückt hat. Ein seltsamer Gram brütet auf deinem Gesicht – Du fliehst mich – Du fliehst deine Zirkel¹ – Pfui! – Deinen Jahren verzeiht man zehn Ausschweifungen vor einer einzigen Grille². Überlass diese mir, lieber Sohn. Mich lass an deinem Glück arbeiten, und denke auf nichts, als³ in mein Entwürfe zu spielen⁴. – Komm! Umarme mich Ferdinand.

FERDINAND. Sie sind heute sehr gnädig mein Vater.
PRÄSIDENT. Heute du Schalk⁵ – und dieses Heute noch mit der herben Grimasse? *Ernsthaft.* Ferdinand! – Wem zulieb hab ich die gefährliche Bahn zum Herzen des Fürsten betreten? Wem zulieb bin ich auf ewig mit meinem Gewissen und dem Himmel zerfallen? – Höre Ferdinand – (Ich spreche mit meinem Sohn) – Wem hab ich durch die Hinwegräumung meines Vorgängers Platz gemacht – eine Geschichte, die desto blutiger in mein Inwendiges schneidet, je sorgfältiger ich das Messer der Welt verberge. Höre. Sage mir Ferdinand: Wem tat ich dies alles?
FERDINAND *tritt mit Schrecken zurück.* Doch mir nicht mein Vater? Doch auf mich soll der blutige Widerschein dieses Frevels nicht fallen? Beim allmächtigen Gott! Es ist besser, gar nicht geboren sein, als dieser Missetat zur Ausrede dienen.
PRÄSIDENT. Was war das? Was? Doch! ich will es dem Romanenkopfe⁶ zuthalten – Ferdinand – ich will mich nicht erhitzen vorlauter

---
1 *Zirkel* hier: gesellschaftlichen Kreise
2 *Grille* Laune, wunderlicher Einfall
3 *denke auf nichts, als* mach es dir zur Pflicht; kümmere dich um nichts, als
4 *in meine Entwürfe zu spielen* meine Pläne durch dein Verhalten zu unterstützen

5 *Schalk* Schelm, Witzbold
6 *Romanenkopfe* Phantast

Knabe – Lohnst du mir also für⁷ meine schlaflosen Nächte? A l s o für meine rastlose Sorge? A l s o für den ewigen Skorpion⁸ meines Gewissens? – Auf mich fällt die Last der Verantwortung – auf mich der Fluch, der Donner des Richters – Du empfängst dein Glück von der zweiten Hand – das Verbrechen klebt nicht am Erbe.

FERDINAND *streckt die rechte Hand gen Himmel.* Feierlich entsag ich hier einem Erbe, das mich nur an einen abscheulichen Vater erinnert.

PRÄSIDENT. Höre junger Mensch, bringe mich nicht auf. – Wenn es nach deinem Kopfe ginge, Du kröchest dein Leben lang im Staube.

FERDINAND. O, immer noch besser, Vater, als ich kröch um den Thron herum.

PRÄSIDENT *verbeißt seinen Zorn.* Hum! – Zwingen muss man dich, dein Glück zu erkennen. Wo zehn andre mit aller Anstrengung nicht hinaufklimmen, wirst du spielend, im Schlafe gehoben. Du bist im zwölften Jahre Fähndrich⁹. Im zwanzigsten Major. Ich hab es durchgesetzt beim Fürsten. Du wirst die Uniform ausziehen, und in das Ministerium eintreten. Der Fürst sprach vom Geheimen Rat¹⁰ – Gesandtschaften – außerordentlichen Gnaden. Eine herrliche Aussicht dehnt sich vor dir. – Die ebene Straße zunächst nach dem Throne¹¹ – zum Throne selbst, wenn anders¹² die Gewalt so viel wert ist, als ihre Zeichen – das begeistert dich nicht?

FERDINAND. Weil meine Begriffe von Größe und Glück nicht ganz die Ihrigen sind – I h r e

Hansjürgen Hürrig als Präsident von Walter und Tilo Werner als sein Sohn Ferdinand in Günther Gerstners Inszenierung am Berliner Maxim-Gorki-Theater aus dem Jahre 1996

Glückseligkeit macht sich nur selten anders als durch Verderben bekannt. Neid, Furcht, Verwünschung sind die traurigen Spiegel, worin sich die Hoheit eines Herrschers belächelt. – Tränen, Flüche, Verzweiflung die entsetzliche Mahlzeit, woran diese gepriesenen Glücklichen schwelgen, von der sie betrunken aufstehen, und so in die Ewigkeit vor den Thron Gottes taumeln – Mein Ideal von Glück zieht sich genügsamer in mich selbst zurück. In meinem H e r z e n liegen alle meine Wünsche begraben. –

PRÄSIDENT. Meisterhaft! Unverbesserlich! Herrlich! Nach dreißig Jahren die erste Vorlesung wieder! – Schade nur, dass mein fünfzigjähriger Kopf zu zäh für das Lernen ist! – Doch – dies seltne Talent nicht einrosten zu lassen, will ich dir jemand an die Seite geben, bei dem du dich in dieser buntscheckigen Tollheit nach Wunsch exerzieren¹³ kannst. – Du wirst dich entschließen – noch heute entschließen – eine Frau zu nehmen.

FERDINAND *tritt bestürzt zurück.* Mein Vater?

PRÄSIDENT. Ohne Komplimente¹⁴ – Ich habe der Lady Milford in d e i n e m Namen eine Karte geschickt. Du wirst dich ohne Aufschub bequemen, dahin zu gehen, und ihr zu sagen, dass du ihr Bräutigam bist.

---

7 *also für* so
8 *Skorpion* hier im übertragenen Sinn für: Stachel
9 *Fähndrich* Fähnrich, jüngster Offizier einer Infanteriekompanie
10 *Geheimen Rat* Ein Geheimer Rat war Mitglied des fürstlichen Beraterkreises, der ebenfalls diesen Namen trug.
11 *zunächst nach dem Throne* nahe an den Thron
12 *wenn anders* wenn denn, insofern

13 *exerzieren* (aus)bilden, üben
14 *Komplimente* (konventionelle) Höflichkeitsbezeigungen

FERDINAND. Der Milford mein Vater?

PRÄSIDENT. Wenn sie dir bekannt ist –

FERDINAND *außer Fassung*. Welcher Schandsäule[15] im Herzogtum ist sie das nicht! – Aber ich bin wohl lächerlich[16], lieber Vater, dass ich Ihre Laune für Ernst aufnehme? Würden Sie Vater zu dem Schurken Sohne sein wollen, der eine privilegierte Buhlerin[17] heuratete?

PRÄSIDENT. Noch mehr. Ich würde selbst um sie werben, wenn sie einen Fünfziger möchte – Würdest du zu dem Schurken Vater nicht Sohn sein wollen?

FERDINAND. Nein! So wahr Gott lebt!

PRÄSIDENT. Eine Frechheit, bei meiner Ehre! die ich ihrer Seltenheit wegen vergebe –

FERDINAND. Ich bitte Sie Vater! lassen Sie mich nicht länger in einer Vermutung, wo es mir unerträglich wird, mich Ihren Sohn zu nennen.

PRÄSIDENT. Junge bist du toll? Welcher Mensch von Vernunft würde nicht nach der Distinktion geizen[18], mit seinem Landesherrn an einem dritten Orte zu wechseln[19]?

FERDINAND. Sie werden mir zum Rätsel mein Vater. Distinktion nennen Sie es – Distinktion, da mit dem Fürsten zu teilen, wo er auch unter den Menschen hinunterkriecht[20]?

PRÄSIDENT *schlägt ein Gelächter auf*.[21]

FERDINAND. Sie können lachen – und ich will über das hinweggehen Vater. Mit welchem Gesicht soll ich vor den schlechtesten Handwerker treten, der mit seiner Frau wenigstens doch eine[n] ganzen Körper zum Mitgift[22] bekommt? Mit welchem Gesicht vor die Welt? Vor den Fürsten? Mit welchem vor die Buhlerin selbst, die den Brandflecken ihrer Ehre in meiner Schande auswaschen würde?

PRÄSIDENT. Wo in aller Welt bringst du das Maul her, Junge?

FERDINAND. Ich beschwöre Sie bei Himmel und Erde! Vater, Sie können durch diese Hinwerfung Ihres einzigen Sohnes so glücklich nicht werden, als Sie ihn unglücklich machen. Ich gebe Ihnen mein Leben, wenn das Sie steigen machen kann[23]. Mein Leben hab ich von Ihnen, ich werde keinen Augenblick anstehen, es ganz Ihrer Größe zu opfern. – Meine Ehre, Vater – wenn Sie mir diese nehmen, so war es ein leichtfertiges Schelmenstück mir das Leben zu geben, und ich muss den Vater wie den Kuppler verfluchen.

PRÄSIDENT *freundlich, indem er ihn auf die Achsel*[24] *klopft*. Brav, lieber Sohn. Jetzt seh ich, dass du ein ganzer Kerl bist, und der besten Frau im Herzogtum würdig. – Sie soll dir werden – Noch diesen Mittag wirst du dich mit der Gräfin von Ostheim verloben.

FERDINAND *aufs Neue betreten*. Ist diese Stunde bestimmt, mich ganz zu zerschmettern?

PRÄSIDENT *einen laurenden*[25] *Blick auf ihn werfend*. Wo doch hoffentlich deine Ehre nichts einwenden wird?

FERDINAND. Nein mein Vater. Friederike von Ostheim könnte jeden andern zum Glücklichsten machen. *Vor sich*[26], *in höchster Verwirrung*. Was seine Bosheit an meinem Herzen noch ganz ließ, zerreißt seine Güte.

PRÄSIDENT *noch immer kein Aug von ihm wen-*

---

15 *Schandsäule* Pranger, Schandpfahl, an dem Übeltäter wegen unmoralischen Verhaltens öffentlich zur Schau gestellt wurden
16 *lächerlich* wert, ausgelacht zu werden
17 *privilegierte Buhlerin* begünstigte Dirne
18 *nach der Distinktion geizen* nach der Auszeichnung streben
19 *an einem dritten Orte zu wechseln* die Geliebte zu teilen; sexuelle Anspielung
20 *unter den Menschen hinunterkriecht* seinen (tierischen) Trieben folgt
21 *schlägt ein Gelächter auf* fängt lauthals zu lachen an
22 *zum Mitgift* als Mitgift, Aussteuer der Braut
23 *Sie steigen machen kann* Ihren Aufstieg befördern kann
24 *Achsel* gemeint ist: Schulter
25 *laurenden* lauernden
26 *Vor sich* Für sich (ohne dass es der andere hören kann)

dend. Ich warte auf deine Dankbarkeit, Ferdinand –

FERDINAND *stürzt auf ihn zu und küsst ihm feurig die Hand.* Vater! Ihre Gnade entflammt meine ganze Empfindung – Vater! meinen heißesten Dank für Ihre herzliche Meinung – Ihre Wahl ist untadelhaft – aber – ich kann – ich darf – Bedauern Sie mich – Ich kann die Gräfin nicht lieben.

PRÄSIDENT *tritt einen Schritt zurück.* Holla! Jetzt hab ich den jungen Herrn. Also in diese Falle ging er, der listige Heuchler – Also es war nicht die Ehre, die dir die Lady verbot? – Es war nicht die P e r s o n sondern die H e u r a t die du verabscheutest? –

FERDINAND *steht zuerst wie versteinert, dann fährt er auf, und will fortrennen.*

PRÄSIDENT. Wohin? Halt! Ist das der Respekt den du mir schuldig bist? *Der Major kehrt zurück.* Du bist bei der Lady gemeldet. Der Fürst hat mein Wort. Stadt und Hof wissen es richtig[27]. – Wenn du mich zum Lügner machst, Junge – vor dem Fürsten – der Lady – der Stadt – dem Hof mich zum Lügner machst – Höre Junge – oder wenn ich hinter gewisse Historien[28] komme! – Halt! Holla! Was bläst so auf einmal das Feuer in deinen Wangen aus?

FERDINAND *schneeblass und zitternd.* Wie? Was? Es ist gewiss nichts, mein Vater!

---

27 *wissen es richtig* sind darüber als über etwas informiert, an dem nicht mehr zu rütteln ist
28 *Historien* (Liebes-)Geschichten

PRÄSIDENT *einen fürchterlichen Blick auf ihn heftend.* Und wenn es was ist – und wenn ich die Spur finden sollte, woher diese Widersetzlichkeit stammt? – – Ha Junge! der bloße Verdacht schon bringt mich zum Rasen. Geh den Augenblick. Die Wachparade[29] fängt an. Du wirst bei der Lady sein, sobald die Parole[30] gegeben ist – Wenn ich auftrete, zittert ein Herzogtum. Lass doch sehen, ob mich ein Starrkopf von Sohn meistert[31]. *Er geht und kommt noch einmal wieder.* Junge, ich sage dir, du wirst dort sein, oder fliehe meinen Zorn. *Er geht ab.*

FERDINAND *erwacht aus einer dumpfen Betäubung.* Ist er weg? War das eines Vaters Stimme? – Ja! ich will zu ihr – will hin – will ihr Dinge sagen, will ihr einen Spiegel vorhalten – Nichtswürdige! und wenn du auch noch dann meine Hand verlangst – Im Angesicht des versammelten Adels, des Militärs und des Volks – Umgürte dich mit dem ganzen Stolz deines Englands – Ich verwerfe dich – ein teutscher Jüngling! *Er eilt hinaus.*

---

29 *Wachparade* zeremonieller Aufzug der Wache vor dem Schloss
30 *Parole* (frz.) Wort, Spruch; hier: Kennwort, das jeden Tag neu ausgegeben wird, um die Wache passieren zu können
31 *mich ... meistert* über meinen Willen triumphiert

---

1. Stelle einen Bezug zwischen der Szene und dem Titel des Dramas her.
2. Analysiere die Szene, indem du die unterschiedlichen Lebensauffassungen von Vater und Sohn herausarbeitest.
3. Erkläre, welche für die Epoche des Sturm und Drang kennzeichnenden Themen und Konfliktlinien in den bisherigen Szenen anklingen.

Methode

Einen Dialog analysieren
Achte bei der **Analyse eines Dialoges** auf folgende Fragen und beantworte sie:
Inhalt
▸ *Worum* geht es in dem Dialog?
▸ *Wer* sagt was?
▸ *Wie* sagt er/sie es?
▸ Welche *Absicht* verbindet er/sie mit dem Gesagten?
▸ Sind die Sprecher *ehrlich* zueinander?
Deutung/Interpretation
▸ Was sagt der Dialog über den *Charakter* der Figuren aus?
▸ Was sagt er über die *Beziehung* der Figuren aus?
▸ Welche *Weichen* werden durch den Dialog für den weiteren Verlauf der Handlung gestellt?

Arbeitsheft → S. 65–67
Einen Dialog analysieren
→ S. 264 N

Kalte Pflicht gegen feurige Liebe?

Im zweiten Akt erklärt Ferdinand der Lady beleidigend deutlich, dass er eine Verbindung mit ihr, der Bettgespielin des Fürsten, ablehnt. Lady Milford klärt Ferdinand daraufhin über ihre Herkunft aus dem hohem englischen Adel und ihr unglückliches Schicksal auf. Ihren Einfluss auf den Fürsten hat sie benutzt, um das Leben seiner Untertanen zu erleichtern. Sie gesteht Ferdinand auch ihre Liebe zu ihm. Ferdinand ist gerührt und beschämt. Jedoch könne er sie nicht heiraten, da er ein bürgerliches Mädchen liebe. Um ihre Ehre zu bewahren, besteht Lady Milford dennoch auf der Heirat, da diese bereits allgemein bekannt gemacht worden sei. Nach diesem Gespräch eilt Ferdinand zu den Millers, die inzwischen sehr beunruhigt sind, da sie zu Recht befürchten, dass Wurm nach seiner Abweisung Übles gegen sie im Schilde führt. Ferdinand gibt sich allerdings entschlossen, Louise und ihre Familie vor allen höfischen Intrigen zu schützen. Die Situation spitzt sich zu, als der Präsident mit Gefolge im Hause Millers erscheint und Louise in grober Weise über ihr Verhältnis zu seinem Sohn befragt. Als er sie als „Hure" beschimpft, verliert Louise die Fassung. Obwohl Miller große Angst hat, tritt er dem Präsidenten mutig entgegen. Er fordert ihn auf, sein Haus zu verlassen, woraufhin dieser ankündigt, er werde die ganze Familie ins Unglück stürzen. Während der aufgeregten Auseinandersetzung fordert der Präsident seine Häscher auf, Louise festzunehmen, und legt schließlich selbst Hand an sie. Erst aufgrund von Ferdinands Drohung, die früheren kriminellen Machenschaften seines Vaters öffentlich zu machen, lässt der Präsident von Louise ab.

Claudia Eisinger als Louise, Ole Lagerpusch als Ferdinand und Ulrich Matthes als Präsident von Walter in Stephan Kimmigs Inszenierung von „Kabale und Liebe" am Deutschen Theater Berlin aus dem Jahre 2010

Dritter Akt. Vierte Szene

Zimmer in Millers Wohnung.
LOUISE *und* FERDINAND.

LOUISE. Ich bitte dich, höre auf. Ich glaube an keine glückliche Tage mehr. Alle meine Hoffnungen sind gesunken.
FERDINAND. So sind die meinigen gestiegen. Mein Vater ist aufgereizt. Mein Vater wird alle Geschütze gegen uns richten. Er wird mich zwingen, den unmenschlichen Sohn zu machen. Ich stehe nicht mehr für[1] meine kindliche Pflicht. Wut und Verzweiflung werden mir das schwarze Geheimnis seiner Mordtat erpressen. Der Sohn wird den Vater in die Hände des Henkers liefern – Es ist die

---
[1] *Ich stehe nicht mehr für* Ich fühle mich nicht mehr gebunden an

höchste Gefahr – – und die höchste Gefahr musste da sein, wenn meine Liebe den Riesensprung wagen sollte. – – Höre Louise – ein Gedanke, groß und vermessen wie meine Leidenschaft drängt sich vor meine Seele – Du Louise und ich und die Liebe! – Liegt nicht in diesem Zirkel der ganze Himmel? oder brauchst du noch etwas Viertes dazu?

LOUISE. Brich ab. Nichts mehr. Ich erblasse über das, was du sagen willst.

FERDINAND. Haben wir an die Welt keine Foderung mehr, warum denn[2] ihren Beifall erbetteln? Warum wagen, wo nichts gewonnen wird und alles verloren werden kann? – Wird dieses Aug nicht ebenso schmelzend funkeln, ob es im Rhein oder in der Elbe sich spiegelt oder im Baltischen Meer[3]? Mein Vaterland ist, wo mich Louise liebt. Deine Fußtapfe in wilden sandigten Wüsten mir interessanter, als das Münster[4] in meiner Heimat – Werden wir die Pracht der Städte vermissen? Wo wir sein mögen, Louise, geht eine Sonne auf, eine unter – Schauspiele, neben welchen der üppigste Schwung der Künste verblasst. Werden wir Gott in keinem Tempel mehr dienen, so ziehet die Nacht mit begeisternden Schauern auf, der wechselnde Mond predigt uns Buße, und eine andächtige Kirche[5] von Sternen betet mit uns. Werden wir uns in Gesprächen der Liebe erschöpfen? – Ein Lächeln meiner Louise ist Stoff für Jahrhunderte, und der Traum des Lebens ist aus, bis ich diese Träne ergründe.

LOUISE. Und hättest du sonst keine Pflicht mehr, als deine Liebe?

FERDINAND *sie umarmend.* Deine Ruhe ist meine heiligste.

LOUISE *sehr ernsthaft.* So schweig und verlass mich – Ich habe einen Vater, der kein Vermögen hat, als diese einzige Tochter – der morgen sechzig alt wird – der der Rache des Präsidenten gewiss ist. –

FERDINAND *fällt rasch ein.* Der uns begleiten wird. Darum keinen Einwurf mehr, Liebe. Ich gehe, mache meine Kostbarkeiten zu Geld, erhebe Summen auf meinen Vater[6]. Es ist erlaubt einen Räuber zu plündern, und sind seine Schätze nicht Blutgeld des Vaterlands? – Schlag ein Uhr um Mitternacht wird ein Wagen hier anfahren. Ihr werft euch hinein. Wir fliehen.

LOUISE. Und der Fluch deines Vaters uns nach? – ein Fluch Unbesonnener, den auch Mörder nie ohne Erhörung aussprechen, den die Rache des Himmels auch dem Dieb auf dem Rade[7] hält, der uns Flüchtlinge, unbarmherzig, wie ein Gespenst, von Meer zu Meer jagen würde? – Nein mein Geliebter! Wenn nur ein Frevel dich mir erhalten kann, so hab ich noch Stärke, dich zu verlieren.

FERDINAND *steht still und murmelt düster.* Wirklich?

LOUISE. Verlieren! – O ohne Grenzen entsetzlich ist der Gedanke – Grässlich genug, den unsterblichen Geist zu durchbohren, und die glühende Wange der Freude zu bleichen – Ferdinand! dich zu verlieren! – Doch! Man verliert ja nur, was man besessen hat, und dein Herz gehört deinem Stande[8] – Mein Anspruch war Kirchenraub, und schaudernd geb ich ihn auf.

FERDINAND *das Gesicht verzerrt, und an der Unterlippe nagend.* Gibst du ihn auf.

LOUISE. Nein! Sieh mich an lieber Walter. Nicht so bitter die Zähne geknirscht. Komm! Lass mich jetzt deinen sterbenden Mut durch mein

---

2 *denn* dann
3 *Baltischen Meer* Ostsee
4 *Münster* Dom
5 *Kirche* hier: Gemeinde, Gemeinschaft
6 *erhebe Summen auf meinen Vater* leihe auf den Namen meines Vaters Geld
7 *auf dem Rade* grausame Form der Bestrafung, bei der der Verurteilte auf ein Rad gebunden wurde und ihm die Glieder zerschlagen wurden
8 *deinem Stande* gemeint ist der Adelsstand

Beispiel beleben. Lass mich die Heldin dieses Augenblicks sein – einem Vater den entflohenen Sohn wiederschenken – einem Bündnis entsagen, das die Fugen der Bürgerwelt auseinandertreiben, und die allgemeine ewige Ordnung zu Grund stürzen würde – Ich bin die Verbrecherin – mit frechen törichten Wünschen hat sich mein Busen getragen – mein Unglück ist meine S t r a f e, so lass mir doch jetzt die süße schmeichelnde Täuschung, dass es mein Opfer war – Wirst du mir diese Wollust missgönnen?

FERDINAND *hat in der Zerstreuung und Wut eine Violine ergriffen, und auf derselben zu spielen versucht – Jetzt zerreißt er die Saiten, zerschmettert das Instrument auf dem Boden, und bricht in ein lautes Gelächter aus.*

LOUISE. Walter! Gott im Himmel! Was soll das? – Ermanne dich. Fassung verlangt diese Stunde – es ist eine t r e n n e n d e. Du hast ein Herz, lieber Walter. Ich k e n n e es. Warm wie das Leben ist deine Liebe, und ohne Schranken, wie's Unermessliche – Schenke sie einer E d e l n und Würdigern – sie wird die Glücklichsten ihres Geschlechts nicht beneiden – – *Tränen unterdrückend* mich sollst du nicht mehr sehn – Das eitle betrogene Mädchen verweine seinen Gram in einsamen Mauren⁹, um seine Tränen wird sich niemand bekümmern – Leer und erstorben ist meine Zukunft – Doch werd ich noch je und je am verwelkten Strauß der Vergangenheit riechen. *Indem sie ihm mit abgewandten Gesicht ihre zitternde Hand gibt.* Leben Sie wohl Herr von Walter.

FERDINAND *springt aus seiner Betäubung auf.* Ich entfliehe, Louise. Wirst du mir wirklich nicht folgen?

LOUISE *hat sich im Hintergrund des Zimmers niedergesetzt, und hält das Gesicht mit beiden Händen bedeckt.* Meine Pflicht heißt mich bleiben und dulden.

FERDINAND. Schlange, du lügst. Dich fesselt was anders hier.

LOUISE *im Ton des tiefsten inwendigen Leidens.* Bleiben Sie bei dieser Vermutung – sie macht vielleicht weniger elend.

FERDINAND. Kalte Pflicht gegen feurige Liebe! – Und mich soll das Märchen blenden? – Ein Liebhaber fesselt dich, und Weh über dich und ihn, wenn mein Verdacht sich bestätigt. *Geht schnell ab.*

---

9 *in einsamen Mauren* gemeint ist: hinter Klostermauern

Sabin Tambrea als Ferdinand und Antonia Bill als Louise in Claus Peymanns Inszenierung von „Kabale und Liebe" am Berliner Ensemble im Jahre 2013

N Dramatischer Konflikt
→ S. 274 f.

1. Untersuche die jeweilige Sprache der beiden Figuren (Wortwahl, Satzbau, Sprechhandlungen). Zu welchen Schlussfolgerungen gelangst du?
2. Erschließe die Einstellungen, die sich jeweils in der Redeweise der Figuren widerspiegeln.

Ist lieben denn Frevel?

Nachdem Louises Eltern wegen „Verletzung der Majestät in der Person seines Stellvertreters" (III, 6) in Haft genommen worden sind, zwingt Wurm Louise, nach seinem Diktat einen fingierten Liebesbrief an den Hofmarschall von Kalb zu schreiben, in dem sie sich spottend über Ferdinand äußert. Aus Sorge um die Eltern bekräftigt sie gezwungenermaßen in der Kirche mit dem Abendmahl, nicht zu verraten, dass sie genötigt wurde, den Brief zu schreiben. Dieser gelangt in die Hände Ferdinands, der sogleich von ihrer Untreue überzeugt ist. Indessen kommt der freigelassene Miller zurück nach Hause.

Fünfter Akt. Erste Szene

Abends zwischen Licht[1], in einem Zimmer beim Musikanten

LOUISE *sitzt stumm und ohne sich zu rühren in dem finstersten Winkel des Zimmers, den Kopf auf den Arm gesunken. Nach einer großen und tiefen Pause kommt* MILLER *mit einer Handlaterne, leuchtet ängstlich im Zimmer herum, ohne Louisen zu bemerken, dann legt er den Hut auf den Tisch und setzt die Laterne nieder.*

MILLER. Hier ist sie auch nicht. Hier wieder nicht – Durch alle Gassen bin ich gezogen, bei allen Bekannten bin ich gewesen, auf allen Toren[2] hab ich gefragt – Mein Kind hat man nirgends gesehen. *Nach einigem Stillschweigen.* Geduld armer unglücklicher Vater. Warte ab, bis es Morgen wird. Vielleicht kommt deine Einzige dann ans Ufer geschwommen – – Gott! Gott! Wenn ich mein Herz zu abgöttisch an diese Tochter hing? – Die Strafe ist hart. Himmlischer Vater, hart! Ich will nicht murren, himmlischer Vater, aber die Strafe ist hart. *Er wirft sich gramvoll in einen Stuhl.*

LOUISE *spricht aus dem Winkel.* Du tust recht, armer alter Mann! Lerne beizeit noch verlieren.

MILLER *springt auf.* Bist du da mein Kind? Bist du? – Aber warum denn so einsam und ohne Licht?

LOUISE. Ich bin darum doch nicht einsam. Wenn's so recht schwarz wird um mich herum, hab ich meine besten Besuche.

MILLER. Gott bewahre dich! Nur der Gewissenswurm schwärmt mit der Eule.[3] Sünden und böse Geister scheuen das Licht.

LOUISE. Auch die E w i g k e i t Vater, die mit der Seele ohne Gehilfen redet.

MILLER. Kind! Kind! Was für Reden sind das?

LOUISE *steht auf und kommt vorwärts.* Ich hab einen harten Kampf gekämpft. Er weiß es Vater. Gott gab mir Kraft. Der Kampf ist entschieden. Vater! man pflegt unser Geschlecht zart und zerbrechlich zu nennen. Glaub Er das nicht mehr. Vor einer Spinne schütteln wir uns, aber das schwarze Ungeheuer V e r w e s u n g drücken wir im Spaß in die Arme. Dieses zur Nachricht Vater.[4] Seine Louise ist lustig.

MILLER. Höre Tochter! Ich wollte du heultest. Du gefielst mir so besser.

LOUISE. Wie ich ihn überlisten will, Vater! Wie ich den Tyrannen betrügen will! – Die Liebe ist schlauer als die Bosheit und kühner – das hat er nicht gewusst, der Mann mit dem trau-

---

1 *zwischen Licht* in der Dämmerung
2 *auf allen Toren* an allen Stadttoren
3 *Nur der Gewissenswurm schwärmt mit der Eule.* Nur das schlechte Gewissen meldet sich (wie die Eule) bei Nacht.
4 *Dieses zur Nachricht Vater.* Dies zu Seiner Information, Vater.

rigen Stern⁵ – O! sie sind pfiffig, solang sie es nur mit dem Kopf zu tun haben, aber sobald sie mit dem Herzen anbinden, werden die Böswichter dumm – – Mit einem Eid gedachte er seinen Betrug zu versiegeln? Eide, Vater, binden wohl die Lebendigen, im Tode schmilzt auch der Sakramente iesernes Band⁶. Ferdinand wird seine Louise kennen – Will Er mir dies Billett besorgen, Vater? Will Er so gut sein?

MILLER. An Wen, meine Tochter?

LOUISE. Seltsame Frage! Die Unendlichkeit und mein Herz haben miteinander nicht Raum genug für einen einzigen Gedanken an ihn – Wenn⁷ hätt ich denn wohl an sonst jemand schreiben sollen?

MILLER *unruhig.* Höre Louise! Ich erbreche⁸ den Brief.

LOUISE. Wie Er will, Vater – aber Er wird nicht klug daraus werden. Die Buchstaben liegen wie kalte Leichname da, und leben nur Augen der Liebe⁹.

MILLER *liest.* »Du bist verraten, Ferdinand – ein Bubenstück ohne Beispiel zerriss den Bund unsrer Herzen, aber ein schröcklicher Schwur hat meine Zunge gebunden, und dein Vater hat überall seine Horcher gestellt. Doch wenn du Mut hast, Geliebter – ich weiß einen d r i t t e n Ort, wo kein Eidschwur mehr bindet, und wohin ihm kein Horcher geht.« *Miller hält inne, und sieht ihr ernsthaft ins Gesicht.*

LOUISE. Warum sieht Er mich so an? Les Er doch ganz aus, Vater.

MILLER. »Aber Mut genug musst du haben, eine finstre Straße zu wandeln, wo dir nichts leuchtet, als deine Louise und Gott – Ganz nur L i e b e musst du kommen, daheim lassen all deine Hoffnungen, und all deine brausenden Wünsche; nichts kannst du brauchen als dein Herz. Willst du – so brich auf, wenn die Glocke den zwölften Streich¹⁰ tut auf dem Karmeliterturm¹¹. Bangt dir – so durchstreiche das Wort s t a r k vor deinem Geschlechte, denn ein Mädchen hat dich zu Schanden gemacht¹².« *Miller legt das Billett nieder, schaut lange mit einem schmerzlichen starren Blick vor sich hinaus, endlich kehrt er sich gegen sie, und sagt mit leiser gebrochener Stimme.* Und dieser dritte Ort, meine Tochter?

LOUISE. Er kennt ihn nicht, Er kennt ihn wirklich nicht, Vater? – Sonderbar! Der Ort ist zum Finden gemalt. Ferdinand wird ihn finden.

---

5 *der Mann mit dem traurigen Stern* der Präsident mit seinem jämmerlichen Ordensstern auf der Brust
6 *der Sakramente iesernes Band* die beim Abendmahl eingegangene unerbittliche Verpflichtung zu schweigen
7 *Wenn* Wann
8 *erbreche* breche das Siegel (des Briefes) auf
9 *nur Augen der Liebe* nur für die Augen eines Liebenden
10 *Streich* Schlag
11 *Karmeliterturm* Kirchturm der Karmeliterkirche
12 *dich zu Schanden gemacht* dich beschämt, deine Schwäche offenbart

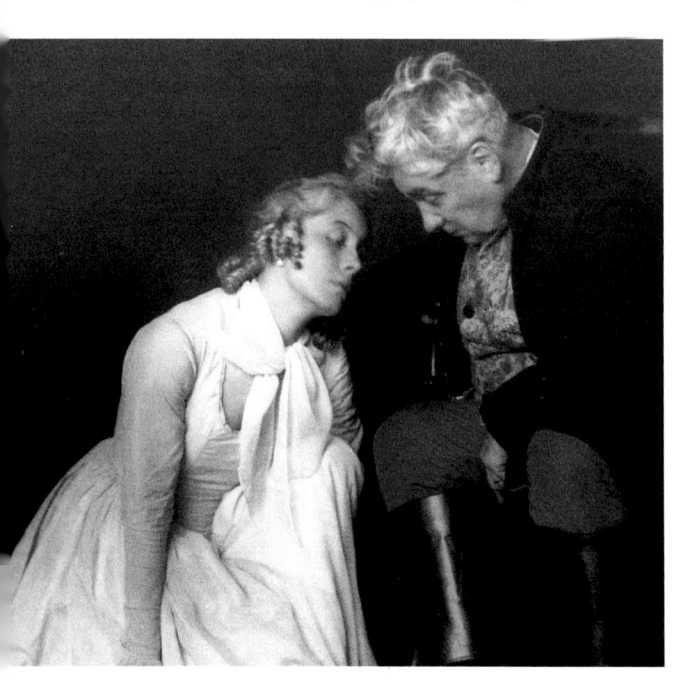

Helene Thimig und Hugo Thimig in einer Inszenierung von „Kabale und Liebe" am Theater in der Josefstadt (Wien) aus dem Jahre 1924

MILLER. Hum! Rede deutlicher.

LOUISE. Ich weiß so eben kein liebliches Wort dafür – Er muss nicht erschrecken Vater, wenn ich Ihm ein hässliches nenne. Dieser Ort – O warum hat die Liebe nicht Namen erfunden! Den schönsten hätte sie diesem gegeben. Der dritte Ort, guter Vater – aber Er muss mich ausreden lassen – Der dritte Ort ist das G r a b.

MILLER *zu einem Sessel hinwankend.* O mein Gott!

LOUISE *geht auf ihn zu und hält ihn.* Nicht doch mein Vater! Das sind nur Schauer, die sich um das Wort herumlagern – Weg mit diesem, und es liegt ein Brautbette da, worüber der Morgen seinen goldenen Teppich breitet, und die Frühlinge ihre bunte Girlanden streun. Nur ein heulender Sünder konnte den Tod ein Gerippe schelten; es ist ein holder niedlicher Knabe, blühend, wie sie den Liebesgott[13] malen, aber so tückisch[14] nicht – ein stiller dienstbarer Genius[15], der der erschöpften Pilgerin Seele den Arm bietet über den Graben der Zeit[16], das Feenschloss der ewigen Herrlichkeit aufschließt, freundlich nickt, und verschwindet.

MILLER. Was hast du vor, meine Tochter? – Du willst eigenmächtig Hand an dich legen.

LOUISE. Nenn Er es nicht so mein Vater. Eine Gesellschaft räumen, wo ich nicht wohlgelitten bin – An einen Ort vorausspringen, den ich nicht länger missen kann – Ist denn das Sünde?

MILLER. Selbstmord ist die abscheulichste mein Kind – die einzige, die man nicht mehr bereuen kann, weil Tod und Missetat zusammenfallen.

LOUISE *bleibt erstarrt stehn.* Entsetzlich! – Aber so rasch wird es doch nicht gehn. Ich will in den Fluss springen, Vater, und im H i n u n t e r s i n k e n Gott den Allmächtigen um Erbarmen bitten.

MILLER. Das heißt, du willst den Diebstahl bereuen, sobald du das Gestohlene in Sicherheit weißt – Tochter! Tochter! gib acht, dass du Gottes nicht spottest, wenn du seiner am meisten vonnöten hast. O! es ist weit! weit mit dir gekommen! – Du hast dein Gebet aufgegeben, und der Barmherzige zog seine Hand von dir.

LOUISE. Ist l i e b e n denn Frevel, mein Vater?

MILLER. Wenn du Gott liebst, wirst du nie bis zum Frevel lieben – – Du hast mich tief gebeugt, meine Einzige! tief, tief, vielleicht zur Grube gebeugt. – Doch! ich will dir dein Herz nicht noch schwerer machen – Tochter! ich sprach vorhin etwas. Ich glaubte allein zu sein. Du hast mich behorcht, und warum sollt ich's noch länger geheim halten? Du warst mein Abgott. Höre Louise, wenn du noch Platz für das Gefühl eines Vaters hast – Du warst mein Alles. Jetzt vertust du nicht mehr von deinem Eigentum. Auch Ich hab alles zu verlieren. Du siehst, mein Haar fängt an grau zu werden. Die Zeit meldet sich allgemach[17] bei mir, wo uns Vätern die Kapitale[18] zustattenkommen, die wir im Herzen unsrer Kinder anlegten – Wirst du mich darum betrügen, Louise? Wirst du dich mit dem Hab und Gut deines Vaters auf und davon machen?

LOUISE *küsst seine Hand mit der heftigsten Rührung.* Nein mein Vater. Ich gehe als Seine große Schuldnerin aus der Welt, und werde in der Ewigkeit mit Wucher[19] bezahlen.

MILLER. Gib acht, ob du dich da nicht verrechnest, mein Kind? *Sehr ernst und feierlich.*

---

13 *Liebesgott* der römische Liebesgott Amor
14 *tückisch* hinterlistig; Amor schießt seine Pfeile aus dem Verborgenen ab.
15 *Genius* (lat.) Seelenführer, Schutzgeist
16 *Graben der Zeit* die Kluft zwischen Leben und Tod
17 *allgemach* allmählich
18 *Kapitale* Geldbeträge, hier im übertragenen Sinne gebraucht: Investitionen in die spätere Liebe und Dankbarkeit der Kinder
19 *Wucher* Zins und Zinseszins

Goethe: „Die Leiden des jungen Werthers"

Reaktionen

Christian Friedrich Daniel Schubart (1739–1791) am 5. Dezember 1774 in seiner Zeitschrift „Deutsche Chronik" über Goethes „Werther"

Da sitz ich mit zerflossnem Herzen, mit klopfender Brust, und mit Augen, aus welchen wollüstiger Schmerz tröpfelt, und sag dir, Leser, dass ich eben *die Leiden des jungen Werthers* von meinem lieben *Göthe* – gelesen? – Nein, verschlungen habe. Kritisieren soll ich? Könnt ich's, so hätt ich kein Herz. [...] Soll ich einige schöne Stellen herausheben? Kann nicht [...] Kauf's Buch und lies selbst!

Jakob Michael Reinhold Lenz (1751–1792) war in Straßburg mit Goethe befreundet, der sich später von ihm distanzierte.

Ich war siebzehn Jahre alt, als Werther erschien. Vier Wochen lang habe ich mich in Tränen gebadet, die ich aber nicht über die Liebe und über das Schicksal des armen Werther vergoss, sondern in der Zerknirschung des Herzens; im demütigenden Bewusstsein, dass ich nicht so dächte, nicht so sein könne, als dieser da. Ich war von der Idee befallen: wer fähig ist, die Welt zu erkennen, wie sie wirklich ist, müsse so denken, – so sein: – sich auch das Leben nehmen? – das haben einige getan. Aber Tausende sind innerlich zerrissen, und auf lange Zeit [...]

Georg Christoph Lichtenberg (1742–1799)

Die schönste Stelle im Werther ist die, wo er den Hasenfuß erschießt.

Aus: **Ulrich Plenzdorf** (1934–2007): „Die neuen Leiden des jungen W." (1972)

Und kein Papier, Leute. Ich fummelte wie ein Irrer in dem ganzen Klo rum. Und dabei kriegte ich dann dieses berühmte Buch oder Heft in die Klauen. Um irgendwas zu erkennen, war es zu dunkel. Ich opferte also zunächst die Deckel, dann die Titelseite und dann die letzten Seiten, wo erfahrungsgemäß das Nachwort steht, das sowieso kein Aas liest [...] Nach zwei Seiten schoss ich den Vogel in die Ecke. Leute, das konnte wirklich kein Schwein lesen. Beim besten Willen nicht. Fünf Minuten später hatte ich den Vogel wieder in der Hand. [...] Das war nichts Reelles. Reiner Mist. Außerdem dieser Stil. Das wimmelte nur so von Herz und Seele und Glück und Tränen. Ich kann mir nicht vorstellen, dass welche so geredet haben sollen, auch nicht vor drei Jahrhunderten. Der ganze Apparat bestand aus lauter Briefen, von diesem unmöglichen Werther an seinen Kumpel zu Hause. Das sollte wahrscheinlich ungeheuer originell wirken oder unausgedacht [...].

Goethe im Gespräch mit Johann Peter Eckermann am 2. Januar 1824

Übrigens habe ich das Buch, wie ich schon öfter gesagt, seit seinem Erscheinen nur ein einziges Mal wieder gelesen und mich gehütet, es abermals zu tun. Es sind lauter Brandraketen! – Es wird mir unheimlich dabei und ich fürchte, den pathologischen Zustand wieder durchzuempfinden, aus dem es hervorging.

1. Kommentiere, was das Besondere an Goethes erstem Roman ausmacht, soweit sich das aus den Zitaten erschließen lässt.
2. Stelle Vermutungen zum Inhalt des Romans an.

Werthers Welt

Werther hält sich aufgrund einer Erbschaftsangelegenheit, aber auch um einer komplizierten Dreiecksbeziehung zu entkommen, auf dem Lande auf. Die Natur und die Landbevölkerung machen einen so tiefen Eindruck auf ihn, dass er versucht, diese Eindrücke seinem Freund Wilhelm zu schildern.

„Die Leiden des jungen Werthers". Erstes Buch

Am 10. Mai.

Eine wunderbare Heiterkeit hat meine ganze Seele eingenommen, gleich den süßen Frühlingsmorgen, die ich mit ganzem Herzen genieße. Ich bin allein, und freue mich meines Lebens in dieser Gegend, die für solche Seelen geschaffen ist, wie die meine. Ich bin so glücklich, mein Bester, so ganz in dem Gefühle von ruhigem Dasein versunken, dass meine Kunst darunter leidet. Ich könnte jetzt nicht zeichnen, nicht einen Strich, und bin nie ein größerer Maler gewesen, als in diesen Augenblicken. Wenn das liebe Tal um mich dampft, und die hohe Sonne an der Oberfläche der undurchdringlichen Finsternis meines Waldes ruht, und nur einzelne Strahlen sich in das innere Heiligtum stehlen, ich dann im hohen Grase am fallenden Bache liege, und näher an der Erde tausend mannigfaltige Gräschen mir merkwürdig werden; wenn ich das Wimmeln der kleinen Welt zwischen Halmen, die unzähligen, unergründlichen Gestalten der Würmchen, der Mückchen, näher an meinem Herzen fühle, und fühle die Gegenwart des Allmächtigen, der uns nach seinem Bilde schuf, das Wehen des Allliebenden, der uns in ewiger Wonne schwebend trägt und erhält; mein Freund! wenn's dann um meine Augen dämmert, und die Welt um mich her und der Himmel ganz in meiner Seele ruhn, wie die Gestalt einer Geliebten; dann sehne ich mich oft, und denke: ach könntest du das wieder ausdrücken, könntest dem Papiere das einhauchen, was so voll, so warm in dir lebt, dass es würde der Spiegel deiner Seele, wie deine Seele ist der Spiegel des unendlichen Gottes! – Mein Freund – Aber ich gehe darüber zu Grunde, ich erliege unter der Gewalt der Herrlichkeit dieser Erscheinungen.

Zeichnung von Franz Skarbina (1849 – 1910) zum Brief vom 10. Mai in einer „Werther"-Ausgabe aus dem 19. Jahrhundert (Berlin 1883)

Johann Wolfgang Goethe. Stich nach einer Zeichnung von Georg Friedrich Schmoll, entstanden wohl im Juni 1775

Goethe wurde 1749 in Frankfurt am Main geboren. Auf Wunsch seines Vaters studierte er ab 1765 Jura, zunächst in Leipzig und später in Straßburg. Als Anwalt arbeitete er aber nur kurze Zeit. 1773 und 1774 wurde er mit zwei Werken berühmt: dem Drama „Götz von Berlichingen" und dem Roman „Die Leiden des jungen Werthers", in dem er ein unglückliches Liebeserlebnis während eines Aufenthalts als Praktikant am Reichskammergericht in Wetzlar mit dem Fall eines entfernten Bekannten, der sich in Wetzlar aus unglücklicher Liebe und beruflichem Ärger umgebracht hatte, verwob. 1775 folgte er der Einladung des jungen Herzogs von Sachsen-Weimar-Eisenach, in dessen Kleinstaat er sehr bald umfangreiche politische Verantwortung übernahm. 1786 floh er nach Italien und fand dort zu seinem Künstlertum zurück. Nach seiner Rückkehr nach Weimar (1788) war er nur noch für Kulturelles (Theater, Bibliothek, die Universität in Jena) verantwortlich. Solchermaßen entlastet, konnte er als Autor produktiv bleiben. 1794 begann seine Freundschaft und Arbeitsgemeinschaft mit Schiller, die bis zu dessen frühem Tod im Jahre 1805 andauerte. Goethe starb 1832 im Alter von 82 Jahren.

Lektüretipp
Goethe: Die Leiden des jungen Werthers. Braunschweig: Schroedel Verlag 2015 (Reihe Schroedel Lektüren; mit Wort- und Sacherläuterungen und 13 Seiten zu Goethes Leben und Werk)

Den 17. Mai.

Ich habe allerlei Bekanntschaft gemacht, Gesellschaft habe ich noch keine gefunden. Ich weiß nicht, was ich Anzügliches für die Menschen haben muss; es mögen mich ihrer so viele, und hängen sich an mich, und da tut mir's weh, wenn unser Weg nur eine kleine Strecke miteinander geht. Wenn du fragst, wie die Leute hier sind? muss ich dir sagen: wie überall! Es ist ein einförmiges Ding um das Menschengeschlecht. Die meisten verarbeiten den größten Teil der Zeit, um zu leben, und das bisschen, das ihnen von Freiheit übrig bleibt, ängstigt sie so, dass sie alle Mittel aufsuchen, um es loszuwerden. [...]

Aber eine recht gute Art Volks! Wenn ich mich manchmal vergesse, manchmal mit ihnen die Freuden genieße, die den Menschen noch gewährt sind, an einem artig besetzten Tisch mit aller Offen- und Treuherzigkeit sich herumzuspaßen, eine Spazierfahrt, einen Tanz zur rechten Zeit anzuordnen, und dergleichen, das tut eine ganz gute Wirkung auf mich; nur muss mir nicht einfallen, dass noch so viele andere Kräfte in mir ruhen, die alle ungenützt vermodern, und die ich sorgfältig verbergen muss. Ach das engt das ganze Herz so ein. – Und doch! missverstanden zu werden, ist das Schicksal von unsereinem. [...]

Am 22. Mai.

Dass das Leben des Menschen nur ein Traum sei, ist manchen schon so vorgekommen, und auch mit mir zieht dieses Gefühl immer herum. Wenn ich die Einschränkung ansehe, in welcher die tätigen und forschenden Kräfte des Menschen eingesperrt sind; wenn ich sehe, wie alle Wirksamkeit dahinaus läuft, sich die Befriedigung von Bedürfnissen zu verschaffen, die wieder keinen Zweck haben, als unsere arme Existenz zu verlängern, und dann, dass alle Beruhigung über gewisse Punkte des Nachforschens nur eine träumende Resignation ist, da man sich die Wände, zwischen denen man gefangen sitzt, mit bunten Gestalten und lichten Aussichten bemalt – Das alles, Wilhelm, macht mich stumm. Ich kehre in mich selbst zurück, und finde eine Welt! wieder mehr in Ahndung und dunkler Begier, als in Darstellung und lebendiger Kraft. Und da schwimmt alles vor meinen Sinnen, und ich lächle dann so träumend weiter in die Welt.

Dass die Kinder nicht wissen, warum sie wollen, darin sind alle hochgelahrte Schul- und Hofmeister einig; dass aber auch Erwachsene, gleich Kindern, auf diesem Erdboden herumtaumeln, und, wie jene, nicht wissen, woher sie kommen, und wohin sie gehen, ebenso wenig nach wahren Zwecken handeln, ebenso durch Biskuit und Kuchen und Birkenreiser regieret werden: das will niemand gern glauben, und mich dünkt, man kann es mit Händen greifen. [...]

1. Erschließe die Lebensumstände Werthers.
2. Beschreibe Werthers Sichtweise auf die Natur.
3. Erläutere, unter welchen Widersprüchen in der Welt Werther leidet.
4. Vergleiche Werthers Ansprüche an seine Welt mit den Ansprüchen, die du an dein Leben stellst.

N Eine Figurencharakterisierung verfassen
→ S. 265

Werther – Lotte – Albert: Figurenkonflikte

Auf einem Ball auf dem Lande lernt Werther Lotte, die Tochter des verwitweten fürstlichen Amtmanns S., kennen und lieben. Obwohl sie Albert, einem charakterfesten und strebsamen jungen Mann, versprochen ist, weist sie Werthers Zuneigung nicht zurück. Die folgenden Briefausschnitte Werthers erscheinen hier in einer anderen Reihenfolge als in Goethes Roman.

1 Nein, ich betrüge mich nicht! Ich lese in ihren schwarzen Augen wahre Teilnehmung an mir, und meinem Schicksal. Ja ich fühle, und darin darf ich meinem Herzen trauen, dass sie – o darf ich, kann ich den Himmel in diesen Worten aussprechen? – dass sie mich liebt!

Mich liebt! – Und wie wert ich mir selbst werde, wie ich – dir darf ich's wohl sagen, du hast Sinn für so etwas – wie ich mich selbst anbete, seitdem sie mich liebt!

Ob das Vermessenheit ist, oder Gefühl des wahren Verhältnisses? – Ich kenne den Menschen nicht, von dem ich etwas in Lottens Herzen fürchtete: und doch – wenn sie von ihrem Bräutigam spricht, mit solcher Wärme, solcher Liebe von ihm spricht – da ist mir wie einem, der aller seiner Ehren und Würden entsetzt, und dem der Degen genommen wird.

2 Albert ist angekommen, und ich werde gehen; und wenn er der beste, der edelste Mensch wäre, unter den ich mich in jeder Betrachtung zu stellen bereit wäre, so wär's unerträglich, ihn vor meinem Angesicht im Besitz so vieler Vollkommenheiten zu sehen. – Besitz! – Genug, Wilhelm, der Bräutigam ist da! Ein braver, lieber Mann, dem man gut sein muss. Glücklicherweise war ich nicht beim Empfange! Das hätte mir das Herz zerrissen. Auch ist er so ehrlich, und hat Lotten in meiner Gegenwart noch nicht ein einzig Mal geküsst. Das lohn ihm Gott! Um des Respekts willen, den er vor dem Mädchen hat, muss ich ihn lieben. Er will mir wohl, und ich vermute, das ist Lottens Werk mehr, als seiner eigenen Empfindung: denn darin sind die Weiber fein, und haben recht; wenn sie zwei Verehrer in gutem Vernehmen miteinander erhalten können, ist der Vorteil immer ihr, so selten es auch angeht. […]

Werther und Lotte beim „Ball auf dem Lande". Zeichnung von Woldemar Friedrich (1846–1910), in Holz geschnitten von Klitzsch & Rochsitzer, in einer „Werther"-Ausgabe der Groteschen Verlagsbuchhandlung. (Berlin 1873)

entsetzt (Textauszug 1, Zeile 17) enthoben, entblößt

in jeder Betrachtung (Textauszug 2, Zeile 3) in jeder Hinsicht

3 [...] Kurz und gut, ich habe eine Bekanntschaft gemacht, die mein Herz näher angeht. [...] Einen Engel! – Pfui! das sagt jeder von der Seinigen, nicht wahr? Und doch bin ich nicht imstande, dir zu sagen, wie sie vollkommen ist, warum sie vollkommen ist; genug, sie hat allen meinen Sinn gefangen genommen. [...]

So viel Einfalt bei so viel Verstand, so viele Güte bei so viel Festigkeit, und die Ruhe der Seele bei dem wahren Leben und der Tätigkeit. – [...]

Wie ich mich unter dem Gespräche in den schwarzen Augen weidete! wie die lebendigen Lippen, und die frischen muntern Wangen meine ganze Seele anzogen! wie ich, in den herrlichen Sinn ihrer Rede ganz versunken, oft gar die Worte nicht hörte, mit denen sie sich ausdrückte! – davon hast du eine Vorstellung, weil du mich kennst. Kurz, ich stieg aus dem Wagen, wie ein Träumender, als wir vor dem Lusthause stillehielten, und war so in Träumen rings in der dämmernden Welt verloren, dass ich auf die Musik kaum achtete, die uns von dem erleuchteten Saal herunter entgegenschallte. [...]

Lusthause Veranstaltungsort des Festes

4 Ach wie mir das durch alle Adern läuft, wenn mein Finger unversehens den ihrigen berührt, wenn unsere Füße sich unter dem Tische begegnen! Ich ziehe zurück, wie vom Feuer, und eine geheime Kraft zieht mich wieder vorwärts – mir wird's so schwindlig vor allen Sinnen – O! und ihre Unschuld, ihre unbefangne Seele fühlt nicht, wie sehr mich die kleinen Vertraulichkeiten peinigen! – Wenn sie gar im Gespräch ihre Hand auf die meinige legt, und im Interesse der Unterredung näher zu mir rückt, dass der himmlische Atem ihres Mundes meine Lippen erreichen kann. – Ich glaube zu versinken, wie vom Wetter gerührt. – Und, Wilhelm! wenn ich mich jemals unterstehe, diesen Himmel, dieses Vertrauen –! Du verstehst mich. Nein, mein Herz ist so verderbt nicht! Schwach! schwach genug! – Und ist das nicht Verderben? –

Sie ist mir heilig. Alle Begier schweigt in ihrer Gegenwart. [...]

wie vom Wetter gerührt wie vom Blitz getroffen

Die vier Briefauszüge findest du auch im Internetportal, um ihnen die richtigen Datumsangaben zuordnen zu können.

N Figurenkonstellation
→ S. 265 f.

1. Arbeite den Spannungsbogen heraus, indem du die Briefauszüge in die richtige Reihenfolge bringst.
    a) „Am 16. Junius."
    b) „Am 13. Julius."
    c) „Am 16. Julius."
    d) „Am 30. Julius."
2. Zeige anhand der ausgewählten Texte auf, wie sich Werthers Verhältnis zu Lotte entwickelt.
3. Beschreibe, wie dieses Verhältnis sprachlich dargestellt wird.
4. „Albert ist angekommen [...].": Schreibe aus der Perspektive Alberts einen Tagebucheintrag, aus dem hervorgeht, wie er Werther erlebt und was er dabei empfindet.

Himmelhoch jauchzend – zu Tode betrübt

Am 18. August.

Musste denn das so sein, dass das, was des Menschen Glückseligkeit macht, wieder die Quelle seines Elendes würde?

Das volle, warme Gefühl meines Herzens an der lebendigen Natur, das mich mit so vieler Wonne überströmte, das ringsumher die Welt mir zu einem Paradiese schuf, wird mir jetzt zu einem unerträglichen Peiniger, zu einem quälenden Geist, der mich auf allen Wegen verfolgt. [...]

Es hat sich vor meiner Seele wie ein Vorhang weggezogen, und der Schauplatz des unendlichen Lebens verwandelt sich vor mir in den Abgrund des ewigoffenen Grabes. Kannst du sagen: Das ist! da alles vorübergeht? da alles mit der Wetterschnelle vorüberrollt, so selten die ganze Kraft seines Daseins ausdauert, ach! in den Strom fortgerissen, untergetaucht, und an Felsen zerschmettert wird? Da ist kein Augenblick, der nicht dich verzehre, und die Deinigen um dich her, kein Augenblick, da du nicht ein Zerstörer bist, sein musst; der harmloseste Spaziergang kostet tausend armen Würmchen das Leben, es zerrüttet Ein Fußtritt die mühseligen Gebäude der Ameisen, und stampft eine kleine Welt in ein schmähliches Grab. Ha! nicht die große, seltne Not der Welt, diese Fluten, diese Erdbeben, die eure Städte verschlingen, rühren mich; mir untergräbt das Herz die verzehrende Kraft, die in dem All der Natur verborgen liegt; die nichts gebildet hat, das nicht seinen Nachbar, nicht sich selbst zerstörte. Und so taumle ich beängstigt. Himmel und Erde und ihre webenden Kräfte um mich her: Ich sehe nichts, als ein ewig verschlingendes, ewig wiederkäuendes Ungeheuer.

Wetterschnelle Schnelligkeit des wechselnden Wetters

1. Beschreibe anhand dieses Briefes Werthers veränderte Sichtweise auf die Natur. Vergleiche den Brief mit dem Brief vom 10. Mai. Gehe dabei auf die Motivwahl und Sprache (Wortwahl, Bildhaftigkeit, Satzbau) ein.
2. Überlege, wie Werther wohl zu dieser völlig veränderten Einschätzung der Natur kommt. Was verraten die Briefe vom 10. Mai und vom 18. August über seine Persönlichkeit?

„Werther am Abgrund". Zeichnung von Franz Skarbina (1849–1910) in der „Werther"-Ausgabe von Ludwig Geiger (Berlin 1883)

Die Briefe Werthers, aus denen bisher zitiert wurde, fallen ins Jahr 1771. Anfang September reißt sich Werther von Lotte los und geht, ohne von ihr und Albert Abschied genommen zu haben, fort. Er tritt – zu Beginn des „Zweiten Buchs" der Romanhandlung – eine Stellung in einer Gesandtschaft an, wo er aber auch nicht glücklich wird. Im Frühjahr 1772 kehrt er zu Lotte zurück. Er kämpft von nun an nicht mehr gegen seine Liebesleidenschaft an, die Lotte vergeblich in eine gelassene Freundschaft umzulenken versucht.

Charlotte Kestner, geborene Buff (1753–1828), das Vorbild der Lotte im Roman. 1772 von Goethe angefertigte Silhouette, mit seiner Unterschrift: „Lotte gute Nacht. am 17. Juli 1774."

Charlotte Buffs Ehemann Johann Georg Christian Kestner (1741–1800), das Modell für die Figur Alberts. Pastell von Johann Heinrich Schröder aus dem Jahre 1782

Silhouette Goethes, die dieser Ende 1772 an Johann Georg Christian Kestner sandte

Am 4. September

Ja, es ist so. Wie die Natur sich zum Herbste neigt, wird es Herbst in mir und um mich her. Meine Blätter werden gelb, und schon sind die Blätter der benachbarten Bäume abgefallen. [...]

Am 12. Dezember.

[...] Ein fürchterliches Schauspiel, vom Fels herunter die wühlenden Fluten in dem Mondlichte wirbeln zu sehen, über Äcker und Wiesen und Hecken und alles, und das weite Tal hinauf und hinab Eine stürmende See im Sausen des Windes! Und wenn denn der Mond wieder hervortrat, und über der schwarzen Wolke ruhte, und vor mir hinaus die Flut in fürchterlich-herrlichem Widerschein rollte und klang: da überfiel mich ein Schauer, und wieder ein Sehnen! Ach mit offnen Armen stand ich gegen den Abgrund und atmete hinab! hinab! und verlor mich in der Wonne, meine Qualen, meine Leiden da hinabzustürzen! dahinzubrausen wie die Wellen! [...] wie gern hätte ich mein Menschsein drum gegeben, mit jenem Sturmwinde die Wolken zu zerreißen, die Fluten zu fassen!

Tipp
Fündig wirst du beispielsweise in den folgenden drei Briefen am Ende des ersten Buches: „Am 21. August" / „Am 22. August" / „Am 10. September" [1771].

3. Finde in diesen und anderen Briefen Werthers weitere Hinweise auf seine fortschreitende Todessehnsucht.
4. Entscheide dich für eine der folgenden Aufgaben:
    a) Gestalte Werthers Natur-Erfahrung in einer Collage, in der du Zitate aus seinen Briefen und geeignete Bilder kombinierst.
    b) Stelle deine eigene Einstellung zur Natur in einer Text-Bild-Collage dar.

Vorwort des Herausgebers

Goethe lässt seinen Briefroman mit der Ansprache der Leser/innen durch einen Herausgeber beginnen:

Was ich von der Geschichte des armen Werthers nur habe auffinden können, habe ich mit Fleiß gesammelt, und lege es euch hier vor, und weiß, dass ihr mir's danken werdet. Ihr könnt seinem Geiste und seinem Charakter eure Bewunderung und Liebe, seinem Schicksale eure Tränen nicht versagen.
5 Und du gute Seele, die du eben den Drang fühlst, wie er, schöpfe Trost aus seinem Leiden, und lass das Büchlein deinen Freund sein, wenn du aus Geschick oder eigener Schuld keinen nähern finden kannst!

1. Überlege, warum Goethe sich für die Form eines Briefromans entschieden hat und nicht den Herausgeber erzählen lässt.
2. Erläutere die erzählerischen Möglichkeiten von Briefromanen. Beziehe dabei die Information zum Briefroman mit ein.

Briefroman
Der Briefroman ist hauptsächlich eine Erscheinung des 18. Jahrhunderts. Sein Aufkommen hängt eng mit der sich in der Epoche der Aufklärung und der Empfindsamkeit allgemein intensivierenden Selbsterkundung und einem gesteigerten Bedürfnis des Individuums nach Selbstaussprache und persönlicher Mitteilung gegenüber Gleichgesinnten zusammen. Die damalige Zeit eröffnete den Gebildeten bisher unbekannte Lebensmöglichkeiten. Die Kehrseite dieser Freiheit bestand in Gefühlen von Entwurzelung und Einsamkeit sowie einer Wahlmöglichkeit, die auch lähmend wirken konnte. Diese und andere Empfindungen ließen sich brieflich besonders gut artikulieren.

Briefroman → S. 273 N

Der Herausgeber an den Leser

Nach Werthers Brief vom 6. Dezember 1772 wendet sich der Herausgeber an den Leser. Er berichtet über die letzten Begebenheiten in Werthers Leben sowie über dessen Freitod an Weihnachten. In seinen Bericht schaltet der Herausgeber weitere Briefzeugnisse Werthers aus dessen letzten Lebenswochen ein.

Am 20. Dezember ermahnt Lotte Werther, seine Besuche einzuschränken. Doch gegen ihren ausdrücklichen Wunsch sucht er Lotte bereits vor dem Weihnachtsabend erneut auf. Vor einiger Zeit hat er ihr seine Übersetzungen alter nordischer Heldengesänge übergeben. Nun liest er ihr aus diesen traurigen Gesängen vor. Dabei werden beide von ihren Gefühlen überwältigt:

Ein Strom von Tränen, der aus Lottens Augen brach, und ihrem gepressten Herzen Luft machte, hemmte Werthers Gesang. Er warf das Papier hin, fasste ihre Hand, und
5 weinte die bittersten Tränen. Lotte ruhte auf der andern, und verbarg ihre Augen ins

Werthers und Lottes Gefühlsausbruch nach seiner Lesung aus den von ihm übersetzten Gesängen Ossians. Zeichnung von Woldemar Friedrich (1846–1910) in der „Werther"-Ausgabe der Groteschen Verlagsbuchhandlung (Berlin 1873)

Schnupftuch. Die Bewegung beider war fürchterlich. Sie fühlten ihr eignes Elend in dem Schicksale der Edlen, fühlten es zusammen, und ihre Tränen vereinigten sich. Die Lippen und Augen Werthers glühten an Lottens Arme; ein Schauer überfiel sie; sie wollte sich entfernen, und Schmerz und Anteil lagen betäubend wie Blei auf ihr. Sie atmete sich zu erholen, und bat ihn schluchzend fortzufahren, bat mit der ganzen Stimme des Himmels! Werther zitterte, sein Herz wollte bersten […].

Die ganze Gewalt dieser Worte fiel über den Unglücklichen. Er warf sich vor Lotten nieder in der vollen Verzweiflung, fasste ihre Hände, druckte sie in seine Augen, wider seine Stirn, und ihr schien eine Ahndung seines schrecklichen Vorhabens durch die Seele zu fliegen. Ihre Sinnen verwirrten sich, sie drückte seine Hände, drückte sie wider ihre Brust, neigte sich mit einer wehmütigen Bewegung zu ihm, und ihre glühenden Wangen berührten sich. Die Welt verging ihnen.

3. Vergleiche diesen Ausschnitt aus dem Erzählerbericht des Herausgebers mit seinen an den Leser gerichteten Bemerkungen im kurzen Vorwort. Wie wird Werthers Verhalten dargestellt, motiviert und bewertet?

N „Werther" → S. 285

Merken

Goethes „Werther": Figuren, Erzählstruktur, Motive, Wirkung

- In Goethes Briefroman „Die Leiden des jungen Werthers" steht die **Hauptfigur ganz im Mittelpunkt**. Der Roman schildert Werthers Verhältnis zur Welt und zu sich selbst, sein unentfaltetes Künstlertum und sein bewusstes Außenseitertum, seinen Enthusiasmus für die Natur und seine unglückliche Liebesleidenschaft.
- Goethe verwendet in seinem Roman einen **fiktiven Herausgeber**, der die Briefe Werthers an seinen Freund Wilhelm gesammelt und in zeitlicher Reihenfolge abgedruckt hat und zuletzt selbst die Rolle des Berichterstatters über Werthers Ende übernimmt.
- Der Roman gibt sich den Anschein, einfach nur das Schicksal eines begabten, unglücklichen und unausgeglichenen jungen Menschen anhand seiner überlieferten Lebenszeugnisse zu dokumentieren. Tatsächlich aber ist er sorgfältig komponiert und mit einem dichten **Verweissystem symbolischer Bezüge** ausgestattet. Das lässt sich besonders gut anhand der Naturbeschreibungen Werthers nachvollziehen.
- Der Roman, den Napoleon sieben Mal gelesen zu haben behauptete, war damals ein **ungeheurer Bucherfolg**. Durch die Lektüre von Zeitdokumenten, aber auch durch Formen produktiver Rezeption kann man sich die damalige Begeisterung und die ihr zugrunde liegenden gesellschaftlichen Bedingungen vergegenwärtigen.

→ Arbeitsheft S. 68–69

Alles Werther? – Rezeption, Intertextualität, Intermedialität

Gespräche mit Goethe in den letzten Jahren seines Lebens. Dritter Teil
Johann Peter Eckermann (1848)

Freitag, den 2. Januar 1824

[…] Ich brachte zur Erwähnung, ob denn die große Wirkung, die der Werther bei seinem Erscheinen gemacht, wirklich in der Zeit gelegen. Ich kann mich, sagte ich, nicht zu dieser allgemein verbreiteten Ansicht bekennen. Der Werther hat Epoche gemacht, weil er erschien, nicht weil er in einer gewissen Zeit erschien. Es liegt in jeder Zeit so viel unausgesprochenes Leiden, so viel heimliche Unzufriedenheit und Lebensüberdruss, und in einzelnen Menschen so viele Missverhältnisse zur Welt, so viele Konflikte ihrer Natur mit bürgerlichen Einrichtungen, dass der Werther Epoche machen würde und wenn er erst heute erschiene.

„Sie haben wohl recht, erwiderte Goethe, weshalb denn auch das Buch auf ein gewisses Jünglingsalter noch heute wirkt, wie damals. Auch hätte ich kaum nötig gehabt, meinen eigenen jugendlichen Trübsinn aus allgemeinen Einflüssen meiner Zeit und aus der Lektüre einzelner englischer Autoren herzuleiten. Es waren vielmehr individuelle nahe liegende Verhältnisse, die mir auf die Nägel brannten und mir zu schaffen machten, und die mich in jenen Gemütszustand brachten, aus dem der Werther hervorging. Ich hatte gelebt, geliebt, und sehr viel gelitten! – Das war es."

„Die viel besprochene Wertherzeit gehört, wenn man es näher betrachtet, freilich nicht dem Gange der Weltkultur an, sondern dem Lebensgange jedes Einzelnen, der mit angeborenem freien Natursinn sich in die beschränkenden Formen einer veralteten Welt finden und schicken lernen soll. Gehindertes Glück, gehemmte Tätigkeit, unbefriedige Wünsche, sind nicht Gebrechen einer besonderen Zeit, sondern jedes einzelnen Menschen, und es müsste schlimm sein, wenn nicht Jeder einmal in seinem Leben eine Epoche haben sollte, wo ihm der Werther käme, als wäre er bloß für ihn geschrieben."

Johann Wolfgang Goethe (1749 – 1832). Gemälde von Joseph Karl Stieler (1781 – 1858), Öl auf Leinwand, 1828. Neue Pinakothek, München

1. Fasse die Gedanken Goethes und Eckermanns über den „Werther"-Roman zusammen.
2. Prüfe, ob sie für heutige Leser/innen nachvollziehbar und schlüssig sind. Diskutiert darüber, ob der „Werther" eurer Meinung nach eher vor dem Hintergrund seiner Zeit – der „Werther-Zeit" – oder als zeitloser Roman bzw. exemplarischer Roman eines bestimmten Lebensabschnittes zu lesen ist?

Friedrich Schiller (1759 – 1805). Gemälde von Anton Graff, entstanden zwischen 1786 und 1791

Ludwig Devrient als **Franz Moor** in Friedrich Schillers Erstlingsdrama „**Die Räuber**". Zeichnung von Wilhelm Hensel

Jakob Michael Reinhold Lenz (1751 – 1792). Radierung von Georg Friedrich Schmoll aus dem Jahre 1776

Eine Epoche in Text und Bild – ein Lernposter anfertigen

Ein **Poster** ist ein visuelles Kommunikationsmittel. Es unterscheidet sich in seiner Wirkungsweise von einem wissenschaftlichen Artikel oder einem Referat bzw. Vortrag. Deshalb sind andere Techniken zur Bearbeitung und Gestaltung erforderlich. Ein Poster kombiniert **Abbildungen und Texte**, um z. B. ein interessiertes Publikum zu informieren, zu überzeugen oder zum Dialog zu motivieren.

Allgemeine Grundsätze

- Stelle die **wesentlichen Aussagen** des Gesamtzusammenhangs dar.
- Vermeide große Mengen an Text. Die **Menge an Informationen** sollte so beschränkt werden, dass das Poster innerhalb von zwei bis drei Minuten gelesen werden kann.
- Der Text sollte möglichst kurz, das **Layout klar gegliedert** sein.
- Das Poster soll ein **Blickfang** sein und neugierig machen.
- Achte auf eine ausgewogene **Mischung aus Text, Grafiken und Freiflächen**. Der Text sollte im Idealfall nicht mehr als 50 %, Bilder und Schaubilder sollten nicht mehr als 20 % der Fläche in Anspruch nehmen. Etwa 30 % sollten ganz frei bleiben.

Dein Vorgehen

- Schreibe zunächst alles auf, was auf deinem Poster erscheinen soll.
- Ordne dein Material nach **Zusammenhängen**, formuliere dann den jeweiligen knappen Text aus, füge gegebenenfalls weitere Gestaltungselemente hinzu und sorge zuletzt für eine **übersichtliche Anordnung** der verschiedenen Bereiche auf dem Poster.
- Ziehe die Aufmerksamkeit auf dein Poster: Finde einen überzeugenden **Eingangsslogan**, etwa ein interessantes Statement, ergänze Fotografien und Grafiken, arbeite mit (Leit-)Farben und sorge für ein ansprechendes Layout.
- Der **Titel des Posters** sollte kurz und knapp sein. Er sollte entweder selbsterklärend sein oder aber die Neugier des Betrachters auf die folgenden Inhalte des Posters wecken.

Layout

Lege die **Thematik** und den **Informationsgehalt** dar. Beantworte dabei folgende Fragen:
- Was sind die wichtigsten Informationen? Was soll dem Betrachter vermittelt und mitgeteilt werden?
- Wie kann die gesamte Aufmachung des Posterdesigns dazu beitragen, diese Informationen so einfach wie möglich zugänglich zu machen?
- Was veranlasst den Betrachter, vor dem Poster stehen zu bleiben?

Johann Wolfgang Goethe (1749 – 1832). Miniatur-Ölbild von J. D. Bager aus dem Jahre 1773

- **Freie Flächen** können dazu dienen, die Beziehungen zwischen verschiedenen Elementen des Posters zu definieren.
- Eine **Hierarchie der Grafiken** hilft dem Betrachter, auf Anhieb wichtige bzw. gleichwertige Bereiche von weniger wichtigen Bereichen zu unterscheiden. Diese Hierarchie kannst du z. B. durch Buchstabengröße, farbige Markierungen, Linienbreite etc. erzeugen. Dabei gilt die Daumenregel: GROSS = WICHTIG und klein = weniger wichtig.
- Der überlegte Einsatz von **Schriftgröße, Schriftstärke und Farbe** trägt dazu bei, ein Poster ästhetisch ansprechend und leicht lesbar zu gestalten. Verwende nicht zu viele Schriftarten, Schriftgrößen und unterschiedliche Arten der Auszeichnung (d. h. Unterstreichung, Fettsetzung, Kursivierung oder Kapitälchen), damit dein Poster im Gesamteindruck nicht zu unruhig und „bunt" wird, was meist dilettantisch wirkt. Beschränke dich möglichst auf **zwei Schriftarten**, am besten eine **Serifenschrift** und eine **serifenlose Schrift**. Serifen sind die kleinen Unterstriche an manchen Buchstaben vieler Schriften, die die Zeile betonen (etwa: m, n, h, i, f, r oder l). Bei serifenlosen Schriften fehlen diese Unterstriche. Daher sind Serifenschriften und serifenlose Schriften besonders klar zu unterscheiden und ergänzen einander gut. Überlege dir ein System, für welche Arten von Informationen du welche der beiden Schriften einsetzen willst. Arbeite zudem mit nicht mehr als drei unterschiedlichen **Überschriftenarten**.

Werther in Wahlheim. Zeichnung von Woldemar Friedrich in einer Ausgabe des Romans von 1873

Tipp

Versuche **nicht zu viele Details** zu präsentieren. Weniger ist manchmal mehr!

Radierung von Tony Johannot in einer französischen „**Werther**"-Ausgabe von 1846

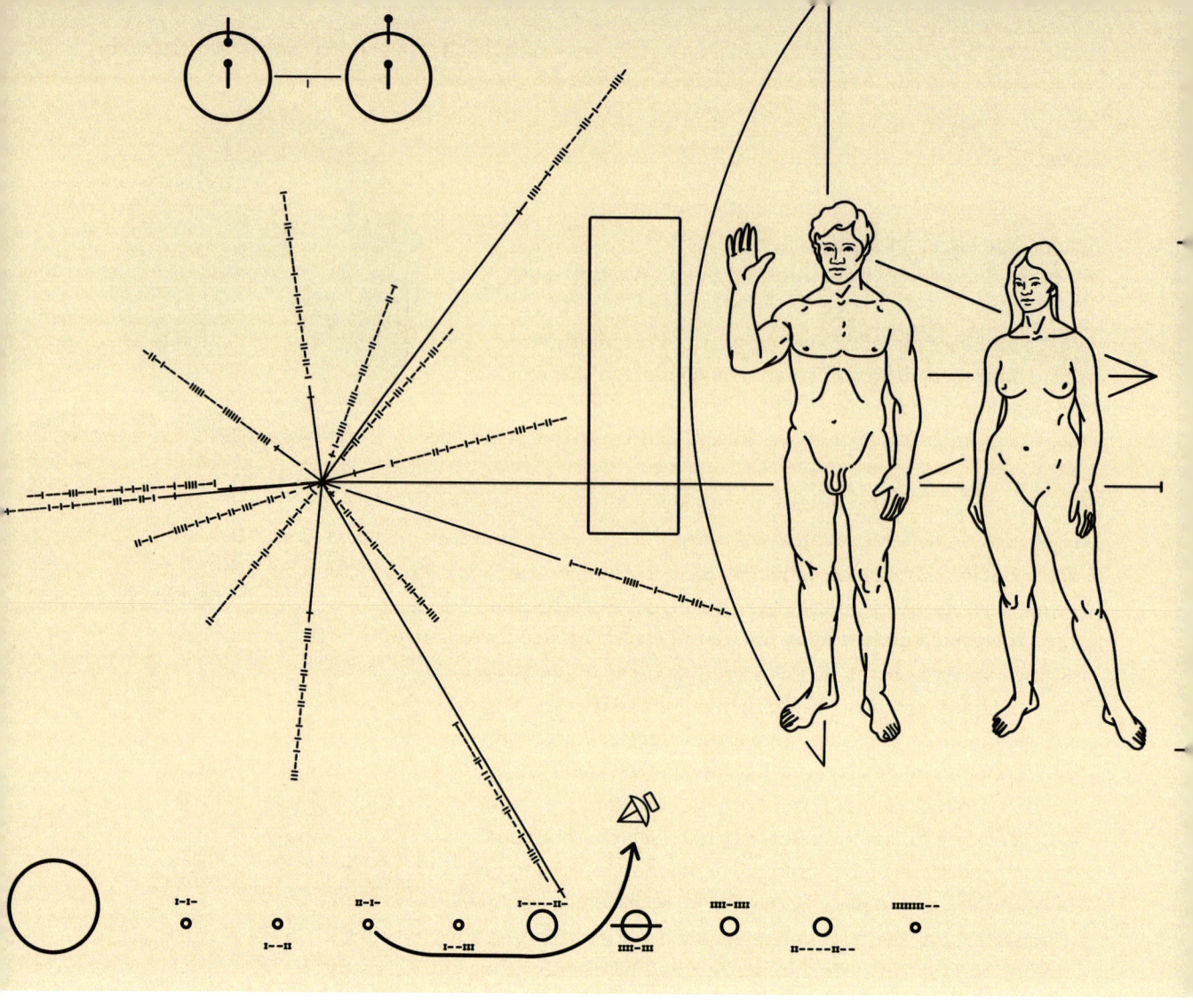

Das Tier, das Wörter hat – Kommunikation

Von morgens bis abends reden wir und hören zu, schreiben und lesen, schauen fern oder twittern, beachten Verkehrsschilder oder telefonieren mit Freunden – nichts durchzieht unseren Alltag so dauerhaft und unabdingbar wie Kommunikation. Kommunikation (von lat. ‚communicare': ‚mitteilen') ist der Austausch von Informationen, der unser Leben in der menschlichen Gemeinschaft seit jeher und im Zeitalter der Informationstechnologien noch stärker bestimmt.

▶ Überlegt gemeinsam, ob und – wenn ja – wie Menschen mit intelligenten Außerirdischen kommunizieren könnten.
▶ Betrachtet das obige Bild „Gruß von der Erde" aufmerksam. Sprecht darüber, welche Botschaft intelligente Außerirdische ihm entnehmen könnten.

Das Tier, das Wörter hat
altgriech.: ‚zoon logon echon'. Diese pointierte Formulierung zur Definition des Menschen stammt von dem griechischen Philosophen Aristoteles (384–322 v. Chr.).

Zum Bild:
„Gruß von der Erde" (1972). Die Weltraumsonden „Pioneer 10" und „Pioneer 11" hatten eine vergoldete Plakette mit diesen Abbildungen an Bord – für den Fall, dass intelligente Außerirdische die Sonde einst finden sollten.

Sprechen, Zuhören, Schreiben, Lesen

Semiotik – die Lehre von den Zeichen

Index   Ikon   Symbol

Semiotik Wenn direkt oder indirekt, absichtlich oder unabsichtlich kommuniziert wird, sind Zeichen im Spiel. Laut- und Schriftsprache sind im Kern symbolische Zeichensysteme. Eine Ausnahme stellen die lautmalerischen Ausdrücke dar, die als ikonische Zeichen verstanden werden können, z. B.: ‚Kuckuck', ‚Wau wau!'

Die Semiotik ist die Lehre von den Zeichen. Sie definiert, was ein Zeichen ist, zeigt, wie Zeichen gebraucht werden, und unterscheidet verschiedene Arten von Zeichen. Ein prominenter Theoretiker der Zeichenlehre war der italienische Wissenschaftler und Schriftsteller Umberto Eco (1932–2016).

Die bekannteste Einteilung von Zeichen geht auf den amerikanischen Philosophen Charles S. Peirce (1839–1914) zurück. Peirce unterscheidet die Zeichentypen *Index*, *Ikon* und *Symbol*. Der *Index* ist ein Hinweis. Das indexikalische Zeichen weist auf das Bezeichnete hin und stellt es vermittelt dar. Klopft es an der Tür, erhält man einen Hinweis, dass jemand vor der Tür steht. Der *Index* und das von ihm Bezeichnete stehen in der Regel in einer kausalen Beziehung. Das *Ikon* stellt das Bezeichnete dar, indem es dieses abbildet. Zwischen dem *Ikon* und dem von ihm Bezeichneten besteht eine Ähnlichkeit, die es dem *Ikon* ermöglicht, für das Bezeichnete zu stehen. Das Passbild einer Person ist ein ikonisches Zeichen für diese Person. Das *Symbol* verweist auf das Bezeichnete nur aufgrund einer Konvention. Eine Ähnlichkeitsbeziehung zwischen *Symbol* und Bezeichnetem besteht nicht. Alle menschlichen Sprachen sind im Kern symbolisch. Das Laut- bzw. Schriftzeichen bezeichnet das Gemeinte ausschließlich aufgrund der zwischen Sprechern einer Sprache überlieferten Übereinkunft.

1. Bestimme jeweils den Zeichentyp der in der Randspalte abgebildeten Zeichen.
2. Finde heraus, welcher Zeichentyp bevorzugt auf Flughäfen verwendet wird. Begründe, inwiefern das sinnvoll ist.

> **Weiter im Kapitel:**
>
> Du lernst (,)
> ▶ verschiedene Typen von Zeichen zu unterscheiden.
> ▶ Modelle der verbalen Kommunikation kennen.
> ▶ den Inhalts- und Beziehungsaspekt sowie symmetrische und asymmetrische Beziehungen zu unterscheiden.
> ▶ Formen verbaler und nonverbaler Kommunikation zu analysieren.

Kommunikation ist der Austausch von Informationen (sprachlicher und/oder nichtsprachlicher Zeichen) zwischen einem Sender und einem Empfänger zum Zwecke des geistigen Miteinanders oder Teilhaben-Lassens.

Kommunikationsmodelle

Das Organon-Modell von Karl Bühler

Der deutsche Sprachpsychologe Karl Bühler (1879–1963) legte in seiner 1934 publizierten Schrift „Sprachtheorie" ein Modell für die verbale menschliche Kommunikation vor. Er verstand das Sprachzeichen, das Wort, als ein Werkzeug, altgriechisch ‚organon'. Das sprachliche Werkzeug gewinnt seine Bedeutung im zwischenmenschlichen Austausch von Informationen. Das Wort ist aus Bühlers Sicht ein „Orientierungsgerät des Gemeinschaftslebens" („Sprachtheorie", S. 48).

Semantik Lehre von der Bedeutung sprachlicher Zeichen. Die moderne Semantik befasst sich vor allem mit der kontextfreien Bedeutung sprachlicher Zeichen. Bühler bezieht sich hier jedoch eher auf kommunikative Situationen, weshalb seine Theorie eher die **Pragmatik** (die Theorie von der kontextabhängigen Bedeutung sprachlicher Zeichen) betrifft.

„Die Linienscharen symbolisieren die semantischen Funktionen des (komplexen) Sprachzeichens. Es ist *Symbol* kraft seiner Zuordnung zu Gegenständen und Sachverhalten, *Symptom* (Anzeichen, Indicium) kraft seiner Abhängigkeit vom Sender, dessen Innerlichkeit es ausdrückt, und *Signal* kraft seines Appells an den Hörer, dessen äußeres oder inneres Verhalten es steuert wie andere Verkehrszeichen." (S. 28)

Die Aussage „Es regnet." bezeichnet symbolisch einen Sachverhalt (Darstellungsfunktion). Zugleich teilt der Sprecher durch den Tonfall der Aussage seine innere Einstellung mit (Ausdrucksfunktion). Die Feststellung, dass es regne, kann freudig, traurig, nüchtern geäußert werden. In einem gegebenen Kontext kann die Aussage auch einen Appell an den Empfänger beinhalten (Appellfunktion). Dieses Signal könnte lauten: „Nimm deinen Schirm mit!" oder: „Was wird aus dem geplanten Ausflug?"

Nach Karl Bühler übt jedes sprachliche Zeichen die drei Funktionen *Symbol*, *Symptom* und *Signal* gleichzeitig aus.

1. Stellt euch in Gruppen eine beliebige Situation vor, in der ein Sprecher den Satz sagt: „Die Musik ist laut." Übt die der Situation angemessene Sprechweise. Lasst andere Gruppen den von euch beabsichtigten Ausdruck und Appell erkennen.
2. Überlegt, welche kommunikative Funktion bei dem Vortrag eines Wissenschaftlers im Vordergrund steht. Denkt euch weitere Situationen aus und reflektiert, wie es sich dort verhält.

Worte können verletzen.

[Wenn nicht mehr Zahlen und Figuren ...] Novalis

Wenn nicht mehr Zahlen und Figuren
Sind Schlüssel aller Kreaturen,
Wenn die, so singen oder küssen,
Mehr als die Tiefgelehrten wissen,
5 Wenn sich die Welt ins freie Leben
Und in die Welt wird zurückbegeben,

Wenn dann sich wieder Licht und Schatten
Zu echter Klarheit werden gatten
Und man in Märchen und Gedichten
Erkennt die wahren Weltgeschichten, 10
Dann fliegt vor *einem* geheimen Wort
Das ganze verkehrte Wesen fort.

Lexikon der Sprachwissenschaft Hadumod Bußmann

Wort, intuitiv vorgegebener und umgangssprachlich verwendeter Begriff für sprachliche Grundeinheiten, dessen zahlreiche sprachwissenschaftliche Definitionsversuche [...] kontrovers sind [...] vgl. die folgenden Definitionsvorschläge, aufgelistet nach Beschreibungsebenen: (a) Phonetisch-phonologische Ebene: W. sind kleinste, durch Wortakzent und → Grenzsignale wie → Pause, Knacklaut u. a. theoretisch isolierbare Lautsegmente, die auf (b) orthographisch-graphemischer Ebene durch Leerstellen im Schriftbild isoliert werden; (c) auf morphologischer Ebene sind W. als Grundeinheiten von gramm. Paradigmen wie → Flexion gekennzeichnet [...]; (d) auf lexikalisch-semantischer Ebene sind W. kleinste, relativ selbstständige Träger von Bedeutung, die im Lexikon kodifiziert sind, und (e) unter syntaktischem Aspekt lassen sie sich als kleinste verschiebbare und ersetzbare Einheiten des Satzes beschreiben. [...]

3. Analysiere, welche kommunikative Funktion nach Bühler bei den Textsorten Plakat, Gedicht, Lexikoneintrag jeweils im Vordergrund steht. Gib an, was jeweils unter einem „Wort" verstanden wird.
4. Gestaltet eigene Plakate, Gedichte oder Lexikoneinträge zum Thema „Wort".

Das Kommunikationsmodell von F. Schulz von Thun

Der Kommunikationswissenschaftler Friedemann Schulz von Thun (geb. 1944) erweiterte das Organon-Modell Bühlers um eine vierte Dimension: die Beziehungsebene. Neben der Sachebene (bei Bühler Symbol), der Selbstoffenbarungsebene (bei Bühler Symptom bzw. Ausdruck) und der Appellebene (bei Bühler Signal) enthält jede Äußerung eine Botschaft über die Beziehung der Gesprächspartner. Sie wird vom Sprecher vermittelt und sie beeinflusst, wie dieser sich ausdrückt. Zugleich wird die Beziehungsbotschaft vom Angesprochenen aufgenommen und gedeutet.

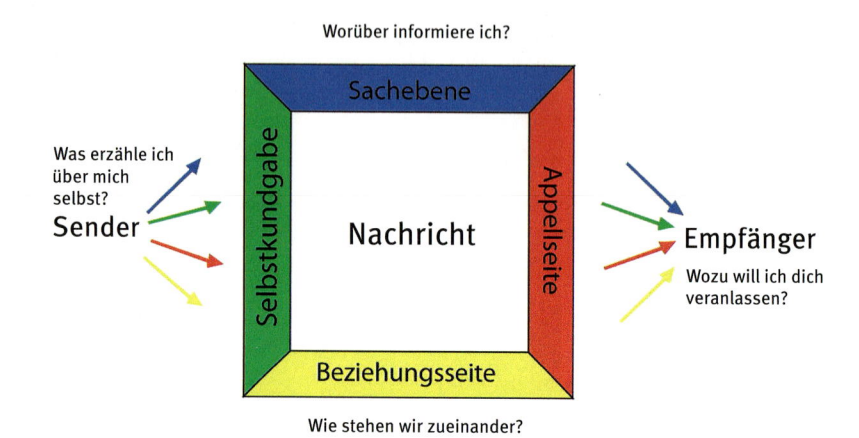

Schulz von Thuns Kommunikationsmodell wird auch als Vier-Seiten-Modell, Kommunikationsquadrat oder Vier-Ohren-Modell bezeichnet.

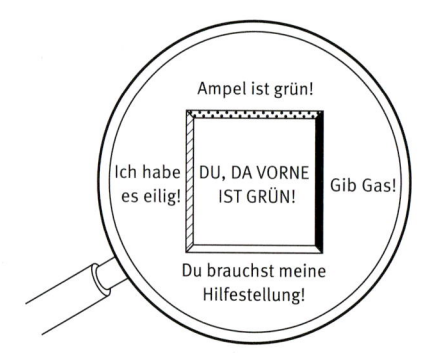

„Aus der Nachricht geht ferner hervor, wie der Sender zum Empfänger steht, was er von ihm hält. Oft zeigt sich dies in der gewählten Formulierung, im Tonfall und anderen nichtsprachlichen Begleitsignalen. Für diese Seite der Nachricht hat der Empfänger ein besonders empfindliches Ohr; denn hier fühlt er sich als Person in bestimmter Weise behandelt (oder misshandelt).

In unserem Beispiel gibt der Mann durch seinen Hinweis zu erkennen, dass er seiner Frau nicht recht zutraut, ohne seine Hilfe den Wagen optimal zu fahren." („Miteinander reden", S. 30)

5. Friedemann Schulz von Thuns Kommunikationsmodell ist oben aus der Position des Senders (Beifahrers) veranschaulicht worden. Wende das Vier-Seiten-Modell auf die Beispielsituation an, indem du dich in die Position des Empfängers (der Autofahrerin) versetzt. Notiere, welche Botschaften er bzw. sie auf den vier Ebenen empfängt.

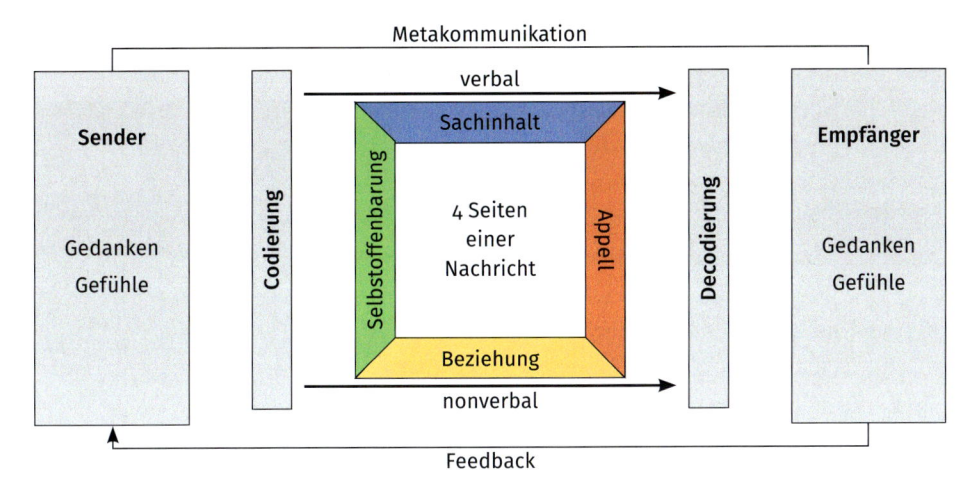

Das erweiterte Sender-Empfänger-Modell

Das Sender-Empfänger-Modell beschreibt Kommunikation als Übertragung einer Nachricht vom Sender zum Empfänger. Dabei wird die Nachricht kodiert und als Signal über einen Kanal übermittelt. (Klasse 7)

Metakommunikation
a) Kommunikation, die über die rein verbale Verständigung hinausgeht (Gestik, Mimik etc.), b) Kommunikation über die Kommunikation bzw. die Sprache selbst

6. Erkläre mithilfe der Abbildung das erweiterte Sender-Empfänger-Modell.
7. Setzt das Modell in einem unvorbereiteten Rollenspiel um. Wählt dazu einen passenden kurzen Satz aus, der übermittelt werden soll.

Kommunikationsmodelle (nach Bühler und Schulz von Thun)

Bei der zwischenmenschlichen Kommunikation lassen sich verschiedene Ebenen unterscheiden:
- Dem Sprachtheoretiker **Karl Bühler** zufolge hat die Sprache drei kommunikative Ebenen bzw. Funktionen:
    1. Die **Darstellungsfunktion (Symbol)** oder deskriptive Funktion: Wir sprechen mit Sprache über eine uns umgebende Wirklichkeit, d. h. über Gegenstände und Sachverhalte.
    2. Die **Ausdrucksfunktion (Symptom)** oder expressive Funktion: Mit Sprache können wir auch unsere innere Einstellung ausdrücken, also indirekt unsere Gefühle vermitteln.
    3. Die **Appellfunktion (Signal)**: Mit Sprache können wir andere Menschen dazu bewegen, etwas zu tun.
- Diese drei Funktionen können in allen gesprochenen und geschriebenen Texten erscheinen. Manchmal dominiert jedoch eine Funktion und bestimmt so die gesamte Textsorte. Informierende Texte beispielsweise werden hauptsächlich darstellende Anteile aufweisen, während Werbetexte eher appellativer Art sind.
- **Friedemann Schulz von Thun** hat Bühlers Modell erweitert und das **Kommunikationsquadrat** entwickelt. Jede menschliche Äußerung enthält demnach vier Botschaften: eine **Sachinformation**, eine **Selbstkundgabe**, einen **Beziehungshinweis** und einen **Appell**.

→ Arbeitsheft S. 70–71

Kommunikationsmodelle anwenden

1 Ein Mathe-Zaubertrick

Wer als Gedankenleser erscheinen will, sollte mit seinem Gegenüber das folgende Spiel durchführen: Fordern Sie jemanden auf, sich eine beliebige Zahl zu denken. Der Einfachheit halber sollte diese Zahl zwischen 1 und 10 liegen. Machen Sie dann mit ihm einige Rechenoperationen: Addieren Sie zu dieser Zahl die Zahl 5; addieren Sie zu der Summe die Zahl 3; subtrahieren Sie von der Summe die Zahl 2 usw. Diese Rechenoperationen müssen Sie natürlich auch selbst machen, also zur 5 + 3 − 2 usw. Am Ende dieser Operationen fordern Sie Ihr Gegenüber auf, vom Ergebnis die eingangs gedachte Zahl abzuziehen. Natürlich ist dann das Ergebnis identisch mit dem Ergebnis der Rechenoperationen. Teilen Sie diese Zahl Ihrem Gegenüber mit. Er / Sie wird überrascht sein, dass Sie das Ergebnis wissen, obwohl Ihnen die gedachte Zahl nicht bekannt war.

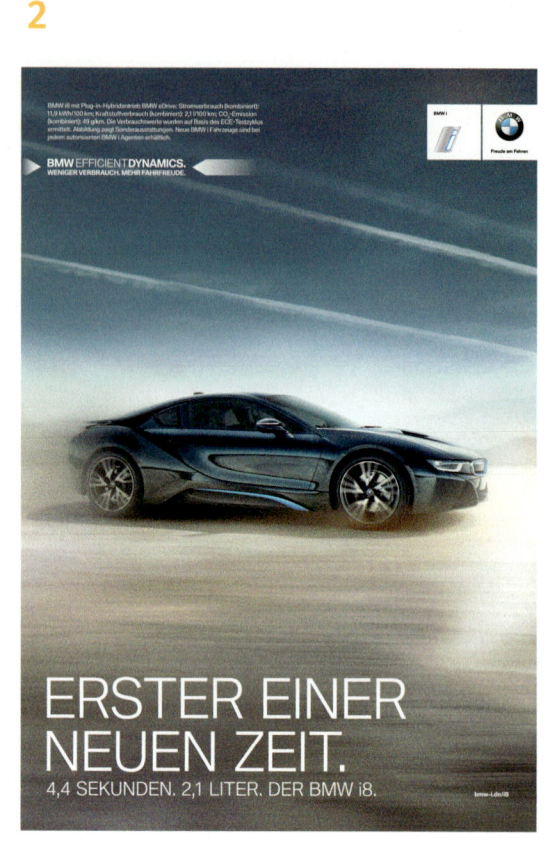

2

ERSTER EINER NEUEN ZEIT.
4,4 SEKUNDEN. 2,1 LITER. DER BMW i8.

BMW EFFICIENT DYNAMICS. WENIGER VERBRAUCH. MEHR FAHRFREUDE.

3 Das verlassene Mägdlein   Eduard Mörike (1829)

Früh, wann die Hähne krähn,
Eh die Sternlein verschwinden,
Muss ich am Herde stehn,
Muss Feuer zünden.

Schön ist der Flammen Schein,
Es springen die Funken;
Ich schaue so drein,
In Leid versunken.

Plötzlich, da kommt es mir,
Treuloser Knabe,
Dass ich die Nacht von dir
Geträumet habe.

Träne auf Träne dann
Stürzet hernieder;
So kommt der Tag heran –
O ging er wieder!

1. Befasse dich mit den Texten 1 bis 3 und benenne die jeweilige Textsorte.
2. Bestimme für jeden Text die dominierende kommunikative Funktion nach Bühler.

Stelle dir folgende Situation vor: Die Mathematiklehrerin betritt das Klassenzimmer und findet eine ungeputzte Tafel vor. Sie könnte Folgendes zu den Schülerinnen und Schülern sagen:

1 „Die Tafel ist nicht geputzt." **2** „Der Unterricht kann nicht ordnungsgemäß beginnen." **3** „Ein Lehrer hat ein Recht, eine geputzte Tafel zu erwarten." **4** „Putzt sofort die Tafel!" **5** „Ich bin verärgert." **6** „Erledigt in Zukunft eure Pflichten besser!" **7** „Ich bin enttäuscht vom Ordnungsdienst." **8** „Es ist die Aufgabe des Ordnungsdienstes, die Tafel sauber zu halten."

3. Bestimme, mit welcher Absicht die Lehrerin diese Sätze äußert.

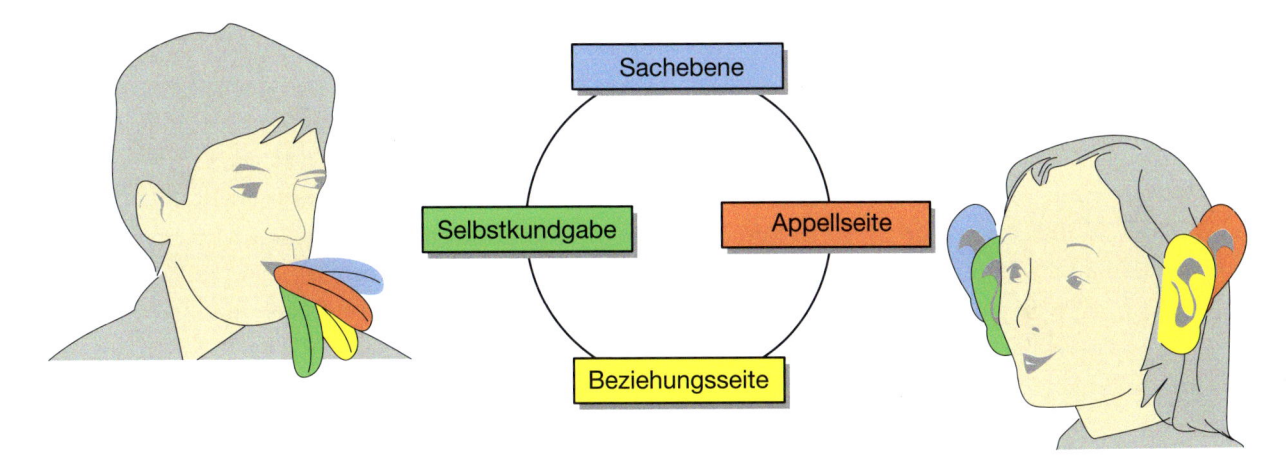

4. Formuliere für die Nachricht „Brr, ist es draußen kalt." die vier Dimensionen der Kommunikation im Gespräch zwischen Mutter (Sender) und Tochter (Empfänger).
5. Überlegt euch in Partnerarbeit eine Situation aus dem Alltag, z. B. einen Streit mit einem Freund oder einer Freundin, und spielt die Situation vor. Besprecht, welche Botschaften mit unterschiedlichen Reaktionen vermittelt werden.
6. Neben den persönlichen Beziehungsbotschaften spielt die Art und Weise der Beziehung eine entscheidende Rolle. Untersucht das Beziehungsverhältnis folgender Kommunikationspartner:

> Freund – Freund ▪ Chef – Angestellter ▪ Käufer – Verkäufer ▪ Vater – Kind ▪ Angeklagter – Rechtsanwalt ▪ Offizier – Soldat ▪ Abgeordneter – Wähler

Kommunikationsanalyse

Aspekte der Kommunikation

Der österreichisch-amerikanische Philosoph und Psychologe Paul Watzlawick war der Auffassung, dass viele psychische Probleme ihre Ursachen nicht in der frühen Kindheit oder in einer seelischen Erkrankung haben, sondern auf einen krank machenden sprachlichen Umgang der Menschen untereinander zurückzuführen sind. Bei seinen Bemühungen, unser sprachliches Miteinander zu verbessern, hat er zwischen dem Inhalts- und dem Beziehungsaspekt einer Kommunikation unterschieden. Im Folgenden wird zusammengefasst, wie Watzlawick den Inhalts- vom Beziehungsaspekt einer Kommunikation unterscheidet:

Paul Watzlawick (1921–2007)

Wenn zwei Menschen miteinander sprechen, dann verständigen sie sich über einen bestimmten Inhalt. Beispielhaft dafür sind Diskussionen in allen Bereichen des Lebens, etwa in dem Gemeinderat eines kleinen Dorfs, wo es darum geht, durch den Austausch von Meinungen eine bestimmte Entscheidung herbeizuführen, so den Bau einer neuen Turnhalle. Und wenn die/der Lehrer/in mit den Schülern spricht, sie also etwas fragt, ihnen etwas erklärt oder mit ihnen diskutiert, geht es um die Vermittlung oder um den Austausch von Inhalten, etwa um das Verständnis eines literarischen Textes.

In allen Bereichen des Lebens lässt sich daneben beobachten, dass wir Gespräche führen, bei denen der Inhalt weniger wichtig ist. Smalltalk ist eine moderne Bezeichnung für diese Art des Kommunizierens. Die Gesprächspartner unterhalten sich über belanglose Dinge, die beide schon wissen, zum Beispiel über das Wetter oder über ein Sportereignis. Sie tun dies vielleicht, weil sie sich sympathisch sind und miteinander reden wollen. Hier geht es also in erster Linie um den Beziehungsaspekt der Kommunikation.

Watzlawick geht davon aus, dass es in Kommunikationssituationen auch darum gehen kann, die Beziehung zu einem Gesprächspartner zu definieren. Der Inhalt, über den man spricht, ist dafür nur ein Mittel. Mit jeder sprachlichen Äußerung definieren wir in irgendeiner Form eine Beziehung zum Gesprächspartner.

1. Fasse zusammen, wie der Inhalts- und der Beziehungsaspekt einer Kommunikationssituation unterschieden werden.
2. Beschreibe weitere Gesprächssituationen, in denen jeweils der Inhalts- oder der Beziehungsaspekt dominiert.

Menschliche Beziehungen

Paul Watzlawick hat nicht nur zwischen dem Inhalts- und Beziehungsaspekt unterschieden. Er hat sich auch Gedanken darüber gemacht, wie menschliche Beziehungen beschaffen sein können. Im Folgenden findest du eine Zusammenfassung seiner wichtigsten Gedanken.

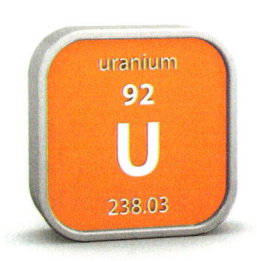

Menschliche Beziehungen können unterschiedliche Formen annehmen. Doch lassen sich zwischenmenschliche Kommunikationsabläufe nach Watzlawick grundsätzlich in symmetrische oder asymmetrische einteilen.

Im ersten Fall ist das Verhalten der beiden Gesprächspartner sozusagen spiegelbildlich. Sie stehen auf einer Ebene, sind einander ebenbürtig – ihre Interaktion ist daher symmetrisch. Beispielhaft dafür sind Diskussionen, in denen die Teilnehmer über gleiches Wissen verfügen und hinsichtlich ihrers Sozialverhaltens nicht auf Unter- und Überordnung fixiert sind.

Eine asymmetrische Beziehung basiert dagegen von vornherein auf Unter- und Überordnung. Ein Partner nimmt die sogenannte superiore[1] oder primäre Stellung ein, der andere die entsprechende inferiore[2] oder sekundäre. Solche Beziehungen beruhen oft auf gesellschaftlich oder kulturell allgemein akzeptierten Kontexten. Wenn wir einen Arzt aufsuchen, dann begeben wir uns in eine asymmetrische Beziehung. Der Arzt weiß mehr als wir und gilt für uns als eine Autorität, dessen Anweisungen wir befolgen. Wir akzeptieren diese Beziehungsdefinition als selbstverständlich. Eine solche Akzeptanz muss nicht immer gegeben sein.

Nach Watzlawick entstehen Konflikte sehr oft durch eine Vermengung von Inhalts- und Beziehungsaspekten.

Zwei Personen streiten sich oder sind unterschiedlicher Meinung bezüglich einer Sachfrage. Auf den ersten Blick scheint die Klärung des Inhalts im Vordergrund zu stehen. Es kann aber auch sein, dass die Beziehung der beiden gestört ist und die Meinungsverschiedenheiten auf der Beziehungsebene liegen. Ein Beispiel kann dies verdeutlichen: Zwei Naturwissenschaftler unterhalten sich über einen physikalischen Sachverhalt. Plötzlich bemerkt einer der beiden: „Uran hat 93 Elektronen."

Daraufhin beendet der andere das Gespräch und wendet sich ab.

Der Zorn ist anscheinend nicht durch ein ungeklärtes Problem auf der Inhaltsebene entstanden. Vielmehr lässt sich vermuten, dass die beiden Physiker in ihren Gesprächen versucht haben, jeweils eine andere superiore Position einzunehmen.

Solche Konflikte lassen sich nicht auf der Inhaltsebene lösen. Man kann in einem Buch nachlesen, wie viele Elektronen Uran hat. Die Meinungsverschiedenheit wird sich dann an anderen Inhalten fortsetzen. Vielmehr müssten die beiden Physiker sich zunächst mit sich selbst und ihrer Beziehung auseinandersetzen, d. h., sie müssten zur Anerkennung ihrer gemeinsamen Sachautorität kommen, dann würde auch die Kommunikation über physikalische Inhalte gelingen.

1. Stelle dar, wie sich symmetrische und asymmetrische Beziehungen unterscheiden. Finde weitere Beispiele.
2. Tauscht euch darüber aus, wie Beziehungskonflikte entstehen und wie sie jeweils gelöst werden können.
3. Diskutiert weitere Situationen aus dem Alltag.

[1] **superior** übergeordnet
[2] **inferior** untergeordnet

Kommunikationsanalyse
→ S. 279

Ohne Worte – nonverbale Kommunikation

Man kann nicht *nicht* kommunizieren

„Verhalten hat vor allem eine Eigenschaft, die so grundlegend ist, dass sie oft übersehen wird: Verhalten hat kein Gegenteil, oder um dieselbe Tatsache noch simpler auszudrücken: Man kann sich nicht *nicht* verhalten. Wenn man also akzeptiert, dass alles Verhalten in einer zwischenpersönlichen Situation Mitteilungscharakter hat, d.h. Kommunikation ist, so folgt daraus, dass man, wie immer man es auch versuchen mag, nicht *nicht* kommunizieren kann. Handeln oder Nichthandeln, Worte oder Schweigen haben alle Mitteilungscharakter: Sie beeinflussen andere, und diese anderen können ihrerseits nicht *nicht* auf diese Kommunikation reagieren und kommunizieren damit selbst. Es muss betont werden, dass Nichtbeachtung oder Schweigen seitens des anderen dem eben Gesagten nicht widerspricht. Der Mann im überfüllten Wartesaal, der vor sich auf den Boden starrt oder mit geschlossenen Augen dasitzt, teilt den anderen mit, dass er weder sprechen noch angesprochen werden will, und gewöhnlich reagieren seine Nachbarn richtig darauf, indem sie ihn in Ruhe lassen. Dies ist nicht weniger ein Kommunikationsaustausch als ein angeregtes Gespräch."
(P. Watzlawick u.a.: „Menschliche Kommunikation. Formen, Störungen, Paradoxien", S. 58 f.)

1. Fasst den Text von Paul Watzlawick, Janet H. Beavin und Don D. Jackson mit eigenen Worten zusammen. Erläutert und diskutiert die Hauptthese.
2. Überlegt euch, wie es sich verhält, wenn der beschriebene Mann in einem menschenleeren Wartesaal sitzt.

Beat Streuli (geb. 1957): „Guangzhou Central Station 08" (2008). Inkjet print on aluminium, 598 x 762 cm. Image © Beat Streuli

Körpersprache

Professor Samy Molcho, geboren 1936 in Tel Aviv, österreichischer Staatsbürger, ist die internationale Kapazität auf dem Gebiet der Körpersprache und war einer der bedeutendsten Pantomimen des 20. Jahrhunderts. Er befasst sich sowohl praktisch als auch theoretisch mit der Sprache unseres Körpers. Jeder Mensch sendet durch paraverbale, die Sprache begleitende Hinweise (Tonhöhe, Klangfarbe, Lautstärke, Stimmvolumen) und durch nonverbale Signale (ganzer Körper, Kleidung) Botschaften an seine Umwelt. Diese nicht-sprachlichen Botschaften können das Gesagte verändern oder negieren, da sie die innere Gefühlseinstellung zum Gesagten darstellen. Dabei zählen die vom Körper bewusst oder unbewusst ausgesandten Zeichen Molcho zufolge mehr als Worte. „Unsere Körpersprache ist deutlicher als die der Wörter. [...] Unser Körper reagiert immer auch spontan und kann sich nicht so verstellen, wie das unsere Wörter tun. [...] Was wir sind, sind wir durch unseren Körper. Der Körper ist der Handschuh der Seele, seine Sprache das Wort des Herzens. Jede innere Bewegung, Gefühle, Emotionen, Wünsche drücken sich durch unseren Körper aus."
(„Körpersprache", S. 11 und 26)

Samy Molcho in einer Aufnahme aus dem Jahr 1980

3. Lies den Text und fasse Wesentliches mit eigenen Worten zusammen.

4. Betrachte das Foto und erfasse nonverbale Signale der dargestellten Personen. Deute anschließend die abgebildete Situation.

Übersicht nonverbaler Kommunikationskanäle

> Mimik ▪ Gestik ▪ Kleidung ▪ Accessoires ▪ Frisur ▪ Gang ▪ Körperhaltung ▪ Augenkontakt

5. Übernimm die Tabelle in dein Heft und ordne die genannten Kommunikationskanäle in die unten stehende Tabelle ein. Begründe anschließend deine Zuordnung.

Bewusste Wahrnehmung	Teils bewusste, teils unbewusste Wahrnehmung	Unbewusste Wahrnehmung
Frisur	…	…

6. Diskutiert, inwiefern auch das Fahrzeug oder die Einrichtung einer Wohnung bzw. eines Zimmers etwas über eine Person aussagen.

Mimik

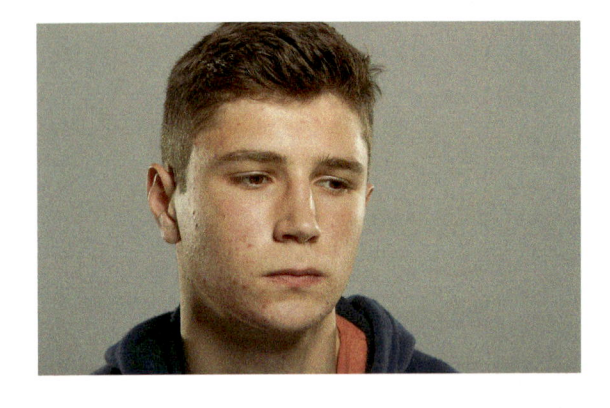

7. Beschreibt die Emotionen, die der Jugendliche auf dem Foto zum Ausdruck bringt.
8. Spielt in Gruppen ein pantomimisches „Gefühle-Raten": Notiert euch Gefühle wie Zorn, Wut, Freude, Trauer, Stolz, Scham auf Zettel. Jemand zieht einen Zettel. Seine Mitspieler müssen das dargestellte Gefühl erkennen. Detailliertere Spielregeln könnt ihr dem Spiel „Tabu" entlehnen.

Gestik

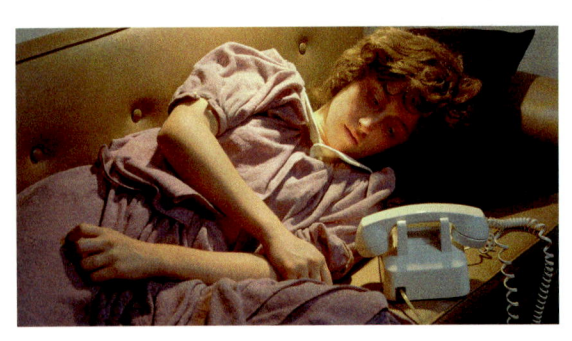

Cindy Sherman, eine der prominentesten Künstlerinnen weltweit, erregte in den 1970er-Jahren durch eine Fotoserie Aufsehen, die sie „Film Stills" betitelte. Sherman, die sich in Verkleidungen und Maskeraden ausschließlich selbst fotografiert, posiert in den Fotos der „Film-Still"-Serie so, als handelte es sich um einen Filmausschnitt.

Cindy Shermann (geb. 1954): „Untitled #90" (1981). Chromogenic color print, 61 x 121, 9 cm. Des Moines Art Center Permanent Collections. Gift of Joan Simon

9. Interpretiert Gestik und Körperhaltung der dargestellten Frau.

Proxemik

Proxemik (lat. ‚proximus': ‚der Nächste') Als Disziplin der Psychologie untersucht die Proxemik die kommunikativen Signale, die eine Person durch die Einnahme einer bestimmten Distanz zum Kommunikationspartner sendet.

Jeff Wall (geb. 1946): „Outburst" (1989). Unique + 1 AP, transparency in light box, 229 x 312 cm

10. Interpretiere, wie sich die dargestellten Personen auf dem Foto verhalten.
11. Überlegt, welche zwischenmenschlichen Beziehungen durch Proxemik zum Ausdruck gebracht werden können.

Merken

Nonverbale Kommunikation

▶ Bei der Face-to-Face-Kommunikation spielen **sprachbegleitende Signale** wie Stimme, Tonhöhe, Lautstärke sowie **nicht-sprachliche Hinweise** wie Mimik und Gestik eine wichtige Rolle.

▶ Die **paraverbalen** (die Stimmeigenschaften und das Sprechverhalten betreffenden) und die **nonverbalen Botschaften** können die verbale Aussage unterstützen und verstärken oder abschwächen und modifizieren. Im Extremfall vermitteln verbale und nonverbale Signale einander widersprechende Botschaften.

▶ Da nonverbales Verhalten jederzeit interpretiert werden kann, gilt, dass man in zwischenmenschlichen Situationen **nicht *nicht* kommunizieren** kann.

→ **Arbeitsheft** S. 75

Zum Bild:
Paul Klee (1879–1940): „Villa R" (1919; Detail). Öl auf Leinwand, 42 mal 48 cm. Kunstmuseum Basel

„Doch hängt mein ganzes Herz …"
Grammatik und ihre stilistischen Funktionen – ein Interpretationsansatz

Der blinde Spiegel   Joseph Roth (1925)

Wie flatterte das Herz, wenn er diktierte, die großen, fremden, nie gehörten Worte sprudelten, Sturzbäche erstaunlicher Satzgefüge, prachtvoll exotische Klänge, lateinische Namen, Sätze, labyrinthisch gebaute, mit kunstvoll verborgenen Prädikaten, die manchmal unerklärlich verlorengingen.

▶ Beschreibt den Sprachstil Joseph Roths.
▶ Diskutiert darüber, ob ihr die Begeisterung des Verfassers für Satzgefüge teilen könnt.

Nachdenken über Sprache

Wortarten

Die Stadt Theodor Storm (1851)

Am grauen Strand, am grauen Meer
Und seitab liegt die Stadt;
Der Nebel drückt die Dächer schwer,
Und durch die Stille braust das Meer
5 Eintönig um die Stadt.

Es rauscht kein Wald, es schlägt im Mai
Kein Vogel ohn Unterlass;
Die Wandergans mit hartem Schrei
Nur fliegt in Herbstesnacht vorbei,
10 Am Strande weht das Gras.

Doch hängt mein ganzes Herz an dir,
Du graue Stadt am Meer;
Der Jugend Zauber für und für
Ruht lächelnd doch auf dir, auf dir,
15 Du graue Stadt am Meer.

1. Bestimme zunächst die folgenden Wörter des Gedichtes nach ihrer Wortart: „grauen" (V. 1, 12, 15), „Nebel" (V. 3), „[e]intönig" (V. 5), „[d]och" (V. 11), „hängt" (V. 11), „Du" (V. 12, 15).
2. Arbeitet nun in Kleingruppen:
   – Diskutiert über die jeweilige Bedeutung dieser sechs Wörter für das Verständnis des Textes. Begründet eure Auffassungen genau am Text.
   – Beschäftigt euch eingehender mit dem Wort „doch":
   Welche stilistische Funktion kommt der Konjunktion zu?
   Was leistet sie für das Verständnis des Gedichtes?
   (Beachtet, dass Storm hier über seine Heimatstadt schreibt.)
3. Verfasse selbst einen kleinen Text (lyrisch, episch, Sachtext), in dem die Konjunktion „doch" eine ähnliche stilistische Funktion hat.

> **Weiter im Kapitel:**
>
> Du lernst (,)
> ▸ die stilistische Funktion von Wortarten zu bestimmen.
> ▸ die stilistische Funktion von Sätzen zu erfassen.

Theodor Storm (1817–1888) gehört als Lyriker und Novellendichter (vgl. etwa „Pole Poppenspäler", 1875, und „Der Schimmelreiter", 1888) zu den wichtigsten deutschen Autoren der zweiten Hälfte des 19. Jahrhunderts. Im Hauptberuf war er zunächst Rechtsanwalt, später Landvogt und Amtsrichter. Den größten Teil seines Lebens verbrachte er in seiner Heimatstadt Husum an der Nordsee (Nordfriesland).

Das Gedicht findest du auch im Internetportal.

Koordinierende (nebenordnende) Konjunktionen sind beispielsweise die ‚Bindewörter' „und", „oder", „doch"; „doch" ist eine entgegensetzende – adversative – Konjunktion.

Das Parfum   Patrick Süskind (1985)

1

Im achtzehnten Jahrhundert lebte in Frankreich ein Mann, der zu den genialsten und abscheulichsten Gestalten dieser an genialen und abscheulichen Gestalten nicht armen Epoche gehörte. Seine Geschichte soll hier erzählt werden. Er hieß Jean-Baptiste Grenouille, und wenn sein Name im Gegensatz zu den Namen anderer genialer Scheusale, wie etwa de Sades, Saint-Justs, Fouchés, Bonapartes usw., heute in Vergessenheit geraten ist, so sicher nicht deshalb, weil Grenouille diesen berühmteren Finstermännern an Selbstüberhebung, Menschenverachtung, Immoralität, kurz an Gottlosigkeit nachgestanden hätte, sondern weil sich sein Genie und sein einziger Ehrgeiz auf ein Gebiet beschränkte, welches in der Geschichte keine Spuren hinterläßt: auf das flüchtige Reich der Gerüche.

Zu der Zeit, von der wir reden, herrschte in den Städten ein für uns moderne Menschen kaum vorstellbarer Gestank. Es stanken die Straßen nach Mist, es stanken die Hinterhöfe nach Urin, es stanken die Treppenhäuser nach fauligem Holz und nach Rattendreck, die Küchen nach verdorbenem Kohl und Hammelfett; die ungelüfteten Stuben stanken nach muffigem Staub, die Schlafzimmer nach fettigen Laken, nach feuchten Federbetten und nach dem stechend süßen Duft der Nachttöpfe. [...] Die Menschen stanken nach Schweiß und nach ungewaschenen Kleidern; aus dem Mund stanken sie nach verrotteten Zähnen, aus ihren Mägen nach Zwiebelsaft und an den Körpern, wenn sie nicht mehr ganz jung waren, nach altem Käse und nach saurer Milch und nach Geschwulstkrankheiten. Es stanken die Flüsse, es stanken die Plätze, es stanken die Kirchen, es stank unter den Brücken und in den Palästen. Der Bauer stank wie der Priester, der Handwerksgeselle wie die Meistersfrau, es stank der gesamte Adel, ja sogar der König stank, wie ein Raubtier stank er, und die Königin wie eine alte Ziege, sommers wie winters. [...]

Und natürlich war in Paris der Gestank am größten, denn Paris war die größte Stadt Frankreichs. Und innerhalb von Paris wiederum gab es einen Ort, an dem der Gestank ganz besonders infernalisch herrschte, zwischen der Rue aux Fers und der Rue de la Ferronnerie, nämlich den Cimetière des Innocents. Achthundert Jahre lang hatte man hierher die Toten des Krankenhauses Hôtel-Dieu und der umliegenden Pfarrgemeinden verbracht, achthundert Jahre lang Tag für Tag die Kadaver zu Dutzenden herbeigekarrt und in lange Gräben geschüttet, achthundert Jahre lang in den Grüften und Beinhäusern Knöchelchen auf Knöchelchen geschichtet. Und erst später, am Vorabend der Französischen Revolution, nachdem einige der Leichengräben gefährlich eingestürzt waren und der Gestank des überquellenden Friedhofs die Anwohner nicht mehr zu bloßen Protesten, sondern zu wah-

---

Patrick Süskind kam 1949 im bayerischen Ambach (am Starnberger See) zur Welt. Er scheut die Öffentlichkeit und lebt zurückgezogen. Sein bis heute einziger Roman „Das Parfum" (1985) wurde ein Welterfolg und verkaufte sich etwa 20 Millionen Mal. Tom Tykwer hat ihn zwanzig Jahre später verfilmt („Das Parfum – Die Geschichte eines Mörders", 2006). Gemeinsam mit Helmut Dietl (1944 – 2015) hat Süskind auch Drehbücher für erfolgreiche Fernsehserien und Kinofilme Dietls verfasst (z. B. „Kir Royal", 1986, oder „Rossini", 1997).

Texte von Patrick Süskind dürfen nicht an die heutige Rechtschreibung angeglichen werden.

Grenouille (Z. 4): Frosch

Cimetière des Innocents (Z. 29): Friedhof der Unschuldigen

Cimetière des Innocents in Paris.
Stich eines unbekannten Künstlers aus dem 18. Jahrhundert

Der im 18. Jahrhundert geschlossene Cimetière des Innocents. Rekonstruktion des Friedhofes und der umliegenden Bebauung im Jahr 1750. Farblithographie aus: F. Hoffbauer, „Paris à travers les ages [...]" (Paris 1885)

ren Aufständen trieb, wurde er endlich geschlossen und aufgelassen, wurden die Millionen Knochen und Schädel in die Katakomben von Montmartre geschaufelt, und man errichtete an seiner Stelle einen Marktplatz für Viktualien.

Hier nun, am allerstinkendsten Ort des gesamten Königreichs, wurde am 17. Juli 1738 Jean-Baptiste Grenouille geboren. [...] Grenouilles Mutter stand, als die Wehen einsetzten, an einer Fischbude in der Rue aux Fers und schuppte Weißlinge, die sie zuvor ausgenommen hatte. Die Fische, angeblich erst am Morgen aus der Seine gezogen, stanken bereits so sehr, daß ihr Geruch den Leichengeruch überdeckte. Grenouilles Mutter aber nahm weder den Fisch- noch den Leichengeruch wahr, denn ihre Nase war gegen Gerüche im höchsten Maße abgestumpft, und außerdem schmerzte ihr Leib, und der Schmerz tötete alle Empfänglichkeit für äußere Sinneseindrücke. Sie wollte nur noch, daß der Schmerz aufhöre, sie wollte die eklige Geburt so rasch als möglich hinter sich bringen. [...] Und als die Preßwehen einsetzten, hockte sie sich unter ihren Schlachttisch und gebar dort, wie schon vier Mal zuvor, und nabelte mit dem Fischmesser das neugeborene Ding ab. Dann aber, wegen der Hitze und des Gestanks, [...] wurde sie ohnmächtig, kippte zur Seite, fiel unter dem Tisch hervor mitten auf die Straße und blieb dort liegen, das Messer in der Hand.

Geschrei, Gerenne, im Kreis steht die glotzende Menge, man holt die Polizei. Immer noch liegt die Frau mit dem Messer in der Hand auf der Straße, langsam kommt sie zu sich. [...]

Da fängt, wider Erwarten, die Geburt unter dem Schlachttisch zu schreien an. Man schaut nach, entdeckt unter einem Schwarm von Fliegen und zwischen Gekröse und abgeschlagenen Fischköpfen das Neugeborene, zerrt es heraus. Von Amts wegen wird es einer Amme gegeben, die Mutter festgenommen. Und weil sie geständig ist und ohne weiteres zugibt, daß sie das Ding bestimmt würde

Montmarte
Stadtteil von Paris

Viktualien (Z. 43):
Lebensmittel

Gekröse
Innereien

haben verrecken lassen, wie sie es im übrigen schon mit vier anderen getan habe, macht man ihr den Prozeß, verurteilt sie wegen mehrfachen Kindermords und schlägt ihr ein paar Wochen später auf der Place de Grève den Kopf ab.

Das Kind hatte zu diesem Zeitpunkt bereits das dritte Mal die Amme gewechselt. Keine wollte es länger als ein paar Tage behalten. [...] Der zuständige Polizeioffizier, ein gewisser La Fosse, war die Sache alsbald leid und wollte das Kind schon zur Sammelstelle für Findlinge und Waisen in der äußeren Rue Saint-Antoine bringen lassen, von wo aus täglich Kindertransporte ins staatliche Großfindelheim von Rouen abgingen. Da nun aber diese Transporte von Lastträgern vermittels Bastkiepen durchgeführt wurden, in welche man aus Rationalitätsgründen bis zu vier Säuglinge gleichzeitig steckte; da deshalb die Sterberate unterwegs außerordentlich hoch war; da aus diesem Grund die Kiepenträger angehalten waren, nur getaufte Säuglinge zu befördern und nur solche, die mit einem ordnungsgemäßem Transportschein versehen waren, welcher in Rouen abgestempelt werden mußte; da das Kind Grenouille aber weder getauft war noch überhaupt einen Namen besaß, den man ordnungsgemäß in den Transportschein hätte eintragen können; da es ferner seitens der Polizei nicht gut angängig gewesen wäre, ein Kind anonymiter vor den Pforten der Sammelstelle auszusetzen, was allein die Erfüllung der übrigen Formalitäten erübrigt haben würde ... – aus einer Reihe von Schwierigkeiten bürokratischer und verwaltungstechnischer Art also, die sich bei der Abschiebung des Kleinkinds zu ergeben schienen, und weil im übrigen die Zeit drängte, nahm der Polizeioffizier La Fosse von seinem ursprünglichen Entschluß wieder Abstand und gab Anweisung, den Knaben bei irgendeiner kirchlichen Institution gegen Aushändigung einer Quittung abzugeben, damit man ihn dort taufe und über sein weiteres Schicksal entscheide. Im Kloster Saint-Merri in der Rue Saint-Martin wurde man ihn los. [...]

Bastkiepen aus robustem Bast geflochtene, hohe und geräumige Körbe mit Trageriemen, gewissermaßen die Vorläufer heutiger großer Wander- oder Reiserucksäcke. Traditionelle Kiepen werden heute noch bei der Weinlese verwendet.

Die Katholische Pfarrkirche Saint-Merry im vierten Pariser Arrondissement

1. Stelle dar, wie der Leser in den Roman eingeführt wird.
2. Arbeite heraus, was du über den Protagonisten erfährst.
   – Gib deinen ersten Eindruck zu dem Protagonisten wieder.
   – Stelle Vermutungen an, wie der weitere Entwicklungsweg des Protagonisten verlaufen könnte.
3. Untersuche die Satzgestaltung folgender Textstellen und vergleiche ihre (stilistische) Funktion im Text.
   – Zeile 3 („Er hieß ...") bis Zeile 10;
   – Zeile 75 („Da nun aber ...") bis Zeile 97.

7

Es war wie im Schlaraffenland. Allein die nahegelegenen Viertel von Saint-Jacques-de-la-Boucherie und von Saint-Eustache waren ein Schlaraffenland. In den Gassen seitab der Rue Saint-Denis und der Rue Saint-Martin lebten die Menschen so dicht beieinander, drängte sich Haus so eng an Haus, fünf, sechs Stockwerke hoch, daß man den Himmel nicht sah und die Luft unten am Boden wie in feuchten Kanälen stand und vor Gerüchen starrte. Es mischten sich Menschen- und Tiergerüche, Dunst von Essen und Krankheit, von Wasser und Stein und Asche und Leder, von Seife und frischgebackenem Brot und von Eiern, die man in Essig kochte, von Nudeln und blankgescheuertem Messing, von Salbei und Bier und Tränen, von Fett und nassem und trockenem Stroh. Tausende und Abertausende von Gerüchen bildeten einen unsichtbaren Brei [...]. Die Menschen, die dort lebten, rochen in diesem Brei nichts Besonderes mehr; er war ja aus ihnen entstanden und hatte sie wieder und wieder durchtränkt, er war ja die Luft, die sie atmeten und von der sie lebten, er war wie eine langgetragene warme Kleidung, die man nicht mehr riecht und nicht mehr auf der Haut spürt. Grenouille aber roch alles wie zum ersten Mal. Und er roch nicht nur die Gesamtheit dieses Duftgemenges, sondern er spaltete es analytisch auf in seine kleinsten und entferntesten Teile und Teilchen. Seine feine Nase entwirrte das Knäuel aus Dunst und Gestank zu einzelnen Fäden von Grundgerüchen, die nicht mehr weiter zerlegbar waren. Es machte ihm unsägliches Vergnügen, diese Fäden aufzudröseln und aufzuspinnen. [...]

[...] Und so dehnte er sein Jagdgebiet aus, zunächst nach Westen hin zum Faubourg Saint-Honoré, dann die Rue Saint-Antoine hinauf zur Bastille, und schließlich sogar auf die andere Seites des Flusses hinüber in das Sorbonneviertel und in den Faubourg Saint-Germain, wo die reichen Leute wohnten. Durch die Eisengitter der Toreinfahrten roch es nach Kutschenleder und nach dem Puder in den Perücken der Pagen, und über die hohen Mauern hinweg strich aus den Gärten der Duft des Ginsters und der Rosen und der frisch geschnittenen Liguster. Hier war es auch, daß Grenouille zum ersten Mal Parfums im eigentlichen Sinn des Wortes roch: einfache Lavendel- oder Rosenwässer, mit denen bei festlichen Anlässen die Springbrunnen der Gärten gespeist wurden, aber auch komplexere, kostbarere Düfte von Moschustinktur gemischt mit dem Öl von Neroli und Tuberose, Joncquille, Jasmin oder Zimt, die abends wie ein schweres Band hinter den Equipagen herwehten. Er registrierte diese Düfte, wie er profane Gerüche registrierte, mit Neugier, aber ohne besondere Bewunderung. Zwar merkte er, daß es die Absicht der Parfums war, berauschend und anziehend zu wirken, und er erkannte die Güte der einzelnen Essenzen, aus denen sie bestanden. Aber als Ganzes erschienen sie ihm doch eher grob und plump, mehr zusammengepanscht als komponiert, und er wußte, daß er ganz andere Wohlgerüche würde herstellen können, wenn er nur über die gleichen Grundstoffe verfügte. [...]

Sorbonne (Z. 24): älteste Pariser Universität
Neroli (Z. 33): Pomeranzenblüte
Tuberose (Z. 33): eine aus Mexiko stammende stark duftende Zierpflanze
Joncquille (Z. 33): Narzisse
Equipagen (Z. 34): vornehme Kutschen

Illustration der Pomeranze oder Bitterorange (Citrus × aurantium). Aus: Franz Eugen Köhler: „Köhler's Medizinal-Pflanzen" (1897)

8

Am 1. September, dem Jahrestag der Thronbesteigung des Königs, ließ die Stadt Paris am Pont Royal ein Feuerwerk abbrennen. […]

Grenouille stand stumm im Schatten des Pavillon de Flore, am rechten Ufer, dem Pont Royal gegenüber. […]

Er war schon im Begriff, die langweilige Veranstaltung zu verlassen, um an der Galerie des Louvre entlang heimwärts zu gehen, als ihm der Wind etwas zutrug, etwas Winziges, kaum Merkliches, ein Bröselchen, ein Duftatom, nein, noch weniger: eher die Ahnung eines Dufts als einen tatsächlichen Duft – und zugleich doch die sichere Ahnung von etwas Niegerochenem. Er trat wieder zurück an die Mauer, schloß die Augen und blähte die Nüstern. Der Duft war so ausnehmend zart und fein, daß er ihn nicht festhalten konnte, immer wieder entzog er sich der Wahrnehmung, wurde verdeckt vom Pulverdampf der Petarden, blockiert von den Ausdünstungen der Menschenmassen, zerstückelt und zerrieben von den tausend andren Gerüchen der Stadt. Aber dann, plötzlich, war er wieder da, ein kleiner Fetzen nur, eine Sekunde lang als herrliche Andeutung zu riechen … und verschwand alsbald. Grenouille litt Qualen. Zum ersten Mal war es nicht nur sein gieriger Charakter, dem eine Kränkung widerfuhr, sondern tatsächlich sein Herz, das litt. Ihm schwante sonderbar, dieser Duft sei der Schlüssel zur Ordnung aller anderen Düfte, man habe nichts von den Düften verstanden, wenn man diesen einen nicht verstand, und er, Grenouille, hätte sein Leben verpfuscht, wenn es ihm nicht gelänge, diesen einen zu besitzen. Er mußte ihn haben, nicht um des schieren Besitzes, sondern um der Ruhe seines Herzens willen.

Ihm wurde fast schlecht vor Aufregung. Er hatte noch nicht einmal herausbekommen, aus welcher Richtung der Duft überhaupt kam. Manchmal dauerten die Intervalle, ehe ihm wieder ein Fetzchen zugeweht wurde, minutenlang, und jedesmal überfiel ihn die gräßliche Angst, er hätte ihn auf immer verloren. […]

Er löste sich von der Mauer des Pavillon de Flore, tauchte in die Menschenmenge ein und bahnte sich seinen Weg über die Brücke. Alle paar Schritte blieb er stehen, stellte sich auf die Zehenspitzen, um über die Köpfe der Menschen hinwegzuschnuppern, roch zunächst nichts vor lauter Erregung, roch dann endlich doch etwas, erschnupperte sich den Duft, stärker sogar als zuvor, wußte sich auf der richtigen Fährte, tauchte unter, wühlte sich weiter durch die Menge der Gaffer und der Feuerwerker, die alle Augenblicke ihre Fackeln an die Lunten der Raketen hielten, verlor im beißenden Qualm des Pulvers seinen Duft, geriet in Panik, stieß und rempelte weiter und wühlte sich fort, erreichte nach endlosen Minuten das andere Ufer, das Hôtel de Mailly, den Quai Malaquest, die Einmündung der Rue de Seine…

Hier blieb er stehen, sammelte sich und roch. Er hatte ihn. Er hielt ihn fest. Wie ein Band kam der Geruch die Rue de Seine herabgezogen, unverwechselbar deutlich, dennoch weiterhin sehr zart und sehr fein. Grenouille spürte, wie sein Herz pochte, und er wußte, daß es nicht die Anstrengung des Laufens war, die es pochen machte, sondern seine erregte Hilflosigkeit vor der Gegenwart dieses

Petarden
Sprengladungen

Geruches. Er versuchte, sich an irgendetwas Vergleichbares zu erinnern, und mußte alle Vergleiche
45 verwerfen. Dieser Geruch hatte Frische; aber nicht die Frische der Limetten oder Pomeranzen, nicht die Frische von Myrrhe oder Zimtblatt oder Krauseminze oder Birken oder Kampfer oder Kiefernnadeln, nicht von Mairegen oder Frostwind oder von
50 Quellwasser …, und er hatte zugleich Wärme; aber nicht wie Bergamotte, Zypresse oder Moschus, nicht wie Jasmin und Narzisse, nicht wie Rosenholz und nicht wie Iris … Dieser Geruch war eine Mischung aus beidem, aus Flüchtigem und Schwe-
55 rem, keine Mischung davon, eine Einheit, und dazu gering und schwach und dennoch solid und tragend, wie ein Stück dünner schillernder Seide … und auch wieder nicht wie Seide, sondern wie honigsüße Milch, in der sich Biskuit löst – was ja nun beim besten Willen nicht zusammenging: Milch und Seide! Unbegreiflich dieser Duft, unbeschreiblich, in keiner Weise ein-
60 zuordnen, es durfte ihn eigentlich gar nicht geben. Und doch war er da in herrlichster Selbstverständlichkeit. Grenouille folgte ihm, mit bänglich pochendem Herzen, denn er ahnte, daß nicht er dem Duft folgte, sondern daß der Duft ihn gefangengenommen hatte und nun unwiderstehlich zu sich zog. […]

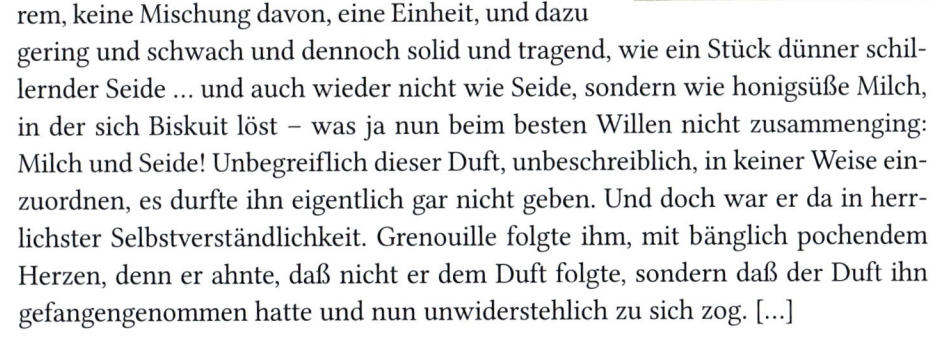

Parfum von Königin Marie Antoinette (1755 – 1793), der Gattin von Ludwig XVI. (1754 – 1793)

4. Ergänze deine Notizen zur Hauptfigur. Stelle fest, ob sich dein erster Eindruck verändert hat.
5. Interpretiere den sprechenden Namen des Protagonisten.
6. Deute das dargestellte Geschehen im achten Kapitel ab Zeile 16 („Zum ersten Mal …") bis Zeile 26 hinsichtlich eines möglichen Fortgangs der Handlung.
7. Untersuche die Satzgestaltung, indem du feststellst, an welchen Stellen der Autor den paratakischen und an welchen Stellen er den hypotaktischen Stil verwendet. Erkläre deren stilistische Funktion.
8. Finde weitere sprachliche Auffälligkeiten und deute deren Funktion. Untersuche vor allem die Satzgestaltung, die Wortwahl und die rhetorischen Figuren.

Tipp
Die **Kommasetzung bei verschiedenen Sätzen und Wortgruppen** kannst du auch noch einmal mit dem Arbeitsheft wiederholen.

Arbeitsheft → S. 83 – 84

Merken

Die stilistische Funktion von Sätzen

▶ **Paratakische und hypotaktische Satzkonstruktionen** – aber auch Ellipsen und Einwortsätze – können in poetischen Texten eine **stilistische Funktion** haben und somit als Einstieg in die Analyse und Interpretation dienen.
▶ **Ellipsen und Einwortsätze** können die Gleichförmigkeit der Abläufe in einer Situation verdeutlichen.
▶ **Der paratakische Stil** fungiert oft als Mittel der Beschreibung.
▶ **Der hypotaktische Satzbau** wird häufig für Erläuterungen genutzt.

→ **Arbeitsheft** S. 78 – 82

Selbsteinschätzung

	Seite	😊😊	😊	😐	☹
Ich kann die stilistische Funktion von Wortarten bestimmen.	237 f.				
Ich kann die stilistische Funktion von Sätzen erfassen.	239, 245				

Tipp Wenn du dir bei einigen Aussagen unsicher bist, dann präge dir noch einmal genau die Lernhilfen auf den entsprechenden Seiten ein.

Trainingsideen

Grammatik und Stil an Texten anwenden

Astern   Gottfried Benn (1935)

Astern –, schwälende Tage,
alte Beschwörung, Bann,
die Götter halten die Waage
eine zögernde Stunde an.

5 Noch einmal die goldenen Herden
der Himmel, das Licht, der Flor,
was brütet das alte Werden
unter den sterbenden Flügeln vor?

Noch einmal das Ersehnte,
10 den Rausch, der Rosen Du –,
der Sommer stand und lehnte
und sah den Schwalben zu,

noch einmal ein Vermuten,
wo längst Gewissheit wacht:
15 die Schwalben streifen die Fluten
und trinken Fahrt und Nacht.

1. Auffällig sind in diesem Gedicht die vielen Nomen: Welche stilistische Funktion und zugleich Bedeutung haben sie im Zusammenhang mit der Thematik des Gedichtes? Beachte den Titel „Astern".

In anderen Texten können auch gehäuft Substantive auftreten, etwa in Gesetzestexten bzw. rechtlichen Verordnungen:

Jugendarbeitsschutz

Der Schutz der arbeitenden Jugend ist durch das Jugendarbeitsschutzgesetz (JArb-SchG) vom 12.4.1976 (BGBl. I 965) geregelt. Es enthält Vorschriften insbesondere über Kinderarbeit, Arbeitszeit und Freizeit der Jugendlichen, Beschäftigungsverbote und -beschränkungen, besondere Pflichten des Arbeit-
5 gebers sowie die gesundheitliche Betreuung der arbeitenden Jugendlichen.

2. Beschreibe die stilistische Funktion, die die Substantive in dem Gesetzestext haben.
3. Verfasse einen Text deiner Wahl, in dem du gehäuft Substantive verwendest. Bedenke die Absicht, die du mit dem Text verbindest.

Herbsttag   Rainer Maria Rilke (1902)

Herr: es ist Zeit. Der Sommer war sehr groß.
Leg deinen Schatten auf die Sonnenuhren,
und auf den Fluren lass die Winde los.

Befiehl den letzten Früchten voll zu sein;
5 gieb ihnen noch zwei südlichere Tage,
dränge sie zur Vollendung hin und jage
die letzte Süße in den schweren Wein.

Wer jetzt kein Haus hat, baut sich keines mehr.
Wer jetzt allein ist, wird es lange bleiben,
10 wird wachen, lesen, lange Briefe schreiben
und wird in den Alleen hin und her
unruhig wandern, wenn die Blätter treiben.

4. Bestimme die unterschiedlichen Satzformen in den Strophen.
5. Vergleiche die ersten beiden Strophen mit der dritten: Welche stilistische Funktion haben jeweils die Satzformen?
6. Kläre vor diesem Hintergrund die Aussageabsicht des Autors: Welches Bild vom Herbst entwirft er?

*Die Fahrgäste sind ersucht die **TAXE** in Kleingeld bereit zu halten*

Stollen

Manschette

Pomade

Wer den Schiedrichter belästigt beschimpft oder beleidigt hat den sofortigen Verweis vom Sportplatz zu gewärtigen.
Der Vereinsvorstand

Bimsstein

Zeche

Boiler

Mumpitz

Schwefelstangen

Waschküche

Halde

Böttcher und Küfer

Sprache in Bewegung – Wort- und Sprachkunde

Im Literaturunterricht machst du die Erfahrung, dass die Sprache älterer Werke oft nicht ganz einfach zu verstehen ist – daher die Fülle der Worterläuterungen, die beispielsweise den in diesem Buch abgedruckten Szenen aus Schillers bürgerlichem Trauerspiel „Kabale und Liebe" (1784) beigegeben sind. Dass Sprache sich wandelt, ist aber auch im Alltag erfahrbar. Wörter oder Wendungen, die deinen Großeltern noch ganz selbstverständlich und eingängig waren, stellen dich möglicherweise vor Verständnisprobleme.

▶ Sprecht über die Begriffe und Formulierungen im Bild oben.
▶ Überlegt, aus welchen Gründen sich Sprache wandelt.

Nachdenken über Sprache

Denotat und Konnotat

Jedes Wort hat eine sprachlich neutrale Bedeutung, die man als Grundbedeutung bezeichnet – die Denotation (*lat. denotare: bezeichnen*). Die Denotation, die Lexikonbedeutung, ist weitestgehend objektiv und frei von Assoziationen. So bedeutet das Wort ‚Polizist' auf der denotativen Ebene in neutraler Weise: Angehöriger einer bestimmten Berufsgruppe.

Allerdings schwingen bei fast allen Wörtern neben dem rein begrifflichen Inhalt Begleitvorstellungen – häufig emotionaler Art – mit. Diese Begleitvorstellungen bezeichnet man mit dem Begriff Konnotation (*lat. connotare: mit bezeichnen*). Das Wort ‚Polizist' kann z. B., je nach Kontext und innerer Einstellung, die ganz unterschiedlichen Nebenbedeutungen ‚Schutzmann' und ‚Bulle' hervorrufen. Die konnotative Ebene schließt eine subjektive Wertung mit ein, in die kulturelle und soziale Einflüsse hineinspielen.

1. Erklärt euch gegenseitig die Begriffe Denotat und Konnotat anhand der Beispiele ‚Hund' und ‚Schnee'.
2. Übertrage die Tabelle in dein Heft und notiere zu jedem Begriff sowohl Denotation als auch mögliche Konnotationen:

Denotat → S. 274 **N**
Konnotat → S. 279 f. **N**
Arbeitsheft → S. 85 – 87

Begriff	Denotation	Konnotation

Himmel ▪ Mauer ▪ Herz ▪ gehen ▪ Motor ▪ Asylant ▪ billig ▪ lachen ▪ schön ▪ bitter

▶ Weiter im Kapitel:

Du lernst (,)
- zwischen Denotat und Konnotat zu unterscheiden.
- das Bedeutungsspektrum vielschichtiger Begriffe zu erfassen.
- Bedeutungsänderungen zu beschreiben und zu kategorisieren.
- am Beispiel des Nibelungenlieds einen mittelhochdeutschen Text zu lesen und zu verstehen.
- den Lautwandel vom Mittelhochdeutschen zum Neuhochdeutschen zu untersuchen.
- Formen der Sprachpflege in der Vergangenheit und in der Gegenwart kennen.
- das Phänomen der ‚leichten Sprache' kennen und beurteilen.

Bedeutungswandel

Manche abstrakte Begriffe werden in vielen Zusammenhängen verwendet. ‚Freiheit' ist ein solcher Begriff.

Freiheitsstatue

Über den Wolken …

Freiheit im Zusammenleben

Freie Fahrt für freie Bürger?

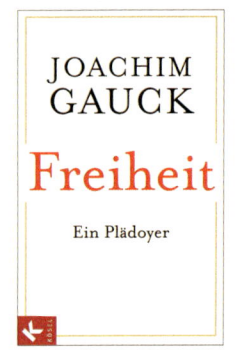

Sachbuch

deutsche Nationalhymne

1. Überlege, wie der Begriff ‚Freiheit' in diesen Beispielen gebraucht wird.
2. Recherchiere und untersuche, wie der Begriff ‚Freiheit' zum Beispiel in Gesetzestexten, Liedern, Redewendungen und in der Werbung verwendet und wie er in Lexika und Wörterbüchern definiert wird.
3. Stelle fest, inwieweit Gemeinsamkeiten und Unterschiede in der Bedeutung erkennbar sind.

Bedeutungsänderungen beschreiben 251

Viele Wörter haben im Laufe der Zeit ihre Bedeutung geändert, aber nicht immer in gleicher Weise.

A Der **Marschall** war ursprünglich ein Pferdeknecht. Später veränderte sich die Bedeutung des Wortes in die Bezeichnung für einen sehr hohen militärischen Rang.

B Eine **Mähre** ist heute ein Klappergaul, ein schlechtes Pferd. Früher war es die Bezeichnung für eine Stute.

C Eine **Hochzeit** bedeutete früher jedes kirchliche und weltliche Fest. Heute versteht man darunter nur noch die Feier bei der Eheschließung.

D Eine **Nadel** war früher nur ein Gerät zum Nähen. Heute gibt es eine Stecknadel, eine Kompassnadel oder eine Tachonadel.

E Ein **Kamel** ist ein Wüstentier. Mit dem Wort kann man aber auch eine Person bezeichnen, die als dumm dargestellt werden soll.

1. Kategorisiere die Beispiele auf den Karten A bis E mithilfe der Erläuterungen im Merkkasten.
2. Überlege, für welchen der im Merkkasten erläuterten Begriffe jeweils die folgenden Wörter als Beispiele herangezogen können:

Götze ▪ Kanzler ▪ Gift ▪ Messe ▪ spinnen ▪ geil ▪ Wende

Tipp
Nimm ein etymologisches Wörterbuch zu Hilfe oder recherchiere im Internet (z. B. auf der Seite www.dwds.de).

Merken

Formen der Bedeutungsänderung

▶ Bei der **Bedeutungsverengung** werden der Bedeutungsumfang und damit auch die Verwendungsmöglichkeiten eines Wortes eingeschränkt. Es können also mit einem Wort nicht mehr so viele Sachverhalte bezeichnet werden wie zuvor.
▶ Bei der **Bedeutungserweiterung** ist der Vorgang umgekehrt: Der Bedeutungsumfang und die Verwendungsmöglichkeiten werden erweitert.
▶ Die **Bedeutungsübertragung** ist eine Bedeutungserweiterung, allerdings als Resultat einer metaphorischen Verwendung. Dabei wird die Bedeutung eines Wortes auf andere Sachverhalte in übertragenem Sinne erweitert.
▶ Bei der **Bedeutungsverschlechterung** wird eine ursprünglich neutrale oder positive Bedeutung ins Negative verkehrt.
▶ Bei der **Bedeutungsverbesserung** ist der Vorgang umgekehrt: Eine ursprünglich neutrale oder negative Bedeutung erhält eine positive Aufwertung.

Bedeutungsänderung
→ S. 273 **N**

→ Arbeitsheft S. 88

Uns ist in alten maeren wunders vil geseit ...

Das Nibelungenlied

Das ‚Nibelungenlied' ist in der deutschen Literatur des Hochmittelalters eine Ausnahmeerscheinung. Im Gegensatz zum höfischen Versroman und anders als in Frankreich wurden Heldensagen in Deutschland fast ausschließlich mündlich überliefert; und auch das um 1200 entstandene ‚Nibelungenlied' eines anonymen Dichters weist viele Merkmale mündlicher Erzähltradition auf.

Die Nibelungensage, die auch in Skandinavien verbreitet war, weist vier Erzählzusammenhänge auf: 1. die Abenteuer Jung-Siegfrieds, 2. die Siegfried-Brünhild-Sage (mit Siegfrieds Tod), 3. der Untergang der Burgunden und 4. Attilas (oder, mit einem anderen Namen: Etzels) Tod. Der Nibelungendichter hat den zweiten und dritten Komplex aufgegriffen und eng miteinander verknüpft. Auf Siegfrieds Jugendabenteuer geht er nur kurz ein und Attilas Tod lässt er ganz beiseite. Im Zentrum seiner Konzeption steht die Figur der Kriemhild, sodass das Nibelungenlied auch als Kriemhild-Epos bezeichnet worden ist.

Kennzeichnend für den Erzählstil des Nibelungendichters sind zahlreiche Vorausdeutungen auf das düstere Ende des Epos, mit denen der Eindruck vermittelt wird, das Geschehen laufe in schicksalhafter Unausweichlichkeit auf die Katastrophe zu. Kennzeichnend ist ferner, dass die Figuren, anders als im höfischen Roman, so gut wie nie ihre eigenen Handlungen reflektieren. Sie wirken dadurch „wie aus Holz geschnitzt" und scheinen „unter einem Zwang zu handeln", wie der Mediävist (Experte für die Literatur, Kunst und Geschichte des Mittelalters) Joachim Bumke (1929 – 2011) formuliert hat.

Das ‚Nibelungenlied' ist in 39 „Aventuiren" (Abenteuer) eingeteilt und in Strophen gedichtet. Jede Strophe besteht aus vier Langzeilen mit jeweils einer Zäsur in der Mitte. Der berühmte Anfang des Werkes lautet:

Uns ist in alten maeren, wunders vil geseit
Von helden lobebaeren, von grôzer arebeit,
von freuden, hôchgezîten, von weinen und von klagen,
von küener recken strîten muget ír nu wunder hoeren sagen.

Ez wuohs in Búrgónden ein vil édel magedîn,
daz in allen landen niht schoeners mohte sîn,
Kríemhílt geheizen: si wart ein schoene wîp,
dar umbe muosen degene vil verlíesén den lîp.

1. Lest die Strophen laut und überlegt, welches wohl die Schlüsselbegriffe sind.
2. Versucht die Bedeutung dieser Schlüsselbegriffe zu verstehen.
3. Diskutiert, wie dieser Beginn auf die Zuhörer wirkt und welche Erzählabsichten in ihm deutlich werden.

Siegfrieds Ermordung (Strophen 981–991)

Am Anfang des Nibelungenlieds zieht der junge, durch zahlreiche Taten bereits berühmte Siegfried von Xanten nach Worms, um sich um die Hand der burgundischen Prinzessin Kriemhild zu bewerben. König Gunther und dessen Brüder Gernot und Giselher empfangen ihn freundlich, halten aber ihre Schwester zunächst von ihm fern. Erst Gunthers eigene Brautwahl bringt Bewegung in die Sache. Er hat sich in den Kopf gesetzt, Brünhild, die mit magischen Kräften begabte Königin von Island, zur Frau zu nehmen. Diese will nur den Mann heiraten, der sie in drei Kampfspielen zu besiegen vermag. Verborgen unter einer Tarnkappe, verhilft Siegfried Gunther zum Sieg und erhält im Gegenzug Kriemhild zur Frau. Brünhild gegenüber hat Gunther bei der Brautwerbung Siegfried mit dessen Billigung als seinen Gefolgsmann ausgegeben. Daher kommt es Jahre später, bei einem Besuch Siegfrieds und Kriemhilds in Worms, zu einem Streit der beiden Schwägerinnen über die Frage, welcher von ihnen der Vorrang gebühre, in dessen Verlauf Brünhild von Kriemhild öffentlich beleidigt wird. Hagen von Tronje, ein Gefolgsmann Gunthers, sinnt daraufhin mit Gunthers Einverständnis auf Siegfrieds Tod. Unter dem Vorwand, ihn in einem bevorstehenden Kriegszug schützen zu wollen, bringt Hagen Kriemhild dazu, die einzige Stelle an Siegfrieds Rücken, an der der durch ein Bad im Blut eines von ihm getöteten Drachen im Prinzip Unverwundbare noch verletzlich ist, mit einem Kreuz auf seinem Wams zu bezeichnen. Bei einem Jagdausflug ermordet Hagen Siegfried, als sich dieser nach einem Wettlauf über eine Quelle beugt, von hinten mit dessen Speer.

„Siegfrieds Ermordung durch Hagen von Tronje". Kupferstich aus dem 19. Jahrhundert

Dâ der herre Sîfrit   ob dem brunnen tranc,
er schôz in durch daz kriuze,   daz von der wunden spranc
daz bluot im von dem herzen   vaste an die Hagenen wât.
sô grôze missewende   ein helt nu nimmer mêr begât.

Den gêr im gein dem herzen   stecken er dô lie.
alsô grimmeclîchen   ze flühten Hagen nie
gelief noch in der werlde   vor deheinem man.
dô sich der herre Sîfrit   der grôzen wunden versan,

Der herre tobelîchen   von dem brunnen spranc.
im ragete von den herten   ein gêrstange lanc.
der fürste wânde vinden   bogen oder swert:
sô müese wesen Hagene   nâch sînem dienste gewert.

Dô der sêre wunde   des swertes niht envant,
done hét et er niht mêre   wan des schildes rant.
er zuhte in von dem brunnen,   dô lief er Hagenen an.
done kunde im niht entrinnen   des künec Guntheres man.

kriuze Kreuzzeichen (auf dem Gewand)
vaste in hohem Bogen
wât Wams, Gewand
missewende Untat

gêr Speer

deheinem irgendeinem

sich ... versan ... fühlte

tobelîchen in zweckloser Wut
herten Schulterblättern
gêrstange Speerstange
wânde glaubte
nâch sînem dienste gewert gerechten Lohn empfangen

sêre wunde auf den Tod Verwundete
wan als
rant Rand, Einfassung
zuhte in riss ihn ... hoch

Ein mittelhochdeutsches Heldenepos verstehen

Swie Wenn er auch	Swie wunt er was zem tôde, sô krefteclîch er sluoc,
draété herausbrach	dáz úz dem schilde draété genuoc
zerbrast zerbarst	des edelen gesteines; der schilt vil gar zerbrast.
errochen gerächt	Sich hete gerne errochen der vil hêrlîche gast.

gestrûchet ... zetal zu Boden ... gestürzt	Dô was gestrûchet Hagene vor sîner hant zetal.
der wert die ganze Halbinsel	von des slages krefte der wert vil lûte erhal.
des gie im waerlîchen nôt und dies mit allem Grund	het er daz swert enhende, sô waere ez Hagenen tôt.
	sô sêre zurnte der wunde; des gie im waerlîchen nôt.

gestên stehen, sich auf den Beinen halten	Erblichen was sîn varve: ern kunde niht gestên.
	sînes lîbes sterke diu muose gar zergên,
	wande er des tôdes zeichen in liehter varwe truoc.
sît später	sît wart er beweinet von schoenen fróuwén genuoc.
genuoc unzähligen	

vil vaste unablässig	Dô viel in die bluomen der Kriemhilde man.
	daz bluot von sîner wunden sach man vil vaste gân.
(des gie im grôziu nôt) (in seiner Todesqual)	dô begunde er schelten (des gie im grôziu nôt)
gerâten sich verschworen	die ûf in gerâten héten den úngetriuwen tôt.

der verchwunde der tödlich Verwundete	Dô sprach der verchwunde: „jâ ir boesen zagen,
boesen zagen gemeinen Feiglinge	was helfent mîniu dienest, daz ir mich habet erslagen?
ie immer	ich was iu ie getriuwe: des ich engolten hân.
mâgen Verwandten	ihr habt an iuwern mâgen leider übele getân.

dâ von bescholten mit einem schlimmen Makel behaftet	Die sint dâ von bescholten, swaz ir wirt geborn
	her nâch disen zîten. ir habet iuwern zorn
gerochen sich zu etwas hinreißen lassen	gerochen al ze sêre an dem lîbe mîn.
laster Schande	mit laster ir gescheiden sult von guoten recken sîn."

da dorthin, wo	Die ritter alle liefen da er erslagen lac.
ir genuogen ihnen bereitet	ez was ir genuogen ein freudelôser tac.
iht auch nur etwas	die iht triuwe hêten, von den wart er gekleit.
gekleit beklagt	daz het wol verdienet der ritter küene únt gemeit.
gemeit stolz	

1. Beschäftigt euch arbeitsteilig mit je zwei Strophen dieses Textauszugs.
   - Lest euch die Strophen gegenseitig vor. Berücksichtigt dabei die Hinweise zur Aussprache des Mittelhochdeutschen im Merkkasten auf Seite 256.
   - Übertragt die Strophen unter Nutzung der Übersetzungshilfen am Rand ins Neuhochdeutsche.
2. Lest im Plenum eure beiden Strophen und eure neuhochdeutsche Übertragung vor.

Die Strophen 981–991 findest du auch im Internetportal.

Kriemhilds Tod (Strophen 2375–2379)

Die Trauer um Siegfried und der Gedanke an Rache wird zu Kriemhilds Lebensinhalt. Ihr Hass vertieft sich noch, als Hagen ihr den Nibelungenschatz raubt und diesen im Rhein versenkt. Jahre später willigt sie ein, den Hunnenkönig Etzel zu heiraten, um so die Möglichkeit zur Rache zu erhalten. Ein Fest am Hofe Etzels, zu dem alle Burgunder trotz dunkler Vorahnungen erscheinen, wird zu einem schrecklichen Blutbad. Als Letzte werden Gunther und Hagen von Dietrich von Bern überwunden, der sie Kriemhild übergibt. Diese lässt erst ihren Bruder umbringen und schlägt dann Hagen, als dieser sich weigert, das Geheimnis des Nibelungenhortes preiszugeben, eigenhändig den Kopf ab. Daraufhin wird sie selbst von Hildebrand, dem alten Gefolgsmann Dietrichs, totgeschlagen.

Johann Heinrich Füssli (1741–1825): „Kriemhild zeigt Hagen das Haupt Gunthers" (1805). Bleistift, grau getönt und aquarelliert

Dô sprach der alte Hildebrand: „jâ genîuzet si es niht,
daz si in slahen torste, swaz halt mir geschiht.
swie er mich selben braehte in angestlîche nôt,
iedoch sô wil ich rechen des küenen Tronegaeres tôt."

genîuzet ungestraft davonkommen
torste wagte
swaz halt was auch dabei
swie selbst wenn
Tronegaeres Tronjers (Hagen von Tronje)

Hildebrant mit zorne zuo Kriemhilde spranc,
er sluoc der küneginne einen swáeren swertes swanc.
jâ tet ir diu sorge von Hildebrande wê.
waz mohte si gehelfen daz si sô gróezlîchen schrê?

swanc Schlag
sorge Furcht
von vor

Dô was gelegen aller dâ der veigen lîp.
ze stücken was gehouwen dô daz edele wîp.
Dieterich und Etzel weinen dô began,
si klagten ineclîche beide mâge únde man.

der veigen der vom Schicksal zum Tode Bestimmten
klagten beklagten das Los von, trauerten um
mâge Verwandte
man Gefolgsleute

Diu vil michel êre was dâ gelegen tôt.
di liute heten alle jâmer unde nôt.
mit leide was verendet des küneges hôchgezît,
als ie diu liebe leide ze aller júngéste gît.

michel groß, viel
hôchgezît Fest
als ie diu liebe leide ze aller júngéste gît wie immer am Ende Freude mit Leid bezahlt wird

Ine kán iu niht bescheiden, waz sider dâ geschach,
wan ritter und frouwen weinen man dâ sach,
dar zuo di edeln knehte, ir lieben friunde tôt.
hie hât daz maere ein ende: daz ist der Nibelunge nôt.

Ine kán iu niht bescheiden Ich kann euch nicht sagen
sider hernach, später, seitdem
maere Geschichte

1. Übertragt nun auch den Schluss des Nibelungenlieds ins Neuhochdeutsche.
2. Bereitet in euren Gruppen eine Rezitation der fünf Schlussstrophen vor.
3. Weist mithilfe der Informationen im Merkkasten auf Seite 256 anhand einzelner Beispiele aus den beiden Textauszügen Lautveränderungen und Bedeutungsveränderungen in der Sprachentwicklung des Deutschen nach.

Die Strophen 2375–2379 findest du auch im Internetportal.

„daz ist der Nibelunge nôt."

Das Nibelungenlied ist nicht nur für die deutsche Literaturgeschichte bedeutsam, sondern hat auch in der allgemeinen und politischen Geschichte Deutschlands eine wichtige, aber auch zwiespältige Rolle eingenommen, wie beispielsweise der Begriff der „Nibelungentreue" zeigt.

1. Die letzten Worte des Nibelungenlieds lauten: „daz ist der Nibelunge nôt." „nôt" kann im Mittelhochdeutschen „Drangsal", „Mühe", „Not" (besonders „Kampfnot") und „Kampf" bedeuten. Überlegt, welche dieser Bedeutungen den Charakter des Werkes am besten trifft.
2. Im 19. Jahrhundert wurde das Nibelungenlied zum „Nationalepos der Deutschen" stilisiert. Diese Sichtweise wurde unter anderem durch betont heroische Darstellungen in den Bildenden Künsten unterstrichen. Die beiden alten Postkarten links sind gute Beispiele hierfür. Informiert euch über die Versuche, das Nibelungenlied als Leitbild für einen ‚deutschen Nationalcharakter' zu instrumentalisieren, und erläutert, warum es gerade im 19. Jahrhundert zu dieser Entwicklung kam.

N Mittelhochdeutsch
→ S. 281

N Diphthong, Diphthongierung → S. 274

> **Merken**
>
> ### Das Mittelhochdeutsche verstehen
>
> **Zur Aussprache des Mittelhochdeutschen:**
> - Sprich die durch Längenzeichen gekennzeichneten Vokale (â, ô, û) lang, alle übrigen kurz.
> - Sprich die Diphthonge (Doppellaute) wie *ei, ie, ou, öu, uo, üe* getrennt aus (z. B. *li-ebe, brü-eder*); die Hauptbetonung liegt auf dem ersten Vokal.
> - Sprich den Umlaut *iu* als *ü*.
> - Sprich *z* nach Vokalen wie stimmloses *s*.
> - Sprich *s* vor *t* und *p* nicht als *sch*, sondern als *s*.
>
> **Wichtige Lautveränderungen vom Mittel- zum Neuhochdeutschen:**
> - **Diphthongierung:** die Umwandlung langer mittelhochdeutscher Vokale in neuhochdeutsche Doppellaute (z. B. mhd. *lîp* → *Leib*; *liuhten* → *leuchten*).
> - **Monophthongierung:** Die Umwandlung mittelhochdeutscher Doppellaute in neuhochdeutsche lang gesprochene Vokale (z. B. mhd. *mi-ete* → nhd. *Miete* [ie = langes i]; mhd. *suochen* → nhd. *suchen*).
> - **Diphthongwandel:** Die Veränderung mittelhochdeutscher Diphthonge in ähnlich klingende neuhochdeutsche Diphthonge (z. B. mhd. *troum* → nhd. *Traum*; mhd. *leid* [le-id] → nhd. *Leid*).

→ Arbeitsheft S. 89–90

„Wider alle Sprachverderber ..."

Die Sprachgesellschaften des Barock   Ralf Schnell (2011)

Inmitten des Dreißigjährigen Kriegs entsteht eine bürgerliche Funktionselite, die akademisch gebildet, weltgewandt und weitgereist ist, zu Hause, zumindest zeitweise, in den Metropolen Europas, eine Elite, die zum Teil an den Fürstenhöfen ihren Beruf und ihren Unterhalt findet. Sie wird nicht zuletzt durch die Begründung der literarisch orientierten „Sprachgesellschaften" kulturell prägend, ein folgenreicher Ansatz zur Reformierung der Kultur in Deutschland, der einhergeht mit protestantischen, reformatorischen Bestrebungen der Zeit sowie der Philosophie eines christlich geprägten Gelehrtenstandes. Diese humanistisch gebildete Gelehrtenschicht aus Geistlichen, Gymnasialprofessoren, Ärzten und Beamten war die Trägerin der Literatur- und Sprachreform im 17. Jahrhundert, mithin des Versuchs, die deutsche Sprache literaturfähig zu machen und sich auf diese Weise auch einen eigenen, neuen Platz innerhalb der sich wandelnden Ständeordnung zu schaffen.

[...]

Als ein bedeutsamer Teil der im 17. Jahrhundert entstehenden literarischen Öffentlichkeit erweisen sich die Sprachgesellschaften [...]. Die entscheidende Anregung zu ihrer Gründung kam aus benachbarten Staaten wie Italien und Holland. Bereits im 15. Jahrhundert finden sich Vorläufer, die sich auf die Pflege der Nationalsprache konzentrierten, so in Italien die „Accademia della Crusca" (‚Kleie') in Florenz, die sich die Reinheit und Fruchtbarkeit der italienischen Sprache – ihr „Aufgehen" aus einen reinen Gärungsstoff – zum Ziel gesetzt hatte und später in Deutschland als Vorbild für die „Fruchtbringende Gesellschaft" wirkte. Das Ziel, die Volkssprache auch in Wissenschaft und Literatur einzuführen, fand im Bild des Nährens und Gärens ein die Mitglieder dieser Gesellschaften ansprechendes und verpflichtendes Symbol, das sich bis in die Namensgebung fortsetzte. So ließ sich Fürst Ludwig von Anhalt-Köthen, einer der großen Förderer der „Fruchtbringenden Gesellschaft", auf den Namen „Der Nährende" taufen und diesen auf seinem Wappen mit einem Emblem verbinden, das ein Weizenbrot darstellte und den Zusatz trug: „Nichts Besseres". Caspar von Teutleben, ein ebenfalls verdienstvoller, die Sprachgesellschaft fördernder Adeliger, nannte sich „Der Mehlreiche", verband diesen schmückenden Namen mit dem Emblem des reinen Weizenmehls und dem Wahlspruch: „Hierin find sichs".

Gesellschaftsschild der „Fruchtbringenden Gesellschaft": Palmenhain mit einem Porträt Fürst Ludwigs I. von Anhalt-Köthen (1579 – 1650), dem Gründer dieser ersten deutschen Sprachgesellschaft. Öl auf Leinwand, Herzogin Anna-Amalia-Bibliothek Weimar

Name, Emblem und Wahlspruch – dies war die obligatorische Dreieinheit, in der sich die Mitglieder der Sprachgesellschaften zusammenfanden, an der sie sich erkannten. Die wichtigste unter ihnen ist die „Fruchtbringende Gesellschaft", gegründet 1617 in Weimar. Der blumige Name zeigt, dass man eine symbolisch angereicherte Vorstellung der gewählten Aufgaben vermitteln wollte, so auch mit Namen wie „Aufrichtige Tannengesellschaft", „Deutschgesinnte Genossenschaft" und „Elbschwanenorden".

Die Gemeinsamkeiten dieser Gesellschaften lassen sich pointiert benennen. Ihr wichtigstes Ziel ist die Beschäftigung mit der deutschen Sprache, um Achtung für diese zu wecken und ihre Entwicklung in Deutschland zu fördern. Hiermit verbindet sich ein sprachpolitisches Programm, das an Tendenzen der Reformation anknüpft, insbesondere an die Leistung der Luther'schen Bibelübersetzung – daher finden sich vornehmlich Protestanten unter den Mitgliedern –, und das darauf angelegt ist, Deutsch zur Hoch- und Volkssprache zu entwickeln und das Lateinische bzw. das Französische zurückzudämmen. Zweifellos steckt hinter diesem Programm ein Nationalbewusstsein, das jedoch im 17. Jahrhundert mit Nationalismus oder einem falsch verstandenen Patriotismus nichts zu tun hat, sondern als Versuch zu verstehen ist, in der Begründung einer nationalen Identität ein Medium der Selbstbesinnung und -bestimmung allererst zu finden. Ein weiteres Ziel der Sprachgesellschaften lautet: Reinhaltung von fremden Einflüssen und Entwicklung einer Orthographie. Die große Vielfalt an Schreibweisen, die sich etwa in Briefwechseln aus dieser Zeit zeigt, erlaubt es nicht, von einer orthographischen Gemeinschaft zu sprechen. Das dritte Ziel schließlich, ebenfalls kein Selbstzweck, ist die Pflege alter, spezifisch ‚deutscher' Tugenden, zu denen im damaligen Verständnis die Gelehrsamkeit ebenso zählt wie die Pflege des Edlen, Guten und Wahren. […]

Die Mitgliedschaft selbst war vergleichsweise demokratisch geregelt. Es wurden nicht nur gesellschaftlich hochstehende Persönlichkeiten aufgenommen, sondern neben Adeligen auch Bürger, die freilich nach Möglichkeit Gelehrte, noch besser: gelehrte Poeten, im Idealfall: gelehrte und gekrönte Poeten sein sollten. Dementsprechend findet man unter den Mitgliedern zahlreiche bedeutende Autoren, die zum Teil mehreren Gesellschaften angehörten und diesen mit ihrem Namen zugleich ihr Renommee und ihre schriftstellerischen Leistungen zur Verfügung gestellt haben.

1. Lies den Text zweimal aufmerksam durch, ohne dir Notizen zu machen. Klappe dann das Buch zu und fasse die wichtigsten Informationen in eigenen Worten zusammen. Der Umfang deiner Zusammenfassung sollte nicht kürzer als ein Viertel und nicht länger als ein Drittel des Ausgangstextes sein.
2. Tausche mit deinem Tischnachbarn die schriftlichen Zusammenfassungen aus und gebt einander Rückmeldungen, wie gelungen euch die Texte des anderen erscheinen und was daran noch – inhaltlich wie stilistisch – verbessert werden könnte.

---

gekrönte Poeten
Symbolische Dichterkrönungen – traditionell mit einem immergrünen Lorbeerkranz, daher die lateinische Bezeichnung ‚poeta laureatus' – kamen bereits im Hochmittelalter wieder auf und wurden dann im 16. Jahrhundert (dem Zeitalter der Renaissance und des Humanismus) und im 17. Jahrhundert (dem Zeitalter des Barock) zu einer verbreiteten kulturpolitischen Praxis.

Ein schön new Lied / genannt Der / Teutsche Michel / etc.

Wider alle Sprachverderber / Cortisanen / Concipisten vnd Concellisten / welche die alte teutsche Muttersprach mit allerley frembden / Lateinischen / Welschen / Spannischen vnd Frantzösischen Wörtern so vielfältig vermischen / verkehren vnd zerstehren / daß Sie jhr selber nicht mehr gleich sihet / vnd kaum halber kan erkant werden.

1. ICH teutscher Michel / versteh schier nichel /
   In meinem Vatterland / es ist ein schand.
   Man thut ietzt reden / als wie die Schweden /
   In meinem Vatterland / pfuy dich der schand.
2. Fast jeder Schneider / will jetzund leyder /
   Der Sprach erfahren sein / vnd red Latein:
   Welsch vnd Frantzösisch / halb Iponesisch /
   Wann er ist voll vnd toll / der grobe Knoll.
3. Der Knecht Matthies / spricht bona dies /
   Wann er gut morgen sagt / vnd grüst die Magd:
   Sie wend den Kragen thut ihm dancksagen /
   Spricht Deo gratias / Herr Hippocras.
4. Ihr fromme Teutschen / man solt euch beutschen /
   Daß ihr die Muttersprach / so wenig acht.
   Ihr liebe Herren / das heißt nicht mehren /
   Die sprach verkehren / vnd zerstöhren /
5. Ihr thut alles mischen / mit fäulen Fischen /
   Vnd macht ein misch gemäsch / ein wüste wösch:
   Ein faulen Haffenkäß / ein wunderseltzambs gfräß /
   Ein gantzes A. B. C. ich nicht versteh.
6. Was ist armiren / was auisiren /
   was avancieren / was attaquiren /
   Was approchiren / archibusieren /
   was arriuiren / accordiren?
7. Was ist blocquiren / was bastoniren?
   Benedicieren / blaterieren?
   was blasphemiren / was bucciniren /
   was balsamieren / blandiren?
[...]

Getruckt im Jahr da die teusch Sprach verderbt war / 1642

1. Erläutere, wogegen sich die Verfasser dieses Flugblatts wenden.
2. Übertrage aus dem Text so viele Fremdwörter wie möglich ins Hochdeutsche.
3. Vergleiche die Sprache des 17. Jahrhunderts mit der heutigen Hochsprache. Welche Gemeinsamkeiten und welche Unterschiede kannst du wahrnehmen?

Gespräch mit dem Preisträger 2016 der GdfS Peter Kloeppel

Die Gesellschaft für deutsche Sprache (GdfS) beobachtet den Sprachwandel und gibt Empfehlungen für den Sprachgebrauch. Alle zwei Jahre verleiht sie den ‚Medienpreis für Sprachkultur'. 2016 ging diese Auszeichnung an Peter Kloeppel.

Der 1958 in Frankfurt am Main geborene Journalist **Peter Kloeppel** war ab 2004 zehn Jahre lang Chefredakteur von RTL. Seit 1992 ist er Chefmoderator der Nachrichtensendung „RTL aktuell".

Interview von Viola Bolduan mit Peter Kloeppel, erschienen am 25. Mai 2016 im „Wiesbadener Kurier".

Herr Kloeppel, Sie sind schon häufig für Ihre journalistische Arbeit geehrt worden. Welche Bedeutung hat da jetzt der Medienpreis der Gesellschaft für deutsche Sprache?

Ich freue mich sehr über diesen Preis, weil er DAS würdigt, was wir Journalisten als unser „Hauptwerkzeug" bezeichnen würden: unsere geschriebene und gesprochene Sprache. Unser Beruf ist die Übermittlung von Informationen – klar verständlich, präzise, abgewogen. So erwecken wir die manchmal nüchternen Fakten zum Leben, und wenn das gewürdigt wird, dann ist das eine sehr schöne Bestätigung.

Der Hans-Oelschläger-Preis ist eine Auszeichnung für „klares Deutsch" und kritische Beobachtung des Sprachgebrauchs. Was sehen Sie denn kritisch im heutigen Sprachgebrauch?

Sprache entwickelt sich ständig, und das ist auch gut so. Kritisch wird es, wenn sich die Vielfalt unserer sprachlichen Möglichkeiten verringert, wenn unnötige Anglizismen überhandnehmen, wenn wir selber schludrig und unpräzise mit Sprache umgehen, die Grammatik vernachlässigen und ohne nachzudenken Wörter übernehmen, die den Zuhörer auf die falsche Fährte locken.

Was muss die Sprache in den Medien leisten können?

Sie muss in der Lage sein, komplizierte Sachverhalte für jeden verständlich darzustellen. Gerade wir Fernseh-Journalisten haben ja nur EINE Möglichkeit, mit einer Moderation unser Publikum zu erreichen – zurückblättern und nochmal nachlesen funktioniert bei einer Nachrichtensendung nicht. Also müssen wir alles daran setzen, dass der „erste Schuss" sitzt. […]

Über welche sprachlichen Themen diskutieren Sie in Ihrer Redaktion?

Natürlich über Verständlichkeit. Wir wollen aber auch „schön" schreiben, also unnötige Substantivierungen und Fremdwörter verringern, Schachtelsätze verbannen, Passivkonstruktionen meiden, die richtigen Zeitformen verwenden, lebhaft, aber nicht überschwänglich formulieren. Und ganz wichtig: Je konkreter wir einen Sachverhalt beschreiben können, desto besser ist es. […]

Wie hat sich Ihre eigene Sprache im Laufe der Zeit verändert?

Zugegeben: Auch bei mir schleichen sich Anglizismen oder Manager-Deutsch ein. Ich versuche, das zu verhindern, bin aber nicht immer erfolgreich. […]

1. Nenne die Kriterien für ein „klares Deutsch", die für Peter Kloeppel wichtig sind.
2. Kloeppel nennt Kriterien, die nach seiner Auffassung „schönes" schriftliches Deutsch erfüllen muss. Kannst du diesen zustimmen?
3. Diskutiert, was für euch „schlechtes Deutsch" ist. Unterstützt eure Argumente mit Beispielen.

„Gute N8, Grammatik!" – Deutsch ganz einfach?

1. Erkläre die Bedeutung der Bildzeichen.

Digitales Schreiben   Wolfgang Krischke (2016)

„Schreib mal wieder!", appellierte in den Achtzigern ein Slogan der Bundespost an die Bürger, die immer häufiger statt zum Stift zum Telefonhörer griffen. Dreißig Jahre später wird so viel geschrieben wie nie zuvor, während das Telefonieren unter Jugendlichen nur noch eine Nebenrolle spielt. Allerdings sind es nicht
5 Briefe und Karten, sondern digitale Nachrichten, die per WhatsApp, SMS, E-Mail oder Twitter verschickt werden. Die Frage, wie sich das digitale Sprechschreiben, das in den vergangenen zwei Jahrzehnten auf diese Weise entstanden ist, auf das normale Standarddeutsch auswirken könnte, ist immer noch ein beliebtes Thema in den Medien. Der umgangssprachliche Duktus der Chats und SMS-
10 Botschaften, ihre Verschleifungen und Verkürzungen, die Suspendierung der Orthographie und die Verwendung visueller Signale wurden von vielen Beobachtern als kreative Innovationen begrüßt, während sprachkritischere Geister die deutsche Grammatik in Auflösung sahen. [...]

Auszug aus einer unter der Überschrift „Is ja doch alles aufm Bild. Gute N8, Grammatik!" am 22. Oktober 2016 in der „Frankfurter Allgemeinen Zeitung" erschienenen Besprechung des Buches „Schreiben Digital. Wie das Internet unsere Alltagskommunikation verändert" (Stuttgart: Alfred Kröner Verlag 2016) der Sprachwissenschaftlerinnen Christa Dürscheid und Karina Frick

Duktus (Z. 9) Charakter, Stil

Suspendierung (Z. 10) eigentlich: Entlassung; *hier:* Aufhebung, bewusste Missachtung

2. Nenne die im Text genannten sprachlichen Merkmale des digitalen Schreibens und gib jeweils Beispiele.
3. Diskutiert das Für und Wider des digitalen Schreibens.

Methoden

Cluster Seite 55
Mit einem Cluster (engl. *cluster*: Gruppe, Traube) lassen sich Einfälle zu einem bestimmten Begriff oder Thema sammeln.

Einen Dialog analysieren Seite 199
Beantworte in deinem Text folgende Fragen:
Inhalt
- Worum geht es?
- Was wird von wem und wie geäußert?
- Welche Absichten verfolgen die Dialogteilnehmer?
- Begegnen sie einander offen?

Deutung / Interpretation
- Was erfährt man aus dem Dialog über den Charakter der Figuren?
- Was sagt er über die Beziehung der Figuren aus?
- Wie bereitet der Dialog die weitere Handlung vor?

Einen Dialog schreiben Seite 75
- Plane deinen Dialog, indem du dir bewusst machst, wie die Figuren miteinander reden, wie sie zueinander stehen, wie sie sprechen, welche Eigenschaften sie besitzen und welche Interessen und Ziele sie verfolgen. Überlege nun, wie der Dialog verlaufen könnte.
- Gestalte deinen Dialog, indem du zuerst die Rollennamen, dahinter in runden Klammern etwaige Regieanweisungen und dann den Sprechertext notierst.

Eine Diskussionsrunde durchführen und bewerten Seite 131
- Jede Gruppe stellt einen Vertreter als Teilnehmer. Die Gäste erarbeiten sich dann für die Diskussion Argumentationskärtchen.
- Bildet mit je einem Vertreter der bisherigen Gruppen eine neue „Moderator-Gruppe". Überlegt, wie ihr die Diskussion moderieren könnt, und wählt eine Person als Moderator.
- Alle anderen bilden das Publikum. Erarbeitet die Kriterien, nach denen die Diskussion bewertet werden soll (Bewertungsbogen).
- Besprecht, wie der Raum gestaltet werden soll.
- Legt einen Zeitrahmen fest und führt dann die Diskussion durch.
- Das Publikum gibt den Teilnehmern der Diskussion anschließend eine Rückmeldung.

Einen Dramentext verstehen Seite 139
- Finde das Thema oder den Konflikt.
- Arbeite die Positionen der Figuren heraus.
- Erschließe den Charakter und die Gefühle, Absichten und Gedanken der Figuren aus ihren Äußerungen, Meinungen und ihrem Verhalten.
- Informiere dich über politische, gesellschaftliche und kulturelle Zusammenhänge, die in dem Drama widergespiegelt werden, und erläutere vor diesem Hintergrund den zeitkritischen Charakter des Werkes.
- Überlege, welches Menschenbild dem Drama zugrunde liegt.

Eine Erörterung schreiben Seite 28
1. Die Einleitung schreiben
- Beginne deine Erörterung so, dass du das Interesse des Lesers für das Thema weckst.
- Sorge dafür, dass dem Leser das Problem, mit dem du dich auseinandersetzt, deutlich wird.

2. Den Hauptteil ausgestalten
- Bei einer **linearen Erörterung** argumentierst du nur in eine Richtung, d.h., du suchst Argumente *für* oder *gegen* eine Streitfrage. Stelle deinen Standpunkt zur Fragestellung (*pro* oder *kontra*) eindeutig dar und ordne die Argumente nach ihrer Überzeugungskraft in aufsteigender Reihenfolge an.

- Bei einer **dialektischen Erörterung** wird eine Streitfrage von zwei Seiten beleuchtet, d. h., du argumentierst *dafür* und *dagegen* (*pro* und *kontra*), um am Ende eine eigene Position zu finden oder zu bekräftigen.
- Achte auf die Vollständigkeit deiner Argumentationsschritte, indem du jedes Argument noch durch überzeugende Beispiele und Belege entfaltest.
- Nutze geeignete sprachliche Formulierungen, um die einzelnen Argumente zu verknüpfen und ihre Gewichtung zu verdeutlichen.

3. **Den Schluss verfassen**
- Stelle am Ende der Erörterung das Ergebnis (Schlussfolgerung) deiner Argumentation dar und fasse die wichtigsten Argumente noch einmal kurz zusammen.
- Überlege, ob du deine Argumentation zudem mit einem Appell abschließen oder eine Ausweitung des Themas vornehmen möchtest.

Einen Essay schreiben Seite **59**

Ein Essay unterliegt keinen strengen Gestaltungskriterien. Beim Verfassen eines Essays kannst du folgendermaßen vorgehen:
- Wähle ein essayistisch ergiebiges Thema.
- Reflektiere das Thema von einem persönlichen Standpunkt aus.
- Sammle, sortiere und filtere deine Ideen.
- Wähle eine aussagekräftige Überschrift.
- Achte beim Schreiben darauf, dass dein Text – gerade angesichts der gestalterischen und stilistischen Freiheiten essayistischen Schreibens – nicht zerfasert.

Figurenbeziehungen untersuchen
Seite **64 – 66, 126 – 128, 142 – 145, 148, 151, 176 – 179, 192 – 207**

Bei der Untersuchung eines literarischen Textes spielen die Figuren eine zentrale Rolle.
Achte auf folgende Fragen und beantworte sie:
- Wie werden sie dargestellt?
- Wie sprechen sie?
- In welcher Beziehung stehen sie zueinander?
- Welcher Konflikt wird zwischen ihnen ausgetragen?

Eine Figurencharakterisierung verfassen
Seite **195, 209 f.**
- Lies den Text mehrere Male ganz genau.
- Unterstreiche im Text alle Passagen, die wichtige Aufschlüsse über das Aussehen, Verhalten und die Eigenschaften der Figur geben.
- Achte bei der Beschreibung der Figur darauf, deren Verhalten und deren besondere Eigenschaften wiederzugeben.
Gegebenenfalls können auch Sprechweisen und Gebärden berücksichtigt werden.
- Gestalte die Reihenfolge der Beschreibung von außen nach innen: Äußeres (*Gestalt, Gesicht, Kleidung, …*) wird ergänzt durch typische Verhaltensweisen (*Körperhaltung, Mimik, Gestik, …*).
- Schreibe im Präsens.
- Die **direkte Charakterisierung** einer Figur setzt sich aus den Textinformationen über ihr Aussehen, Handeln und die Äußerungen und Gedanken anderer Figuren über sie zusammen.
- Von **indirekter Charakterisierung** spricht man in Bezug auf die Aufschlüsse, die der Leser mittelbar aus dem im Text mitgeteilten Verhalten einer Figur – beispielsweise im Gespräch mit anderen – gewinnen kann.

Figurendopplung Seite **151**
- Mehrere Schüler stellen dieselbe Figur in derselben Situation als Standbild dar.
- Die Zuschauer beurteilen die unterschiedlichen szenischen Interpretationen.
- Die Darsteller begründen im Gegenzug die von ihnen eingenommenen Haltungen.

Figurenkonstellation Seite **140 f., 211 f.**
Mithilfe einer **Figurenkonstellation** kann man deutlich machen, in welcher Beziehung Figuren in literarischen Texten zueinander stehen.

- Erstelle ein Schaubild mit den Namen der Figuren und zeige durch verbindende Linien an, wie die Figuren zueinander stehen.
- Beschrifte die Linien, um z. B. deutlich zu machen, ob bestimmte Figuren Freunde oder Feinde sind, wer über- bzw. unterlegen ist.
- Nun kannst du die Figurenkonstellation deuten und insgesamt erklären, welche Position die Figuren in der Geschichte einnehmen.

5-Schritt-Lesemethode Seite **163, 168**

Mit der 5-Schritt-Lesemethode kannst du einen Text Schritt für Schritt erfassen:

1. **Überfliegen:** Achte auf den Titel, Überschriften, den Einleitungstext und Abbildungen. Nutze diese Informationen, um für dich zu klären, wovon der Text handelt.
2. **Fragen:** Formuliere Fragen an den Text. Stell dir das Gelesene bildlich vor: Was weißt du schon? Was möchtest du noch erfahren?
3. **Lesen:** Lies den Text gründlich und suche nach Antworten auf deine Fragen. Kläre in diesem Schritt unbekannte Wörter. Schlage sie z. B. in einem Wörterbuch oder einem Lexikon nach.
4. **Zusammenfassen:** Gliedere den Text. Formuliere zu jedem Sinnabschnitt eine Überschrift, schreibe Schlüsselbegriffe und Kernsätze heraus.
5. **Wiederholen:** Überprüfe dein Textverständnis. Lies den Text erneut und stelle den Gesamtzusammenhang wieder her. Hast du alles erfasst?

Gedichte vergleichen Seite **27, 92 f.**

1. Verfasse zunächst eine kurze Einleitung zu den Gedichten.
2. **Diachrone Methode:** Erschließe die Gedichte und ihre Merkmale nacheinander.
3. **Synchrone Methode:** Erschließe beide Gedichte und ihre Merkmale gleichzeitig.

Einen gestaltenden Interpretationsaufsatz schreiben Seite **72–77**

- Gehe so vor, wie man einen analytischen Interpretationsaufsatz schreibt, und sichere zunächst das Verständnis des Bezugstextes.
- Behalte beim Schreiben den Bezugstext genau im Auge.
- Berücksichtige die geforderte Textsorte.
- Überprüfe den Aufsatz: Stimmen Figuren und Situation mit dem Ausgangstext überein? Sind die Merkmale der Textsorte eingehalten worden? Ist die Gestaltung originell? Bringt der Text das Verständnis der Vorlage zum Ausdruck? Stimmen Orthografie und Grammatik?

Kontextmethode Seite **56**

In der Kontextmethode wird ein Thema in frei wählbare Zusammenhänge gestellt, welche grafisch in „konzentrischen" Halbkreisen veranschaulicht werden.

Literarische Texte im historischen und biografischen Kontext interpretieren
Seite **71, 95**

- Markiere Stellen, in denen zeitgeschichtliche Bezüge deutlich werden, und informiere dich über die entsprechenden historischen Hintergründe.
- Informiere dich zudem über das Leben und Denken des Autors bzw. der Autorin.
- Betrachte den Text noch einmal vor dem Hintergrund dieses zusätzlichen Wissens.
- Entwickle und formuliere nun dein eigenes Verständnis des Textes.

Materialgestützt einen argumentierenden Text verfassen Seite **22, 42 f.**

- Stelle sicher, dass du das Thema des Schreibauftrags und die Aufgabenstellung genau erfasst hast. Bestimme den Zentralbegriff der Aufgabenstellung und sammle erste eigene Ideen zum Thema.

- Lies dir alle Texte genau durch. Konzentriere dich dabei auf die Aspekte, die für dein Thema von Bedeutung sind. Markiere Textstellen, auf die du dich beziehen möchtest, und notiere Sätze, die du wörtlich zitieren willst. Vergiss nicht, wörtlichen Zitaten schon in dieser Phase des Sichtens und Sammelns genaue Zitatnachweise anzufügen.
- Ordne die Aspekte und Argumente der Texte nach inhaltlicher Übereinstimmung, damit du dich anschließend in deinem eigenen Text auf solche Zusammenhänge beziehen kannst.
- Erstelle nun einen Schreibplan, indem du die Argumente aus den Materialien in eine sinnvolle Reihenfolge bringst und an passenden Stellen eigene Argumente einfügst.
- Finde einen interessanten Einstieg. Beginne etwa gleich mit einem Beispiel, wirf eine Frage auf oder zitiere eine wichtige (vielleicht provokative) Aussage aus den Materialien.
- Stelle im Hauptteil deines Textes das Thema dar und beziehe eine eigene Position. Behandle nicht alle Aspekte des Themas in gleicher Weise, sondern setze in deiner Argumentation Schwerpunkte und konzentriere dich entsprechend auf die Aspekte, die dir am wichtigsten erscheinen. Untergeordnete Aspekte kannst du beiläufig erwähnen.
- Fasse im Schluss das Wichtigste zusammen. Stelle einen Bezug zur Einleitung her. Ganz am Ende kannst du beispielsweise auch einen Ausblick geben oder eine offene Frage stellen.
- Überprüfe bei der Überarbeitung deines Textes, ob deine Position eindeutig und klar dargestellt ist, ob du alle wichtigen Aspekte angesprochen hast, ob dein Text eine Überschrift hat und erkennbar in Einleitung, Hauptteil und Schluss gegliedert ist.
- Kontrolliere und verbessere deinen Text beim Überarbeiten auch hinsichtlich des sprachlichen Ausdrucks, der Grammatik und der Rechtschreibung.

Eine Parabel erschließen Seite **113**

- Beginne damit, dass du Fragen an den Text stellst: Worum geht es? Was ist unklar oder rätselhaft?
- Erschließe die Erzählung (die Bildebene des Textes), indem du die geschilderte Situation oder Handlung und das Verhalten der Figuren untersuchst.
- Überlege, welcher tiefere Sinn (die Bedeutungsebene des Textes) in der Erzählung enthalten ist.
- Überlege, ob sich der von dir erschlossene Sinn weiter verallgemeinern lässt.
- Denke zuletzt darüber nach, ob die Parabel und die in ihr enthaltene Lehre auch für deine eigene Erfahrungswelt von Bedeutung sein könnte.

Placemat-Methode Seite **125, 133**

Der englische Begriff ‚Placemat' bezeichnet eigentlich die kleinen Platzdeckchen an einer gemeinsamen Tafel. Der Begriff ‚Placemat' hat sich aber auch als Bezeichnung für einen Arbeitsprozess eingebürgert, bei dem die Teilnehmer einer Gruppe zunächst einzeln ihre Überlegungen zu einem Thema oder einer Aufgabenstellung notieren und diese dann mit den anderen Mitgliedern der Gruppe austauschen, um am Ende zu einem gemeinsamen, optimierten Ergebnis zu kommen. Dabei arbeitet man auf einem großen Papierbogen, dessen äußere Ränder in Felder eingeteilt sind, in denen die einzelnen Gruppenmitglieder ihre Überlegungen eintragen. Anschließend wird das Papier so lange um jeweils ein Feld gedreht, bis alle Gruppenmitglieder die Eintragungen auf allen Feldern gelesen und mit ihren Kommentaren versehen haben. Das Endergebnis der gemeinsamen Überlegungen wird in der Mitte des Papiers festgehalten.

Eine politische Rede analysieren Seite **17**

- Kläre zunächst mithilfe der W-Fragen die Redekonstellation: Wer spricht wann, wo, wa-

rum (aus welchem Anlass), zu wem, worüber und in welcher Absicht?
- Informiere dich über den zeitgeschichtlichen und politischen Kontext der Rede.
- Untersuche Inhalt und Aufbau der Rede, indem du die wichtigsten Aussagen erfasst und den Text in Abschnitte gliederst.
- Beschreibe, mit welchen sprachlichen Mitteln der Redner welche Wirkungen erzielt.
- Arbeite zuletzt die Absichten des Redners heraus: Was will er mit seiner Rede erreichen?
- Wäge am Ende gegebenenfalls ab, ob die Rede inhaltlich und sprachlich überzeugt und ob der Redner seine Ziele erreicht hat.

Einen pragmatischen Text erörtern Seite 34
- Nenne in der Einleitung Verfasser/in, Titel und Textsorte sowie Erscheinungsjahr des zu erörternden Textes und umreiße gegebenenfalls bereits in wenigen Worten das Thema.
- Stelle in Hauptteil I die Strategie des Verfassers dar: Worüber schreibt er, wie schreibt er und mit welcher Absicht? Belege deine Aussagen mit Textstellen.
- Umreiße anschließend die Position des Verfassers und nenne seine Hauptargumente.
- Nimm in Hauptteil II begründet Stellung zur Position des Verfassers.
- Stimmst du ihm zu, so stütze seine Position mit eigenen Argumenten und Beispielen.
- Bist du ganz oder teilweise anderer Meinung, so erläutere, warum.
- Fasse im Schlussteil deine Ergebnisse knapp zusammen.

Eine Rede planen, verfassen und vortragen Seite 23
- Sorge durch Recherche und Lektüre dafür, dass du dein Thema gründlich beherrschst.
- Begrenze dein Thema, damit du nicht zu lange sprichst.
- Gliedere deine Rede in Einleitung, Hauptteil und Schluss.
- Überlege, was du mit deiner Rede bewirken willst und wie du diesen Zweck am besten erreichen kannst.
- Gestalte deine Rede sprachlich so durch, dass sie im mündlichen Vortrag überzeugt. Wichtige rhetorische Mittel sind in diesem Zusammenhang Anapher, Antithese, Emphase, Parallelismus, Reihung oder Wiederholung.
- Übe deine Rede ein und achte dabei auf deinen Tonfall und deine Körperhaltung. Schau beim Reden ab und zu ins Publikum.

Eine Sachtextanalyse verfassen Seite 169
- Nenne in der Einleitung den/die Verfasser/in, den Titel und das Erscheinungsdatum des Textes, die Textsorte und das Thema.
- Untersuche im Hauptteil Inhalt und Aufbau des Sachtextes, seine sprachliche Gestaltung und gegebenenfalls auch, soweit erkennbar, die Intentionen des Verfassers. Beschreibe zudem die Wirkung des Textes auf den Leser.
- Stelle also im Hauptteil die wichtigsten Informationen und Aussagen dar, benenne, sofern vorhanden, die These oder die Thesen des Textes, erwähne, auf welche Quellen sich der Verfasser stützt, und bewerte, wie ausgewogen oder einseitig das Thema behandelt ist.
- Die sprachlichen Mittel des Textes untersuchst du am besten im Zusammenhang mit der Frage, welche Intentionen der Verfasser – klar erkennbar oder auch nur vermutlich – verfolgt und welche Wirkung er mit seinem Text erzielt.
- Im Schlussteil kannst du persönlich Stellung beziehen und dich dazu äußern, wie ergiebig der Sachtext ist und was dir daran gefallen oder auch missfallen hat.

Ein Standbild bauen Seite 129
- Einigt euch in der Gruppe, wer Regisseur und wer Schauspieler ist.
- Der Regisseur baut mit den Schauspielern Schritt für Schritt ein Bild auf, indem er sie

die ihm vorschwebenden Positionen und Körperhaltungen einnehmen lässt. Auch den Gesichtsausdruck kann er vorgeben.

Ein Strukturskizze zu einem Sachtext erstellen Seite **161**
▸ Erfasse die wichtigsten Informationen des Textes.
▸ Notiere die Schlüsselbegriffe und halte die Kernaussage fest.
▸ Ordne die Schlüsselbegriffe so, dass sich ein System von Ober- und Unterbegriffen ergibt.
▸ Stelle grafisch dar, wie die Schlüsselbegriffe, die die wichtigsten Textinformationen enthalten, mit der Kernaussage zusammenhängen.

Subtexte erkennen und verfassen Seite **143**
▸ Subtexte sind in literarischen Werken immer dort zu finden, wo aus dem Zusammenhang heraus deutlich wird, dass eine Figur sich insgeheim Gedanken macht, die aber – aus guten Gründen – unausgesprochen bleiben.
▸ Subtexte zeigen, wie eine Figur eine Situation oder eine andere Figur tatsächlich bewertet, obwohl sie das nicht offen sagt.
▸ Um solche geheimen Gedanken festzuhalten, bietet sich die Form des inneren Monologs an.

Eine szenische Interpretation durchführen Seite **129**
Mithilfe von Verfahren aus der Theaterpraxis kann man Interpretationen literarischer Texte entwickeln. Den Anfang einer szenischen Interpretation können Standbilder machen (vgl. oben „Ein Standbild bauen"). Am Ende werden ganze Szenen gespielt, wobei es nicht so sehr darauf ankommt, die literarische Vorlage wörtlich umzusetzen, sondern vielmehr, sie durch szenische Vergegenwärtigung zu interpretieren. Auf jede Form der szenischen Interpretation sollte ein Feedback der Zuschauer folgen.

Einen Tagebucheintrag verfassen Seite **77**
▸ Schreibe einen Tagebucheintrag, um Gedanken und Gefühle einer Figur in einer Geschichte besser zu verstehen.
▸ Versetze dich dazu in die Figur hinein und überlege, was in ihr vorgeht.

Einen Text für das Vorlesen vorbereiten
▸ Um einen Text ausdrucksstark vorlesen zu können, musst du zunächst seinen Inhalt verstehen, d. h. auch seine Wirkung und Atmosphäre erfassen.
▸ Achte beim Vorlesen auf die Lautstärke, das Lesetempo und die Stimmführung.
▸ Setze schnelles und langsames Vorlesen gezielt ein, damit der Zuhörer sich besser in die Handlung einfühlen kann.
▸ Achte auf die Betonung bei unterschiedlichen Satzarten und verschiedenen Sprechern.
▸ Lies mit den entsprechenden Ausdrücken, wie z. B. *wütend, leise, laut, spöttisch, ängstlich, siegessicher, selbstbewusst.*
▸ Es ist sinnvoll, den Text mit Lesezeichen zu versehen: | kurze Pause / || lange Pause / – besonders betonte Wörter / > leiser werden / < lauter werden / / Stimme senken / // Stimme heben

Textlupe
▸ Arbeitet in Vierer- bis Sechsergruppen. Jeder von euch hat einen eigenen Text vor sich, den er an seinen rechten Nachbarn weitergibt.
▸ Nehmt beim Lesen eines Textes jeweils einen bestimmten Bereich unter die Lupe, z. B. den Aufbau, die Wortwahl, die Tempusformen.
▸ Schreibt Lob, Kritik und Verbesserungsvorschläge an den Rand und gebt den Text nach einer bestimmten Zeit an den nächsten Nachbarn weiter.
▸ Am Ende erhält jeder Autor seinen Text mit Anmerkungen zurück.
▸ Prüft die Anmerkungen und überarbeitet euren Text.

Checklisten

Einen analytischen Interpretationsaufsatz schreiben Seite **66, 71**

1. Inhaltserfassung und Textverständnis
- ✓ Wurde die Aufgabenstellung erfüllt?
- ✓ Wurde das Thema der Geschichte erkannt?
- ✓ Wurde die Handlung korrekt erfasst und knapp in der richtigen Reihenfolge wiedergegeben?

2. Interpretationshypothese
- ✓ Wurde ein erster Deutungsansatz in Form einer Interpretationshypothese formuliert?

3. Analyseaspekte
- ✓ Wird der Aufbau beschrieben und erläutert?
- ✓ Werden die zentralen Probleme, Konflikte, Ereignisse, Motive genannt?
- ✓ Wird die Gestaltung der Zeit analysiert?
- ✓ Wird die Gestaltung des Ortes analysiert?
- ✓ Wird auf weitere Analyseaspekte eingegangen?
- ✓ Werden wichtige sprachliche Mittel bestimmt?
- ✓ Wird die Bedeutung des Titels erläutert?

4. Analysearbeit
- ✓ Werden die Aspekte treffend interpretiert?
- ✓ Wird ein Bezug zwischen Gehalt/Inhalt und Gestalt/Form hergestellt?
- ✓ Wird die Interpretationshypothese überprüft?

5. Schreibplan
- ✓ Ist der Gedankengang nachvollziehbar?
- ✓ Sind Einleitung, Hauptteil und Schluss durch Absätze optisch erkennbar?

6. Darstellung
- ✓ Wurde sachlich und begründet formuliert?
- ✓ Wurde bei Wortwahl und Satzbau auf Abwechslung geachtet?
- ✓ Wurden geeignete sprachliche Mittel zur Verknüpfung eingesetzt?
- ✓ Wurden Textbelege oder Zitate verwendet?
- ✓ Wurde die korrekte Tempusform genutzt?

Einen dramatischen Text inszenieren Seite **145**

- ✓ Ist mir klar, welches das zentrale Problem bzw. der Hauptkonflikt des Dramas ist?
- ✓ Habe ich alle wichtigen Aussagen des Werkes zu diesem thematischen Kern bemerkt?
- ✓ Habe ich eine Lösung, wie ich diese Aussagen durch meine Inszenierung des Dramas zur Geltung bringen kann?
- ✓ Habe ich mir eine Meinung darüber gebildet, wie aktuell der Gehalt des Werkes noch ist und an welchen Stellen sich diese Aktualität zeigt?
- ✓ Habe ich Strategien entwickelt, wie ich diese Aktualität durch meine Inszenierung verdeutlichen kann?

Einen Essay schreiben Seite **53, 59, 131**

Beim Verfassen eines Essays (wörtlich: eines ‚Versuchs') hast du viele Freiheiten. Damit dein Essay dennoch als Text eine gewisse inhaltliche Geschlossenheit aufweist und als Ganzes nicht zerfasert, solltest du auf die folgenden Punkte achten:

- ✓ ein geeignetes Thema aussuchen,
- ✓ das Thema eingrenzen,
- ✓ eine pointierte Überschrift finden,
- ✓ am Anfang des Essays in das Thema einführen,
- ✓ das Thema im Hauptteil pointiert und andeutungsreich entfalten,
- ✓ gleichwohl sicherstellen, dass ein „roter Faden" erkennbar bleibt,
- ✓ gute Argumente anführen und anschauliche Beispiele geben,
- ✓ Denkanstöße vermitteln,
- ✓ bei aller Freiheit der Form darauf achten, dass der Text im Ganzen schlüssig strukturiert ist,
- ✓ rhetorische Mittel verwenden, die deine sprachliche Gewandtheit unter Beweis stellen.

Einen Leserbrief schreiben Seite **170 f.**

- ✓ Ist mir der Adressat bzw. Kommunikationspartner des Leserbriefes klar?
- ✓ Habe ich mir das Thema meines Leserbriefes deutlich bewusst gemacht?
- ✓ Weiß ich, was ich erreichen will (etwa: meine persönliche Sicht zum Ausdruck bringen; oder: informieren; oder: appellieren)?
- ✓ Habe ich den Brief mit einer Anrede begonnen?
- ✓ Habe ich auf das Ereignis bzw. den Artikel, das/der meinen Schreibanlass bildet, Bezug genommen?
- ✓ Habe ich mögliche Einwände gegen meine Position bedacht und mit einbezogen?
- ✓ Habe ich mich klar und verständlich ausgedrückt?
- ✓ Habe ich einen angemessenen Ton eingehalten?
- ✓ Ist mein Leserbrief sprachlich korrekt?
- ✓ Zeigt mein Brief, dass ich rhetorische Kniffe kenne, die einen appellativen Text wirkungsvoller machen?

Lyrik interpretieren Seite **191**

Einleitung
- ✓ Überlege zunächst, was du bereits über den Autor/die Autorin und die Zeit, in der er/sie lebte und schrieb, weißt.
- ✓ Betrachte die Überschrift. Welche Assoziationen ruft sie in dir hervor?
- ✓ Formuliere anschließend einen ersten Eindruck mit der dazugehörigen Wirkung.

Inhalt
- ✓ Fasse den Inhalt mit eigenen Worten zusammen.

Lyrischer Sprecher
- ✓ Wer spricht aus welcher Perspektive?
- ✓ In welcher Situation befindet sich der lyrische Sprecher?
- ✓ Wendet er/sie sich an ein Gegenüber, spricht er/sie mit sich selbst?
- ✓ Reflektiert oder erlebt der lyrische Sprecher ein Ereignis? Appelliert er an jemanden?

Form
- ✓ Wie ist die äußere Form des Gedichtes zu beschreiben?
- ✓ Wie wirkt die Form?
- ✓ Welche inhaltlichen Schlussfolgerungen lassen sich aus der Form ziehen?

Sprache
- ✓ Welcher Wortarten herrschen vor?
- ✓ Gibt es Besonderheiten im Satzbau?
- ✓ Welche sprachlichen Bilder tauchen auf?
- ✓ Welche Stimmung unterstützen sie?

Schluss
- ✓ Fasse nun deine Untersuchungen zusammen.
- ✓ Formuliere eine Wertung des lyrischen Textes.

Eine Inhaltsangabe zu einem Sachtext schreiben Seite **163**

- ✓ Habe ich den Text zunächst nach der 5-Schritt-Lesemethode erschlossen?
- ✓ Habe ich meine Notizen in Einleitung, Hauptteil und Schluss geordnet?
- ✓ Habe ich in der Einleitung die üblichen allgemeinen und einführenden Angaben (vgl. Methode: Eine Sachtextanalyse verfassen: Seite 268) gemacht?
- ✓ Habe ich im Hauptteil die wichtigen Aussagen des Autors sachlich wiedergegeben und dazu die indirekte Rede verwendet?
- ✓ Habe ich in einem Schlusssatz den inhaltlichen Ertrag des Sachtextes zusammengefasst und bin ich dabei auch auf die Position des Autors (sofern er diese deutlich macht) eingegangen?
- ✓ Habe ich die Inhaltsangabe im Präsens verfasst?

Merken

Adjektiv

Wortart. Adjektive nennt man auch Eigenschaftswörter. Sie bezeichnen Merkmale eines Substantivs näher und werden dekliniert. *Auf dem großen Baum saß ein bunter Vogel.* Die meisten Adjektive kannst du steigern: *hoch – höher – am höchsten, gut – besser – am besten.*

Man unterscheidet zwischen
- **attributiven Adjektiven:** sie stehen vor einem Substantiv (*der schnelle Junge*),
- **prädikativen Adjektiven:** sie stehen nach den Verben *sein* und *werden* und sind Teil des Prädikats (*Der Junge ist schnell.*),
- **Adjektivadverbien:** alle Adjektive können im Deutschen auch als Adverb gebraucht werden (*Der Junge läuft schnell.*).

Adverb

Wortart. Adverbien beschreiben die Umstände eines Geschehens genauer. Sie werden nicht flektiert. Man unterscheidet:
- **Temporaladverbien** (Wann? Seit wann? Wie lange? Wie oft? – *eben, heute, bald, …*),
- **Lokaladverbien** (Wo? Wohin? Woher? – *hier, dort, drüben, …*),
- **Modaladverbien** (Wie? Auf welche Art und Weise? – *leider, erstaunlicherweise, gern, …*),
- **Kausaladverbien** (Warum? Aus welchem Grund? – *deshalb, folglich, …*).

Adverbiale Bestimmungen

Satzglieder. Adverbiale Bestimmungen des Ortes (lokal) und der Zeit (temporal) liefern genauere Angaben über den Ort und die Zeit eines Geschehens. Du fragst nach den adverbialen Bestimmungen des Ortes mit „Wo?", „Woher?", „Wohin?": *Wir gehen heute ins Museum*, und nach denen der Zeit mit „Wann?", „Seit wann?", „Wie lange?": *Wir gehen morgen in den Zoo.*
Adverbiale Bestimmungen des Grundes (kausal) und der Art und Weise (modal) machen nähere Angaben über den Grund bzw. die Ursache und die Beschaffenheit eines Geschehens. Du fragst nach den adverbialen Bestimmungen des Grundes mit „Warum?", „Weshalb?" (*Wegen einer Baustelle standen wir zwei Stunden im Stau.*) und nach denen der Art und Weise mit „Wie?" (*Hanna findet die Ausstellung langweilig.*).

Adverbialsätze

Sätze. Adverbialsätze sind Nebensätze, die die Umstände eines Geschehens näher bestimmen. Sie werden wie adverbiale Bestimmungen gebraucht.
Temporalsätze geben Antworten auf die Fragen: Wann? Seit wann? Bis wann? *Nachdem Tim geübt hatte, konnte er auf dem Seil balancieren.*
Kausalsätze nennen einen Grund (Warum?): *Weil das Wetter schlecht war, blieben wir im Haus.*
Modalsätze gehen auf die Art und Weise ein (Wie?): *Dadurch, dass wenig Verkehr war, kamen wir rechtzeitig an.*
Finalsätze geben einen Zweck an (Wozu? Wofür?): *Damit wir uns nicht abhetzen müssen, sind wir rechtzeitig losgefahren.*
Konditionalsätze erläutern, unter welchen Bedingungen etwas erfolgt: *Falls wir den Zug verpassen, müssen wir drei Stunden warten.*
Konsekutivsätze geben an, mit welcher Folge oder Wirkung etwas geschieht: *Wir fahren rechtzeitig los, sodass wir den Zug nicht verpassen.*
Konzessivsätze drücken eine Einräumung, einen Einwand aus: *Obwohl wir rechtzeitig losgefahren sind, haben wir den Zug verpasst.*
Adversativsätze drücken einen Gegensatz aus: *Während wir das Auto parkten, fuhr der Zug schon los.*
Lokalsätze dienen zur Angabe eines Ortes oder einer Richtung: *Ich will bleiben, wo meine Freunde sind.*

Akt
Ein größerer Handlungsabschnitt eines Theaterstückes wird als Akt (von lat. *actus*: Handlung) bezeichnet. Am Ende eines Aktes fällt der Vorhang.

Anapher
Mehrmalige Wiederholung eines Wortes, einer Wortgruppe oder eines Satzes am Anfang aufeinanderfolgender Verse oder Strophen.

Antithese
Sprachliches Bild, in dem Gegensatzpaare gegenübergestellt werden.

Antonym
Antonyme sind Wörter, die sich durch ihre gegensätzliche Bedeutung aufeinander beziehen: *hell – dunkel*.

Apposition
Eine Apposition ist eine zusätzliche Beifügung. Sie wird vom übrigen Teil des Satzes durch Kommas abgetrennt: *In Frankreich, dem Land der besten Käseprodukte, gibt es mehr als 350 verschiedene Käsesorten.*

Attribut
Satzgliedteil. Attribute bestimmen ein Substantiv, Adjektiv oder Adverb näher: *die schöne Schrift* (Adjektivattribut), *die Schrift des Detektivs* (Genitivattribut), *der Füller in der Hand* (Präpositionalattribut), *Sherlock Holmes, der berühmte Detektiv, wohnt in London* (Apposition), *Sherlock Holmes, der jeden Fall löst, denkt nach* (Relativsatz/Attributsatz).

Attributsätze
Nebensätze, die ein Substantiv oder Pronomen näher bestimmen, heißen Attributsätze. Zu ihnen zählen auch die Relativsätze, die durch ein Relativpronomen (*der, die, das, was, …*) eingeleitet werden: *Der Zug, der uns in die Ferien bringen sollte, hatte Verspätung.*

Bedeutungsänderung Seite 251
Bedeutungen von Wörtern können sich im Laufe der sprachgeschichtlichen Entwicklung auf unterschiedliche Weise wandeln. Man unterscheidet zwischen *Bedeutungsverengungen, Bedeutungserweiterungen, Bedeutungsübertragungen* (das sind Bedeutungserweiterungen als Folge einer metaphorischen Verwendung), *Bedeutungsverschlechterungen* (bei denen sich eine ursprünglich neutrale oder positive Bedeutung ins Negative verkehrt) und dem umgekehrten Fall der *Bedeutungsverbesserungen*.

Bildton, synchron Seite 175
Begriff aus der Filmanalyse: akustische Ereignisse, die im Bild vorkommen, z. B. Geräusche und Dialoge.

Briefroman Seite 215
In der zweiten Hälfte des 18. Jahrhunderts, in der Epoche der Aufklärung und der Empfindsamkeit, entwickelten die Gebildeten ein gesteigertes Bedürfnis nach Selbstaussprache und persönlicher Mitteilung gegenüber Gleichgesinnten. Die damalige Zeit eröffnete ihnen bisher unbekannte Lebensmöglichkeiten. Der Preis dieser Freiheit bestand in Gefühlen der Entwurzelung und Einsamkeit. Der Briefroman bot eine willkommene Möglichkeit, diese und verwandte Empfindungen in einer Form literarischen Probehandelns auszudrücken.

Bürgerliches Trauerspiel Seite 207
Das in der zweiten Hälfte des 18. Jahrhunderts aufkommende bürgerliche Trauerspiel behandelt die Lebenssphäre des Bürgertums und seine Konflikte mit der Welt des Adels. ‚Trauerspiel' ist ein anderes Wort für ‚Tragödie'. Bis dahin war in Tragödien ausschließlich das Schicksal adliger und fürstlicher Personen dargestellt worden, denn dem Leben und Leiden ‚gewöhnlicher Menschen' fehlte, so hieß es vor 1750, die notwendige ‚Fallhöhe'. Oft steht im bürgerlichen Trauerspiel ein

an Standesvorurteilen scheiterndes Liebesverhältnis zwischen einer Bürgerlichen und einem Adligen im Zentrum der Handlung. An diesem Konflikt wird demonstriert, wie sehr sich die Lebensführung und das sittliche Empfinden beider gesellschaftlicher Klassen unterscheiden. Die Sympathie gilt dabei der bürgerlichen Sphäre, die äußerlich unterliegt, moralisch aber triumphiert. Die Rollen innerhalb der bürgerlichen Kleinfamilie sind fest verteilt: Der Vater ist der sittenstrenge Wächter über die Familienehre, die Mutter aus Eitelkeit und Schwäche die unfreiwillige Komplizin der Adelswelt und die Tochter die Verkörperung tugendhafter Unschuld, die unter ihrer eigenen Verführbarkeit leidet.

Charakterisierung

Bei einer **direkten Charakterisierung** beschreibt man die Figur genau: *Aussehen, Aussagen anderer, wie handelt sie …*
Bei einer **indirekten Charakterisierung** stellt man die Figur durch ihre Sprechweise und Verhaltensweise in einer Situation dar.

Denotat Seite 249

Denotat nennt man die Bedeutung eines Wortes, die sprachlich weitgehend neutral und objektiv ist: *Schnee besteht aus feinen Eiskristallen und ist die häufigste Form des festen Niederschlags.*

Dialektische Erörterung

Beim dialektischen Erörtern wird eine Streitfrage von zwei Seiten beleuchtet, es wird also für *und* gegen eine These argumentiert und am Ende eine eigene Position gefunden bzw. bekräftigt.

Dialog Seite 75

Ein Dialog bezeichnet das abwechselnd in Rede und Gegenrede geführte Gespräch zwischen zwei oder mehreren Personen.
In einem literarischen Dialog (als Form des gestaltenden Interpretierens) sollte zum Ausdruck kommen, was die Dialogpartner zu diesem Zeitpunkt der Handlung wissen, fühlen und denken. Deutlich sollte werden, wie die Figuren nach außen hin mit ihrer inneren Verfassung umgehen. Der Dialog sollte möglichst um einen Konflikt kreisen, damit er spannend und aussagekräftig ist. Dieser Konflikt kann auch unausgesprochen bleiben. Zudem sollte die Beziehung der Dialogpartner erkennbar werden. Die Inhalte des Dialogs dürfen nicht im Widerspruch zu der äußeren und inneren Handlung des literarischen Textes stehen.

Diphthong, Diphthongierung Seite 256

Diphthonge sind Doppellaute, die aus zwei Vokalen gebildet werden: *ai, au, äu, ei, eu*. Diphthongierung bedeutet, dass sich ein Vokal zu einem Diphthong entwickelt, z. B. mittelhochdeutsch *i* zu neuhochdeutsch *ei* in *wip* – *Weib*.

Drama Seite 106–109, 136–157, 192–207

Das Drama ist eine der drei großen Gattungen der Literatur (Epik, Lyrik, Drama). Ein Drama ist eine Handlung, die auf der Bühne in Monologen und Dialogen dargestellt wird.

Dramatischer Konflikt Seite 136–157, 192–207

– Ein Konflikt (lat. „conflictus" – *Zusammenstoß*) ist ein wichtiges Element der Gestaltung in szenischen Werken wie dem Drama.
– Er stellt Widersprüche dar, die auch in der Wirklichkeit existieren.
– Der dramatische Konflikt entsteht dann, wenn zwei Figuren oder Figurengruppen unterschiedlicher Auffassung sind oder unterschiedliche Interessen vertreten.
– Die Gestaltung des Konflikts innerhalb der Handlung umfasst immer die Entstehung des Konfliktes, den Höhepunkt und dessen Lösung.
– Die Zuspitzung der Handlung ist aber auch an der sprachlichen Gestaltung zu erkennen, z. B. an der Häufung rhetorischer Fragen, der Verwendung von Ausrufen und Schimpfwörtern und der Verkürzung des Wortwechsels.

– Unterschieden werden kann beispielsweise zwischen *Wertekonflikten*, *Geschlechterkonflikten* und *Generationenkonflikten*.

Epik

Epik, auch erzählende Literatur genannt, ist – neben der Dramatik und der Lyrik – eine der drei großen Gattungen der Literatur und umfasst erzählende Literatur in Vers- oder Prosaform.

Episches Theater Seite 146–150, 153–155

Das epische Theater, dessen bekanntester Vertreter und Verfechter Bertolt Brecht ist, schafft absichtlich Distanz zwischen dem Zuschauer und den Bühnenfiguren (siehe ‚Verfremdungseffekte'). Der Zuschauer soll nicht mitfühlen, sondern mitdenken und die Vorgänge auf der Bühne kritisch analysieren; letztlich geht es darum, dass er unter dem Eindruck der Theaterhandlung sein eigenes Handeln überdenkt und ändert und so zum Motor gesellschaftlicher Veränderungen wird.

Ersatzprobe

Das Verfahren, mit dem man Satzglieder in einem Satz austauscht, nennt man Ersatzprobe. Du wendest sie bei der Überarbeitung deiner Texte an: *Die Mumien liegen seit Jahrtausenden in den ägyptischen Gräbern. Sie liegen seit Jahrtausenden dort.*

Erzählform

Es gibt zwei grundlegende Erzählformen: die Ich-Form (*Ich schaute entsetzt in den Brunnen. Meine Knie fingen an zu zittern.*) und die Er-/Sie-Form (*Der Feuerwehrmann hielt das Seil fest. Vorsichtig ließ er Nora in den tiefen Brunnen hinab.*).

Erzählperspektive

Die Erzählperspektive ist der Blick- oder Standpunkt, von dem aus eine Geschichte erzählt wird. Der Erzähler kann zwischen zwei Erzählperspektiven wählen: Nimmt er eine **Außenperspektive** ein, dann stellt er nur das äußere Erscheinungsbild der Figuren und ihre Handlungen dar. Nimmt er eine **Innenperspektive** ein, dann schildert er die Gedanken und Gefühle der Figuren.

Erzählzeit

die Zeit, die man zum Lesen einer Geschichte aufwendet

Erzählte Zeit

der Zeitraum, über den sich eine Geschichte inhaltlich erstreckt

Essay Seite 50–61, 130f., 263

Ein Essay ist ein Text, der auf originelle Weise eine allgemeingültige Frage behandelt, wobei er nicht zu einer eindeutigen Lösung kommen muss (wie z. B. eine Erörterung). Das Thema des Essays wird von einer persönlichen Perspektive aus umkreist. Die Form eines Essays ist nicht genau festgelegt, Abschweifungen und persönliche Anmerkungen sind erlaubt.

Essayistische Darstellungsformen Seite 53

Ein Essay bietet dem Verfasser viele Freiheiten. Der Essay kann einen vorwiegend subjektiv-assoziativen oder einen ironisch-pointierten Charakter haben. Das narrative (erzählende) Element kann überwiegen. Aber auch eine sachlich-argumentative oder eine kritisch reflektierende Behandlung des Themas ist möglich. Diese verschiedenen Darstellungsformen können sich innerhalb eines Essays auch abwechseln oder überlagern.

Figurenkonstellation Seite 140

Mithilfe einer Figurenkonstellation kann man veranschaulichen, in welchen Beziehungen Figuren literarischer Werke zueinander stehen.

Filmanalyse Seite 185

Durch den Wechsel der Einstellungsgrößen und die Kameraführung lenken Regisseur und Kameramann die Aufmerksamkeit des Zuschauers und erzeugen Gefühle von Nähe und Distanz. Musik und Geräusche sorgen im Film für Atmosphäre und Stimmungen. Filmplots weisen in der Regel eine dreiaktige Grundstruktur auf. Mithilfe eines Sequenzprotokolls kann man analysieren, mit welchen Darstellungsmitteln ein Film arbeitet und wie viele Sinne dabei gleichzeitig angesprochen werden. Vergleicht man ein Drehbuch mit der literarischen Vorlage, zeigt sich, dass die Erzählweise jeweils den Bedingungen des Mediums angepasst werden muss.

Filmkritiken Seite 187
Filmkritiken sind meist recht subjektiv und fast übertrieben meinungsfreudig. Oft überlagert die Kommentierung der Schauspielerleistungen die Kommentierung des Filmplots und der filmischen Inszenierung. Da ein Film eine sehr komplexe Erzählform ist, stellt das Verfassen einer kompetent informierenden Filmkritik jedoch auch eine große Herausforderung dar.

Filmsequenz Seite 179
kleinere filmische Handlungseinheit, die aus einer Folge von Einstellungen besteht

Filmszene Seite 179
durch Schnitte, Personen- oder Ortswechsel begrenzte kleinste Handlungseinheit eines Films

Fremdton, asynchron Seite 175
Begriff aus der Filmanalyse: akustische Ereignisse, die nicht im Bild vorkommen, z. B. Filmmusik

Futur I und Futur II
Tempusform des Verbs. Das Futur drückt Zukünftiges aus. Das Futur I wird gebildet aus einer Personalform des Hilfsverbs *werden* und einem Infinitiv: *wir werden tanzen*. Das Futur II wird gebildet aus einer finiten Verbform des Hilfsverbs *werden*, einer Partizip-II-Form und dem Infinitiv des Hilfsverbs *haben*: *bald wirst du das gelernt haben*.

Genie Seite 190
Das schöpferische Genie des Sturm und Drang lehnt sich gegen die überkommene Autorität der Vaterwelt und ihrer Gesetze auf und schafft die Welt neu, indem es der Stimme seines eigenen Herzens folgt.

Geschichte der deutschen Sprache
In der Geschichte der deutschen Sprache unterscheidet man grob folgende Entwicklungsstufen: Das Althochdeutsche (800–1050), das Mittelhochdeutsche (1050–1350), das Frühneuhochdeutsche (1350–1650) und das Neuhochdeutsche (ab dem 17. Jahrhundert).

Geschlossene Dramenform Seite 152, 155
Die Handlung der geschlossenen Dramenform präsentiert sich als kompakte Einheit. Jede Szene hat ihren festen, unverrückbaren Platz und erweist sich als notwendiges Glied in einer kontinuierlich und mit unerbittlicher Konsequenz ablaufenden Ereigniskette (vgl. unten ‚Klassische Dramenform'). Typisch für die geschlossene Dramenform sind duellartige Konstellationen zwischen einem Haupthelden (Protagonisten) und seinem Gegenspieler (Antagonisten). Die Handlungszeit ist komprimiert und erstreckt sich im Idealfall auf nur einen Tag, an dem sich das ganze Verhängnis entfaltet. Auch der Raum, der tendenziell neutral, eigenschaftslos ist, ist idealerweise auf einen einzigen Schauplatz beschränkt. Das Personal des geschlossenen Dramas ist nicht sehr zahlreich und die wichtigsten Figuren sind nahezu an der gesamten Handlung beteiligt. Sie argumentieren scharfsinnig und agieren beherrscht, ihr Körper bleibt gewissermaßen stumm. Die Sprache des geschlossenen Dramas ist eine einheitliche Kunstsprache. Emotionen werden eher ‚mitgeteilt' als unmittelbar ausgedrückt.

Gleichnis Seite 102 – 105
Ein Gleichnis ist ein in eine Beispielerzählung gekleideter Vergleich. Anders als bei der Parabel

wird die Beziehung zwischen der Erzählung und der Botschaft oder Lehre, auf die sie hinausläuft, klar benannt, meist durch Vergleichspartikel wie „so ... wie". Das Element, das die Beziehung zwischen den beiden Vergleichsbereichen stiftet, nennt man – mit einem lateinischen Fachbegriff – ‚tertium comparationis'. Gleichnisse sind in fast allen Kulturen und Literaturen verbreitet; die meisten Gleichnis-Erzählungen veranschaulichen religiöse Lehren. Im westlich-abendländischen Kulturraum haben besonders die homerischen und biblischen Gleichnisse Berühmtheit erlangt.

Gliederungsformen einer Rede Seite 19
Die einfachste Form einer Rede entspricht dem Aufbauschema eines Aufsatzes: Einleitung, Hauptteil, Schluss. Meist ist der Hauptteil einer Rede aber noch in sich strukturiert, und zwar oft nach folgendem Schema: Zunächst wird auf Vergangenes zurückgeblickt (WAR-Stand), dann die Gegenwart beschrieben (IST-Stand) und zuletzt die Zukunft in den Blick genommen (SOLL-Stand).

Gliedsatz
Gliedsätze sind Nebensätze, die die Funktion eines Satzglieds (Subjekt, Objekt, adverbiale Bestimmung) erfüllen.

Gliedteilsatz
Gliedteilsätze sind Nebensätze, die die Funktion eines Attributes übernehmen. Es handelt sich dabei oft um Relativsätze. *s. Relativ-/Attributsatz.*

Handlung, innere und äußere
Erzählmittel. Die innere Handlung gibt Gedanken und Gefühle der Figuren wieder. Die äußere Handlung erzählt, was geschieht.

Homonym
Homonyme sind Wörter, die die gleiche Aussprache und Schreibweise haben, aber eine unterschiedliche Bedeutung besitzen, z.B. *Ball = Sportgerät* oder *festliche Tanzveranstaltung.*

Hyperonym
Oberbegriff eines Begriffes; z.B. ist *Tier* das Hyperonym von dem Begriff *Säugetier*.

Hyponym
Unterbegriff eines Begriffes; z.B. ist *Banane* ein Hyponym des Begriffes *Obst*.

IDEMA-Methode Seite 22
Die sogenannte IDEMA-Methode ist ein seit der römischen Antike angewendetes Verfahren zur Erarbeitung und Vorbereitung einer Rede. Sie besteht aus den folgenden Schritten: 1. *Inventio* – Sammeln von Gedanken und Einfällen zum Thema. 2. *Dispositio* – Gliederung des gesammelten Materials. 3. *Elocutio* – sprachliche Gestaltung und Ausschmückung der Rede. 4. *Memoria* – Einprägen der Rede. 5. *Actio* – Vortrag und gestisch-mimische Ausgestaltung.

Indefinitpronomen
Wortart. Indefinitpronomen (unbestimmte Fürwörter wie *irgendein, alle, man, jemand, ...*) werden benutzt, wenn das Substantiv unbekannt ist: *Irgendjemand* ist in das Juweliergeschäft eingebrochen.

Indirekte Figurencharakterisierung
indirekte Beschreibung einer Figur, indem sie z.B. im Gespräch mit anderen durch ihre Sprechweise und ihr Verhalten dargestellt wird

Indirekte Rede
Die indirekte Rede wird oft von einem Sprecher genutzt, wenn er sich von dem Dargestellten distanzieren will oder nicht für die Richtigkeit der Aussage haften will.
Der Redebegleitsatz stimmt mit dem der direkten Rede überein, der Redeinhalt wird im Konjunktiv I dargestellt: *Wovon er träumte, fragte er.*

Auch in der indirekten Rede kann man durch die Tempusform vermitteln, ob sich der Redeinhalt auf etwas
- Vorheriges (Vorzeitigkeit): Perfekt Konjunktiv I,
- Gleichzeitiges (Gleichzeitigkeit): Präsens Konjunktiv I oder
- Späteres (Nachzeitigkeit): Futur Konjunktiv I bezieht.

Der Redebegleitsatz kann in beliebigen Tempusformen stehen.

Inhaltsangabe, Inhaltswiedergabe

Eine Inhaltsangabe fasst knapp und sachlich den wesentlichen Inhalt eines Textes zusammen. Sie steht im Präsens und hat keine wörtliche Rede.

Innerer Monolog Seite 74, 77

Der innere Monolog ist wie ein Selbstgespräch einer literarischen Figur, in dem sie ihre Gedanken und Gefühle äußert. Er wird im Präsens in der ersten Person Singular geschrieben.

Kameraeinstellungsgrößen Seite 180

Die wichtigsten Kameraeinstellungsgrößen sind: *Detail* (kleiner Ausschnitt), *Groß* (der ganze Kopf ist im Bild erfasst), *Nah* (Personen stehen im Mittelpunkt), *Halbnah* (Personen werden hüftabwärts gezeigt), *Halbtotale* (Personen sind von Kopf bis Fuß zu sehen), *Totale* (der ganze Handlungsraum ist erkennbar) und *Weit* (Landschaften/Städte sind zu sehen).

Kameraführung Seite 181

Ein *Kameraschwenk* erweitert den Bildraum und Neues wird sichtbar. Die lineare Bewegung der Kamera durch den Raum (meist auf Schienen) nennt man *Kamerafahrt*. Bewegt sich die Kamera schnell auf ein Objekt zu, wirkt die Kamerafahrt oft bedrohlich oder aggressiv. Entfernt sie sich vom Objekt, kann das beim Betrachter Gefühle der Erleichterung, der Verstörung oder auch des Schmerzes auslösen. Verlaufen die Bewegungen der Kamera und des Objektes synchron, bleibt der Zuschauer in einem distanzierten Verhältnis zum Geschehen. Wechselt die Kamera mehrmals zwischen zwei Personen hin und her, spricht man von *Schuss und Gegenschuss*.

Kameraperspektiven Seite 181

Man unterscheidet die *Froschperspektive* (von unten schräg nach oben, das Objekt wirkt groß, mächtig, stark), die *Normalperspektive* (der Ausschnitt ist rechtwinklig zum Objekt, auf Augenhöhe, die Wirkung ist neutral) und die *Vogelperspektive* (von oben schräg nach unten, mit dem Effekt, dass die Person, das Objekt klein und eher unterlegen wirkt, man schaut ‚auf sie/es herab'.)

Kernsatz Seite 30, 32

Kernsätze enthalten wesentliche Aussagen eines Textes. Eine These ist immer ein Kernsatz.

Klassische Dramenform Seite 152

Die äußere Form des klassischen fünfaktigen Dramas hat Gustav Freytag 1863 als Pyramide veranschaulicht. Der erste Akt enthält die Exposition, in der die wichtigsten Figuren eingeführt werden und sich bereits der dramatische Konflikt abzeichnet. Dieser verschärft sich in der steigenden Handlung des zweiten Akts. Im mittleren dritten Akt erreicht die Handlung ihren dramatischen Höhepunkt und schlägt um. Das katastrophische Ende (in der Tragödie) bereitet sich in dieser *Peripetie* – einem Begriff aus der bis in die Neuzeit maßgeblichen Tragödientheorie des Aristoteles – vor. Der vierte Akt enthält die fallende, auf die Katastrophe zulaufende Handlung. Diese finale Katastrophe wird dabei meist noch einmal künstlich herausgezögert; man spricht hier von dem *retardierenden Moment*. Im fünften Akt vollzieht sich schließlich die letztlich unaufhaltsame, schicksalhafte Katastrophe.

Kommasetzung

Man kann die Regeln für die Kommasetzung nach den folgenden Fällen unterscheiden:

- in **Satzreihen**:
  Hauptsätze, die miteinander verbunden sind, bilden eine Satzreihe. Zwischen diesen muss ein Komma gesetzt werden: *Wasser ist ein kostbares Gut, nicht alle gehen sorgsam damit um.* Hauptsätze in Satzreihen können manchmal auch eingeleitet werden (*denn, doch, aber*): *Wasser ist ein kostbares Gut, denn die Ressourcen sind begrenzt.* Werden die Hauptsätze mit *und / oder* verbunden, kann, muss aber kein Komma stehen: *Wasser ist ein kostbares Gut (,) und alle sollten sorgsam damit umgehen.*
- im **Satzgefüge**:
  Im Satzgefüge (Verknüpfung von Haupt- und Nebensatz) steht immer ein Komma. Nebensätze können auch in den Hauptsatz eingeschoben werden. Dann werden sie in Kommas eingeschlossen: *Wasser, das im Überfluss vorhanden ist, wird leicht verschwendet.* Den Nebensatz erkennst du an einem Einleitewort und an der Endstellung des finiten Verbs: *Viele Menschen verschwenden Wasser, da es häufig im Überfluss vorhanden ist.* Relativsätze werden beispielsweise mit einem Relativpronomen (*der, die, das, welcher, welche, welches*) eingeleitet. Auch vor der Konjunktion *dass* muss immer ein Komma stehen. Du erkennst die Konjunktion *dass* daran, dass sie nicht durch ein Relativpronomen (*dies, diese, welches*) ersetzt werden kann.
- bei **Infinitivgruppen**:
  Bei Infinitivgruppen mit *zu* setzt man ein Komma, wenn sie mit *um, ohne, statt, anstatt, als* eingeleitet werden oder ein hinweisendes Wort den Infinitiv anzeigt: *Wir fahren ans Wasser, um uns zu erholen. Es kommt darauf an, Wasser zu sparen.* Liegt eine bloße Infinitivgruppe mit *zu* vor, kann das Komma entfallen: *Er fordert ihn auf (,) zu sparen.*
- bei **nachgestellten Erläuterungen und Appositionen**:
  Die nachgestellte Erläuterung wird durch Kommas abgetrennt. Sie wird oft mit Wörtern wie *nämlich, also, und zwar, vor allem, das heißt* eingeleitet: *Wasser, besonders Trinkwasser, stellt den wichtigsten Rohstoff auf unserer Erde dar.* Auch die Apposition, eine besondere Form des Attributs, wird durch ein Komma abgetrennt: *Die mecklenburgische Seenplatte, eine große Seenlandschaft, ist ein beliebtes Reiseziel für Schulklassen.*

Kommunikationsanalyse Seite 231

In allen Kommunikationsakten lässt sich zwischen einem Inhaltsaspekt und einem Beziehungsaspekt unterscheiden. Beziehungen zwischen Kommunikationspartnern sind entweder symmetrische oder asymmetrische Beziehungen, also Beziehungen von Gleich zu Gleich oder Über- und Unterordnungsverhältnisse. Scheitert Kommunikation, ist es meist notwendig, sich nicht nur über strittige Inhalte auseinanderzusetzen, sondern vor allem auch die Beziehungsebene zu klären.

Kommunikationsmodelle Seite 225

Karl Bühler (1879 – 1963) unterscheidet zwischen der *Darstellungsfunktion* (oder deskriptiven Funktion), der *Ausdrucksfunktion* (oder expressiven Funktion) und der *Appellfunktion* von Sprache. Diese drei Funktionen finden sich in allen mündlichen Äußerungen und schriftlichen Texten. Nicht selten gewinnt jedoch eine Funktion ein deutliches Übergewicht über die anderen und prägt so die gesamte Äußerung bzw. Textsorte. Friedemann Schulz von Thun (geb. 1944) hat Bühlers Modell erweitert. Seinem Kommunikationsquadrat zufolge enthält jede menschliche Äußerung vier Botschaften: eine *Sachinformation*, eine *Selbstkundgabe*, einen *Beziehungshinweis* und einen *Appell*.

Konnotat Seite 249

Im Gegensatz zu Denotat meint Konnotat eine oder mehrere Nebenbedeutung(en) eines Wortes, die durch Assoziationen entsteht / entstehen. *Der Ausdruck „Schnee" verbindet sich als Konnotat z. B. mit den Vorstellungen ‚kalt', ‚Schnee schippen', ‚Ski fahren' ...*

Konjunktion
Wortart. Konjunktionen verbinden Wörter, Wortgruppen oder Sätze. *Tim und Lisa gehen auf Spurensuche, weil sie den Einbrecher finden wollen. Sie wissen, dass sie ihn schnell finden werden.* Achtung: Die Konjunktion *dass* darf nicht mit dem Relativpronomen *das* verwechselt werden. Die Konjunktion *dass* lässt sich nicht durch *welches* ersetzen.

Unterschieden werden
– die *koordinierenden Konjunktionen* = nebenordnende Konjunktionen (*aber, denn, doch, sondern, und ...*) und
– die *subordinierenden Konjunktionen* = unterordnende Konjunktionen (*als, da, damit, obwohl, nachdem ...*).

Kurzgeschichte Seite 62–87
Die Kurzgeschichte gehört zur Gattung der Epik. Das Wort ‚Kurzgeschichte' ist eine Übersetzung des amerikanischen Begriffes ‚short story'. In einer Kurzgeschichte wird eine besondere Situation aus dem Alltag eines Menschen erzählt. Typische Merkmale sind der Erzählanfang ohne Einleitung, der zum Nachdenken anregt, und häufig ein offener Schluss. Die Kurzgeschichte hat einen gradlinigen Handlungsverlauf und eine begrenzte Figurenauswahl. Die Alltagssprache bestimmt die Wortwahl und den Satzbau.

Leerstelle
Vieles wird in einem literarischen Text nur angedeutet oder sogar weggelassen. Oft bleiben Folgen einer bestimmten Handlung offen. Solche Lücken, die der Leser oder Zuhörer mit seinen eigenen Gedanken füllen muss, nennt man Leerstellen.

Literatur in ihren historischen und biografischen Kontexten Seite 67, 95
Literarische Texte spiegeln oft – direkt oder indirekt – die Verhältnisse der Zeit wider, in der sie entstanden sind. Überdies fließen in sie zwangsläufig persönliche Erfahrungen der Autoren ein. Kenntnisse zu den zeitgeschichtlichen Umständen und zum Leben und Denken des Autors (der Autorin) können daher das Verständnis literarischer Texte vertiefen.

Literaturverfilmung Seite 179
Die erzähltechnischen Möglichkeiten eines Romans und eines Films unterscheiden sich in vieler Hinsicht. Gelungene Literaturverfilmungen sind daher meist eigenständige Neuinterpretationen ihrer Vorlage. Filmmusik kann in einer Literaturverfilmung eine Art Kommentarfunktion übernehmen. Ein Film lässt dem Rezipienten weniger Freiheiten als ein Roman, denn Bilder sind eindeutiger (und meist auch wirkungsmächtiger) als Worte.

Lyrik Seite 88–101
Lyrik ist eine Gattung der Literatur, zu der die Gedichte gehören. Der Begriff leitet sich von dem griechischen Wort ‚lyra' her, einem harfenähnlichen Zupfinstrument. Im antiken Griechenland wurden literarische Texte gesungen und auf der Lyra begleitet.

Lyrischer Sprecher
Der lyrische Sprecher ist ein vom Autor erfundenes Ich, das nicht mit dem Autor gleichzusetzen ist. Der lyrische Sprecher äußert Gefühle oder Erlebnisse aus seiner subjektiven Sicht. Er kann eine unbekannte Person oder den Leser direkt mit „du" ansprechen, als „ich" oder „wir" auftreten. Man unterscheidet zwischen dem *reflektierenden lyrischen Sprecher*, dem *erlebenden lyrischen Sprecher* und dem *appellierenden lyrischen Sprecher*.

man immer getrennt: *dabei sein, Gewinner sein, schön sein.* Eine Verbindung aus einem ursprünglichen Substantiv und einem Verb wird zusammengeschrieben, wenn das Substantiv keine eigenständige Bedeutung mehr hat – wie in *eislaufen, heimfahren, irreführen, handhaben* oder *leidtun* – oder wenn der gesamte Ausdruck zu einem Substantiv wird: *Das Plätzchenbacken macht mir Spaß.*

Verbindungen aus Verb und Verb

Verbindungen aus Verb und Verb (Infinitiv, Partizip) werden in der Regel getrennt geschrieben: *Heute Nachmittag werden wir spazieren gehen.* Die Verbindungen aus den Verben *kennen* und *lernen* kann man getrennt oder zusammenschreiben. Verbindungen aus Verb und Verb können zusammengeschrieben werden, wenn eine neue Bedeutung entsteht. Das betrifft vor allem Verbindungen, deren zweiter Bestandteil aus den Verben *bleiben* und *lassen* besteht: *Sven ist leider im letzten Jahr sitzengeblieben (nicht versetzt worden). Er hat mich einfach links liegengelassen (unbeachtet gelassen).*

Verfremdungseffekte Seite 149

Verfremdungseffekte (V-Effekte) sorgen im epischen Theater dafür, dass der Zuschauer innerlich auf Distanz zur dramatischen Handlung gehalten wird. Bekannte Verfremdungseffekte sind eingeblendete Zwischentitel oder Bilder, Plakate mit Texten, Songs, die die Handlung unterbrechen, oder Figuren, die als Erzähler auftreten oder sich in anderer Weise direkt an das Publikum wenden.

Vergleich

Ein Vergleich ist ein sprachliches Bild, mit dem du etwas anschaulich darstellen kannst. Der Vergleich wird immer mit „wie" gebildet: *Der Abendhimmel leuchtet wie ein Blumenstrauß.*

„Werther" Seite 216

In Goethes zum Teil auf eigenen Erlebnissen beruhendem Briefroman „Die Leiden des jungen Werthers" (1774) steht die Hauptfigur ganz im Mittelpunkt. Werthers Briefe handeln von seinem Verhältnis zur Welt und zu sich selbst, seinem unentfalteten Künstlertum und seinem bewussten Außenseitertum, seinem Enthusiasmus für die Natur und seiner unglücklichen Liebesleidenschaft. Das Buch endet mit Werthers Selbstmord. Dieser und seine unmittelbare Vorgeschichte werden von einem fiktiven Herausgeber mitgeteilt, der in der Fiktion des Romans auch Werthers Briefe gesammelt und der Öffentlichkeit zugänglich gemacht hat. Der durch die Briefform beim ersten Lesen so authentisch, natürlich und kunstlos wirkende Roman ist in Wahrheit sorgfältig durchkomponiert, wie beispielsweise die symbolischen Bezüge der zahlreichen Naturbeschreibungen zeigen. Goethes Erstlingsroman war einer der ersten europaweiten Bucherfolge.

Zeitdeckung

Erzählmittel. Die Erzählzeit und die erzählte Zeit sind annähernd gleich, decken sich also.

Zeitdehnung

Erzählmittel. Wenn in einem erzählenden Text eine kurze Handlung sehr ausführlich beschrieben wird, spricht man von einer (Zeit-)Dehnung. Die Erzählzeit ist dann länger als die erzählte Zeit (z. B. bei der Wiedergabe von Gedanken oder Gefühlen).

Zeitraffung

Erzählmittel. Wenn in erzählenden Texten eine lange Handlung in wenigen Sätzen zusammengefasst wird, spricht man von (Zeit-)Raffung. Die Erzählzeit ist in diesem Fall kürzer als die erzählte Zeit, einige Zeitabschnitte werden also gekürzt bzw. ganz weggelassen: *Sie verabschiedeten sich. Drei Stunden später traf man sich wieder.*

Sachregister

A
Abhandlung 35

B
Bedeutungsänderungen 250 f.
Bericht 35
Beschreibung 35
Beziehungsebene (von Sprache) 227–231
Bibeltext 103–105
Bildton, synchron 175
Biografie 71, 89, 92–95, 101, 138
Brief, Brieftext 77, 139, 154, 159, 203 f., 209–215
Briefroman 215
Bürgerliches Trauerspiel 192–207

C
Charakterisierung, charakterisieren 64–66, 126–128, 137, 142–145, 148, 151, 195, 209 f.
Cluster 55

D
Dankesrede 35
DDR-Geschichte 68–71, 78–81, 86 f.
Denotat 249
Deutscher Bundestag 262 f.
Deutscher Buchhandlungspreis 24 f.
Dialog, Dialoganalyse 55, 64–66, 75, 127 f., 142 f., 196–202
Digitales Schreiben 261
Diphthongierung 256
Diphthongwandel 256
diskontinuierliche Texte 20, 40 f., 155, 163
Drama, Dramatiker, dramatisch 106–109, 134–157, 192–207
Drehbuch 184 f.

E
Einwortsätze 239
Ellipse 239
Energiewende 18–22
Episches Theater 146–150, 153–155, 157
Erörterung 26–49
Essay 50–61, 130 f., 263
Exil 89 f., 92–101, 118–133

F
Figurendopplung 151
Figurenkonstellation 140 f., 211 f.
Filmanalyse 174–185
Filmkritik 186 f.
Filmplot 183
Filmsequenz 179
Filmszene 179
Flucht 88, 91 f., 97
Frauengestalten in der Literatur 134–157
Fremdton, asynchron 175
5-Schritt-Lesemethode 163, 168

G
Gebrauchsanleitung 35
Gedicht 27, 90–97, 100, 190 f., 223, 226, 237 f., 246 f., 259
Gedichtvergleich 27, 92 f., 190 f.
Genie, Genieästhetik 188–190
Geschlossene Dramenform 152, 155
Gesetzestext 35
Gestaltendes Interpretieren 72–77, 142–145
Gestik 235
Gleichnis 102–105, 109
Gliederungsformen einer Rede 19
Glosse 35
Grammatik 236–247
Grundfunktionen der Sprache (K. Bühler) 225

H
Heldenepos 252–256
Hypotaxe 239

I
IDEMA-Methode 22
Inhaltsangabe 35, 163
Innerer Monolog 74, 77
Inszenieren 144 f.
Interview 77, 118–121, 260

J
Jugendroman 118–133

K
Kameraeinstellungsgrößen 180
Kameraführung 181
Kameraperspektiven 181
Kernsatz 30, 32
Klassische Dramenform 152
Kleinanzeige 35
Körpersprache 232–235
Kommentar 35
Kommunikation 220–235
Konjunktionen (adversative, entgegengesetzte) 237
Konjunktionen (koordinierende, nebenordnende) 237
Konnotat 249
Konsum 26–42
Kontextmethode 56
Krieg 62, 82–85, 91
Kurzgeschichte 62–87

L
Leichte Sprache 262 f.
Lernposter 218 f.
Lesemethode, 5-Schritt 163, 168
Leserbrief 170 f.
Lexikonartikel 35, 223
Liebesbrief 35
Lied 147, 149, 250
Literarische Erörterung 44–47
Literaturverfilmung 172–187

M
Materialgestütztes Schreiben 18–22, 36–43
Menschlicher Klon 172–187
Metakommunikation 225
Mimik 177, 179, 232–235
Mittelhochdeutsch 256
Monophthongierung 256
Montage (Film) 181
Motiv 176–179, 213 f.

N
Nachkriegszeit 64–67, 72–77
Nachricht 35
Neologismus 32
Neuhochdeutsch 256
Nonverbale Kommunikation 228–230, 232–235

O
Offene Dramenform 153, 155, 157
Organon-Modell 222

P
Parabel 105–117
Parataxe 239
Personalpronomen 238
Placemat-Methode 125, 133
Poeta laureatus 258
Politische Reden 12–19
Possessivpronomen 238
Pragmatik 222
Proxemik 235
Protokoll 35

R
Rap-Text 98 f.
Reportage 35
Rezension 35
Rhetorik 10–25
Rhetorische Mittel 164 f.
Rollenwechsel 147
Rede 10–25, 77
Roman 118–133, 176, 178, 208–216, 230, 236, 239, 240–245

S

Sachtexte 28f., 158–169, 257f.
Semantik 222
Semiotik 221
Sender-Empfänger-Modell 225
Sequenzprotokoll 182
Schlüsselbegriff 29
Schnitt (Film) 181
Spendenaufruf 35
Sprachgesellschaften 257–260
Standbild 129
Stil 236–247
Sturm und Drang 135, 188–219
Strukturskizze 161
Subtext 142f.
Syntax 239
Szenische Interpretation 129, 146

T

Tagebucheintrag 77
Textimmanente Interpretation 94
Textwiedergabe 31
Ton (Film) 181

V

Verfremdungseffekte 147–150
Vortragen 23

W

Werbetext 35
W-Fragen 17

Z

Zeit 50–61
Zukunft 158–168, 172–187
Zeitungskommentar 77

Verzeichnis der Textsorten

Amtliche Texte
[Deutscher Bundestag]: Wo ist der Bundestag? 262f.
Ung. Verf.: [Über einen Fall von „Republikflucht" aus dem Jahre 1980] 69

Argumentierende und meinungsäußernde Texte
Katharina Bons und Naemi Goldapp: Wie bei Billig-Mode die Vernunft aussetzt 38f.
Ruth Klüger: Frauen lesen anders 134
Brigitte Kronauer: [Eine Metropolengesellschaft ...] 159
Raphael Martzloff: Fashion um jeden Preis? 36–38
Robert Misik: Alles Ware. Glanz und Elend der Kommerzkultur 28f.
Theresa Münch: Der Preis der Jeans 39f.
Ung. Verf.: Wer verdient an einer Jeans? 40

Autobiographische Texte bzw. Äußerungen
Bertolt Brecht: [Der Paß ist der edelste Teil von einem Menschen ...] 89
Alfred Döblin: [Und als ich wiederkam ...] 89
Johann Wolfgang Goethe: Gespräche mit Eckermann 208, 217
Heinrich Heine: [Fort ist meine Sehnsucht nach Ruhe ...] 94
Max Herrmann-Neiße: [Ich könnte ja auch ...] 92
Jakob Michael Reinhold Lenz: [Ich war siebzehn Jahre alt ...] 208
Georg Christoph Lichtenberg: [Die schönste Stelle im Werther ...] 208
Thomas Mann: [Es ist schwer zu ertragen ...] 89
Stefan Zweig: [Am Tage, da ich meinen Pass verlor ...] 89

Beispielaufsätze
Ung. Verf.: [Waren sind heutzutage ...] 31
Ung. Verf.: [Der Autor Robert Misik ...] 31
Ung. Verf.: [Der Neologismus ...] 32f.
Ung. Verf.: Die „Macht der Gewohnheit" 47
Ung. Verf.: [Drei innere Monologe] 74
Ung. Verf.: [Ein Dialog] 75
Ung. Verf.: Vor Gericht [Eine Szene] 76

Briefe
Elisabeth I.: Brief an Jakob VI. vom 14. Februar 1587 139
Friedrich Schiller: Briefe an Goethe vom 11. und 18. Juni 1799 154
Clemens Setz: [Liebe Frau Jassem ...] 159
Maria Stuart: Brief an Elisabeth I. vom 19. Dezember 1586 139

Dramenauszüge
Bertolt Brecht: Der gute Mensch von Sezuan 137, 146–150, 157
Johann Wolfgang Goethe: Faust I 135
Gotthold Ephraim Lessing: Nathan der Weise 106–109
Friedrich Schiller: Kabale und Liebe 135, 192–207
Friedrich Schiller: Maria Stuart 136, 140–145, 151, 156

Drehbuchauszug
Claus Cornelius Fischer: [Drehbuch zum Spielfilm „Blueprint"] 184f.

Erzählungen / Kurzgeschichten / Kurzprosa
Peter Bichsel: San Salvador 44f.
Wolfgang Borchert: Die Kegelbahn 84f.

Wolfgang Borchert: [Lauter kleine Kreuze] **62**
Wolfgang Borchert: Nachts schlafen die Ratten doch **64–66**
Wolfgang Borchert: Der Schriftsteller **63**
Volker Braun: Der Wanderer **70**
Volker Braun: Wie es gekommen ist **70 f.**
Günter Guben: So **239**
Ernest Hemingway: Alter Mann an der Brücke **82 f.**
Franz Hohler: Die Nachricht vom Kellner **113**
Reiner Kunze: Mitschüler **68**
Reiner Kunze: Schießbefehl **68**
Irmtraud Morgner: Das Duell **78–81**
Heiner Müller: Das Eiserne Kreuz **72 f.**
Peter Schlemihl: Sektfrühstück in Prag **86 f.**

Essays
Sarah Baumgartner: Moment mal! **60 f.**
Michael Hamburger: Essay über den Essay **51**
Heinrich Kürzeder: Multitasking ist eine Illusion **55**
Anna Sauerbrey: Zeit, die blutige Tyrannin **56**
Ulrich Schnabel: Unsere wichtigste Zeit **58 f.**
Urs Willmann: Gedopte Schüler **53**
Ung. Verf.: [Im Intercity von Hamburg ...] **52**
Ung. Verf.: [Ich laufe auf das Laufband ...] **52**
Ung. Verf.: [Es war einmal ein Autofahrer ...] **52**
Ung. Verf.: [Auf der Suche nach Gründen ...] **53**
Ung. Verf.: Die Kunst der Faulheit **57**

Gedichte
Najet Adouani: Gedicht / Lied **97**
Rose Ausländer: Ich vergesse nicht **100**
Gottfried Benn: Astern **246**
Volker Braun: Die Leguane **27**
Pater H. Carlan: Flucht aus Aleppo **91**
Hilde Domin: Wen es trifft **90**
Joseph von Eichendorff: Frühlingsnacht **238**
Erich Fried: Exil **90**
Heidrun Gemähling: Flucht übers Wasser **97**
Johann Wolfgang Goethe: Prometheus **190**
Johann Wolfgang Goethe: Willkommen und Abschied. Erste Fassung von 1771 **191**
Johann Wolfgang Goethe: Willkommen und Abschied. Zweite Fassung von 1810 **191**
Elisabeth Hackel: Handelsgesellschaft **27**
Ferhad Haydari: Unruhig **96**
Heinrich Heine: In der Fremde. III **94**
Heinrich Heine: Nachtgedanken **95**
Max Herrmann-Neiße: Rast auf der Flucht **92**
Max Herrmann-Neiße: Heimatlos **93**
Christine Kayser: Der Schrank ist voll **27**
Megaloh: Wohin **98 f.**
Eduard Mörike: Er ist's **238**
Eduard Mörike: Das verlassene Mägdlein **226**
Dagmar Nick: Flucht **91**

Novalis: [Wenn nicht mehr Zahlen und Figuren ...] **223**
Rainer Maria Rilke: Herbsttag **247**
Theodor Storm: Die Stadt **237**
Ung. Verf.: Ein schön new Lied / genannt Der / Teutsche Michel / etc. **259**

Gleichnisse
[Evangelist Lukas]: Das Gleichnis vom verlorenen Sohn **104 f.**
[Evangelist Matthäus]: Das Gleichnis vom Sämann **103**

Heldenepos
Ung. Verf.: Das Nibelungenlied **252–256**

Interviews
Peter Kloeppel: [Über Sprachpflege] **260**
Detlef Friedrich Petersen: [Über die Musik zum Spielfilm „Blueprint"] **175**
Morton Rhue: [Über sein Selbstverständnis als Autor und seine Jugendromane] **118–121**

Kolumnen
Harald Martenstein: Über die Ungerechtigkeit von Schulnoten **48 f.**

Kritiken
Anke Gröner: [Kritik zum Spielfilm „Blueprint"] **186**
F.-M. Helmke: [Kritik zum Spielfilm „Blueprint"] **187**
Wolfgang Krischke: Digitales Schreiben **261**
Christian Friedrich Daniel Schubart: [Da sitz ich mit zerflossnem Herzen ...] **208**
Ung. Verf.: [Kritiken zum Spielfilm „Blueprint"] **186**

Nichtlineare (diskontinuierliche) Texte
Bertolt Brecht: [Gegenüberstellung der dramatischen und der epischen Form des Theaters] **155**
Urs Peter Oberlin: Das erweiterte Sender-Empfänger-Modell **225**
Bundesministerium für Wirtschaft und Energie (BMWi): Zwei Schaubilder: Entwicklung der Stromerzeugung aus erneuerbaren Energien in Deutschland; Primärenergieverbrauch in Deutschland im Jahr 2016 **20**
[13. koordinierte Bevölkerungsvorausberechnung]: [Schaubild Bevölkerung 2014 und 2060] **163**

Parabeln
Franz Hohler: Die Nachricht vom Kellner **113**
Bertolt Brecht: Maßnahmen gegen die Gewalt **111**
Franz Kafka: Die Sorge des Hausvaters **112**
Franz Kafka: [Heimkehr] **105**
Igor Irtenjew: Der Zettel **116 f.**
Günter Kunert: Sintflut **115**
Alexander Kanewskij: Im Kreis **114**

Gotthold Ephraim Lessing: [Ringparabel aus „Nathan der Weise"]   **106–109**
Joseph Ratzinger: Der Zirkus brennt   **231**
Lew Tolstoi: Die drei Söhne   **110**

Redeauszüge und Reden
Willy Brandt: Rede in Berlin am 10. November 1989   **13**
Joachim Gauck: Rede in Leipzig am 9. Oktober 2014   **16**
Angela Merkel: Regierungserklärung vom 9. Juni 2011   **18 f.**
Ronald Reagan: Rede in Berlin am 12. Juni 1987   **13**
Iris Radisch: Deutscher Buchhandlungspreis 2015, Kategorie „besonders herausragende Buchhandlungen". Laudatio   **24 f.**
Ernst Reuter: Rede in Berlin am 9. September 1948   **12**
Christa Wolf: Rede in Berlin am 4. November 1989   **14 f.**

Romanauszüge
Johann Wolfgang Goethe: Die Leiden des jungen Werthers   **209–216**
Johann Wolfgang Goethe: Die Wahlverwandtschaften   **158**
Wolf Haas: London 1988. Aus: Verteidigung der Missionarsstellung   **230**
Daniel Kehlmann: Die Vermessung der Welt   **239**
Charlotte Kerner: Blueprint – Blaupause   **176, 178**
Ulrich Plenzdorf: Die neuen Leiden des jungen W.   **208**
Morton Rhue: Dschihad Online   **122–124, 126–128, 130–133**
Joseph Roth: Der blinde Spiegel   **236**
Patrick Süskind: Das Parfum   **240–245**

Sachtexte / Informierende Texte / Lexikontexte
Max Bense: [Über essayistisches Schreiben]   **50**
Karl Bühler: [Die Linienscharen symbolisieren …]   **222**
Hadumod Bußmann: Wort   **223**
Bundesregierung: Energiewende im Überblick   **21 f.**
Hans Magnus Enzensberger: [Über die Textsorte Essay]   **50**
Michael Gassmann: Im Jahr 2036 übernehmen die Avatare das Shopping   **164 f.**
Lucian Hölscher: Dem Morgen den Boden bereiten   **166–168**
Werner Kamp und Michael Braun: [Über Literaturverfilmung]   **173**
Martin G. Möhrle: [Über Zukunftsforschung]   **158**
Samy Molcho: Körpersprache   **233**
Lars-Thorben Niggehoff: So stellen sich Forscher das Leben im Jahr 2030 vor   **160 f.**
Rüdiger Safranski: Goethe & Schiller   **188**
Heinz Schlaffer: [Über die Textsorte Essay]   **50**
Ralf Schnell: Die Sprachgesellschaften des Barock   **257 f.**
Friedemann Schulz von Thun: Miteinander reden   **224**
Martin R. Textor: Zukunftsentwicklungen   **162 f.**
Paul Watzlawick [und andere]: Menschliche Kommunikation. Formen, Störungen, Paradoxien   **232**
Ung. Verf.: Das Schicksal von Kindern in Trümmerdeutschland   **67**
Ung. Verf.: Was als Spiel begann …   **67**
Ung. Verf.: Bombennächte im Luftschutzkeller   **67**
Ung. Verf.: Jugendarbeitsschutz   **247**

Schülertexte
Sarah Baumgartner: Moment mal!   **60 f.**
Ung. Verf.: Mein ganz persönlicher Stil. Aus dem Blog einer Schülerin   **41 f.**
Ung. Verf.: [Ich laufe auf das Laufband …]   **52**
Ung. Verf.: [Es war einmal ein Autofahrer …]   **52**
Ung. Verf.: [Auf der Suche nach Gründen …]   **53**
Ung. Verf.: Die Kunst der Faulheit   **57**
Ung. Verf.: Vor Gericht [Eine Szene]   **76**

Tagebucheinträge
Bertolt Brecht: [Aus Brechts „Journal", Einträge vom 15. März 1939 und 20. Juni 1940]   **154**

Zeitungstexte / -ausschnitte
Lothar Müller: [Keinem dieser Texte …]   **71**
Ung. Verf.: Rituale – die verkannten Baumeister des Alltags   **46**

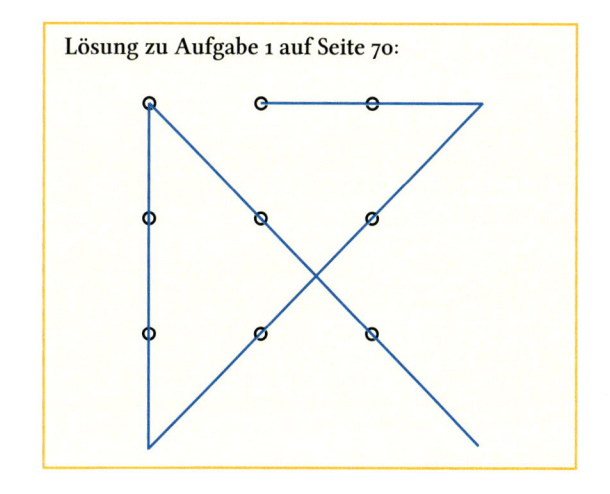

Lösung zu Aufgabe 1 auf Seite 70:

Textquellen

Alle Texte, die nicht im Textquellenverzeichnis aufgeführt sind, stammen von den Verfasserinnen und Verfassern dieses Schulbuchs.

Adouani, Najet: Gedicht/Lied; S. 97. Aus: Najet Adouani: Meerwüste. Übersetzt von Leila Chammna. Berlin: Lotos Werkstatt Verlag 2015, S. 17

Ausländer, Rose: Ich vergesse nicht; S. 100. Aus: Rose Ausländer: Gesammelte Werke in sieben Bänden. Hrsg. von Helmut Braun. Band 5: Ich höre das Herz des Oleanders. Gedichte 1977–1979. Frankfurt a. Main: S. Fischer Verlag 1984, S. 217 (Zuerst in: Rose Ausländer: Ein Stück weiter. Gedichte. Köln: Literarischer Verlag A. Braun 1979)

Baumgartner, Sarah: Moment mal!; S. 60 f. Auszüge aus einem bisher unveröffentlichten Schülerinnen-Essay; mit freundlicher Genehmigung der Verfasserin

Benn, Gottfried: Astern; S. 246. Aus: Gottfried Benn: Gedichte in der Fassung der Erstdrucke. Mit einer Einführung hrsg. von Bruno Hillebrand. Frankfurt am Main: Fischer Taschenbuch Verlag 1982, 31. bis 32. Tausend 1990, S. 268 (Lizenzausgabe der Verlagsgemeinschaft Klett-Cotta Stuttgart)

Bense, Max: [Essayistisch schreibt]; S. 50. Aus: Max Bense: Über den Essay und seine Prosa. In: Merkur. Deutsche Zeitschrift für europäisches Denken. Jahrgang 1, 1947. Drittes Heft. Stuttgart: Klett-Cotta Verlag, S. 414–424, dort S. 418

Bichsel, Peter: San Salvador; S. 44 f. Aus: Peter Bichsel: Eigentlich möchte Frau Blum den Milchmann kennenlernen. 21 Geschichten. Olten und Freiburg im Breisgau: Walter-Verlag 1964, 7. Auflage 1970, S. 34 f.

Bolduan, Viola: [Interview mit Peter Kloeppel]; S. 260. In: Wiesbadener Kurier. Ausgabe vom 25. Mai 2016. http://www.wiesbadener-kurier.de/lokales/kultur/lokale-kultur/peter-kloeppel-der-rtl-chefmoderator-wird-fuer-seine-klare-sprache-ausgezeichnet_16928582.htm (letzter Zugriff: 17. März 2017)

Bons, Katharina, und Naemi Goldapp: Wie bei Billig Mode die Vernunft aussetzt; S. 38 f. Aus: DIE WELT. Ausgabe vom 11. Dezember 2013. Zitiert nach: https://www.welt.de/regionales/duesseldorf/article122807820/Wie-bei-Billig-Mode-die-Vernunft-aussetzt.html (letzter Zugriff: 27. April 2017)

Borchert, Wolfgang: Der Schriftsteller; S. 63. Aus: Wolfgang Borchert: Das Gesamtwerk. Reinbek bei Hamburg: Rowohlt Taschenbuch Verlag 1991, S. 285 (Copyright © 1949 by Rowohlt Verlag GmbH)

Borchert, Wolfgang: Die Kegelbahn; S. 84 f. Aus: Wolfgang Borchert: Das Gesamtwerk. Reinbek bei Hamburg: Rowohlt Taschenbuch Verlag 1991, S. 169 f. (Copyright © 1949 by Rowohlt Verlag GmbH)

Borchert, Wolfgang: [Lauter kleine Kreuze]; S. 62. Aus: Wolfgang Borchert: Das Gesamtwerk. Reinbek bei Hamburg: Rowohlt Taschenbuch Verlag 1991, S. 316 (Copyright © 1949 by Rowohlt Verlag GmbH)

Borchert, Wolfgang: Nachts schlafen die Ratten doch; S. 64–66. Aus: Wolfgang Borchert: Das Gesamtwerk. Reinbek bei Hamburg: Rowohlt Taschenbuch Verlag 1991, S. 216–219 (Copyright © 1949 by Rowohlt Verlag GmbH)

Brandt, Willy: „Liebe Berlinerinnen und Berliner [...]"; S. 13. Zitiert nach: http://www.willy-brandt.de/fileadmin/brandt/Downloads/Rede_Willy_Brandt_Rathaus_Schoeneberg_1989.pdf (letzter Zugriff: 2. Januar 2014)

Braun, Volker: Der Wanderer; S. 70. Aus: Volker Braun: Berichte von Hinze und Kunze. 2. Auflage. Halle und Leipzig: Mitteldeutscher Verlag 1983, S. 40 f.

Braun, Volker: Die Leguane; S. 27. Aus: Poesiealbum neu, „Konsum & Kommerz". Gedichte. Anthologie der Gesellschaft für zeitgenössische Lyrik e. V., ausgewählt und hrsg. von Ralph Grüneberger. Leipzig: Edition kunst & dichtung 2011, S. 4

Braun, Volker: Wie es gekommen ist; S. 70 f. Aus: Sinn und Form. Literatur- und Kulturzeitschrift für Prosa, Gedichte, Gespräche, literarische, philosophische und theologische Essay. Heft 3/1990

Brecht, Bertolt: Der gute Mensch von Sezuan; S. 137, 147–150 und 157. Aus: Bertolt Brecht: Der gute Mensch von Sezuan. Mit einem Kommentar von Wolfgang Jeske. Frankfurt am Main: Suhrkamp Verlag 2003 (Suhrkamp Basis-Bibliothek 25), S. 75, 54, 69, 61 f., 67 f., 108 f., 110, 134 f. und 132–134 – Texte von Brecht sind in alter Rechtschreibung zu drucken.

Brecht, Bertolt: „Journal", Einträge vom „15.3.39" und „20.6.40"; S. 154. Aus: Bertolt Brecht: Werke. Große kommentierte Berliner und Frankfurter Ausgabe. Hrsg. von Werner Hecht, Jan Knopf, Werner Mittenzwei, Klaus-Detlef Müller. Band 26: Journale 1. Bearbeitet von Marianne Conrad und Werner Hecht. Berlin und Weimar sowie Frankfurt am Main: Aufbau Verlag und Suhrkamp Verlag 1994, S. 332 und 392. – Texte von Brecht sind in alter Rechtschreibung zu drucken.

Brecht, Bertolt: [Gegenüberstellung der dramatischen und epischen Form des Theaters]; S. 155. Nach: Bertolt Brecht: Gesammelte Werke in acht Bänden. Hrsg. vom Suhrkamp Verlag in Zusammenarbeit mit Elisabeth Hauptmann. Band VII: Schriften I. Zum Theater. Frankfurt am Main: Suhrkamp Verlag 1967, S. 1009 f.

Brecht, Bertolt: [Der Paß ist ...]; S. 89. Aus: Bertolt Brecht: Flüchtlingsgespräche. Erweiterte Ausgabe. Berlin: Suhrkamp Verlag 2000 – Texte von Brecht sind in alter Rechtschreibung zu drucken.

Brecht, Bertolt: Maßnahmen gegen die Gewalt; S. 111. Aus: Bertolt Brecht. Werke. Große kommentierte Berliner und Frankfurter Ausgabe. Hrsg. von Werner Hecht, Jan Knopf, Werner Mittenzwei, Klaus-Detlef Müller. Band 18: Prosa 3. Sammlungen und Dialoge. Bearbeitet von Jan Knopf unter Mitarbeit von Michael Durchardt, Ute Liebig und Brigitte Bergheim. Berlin und Weimar sowie Frankfurt am Main: Aufbau Verlag und Suhrkamp Verlag 1995, S. 13 f. (Erstveröffentlichung 1930 in Heft 1 der „Versuche") – Texte von Brecht sind in alter Rechtschreibung zu drucken.

Bühler, Karl: [Die Linienscharen symbolisieren]; S. 222. Aus: Karl Bühler: Sprachtheorie: Die Darstellungsfunktion der Sprache (1934). 3. Auflage. Stuttgart: Gustav Fischer Verlag 1999, S. 28

Bumke, Joachim: [Kurzzitate zum Nibelungenlied]; S. 252. Aus: Joachim Bumke: Geschichte der deutschen

Literatur im hohen Mittelalter. München: Deutscher Taschenbuch Verlag 1990, 2. Auflage 1993, S. 199

Bußmann, Hadumod: [Lexikoneintrag: Lexikon der Sprachwissenschaft]; S. 223. Aus: Hadumod Bußmann: Lexikon der Sprachwissenschaft (1983). 4., durchgesehene Auflage. Stuttgart: Kröner Verlag 2008, S. 849

Carlan, Peter H.: Flucht aus Aleppo; S. 91. Zitiert nach: http://peter-h-carlan.npage.de/flucht-aus-aleppo.html (letzter Zugriff: 4. Juli 2016)

Döblin, Alfred: [Und als ich ...]; S. 89. Aus: Alfred Döblin.: Autobiographische Schriften und letzte Aufzeichnungen. Olten und Freiburg i. Br.: Walter-Verlag, S. 431

Domin, Hilde: Wen es trifft; S. 90. Aus: Hilde Domin: Sämtliche Gedichte. Frankfurt am Main: S. Fischer Verlag GmbH 2009

Eckermann, Johann Peter: Gespräche mit Goethe in den letzten Jahren seines Lebens; S. 208 und 217. Siehe: Goethe: [Übrigens habe ich das Buch ...] [Ich brachte zur Erwähnung ...]

Eichendorff, Joseph von: Frühlingsnacht; S. 238. Aus: Joseph von Eichendorff: Werke in einem Band. Hrsg. von Wolfdietrich Rasch. München und Wien: Carl Hanser Verlag 1984, S. 200

Elisabeth I. von England: Brief an Jakob VI. vom 14. Februar 1587; S. 139. Aus: Die Briefe der Königin Elisabeth von England. 1533–1603. Hrsg. von G. B. Harrison. Ins Deutsche übertragen von Hans Reisiger. Wien: Bermann-Fischer Verlag 1938, S. 223 f.

Enzensberger, Hans Magnus: [Ich verstehe darunter]; S. 50. Aus: 99 Fragen an Hans Magnus Enzensberger. In: ZEIT-Magazin, Ausgabe Nr. 33 vom 12.08.2010, S. 13 (Antwort auf Frage 45). Zitiert nach: http://www.zeit.de/2010/33/99-Fragen-Enzensberger/komplettansicht (letzter Zugriff: 3. März 2014)

Fischer, Claus Cornelius: „Blueprint", Auszug aus dem Drehbuch; S. 184 f. Aus: Stiftung Lesen (Hrsg.): Blueprint. Ideen für den Unterricht. Mainz: Stiftung Lesen 2003, S. 19

Fried, Erich: Exil; S. 90. Aus: Handbuch der deutschsprachigen Exilliteratur. Von Heinrich Heine bis Herta Müller. Hrsg. von Bettina Bannasch und Gerhild Rochus. Berlin, Boston: Walter de Gruyter GmbH 2013, S. 308

Gassmann, Michael: Im Jahr 2036 übernehmen die Avatare das Shopping; S. 164 f. Aus: Die Welt. Ausgabe vom 18. Oktober 2016. https://www.welt.de/wirtschaft/article158834763/Im-Jahr-2036-uebernehmen-die-Avatare-das-Shopping.html (letzter Zugriff: 15. März 2017)

Gauck, Joachim: [Rede am 9. Oktober 2014 in Leipzig]; S. 16. Zitiert nach: http://www.bundespraesident.de/SharedDocs/Reden/DE/Joachim-Gauck/Reden/2014/10/141009-Rede-zur-Demokratie.html (letzter Zugriff: 6. Oktober 2016)

Gemähling, Heidrun: Flucht übers Wasser; S. 97. Zitiert nach: Die Deutsche Gedichtebibliothek. Verzeichnis deutschsprachiger Gedichte. Hrsg. v. Ralf-Dietrich Ritter. URL: http://gedichte.xbib.de/Gem%E4hling_gedicht_Flucht+%FCbers+Wasser.htm (letzter Zugriff: 4. Juli 2016)

Goethe, Johann Wolfgang: Die Leiden des jungen Werthers; S. 209–216. Aus: Goethe: Die Leiden des jungen Werthers. Braunschweig: Schroedel Verlag 2015 (Schroedel Lektüren), S. 6 f., 9 f., 11 f., 40 f., 45, 18 f., 41, 56–58, 86, 112 f., 4 und 130 f.

Goethe, Johann Wolfgang: Faust I, Szene Garten; S. 135. Aus: Goethe: Faust I. Braunschweig: Schroedel Verlag 2015 (Schroedel Lektüren), S. 118

Goethe, Johann Wolfgang: [Kann uns zum Vaterland ...]; S. 89. Aus: Ders.: Iphigenie auf Tauris. Zitiert nach: Projekt Gutenberg-DE®. URL: http://gutenberg.spiegel.de/buch/iphigenie-auf-tauris-3620/2 (letzter Zugriff am: 04. Juli 2016)

Goethe, Johann Wolfgang: Prometheus; S. 190. Aus: Johann Wolfgang Goethe: Sämtliche Werke nach Epochen seines Schaffens. Münchner Ausgabe. Band 1. Der junge Goethe. 1757–1775. Hrsg. von Gerhard Sauder. Teilband 1. München und Wien: Carl Hanser Verlag 1985, S. 229–231

Goethe, Johann Wolfgang: Willkommen und Abschied [Erste Fassung von 1771/1775]; S. 191. Aus: Johann Wolfgang Goethe: Gedichte 1756–1799. Hrsg. von Karl Eibl. Frankfurt am Main: Deutscher Klassiker Verlag 1987, S. 128 f.

Goethe, Johann Wolfgang: Willkommen und Abschied [Zweite Fassung von 1815]; S. 191. Aus: Johann Wolfgang Goethe: Gedichte 1800–1832. Hrsg. von Karl Eibl. Frankfurt am Main: Deutscher Klassiker Verlag 1988, S. 45

Goethe, Johann Wolfgang: [Wir blicken so gern in die Zukunft ...]; S. 158. Aus: Ders.: Die Wahlverwandtschaften (Zweiter Teil, Viertes Kapitel, »Aus Ottiliens Tagebuche«). In: Johann Wolfgang Goethe: Sämtliche Werke nach Epochen seines Schaffens. Münchner Ausgabe. Band 9: Epoche der Wahlverwandtschaften. 1807 bis 1814. Hrsg. von Christoph Siegrist, Hans J. Becker, Dorothea Hölscher-Lohmeyer, Norbert Miller, Gerhard H. Müller und John Neubauer. München und Wien: Carl Hanser Verlag 1987, S. 425

Goethe, Johann Wolfgang: [Übrigens habe ich das Buch ...] [Ich brachte zur Erwähnung ...] ; S. 208 und 217. Aus: Ders.: Gespräche mit Eckermann. Dritter Teil. In: Johann Wolfgang Goethe: Sämtliche Werke nach Epochen seines Schaffens. Münchner Ausgabe. Band 19: Johann Peter Eckermann: Gespräche mit Goethe in den letzten Jahren seines Lebens. Hrsg. von Heinz Schlaffer. München und Wien: Carl Hanser Verlag 1986, S. 490 und 490 f.

Gröner, Anke: [Filmrezension zu „Blueprint"]; S. 186. Aus: http://phlow.net/mag/video_clip_film_kritik/blueprint.php (letzter Zugriff: 9. Januar 2014)

Guben, Günter: So; S. 239. Zitiert nach: Neue deutsche Kurzprosa. Für die Schule gesammelt und hrsg. von Fritz Pratz. Frankfurt am Main, Berlin und München: Verlag Moritz Diesterweg 1970, S. 45 (Quellennachweis dort: Manuskript. Mit freundlicher Genehmigung des Verfassers)

Haas, Wolf: London 1988; S. 230. Aus: Wolf Haas: Verteidigung der Missionarsstellung. Hamburg: Hoffmann und Campe Verlag 2012, S. 5–7

Hackel, Elisabeth: Handelsgesellschaft; S. 27. Aus: Poesiealbum neu, „Konsum & Kommerz". Gedichte. Anthologie der Gesellschaft für zeitgenössische Lyrik e. V., ausgewählt und hrsg. von Ralph Grüneberger. Leipzig: Edition kunst & dichtung 2011, S. 9

Hamburger, Michael: Essay über den Essay; S. 51. Aus: Akzente. Zeitschrift für Dichtung. Hrsg. von Walter Höllerer und Hans Bender. 12. Jahrgang 1965. Heft 4. München: Carl Hanser Verlag 1965, S. 290–292

Haydari, Ferhad: Unruhig; S. 96. Zitiert nach: http://bleiberecht.webnode.at/gedichte/ (letzter Zugriff: 19. Juli 2016)

Heine, Heinrich: [... Fort ist meine Sehnsucht ...]; S. 94. Aus: Heinrich Heine: Werke in zehn Bänden. Hrsg. von Hans

Kaufmann. Berlin und Weimar: Aufbau-Verlag 1980, S. 132 f.

Heine, Heinrich: In der Fremde [Gedicht III]; S. 94. Aus: Heinrich Heine: Neue Gedichte. Abteilung In der Fremde (dort Gedicht III). In: Heinrich Heine: Sämtliche Schriften. Hrsg. von Klaus Briegleb. Vierter Band. München und Wien: Carl Hanser Verlag 1971, 2. Auflage 1978, S. 370

Heine, Heinrich: Nachtgedanken; S. 95. Aus: Heinrich Heine: Neue Gedichte. Abteilung Zeitgedichte (dort Gedicht XXIV, 1844). In: Heinrich Heine: Sämtliche Schriften. Hrsg. von Klaus Briegleb. Vierter Band. München und Wien: Carl Hanser Verlag 1971, 2. Auflage 1978, S. 432 f.

Helmke, Frank-Michael: [Filmrezension zu „Blueprint"]; S. 187. Aus: http://www.filmszene.de/kino/b/blueprint.html (letzter Zugriff: 20. April 2006)

Hemingway, Ernest: Alter Mann an der Brücke; S. 78 f. Aus: Ernest Hemingway: Die Ersten und die Letzten. In: Ernest Hemingway: Gesammelte Werke. Zehn Bände. Band 6: Stories. Aus dem Amerikanischen von Annemarie Horschitz-Horst. Reinbeck bei Hamburg: Rowohlt Taschenbuch Verlag 1977, 57.–61. Tausend 1987, S. 73–75

Herrmann-Neiße, Max: Heimatlos; S. 93. Aus: Max Hermann-Neiße: Gesammelte Werke. Hrsg. von Klaus Völker. Frankfurt am Main: Zweitausendeins 1986

Herrmann-Neiße, Max: Rast auf der Flucht; S. 92. Aus: Max Hermann-Neiße: Gesammelte Werke. Hrsg. von Klaus Völker. Frankfurt am Main: Zweitausendeins 1986

Hölscher, Lucian: Dem Morgen den Boden bereiten; S. 166–168. Aus: Der Tagesspiegel. Ausgabe vom 11. Juli 2016. http://www.tagesspiegel.de/kultur/zukunftsforschung-dem-morgen-den-boden-bereiten/13851270.html (letzter Zugriff: 15. März 2017)

Hohler, Franz: Die Nachricht vom Kellner; S. 113. Aus: Franz Hohler: Das Ende eines ganz normalen Tages. München: Luchterhand Literaturverlag 2008, S. 38

Iacocca, Lee: [Reden = motivieren …]; S. 11. Aus: http://www.rhetorik-netz.de/rhetorik/iacocca.htm (letzter Zugriff: 06. Oktober 2016)

Irtenjew, Igor: Der Zettel; S. 116 f. Aus: Nieder mit der Mafia! Neue russische Kurzprosa. Russisch/Deutsch. Hrsg. und übersetzt von Valentina Bally. Stuttgart: Reclam Verlag 2000, S. 114–119

Kafka, Franz: Die Sorge des Hausvaters; S. 112. Aus: Franz Kafka: Ein Landarzt. Kleine Erzählungen. München und Leipzig. Kurt Wolff 1919 [erschienen am 12. Mai 1920]. Hier zitiert nach: Franz Kafka. Gesammelte Werke in zwölf Bänden. Nach der Kritischen Ausgabe hrsg. von Hans-Gerd Koch. Band 1: Ein Landarzt und andere Drucke zu Lebzeiten. Frankfurt am Main: Fischer Taschenbuch Verlag 1994, S. 222 f.

Kafka, Franz: [Heimkehr]; S. 105. Aus: Franz Kafka: Gesammelte Werke in zwölf Bänden. Nach der Kritischen Ausgabe hrsg. von Hans-Gerd Koch. Band 8: Das Ehepaar und andere Schriften aus dem Nachlaß. Frankfurt am Main: Fischer Taschenbuch Verlag 1994, S. 162 f.

Kamp, Werner, und Michael Braun: [Zitate zum Thema Literaturverfilmung]; S. 173. Aus: Filmperspektiven. Filmanalyse für Schule und Studium. Haan-Guiten: Verlag Europa-Lehrmittel 2011, S. 170 f.

Kanewskij, Alexander: Im Kreis; S. 114. Aus: Nieder mit der Mafia! Neue russische Kurzprosa. Russisch/Deutsch. Hrsg. und übersetzt von Valentina Bally. Stuttgart: Reclam Verlag 2000, S. 121–123

Kayser, Christine: Der Schrank voll; S. 27. Aus: Poesiealbum neu, „Konsum & Kommerz". Gedichte. Anthologie der Gesellschaft für zeitgenössische Lyrik, ausgewählt und hrsg. von Ralph Grüneberger. Leipzig: Edition kunst & dichtung 2011, S. 17

Kehlmann, Daniel: Die Vermessung der Welt; S. 239. Aus: Daniel Kehlmann: Die Vermessung der Welt. Roman. Reinbek bei Hamburg: Rowohlt Verlag 2005, S. 300

Kerner, Charlotte: Blueprint – Blaupause; S. 176, 178 und 184. Aus: Charlotte Kerner: Blueprint – Blaupause. Roman. Weinheim und Basel: Verlag Beltz & Gelberg 1999, 2001, 2004, Neuauflage 2012, S. 36 f., 71, 114 f., 82 f. und 41

Klüger, Ruth: Frauen lesen anders; S. 134. Aus: Ruth Klüger: Frauen lesen anders. München: Deutscher Taschenbuch Verlag 1996, S. 96

Kritschke, Wolfgang: [Digitales Schreiben]; S. 261. Aus: Wolfgang Kritschke: Is ja doch alles aufm Bild. Gute N8, Grammatik! Die Linguistinnen Christa Dürscheid und Karina Frick bilanzieren den Einfluss digitaler Formate auf unser Schreiben und Sprechen (Buchbesprechung). In: Frankfurter Allgemeine Zeitung: Ausgabe vom 22. Oktober 2016, S. 12

Kronauer, Brigitte: [Eine Metropolengesellschaft …]; S. 159. Aus: Deutschland 2036. Wie wird unser Leben in zwanzig Jahren sein? Neun Schriftsteller und Regisseure werfen einen Blick voraus. In: ZEIT ONLINE: http://www.zeit.de/2016/01/zukunft-deutschland-2036-technik-buecher-krise-europa/komplettansicht (letzter Zugriff: 15. März 2017)

Kürzeder, Heinrich: Multitasking ist eine Illusion; S. 55. Zitiert nach: http://bildung.pr-gateway.de/zeitmanagement-experte-martin-krengel-multitasking-ist-eine-illusion/ (letzter Zugriff: 14. Februar 2014)

Kunert, Günter: Sintflut; S. 115. Aus: Günter Kunert: Der Mittelpunkt der Erde. Berlin: Eulenspiegel Verlag 1975, S. 60–63

Kunze, Reiner: Die wunderbaren Jahre: Mitschüler; Schießbefehl; S. 68. Aus: Reiner Kunze: Die wunderbaren Jahre. Frankfurt am Main: S. Fischer Verlag 1976, S. 30 und 16

Lec, Stanislaw Jerzy: [Es genügt nicht …]; S. 11. Aus: http://www.nur-zitate.com/zitat/8452 (letzter Zugriff: 06. Oktober 2016)

Lenz, Jakob Michael Reinhold: [Ich war siebzehn Jahre alt, als Werther erschien …]; S. 208. Aus: Jakob Michael Reinhold Lenz: Gesammelte Schriften. Hrsg. von Ludwig Tieck. Band 1. Berlin: Verlag von Georg Andreas Reimer 1828, S. 79

Lessing, Gotthold Ephraim: Die Ringparabel aus „Nathan der Weise"; S. 106–108. Aus: G. E. Lessing: Nathan der Weise. Braunschweig: Schroedel Verlag 2016 (Schroedel Lektüren), S. 82–88

Lichtenberg, Georg Christoph: [Die schönste Stelle im Werther …]; S. 208. Aus: Georg Christoph Lichtenberg: Sudelbücher. Heft F, Nr. 516. In: Georg Christoph Lichtenberg: Schriften und Briefe. Hrsg. von Wolfgang Promies. Erster Band: Sudelbücher I. München: Carl Hanser Verlag 1968, S. 531

Luther, Martin: [Tritt frisch auf! …]; S. 11. Aus: http://www.gutzitiert.de/zitat_autor_martin_luther_thema_kuerze_zitat_12988.html (letzter Zugriff: 6. Oktober 2016)

Mann, Thomas: [Es ist schwer ...]; S. 89. Aus: The New York Times, 22. Februar 1938. Zitiert nach: http://kuenste-im-exil.de/KIE/Content/DE/Personen/mann-thomas.html (letzter Zugriff: 4. Juli 2016)

Martenstein, Harald: Über die Ungerechtigkeit von Schulnoten; S. 48 f. Aus: ZEIT-MAGAZIN, Nr. 18/2014 vom 6. Mai 2014. Zitiert nach: http://www.zeit.de/zeit-magazin/2014/18/harald-martenstein-schulnoten (letzter Zugriff: 27. April 2017)

Martzloff, Raphael: Billigmode: *Fashion* um jeden Preis?; S. 36–38. Aus: https://citystuff-magazin.de/2016/03/29/billigmode-fashion-um-jeden-preis/ (letzter Zugriff: 27. April 2017)

Megaloh (feat. Musa): Wohin [Lyrics]; S. 98 f. Aus: Gahein Sama, Musa / Capelleveen, Uchenna van: BOMB THE SYSTEM EDITION/Universal Music Publishing GmbH, Berlin. © EMI Music Publishing Germany GmbH, Berlin/ATV MUSIC PUBLISHING. Der Text wurde an die geltende Rechtschreibung angepasst.

Merkel, Angela: [Regierungserklärung vom 9. Juni 2011]; S. 18 f. Zitiert nach: http://www.bundestag.de/dokumente/protokolle/plenarprotokolle/plenarprotokolle/17114.txt (letzter Zugriff: 12. Januar 2014)

Misik, Robert: Alles Ware. Glanz und Elend der Kommerzkultur; S. 28–30 und 33. Aus: Robert Misik: Alles Ware. Glanz und Elend der Kommerzkultur. E-Book. Berlin: Berlin-Verlag 2010 (ohne Seitenangaben)

Möhrle, Martin G.: [Zukunftsforschung ist ...]; S. 158. Aus: Gabler Wirtschaftslexikon. http://wirtschaftslexikon.gabler.de/Definition/zukunftsforschung.html (letzter Zugriff: 15. März 2017)

Mörike, Eduard: Das verlassene Mägdlein; S. 226. Aus: Eduard Mörike: Werke in einem Band. 5. Auflage. München / Wien: Carl Hanser, 2004. S. 50 f. © 1977 Carl Hanser Verlag, München, Wien

Mörike, Eduard: Um Mitternacht; S. 238. Aus: Eduard Mörike: Werke in einem Band. Hrsg. von Herbert G. Göpfert. München und Wien: Carl Hanser Verlag 1977, S. 100 f.

Molcho, Samy: [Unsere Körpersprache ist deutlicher]; S. 233. Aus: Samy Molcho: Körpersprache. München: Mosaik Verlag GmbH 1983, S. 11 und 26

Morgner, Irmtraud: Das Duell; S. 80–83. Aus: Irmtraud Morgner: Hochzeit in Konstantinopel. Roman. München: Carl Hanser Verlag o. J. (1969) (Lizenzausgabe des Aufbau-Verlags Berlin und Weimar), S. 12–17

Müller, Heiner: Das Eiserne Kreuz; S. 72 f. Aus: Heiner Müller: Werke 2. Die Prosa. Hrsg. von Frank Hörnigk in Zusammenarbeit mit der Stiftung Archiv der Akademie der Künste, Berlin. Mitarbeit: Kristin Schulz. Frankfurt am Main: Suhrkamp Verlag 1999, S. 72–74 (Erstveröffentlichung in: Neue deutsche Literatur, Berlin 1/1956, S. 75 f.)

Müller, Lothar: [Keinem dieser Texte hat der Verlag ...]; S. 71. Aus: Lothar Müller: Es schwankt der Boden, aber hart ist der Satz. Blick in die Werkstatt eines so renitenten wie belesenen Handwerkers: Volker Braun schildert, wie alles so gekommen ist. In: Süddeutsche Zeitung, Ausgabe vom 20. März 2002. Zitiert nach: http://www.buecher.de/shop/deutschland/wie-es-gekommen-ist/braun-volker/products_products/detail/prod_id/10264510/ (letzter Zugriff: 27. April 2017)

Münch, Theresa: Der Preis der Jeans; S. 39 f. Beitrag auf www.n-tv.de vom 8. Mai 2013. Zitiert nach: http://www.n-tv.de/ratgeber/Hilft-Boykott-ausgebeuteten-Naeherinnen-article10610971.html (letzter Zugriff: 27. April 2017)

Nick, Dagmar: Flucht; S. 91. Aus: DE PROFUNDIS. Deutsche Lyrik in dieser Zeit. Hrsg. von Gunter Groll. München: Verlag Kurt Desch 1946

Niggehoff, Lars-Thorben: So stellen sich Forscher das Leben im Jahr 2030 vor; S. 160 f. Aus: Die Welt. Ausgabe vom 6. Oktober 2016. https://www.welt.de/wirtschaft/webwelt/article158584077/So-stellen-sich-Forscher-das-Leben-im-Jahr-2030-vor.html (letzter Zugriff: 15. März 2017)

Novalis: [Wenn nicht mehr Zahlen und Figuren]; S. 223. In modernisierter Schreibweise zitiert nach: Novalis: Werke, Tagebücher und Briefe Friedrich von Hardenbergs. Hrsg. von Hans-Joachim Mähl und Richard Samuel. 3 Bände. Band I: Das dichterische Werk, Briefe und Tage-bücher. Hrsg. von Richard Samuel. München und Wien: Carl Hanser Verlag 1978, S. 395

Oberlin, Urs Peter: Das Sender-Empfänger-Modell; S. 225. Aus: Ders.: Grundlagen der Kommunikation. http://www.oberlin.ch/view/data/4539/Grundlagen/Grundlagen%20der%20Kommunikation.pdf (letzter Zugriff am 8. Mai 2017)

Petersen, Detlef Friedrich: [Über die Filmmusik zu „Blueprint"]; S. 175. Aus: Presseheft zu „Blueprint". Hamburg: Relevant Film, S. 31

Plenzdorf, Ulrich: [Und kein Papier, Leute. ...]; S. 208. Aus: Ulrich Plenzdorf: Die neuen Leiden des jungen W. Siebte Auflage. 226.–275. Tausend. Frankfurt am Main: Suhrkamp Verlag 1977, S. 35, 36 und 37 (suhrkamp taschenbuch 300). © 1973 VEB Hinstorff Verlag

Radisch, Iris: [Deutscher Buchhandlungspreis 2015. Laudatio]; S. 24 f. Zitiert nach: https://www.deutscher-buchhandlungspreis.de/laudatio-kategorie-besonders-herausragende-buchhandlungen-iris-radisch-jury-vorsitzende-deutscher-buchhandlungspreis-ressortleiterin-feuilleton-die-zeit/ (letzter Zugriff: 26. April 2017)

Ratzinger, Joseph: Der Zirkus brennt!; S. 231. Aus: Joseph Ratzinger: Einführung in das Christentum. 7. Auflage. München: Kösel Verlag 1968, S. 76

Reagan, Ronald: „Mr. Gorbachev, open this gate! [...]"; S. 13. Zitiert nach: http://www.bundestag.de/dokumente/textarchiv/2012/39330642_kw24_kalender_reagan/ (letzter Zugriff: 2. Januar 2014)

Reuter, Ernst: „[...] Heute ist der Tag [...]"; S. 12. Zitiert nach: http://www.berlin.de/berlin-im-ueberblick/geschichte/historische-reden/ernstreuterrede.de.html (letzter Zugriff: 27. April 2017)

Rhue, Morton: Dschihad Online; S. 122–124, 126–128 und 130–133. Aus: Morton Rhue: Dschihad Online. Aus dem amerikanischen Englisch von Nicolai von Schweder-Schreiner. Ravensburg: Ravensburger Buchverlag 2016, S. 53 f., 69 f., 77 f., 95 f., 119, 119 f., 121, 124 f., 168–170, 174, 175 f., 204, 214, 216 f., 222, 235, 245, 246 f. und 248

Rhue, Morton: [Äußerungen zu seinem Schreiben und zu seinen Romanen]; S. 118–121. Zitiert nach: (S. 118, 1. Zitat:) http://goneu.tcs.ifi.lmu.de/schulleben/bibliothek/buchempfehlungen-dateien/Interview%20mit%20Morton%20Rhue.pdf (dort die sechste Antwort) / (S. 118, 2. Zitat:) http://www.deutschlandfunk.de/aus-der-pers

pektive-des-aussenseiters.1202.de.html?dram:article_id=187859 (dort der letzte Satz) / (S. 118, 3. Zitat:) http://www.tagesspiegel.de/kultur/morton-rhue-dschihad-online-hinterfragt-was-die-menge-schreit/14480584.html (dort der letzte Absatz, leicht gekürzt) / (S. 119, 1. Frage und Antwort:) http://www.focus.de/kultur/buecher/literatur-die-welle-und-glueckskekse-morton-rhue-wird-65_id_4658665.html (dort 1. Frage und Antwort) / (S. 119, 2. Frage und Antwort:) http://www.buchkultur.net/buchkultur_schule_pdf/Buchkultur_Artikel.pdf (dort 3. Frage, leicht verändert, und 3. Antwort) / (S. 120, 1. Frage und Antwort:) http://www.deutschlandfunk.de/aus-der-perspektive-des-aussenseiters.1202.de.html?dram:article_id=187859 (dort 4. Frage und Antwort) / (S. 120, 2. Frage und Antwort:) https://kurier.at/leben/kiku/morton-rhue-im-kiku/30.786.797 (dort vierletzte Frage, leicht verändert, und viertletzte Antwort) / (S. 120, 3. sowie 4. Frage und Antwort:) http://www.die-blaue-seite.de/2013/04/18/interview-mit-morton-rhue (dort 8. sowie 10. Frage und Antwort) / (S. 121, 1. sowie 2. Frage und Antwort:) https://kurier.at/leben/kiku/morton-rhue-im-kiku/30.786.797 (dort 2. und 3. Frage, leicht verändert, und 2. und 3. Antwort) / (S. 121, 3. Frage und Antwort:) http://www.buchkultur.net/buchkultur_schule_pdf/Buchkultur_Artikel.pdf (dort drittletzte Frage und Antwort) (letzter Zugriff: 10. Februar 2017)

Rilke, Rainer Maria: Herbsttag; S. 247. Aus: Rainer Maria Rilke: Das Buch der Bilder (1902 und 1906). In: Rainer Maria Rilke: Sämtliche Werke. Hrsg. vom Rilke-Archiv in Verbindung mit Ruth Sieber-Rilke besorgt durch Ernst Zinn. Erster Band: Gedichte. Erster Teil. Frankfurt am Main: Insel Verlag 1955, 1987, S. 398 (insel taschenbuch 1101)

Roth, Joseph: Der blinde Spiegel; S. 236. Aus: Joseph Roth: Der blinde Spiegel. In: Joseph Roth: Werke. Vierter Band: Romane und Erzählungen 1916–1929. Hrsg. und mit einem Nachwort von Fritz Hackert. Köln: Verlag Kiepenheuer & Witsch 1989, sowie: Amsterdam: Verlag Allert de Lange, S. 359 f.

Safranski, Rüdiger: [Beide Begriffe gehören zusammen ...]; S. 188. Aus: Rüdiger Safranski: Goethe & Schiller. Geschichte einer Freundschaft. München und Wien: Carl Hanser Verlag, S. 24

Sauerbrey, Anna: Zeit, die blutige Tyrannin [Auszüge]; S. 56. Aus: Der Tagesspiegel vom 31. 12. 2011. Zitiert nach: http://www.tagesspiegel.de/meinung/essay-zeit-die-blutige-tyrannin/6008698.html (letzter Zugriff: 13. Februar 2014)

Schiller, Friedrich: Auszüge aus zwei Briefen an Goethe zu „Maria Stuart"; S. 154. Aus: Schiller/Goethe: Briefwechsel. Hrsg. von Emil Staiger. Revidierte Neuausgabe von Hans-Georg Dewitz. Frankfurt am Main und Leipzig: Insel Verlag 2005, S. 760 f. und 763 f. (insel taschenbuch 3125)

Schiller, Friedrich: Kabale und Liebe, Szenen II,3 und IV,7; S. 135. Aus: Friedrich Schiller: Kabale und Liebe. Ein bürgerliches Trauerspiel in fünf Aufzügen. Braunschweig. Schroedel Verlag 2017 (Schroedel Lektüren), S. 40–42 und 96

Schiller, Friedrich: Kabale und Liebe, Szenen I,1, I,7, III,4 und V,1; S. 192–195, 196–199, 200–202 und 203 bis 207. Aus: Friedrich Schiller: Kabale und Liebe. Ein bürgerliches Trauerspiel in fünf Aufzügen. Braunschweig. Schroedel Verlag 2017 (Schroedel Lektüren), S. 5–8, 24–29, 68–71 und 102–108

Schiller, Friedrich: Maria Stuart; S. 136, 140–145, 151 und 156. Aus: Friedrich Schiller: Maria Stuart. Ein Trauerspiel. Braunschweig. Schroedel Verlag 2015 (Schroedel Lektüren), S. 46, 47, 145, 150, 49, 50 f., 30, 32, 55, 74, 68, 74, 69, 77, 113, 117, 152, 85 f., 91–93, 149–151, 159, 119 f. und 120 f.

Schlaffer, Heinz: [Mit Vorliebe knüpft ...]; S. 50. Aus: Artikel „Essay". In: Reallexikon der deutschen Literaturwissenschaft: Neubearbeitung des Reallexikons der deutschen Literaturgeschichte. Hrsg. von Klaus Weimar u. a. Band 1: A–G. Berlin and New York: Verlag Walter de Gruyter 1997, 2007, S. 522

Schlemihl, Peter: Sektfrühstück in Prag; S. 86 f. Aus: GRENZEN/LOS. Liebe zwischen Ost und West. Hrsg. von Bernhard Meier. Frankfurt am Main: Fischer Taschenbuch Verlag 1988, S. 44

Schnabel, Ulrich: Unsere wichtigste Zeit; S. 58 f. Zitiert nach: http://www.adlershof.de/news/unsere-wichtigste-zeit-essay-von-ulrich-schnabel-wissenschaftsredakteur-der-hamburger-wochenzeitun/ (letzter Zugriff: 13. Februar 2014)

Schnell, Ralf: [Die Sprachgesellschaften des Barock]; S. 257 f. Aus: Ralf Schnell: Deutsche Literatur von der Reformation bis zur Gegenwart. Reinbek bei Hamburg: Rowohlt Taschenbuch Verlag 2011, S. 79 und 85–87 (rowohlts enzyklopädie 55709)

Schubart, Christian Friedrich Daniel: [Da sitz ich mit zerflossnem Herzen ...]; S. 208. Zitiert nach: Johann Wolfgang Goethe: Die Leiden des jungen Werthers. Erläuterungen und Dokumente. Hrsg. von Kurt Rothmann. Stuttgart: Reclam Verlag 1971, 1980, S. 121 f.

Schulz von Thun, Friedemann: [Aus dieser Nachricht geht ferner hervor ...]; S. 224. Aus: Friedemann Schulz von Thun: Miteinander reden. Band 1. Reinbek bei Hamburg: Rowohlt Taschenbuch Verlag 1981, S. 30

Setz, Clemens: [Liebe Frau Jassem]; S. 159. Aus: Deutschland 2036. Wie wird unser Leben in zwanzig Jahren sein? Neun Schriftsteller und Regisseure werfen einen Blick voraus. In: ZEIT ONLINE: http://www.zeit.de/2016/01/zukunft-deutschland-2036-technik-buecher-krise-europa/komplettansicht (letzter Zugriff: 15. März 2017)

Storm, Theodor: Die Stadt; S. 237. Aus: Theodor Storm: Werke in einem Band. Hrsg. von Peter Goldammer. München und Wien: Carl Hanser Verlag 1988, S. 12

Stuart, Maria: Brief an Elisabeth I. vom 19. Dezember 1586; S. 139. Zitiert nach: Maria Stuart: Ich flehe, ich fordere, ich bekenne! Der Königin Briefe. Ausgewählt und übertragen von H. H. von Voigt-Alastair. Heidelberg, Berlin und Leipzig: Verlagsanstalt Hüthig & Co. 1941, S. 399 und 403

Süskind, Patrick: Das Parfum; S. 240–245. Aus: Patrick Süskind: Das Parfum. Die Geschichte eines Mörders. Zürich: Diogenes Verlag AG 1985, S. 5–10, 43 f., 47 f. und 49–52

Textor, Martin R.: Zukunftsentwicklungen; S. 162 f. Aus: http://www.zukunftsentwicklungen.de/gesellschaft.html (letzter Zugriff: 15. März 2017)

Tolstoi, Lew: Die drei Söhne; S. 110. Zitiert nach: https://

lehrerfortbildung-bw.de/u_sprachlit/deutsch/bs/6bg/6bg2/4epische_texte/5parabel/2tolstoi/ (letzter Zugriff: 28. April 2017)

Tucholsky, Kurt: Ratschläge für einen guten Redner; S. 11. Aus: Kurt Tucholsky: Gesammelte Werke in 10 Bänden. Hrsg. von Mary Gerold-Tucholsky und Fritz J. Raddatz. Band 8: 1930. Reinbek bei Hamburg: Rowohlt Verlag 1960, Taschenbuchausgabe 1975, S. 292 (Schlussteil des Artikels: Ratschläge für einen schlechten Redner)

Tucholsky, Kurt: [Versuch, versuch alles …]; S. 54. Aus: Die Essayisten. In: Ralf Kellermann (Hg.): Texte und Materialien für den Unterricht. Der Essay. Stuttgart: Reclam 2012. (RUB 15236)

Watzlawick, Paul, Jeanet H. Beavin und Don D. Jackson: Man kann nicht *nicht* kommunizieren; S. 232. Aus: Paul Watzlawick, Jeanet H. Beavin und Don D. Jackson: Menschliche Kommunikation. Formen, Störungen, Paradoxien (1969). 12. Auflage. Bern: Verlag Hans Huber 2011, S. 58 f.

Willmann, Urs: Gedopte Schüler; S. 53. Aus: Zeit Online, Beitrag vom 9. Januar 2014. Zitiert nach: http://www.zeit.de/2014/03/glosse-doping (letzter Zugriff: 13. Februar 2014)

Wolf, Christa: [Rede auf dem Alexanderplatz, 4. November 1989]; S. 14 f. Zitiert nach: http://www.dhm.de/archiv/ausstellungen/4november1989/cwolf.html (letzter Zugriff: 06. Oktober 2016)

Zweig, Stefan: [Am Tage, da …]; S. 89. Aus: Stefan Zweig: Die Welt von gestern. Erinnerungen eines Europäers. Zitiert nach: Projekt Gutenberg-DE®. URL: http://gutenberg.spiegel.de/buch/die-welt-von-gestern-6858/1 (letzter Zugriff: 4. Juli 2016)

Texte unbekannter Verfasserinnen und Verfasser

Energiewende im Überblick; S. 21 f. Quellenangabe: Bundesregierung / www.bundesregierung.de. Zitiert nach: https://www.bundesregierung.de/Content/DE/Statische Seiten/Breg/Energiekonzept/0-Buehne/ma%C3%9Fnahmen-im-ueberblick.html;jsessionid=51DBE941143B8720A1C2ECC8C29CA0CE.s7t1 (letzter Zugriff: 06. Oktober 2016)

Schaubild Entwicklung der Stromerzeugung aus erneuerbaren Energien in Deutschland; S. 20. Quellenangabe: Bundesregierung / www.bundesregierung.de. Aus: http://www.erneuerbare-energien.de/EE/ee-in-zahlen-entwicklung-deutschland (mit freundlicher Genehmigung des Bundesministeriums für Wirtschaft und Energie) (letzter Zugriff: 26. April 2017)

Schaubild Primärenergieverbrauch in Deutschland im Jahr 2016; S. 20. Quellenangabe: Bundesregierung / www.bundesregierung.de. Aus: http://www.erneuerbare-energien.de/EE/ee-in-zahlen-entwicklung-deutschland (mit freundlicher Genehmigung des Bundesministeriums für Wirtschaft und Energie) (letzter Zugriff: 26. April 2017)

Wer verdient an einer Jeans?; S. 40. Nach: Die lange Reise einer Jeans. Information der Online-Akademie der Friedrich-Ebert-Stiftung: http://fes-online-akademie.de/fileadmin/Inhalte/01_Themen/02_Globalisierung/Unterrichtsmaterial/FES_OA_Lehrmat_Reise_einer_Jeans.pdf (letzter Zugriff: 26. April 2017)

Rituale – die verkannten Baumeister des Alltags; S. 46. Aus: Stuttgarter Zeitung, Ausgabe vom 21. Januar 1997

[Essays zum Thema „Zeit", Text 1]; S. 52. Abgedruckt mit freundlicher Erlaubnis der Verfasserin

[Schüleressays zum Thema „Zeit", Texte 2, 3 und 5]; S. 52 f. Zitiert nach: http://www.ks-og.de/projekte/Essayprojekt/index.htm (letzter Zugriff: 3. April 2010); abgedruckt mit freundlicher Erlaubnis der Verfasserinnen und Verfasser

Was als Spiel begann …; Bombennächte im Luftschutzkeller; S. 67. Aus: http://www.planet-wissen.de/geschichte/nationalsozialismus/kindheit_im_zweiten_weltkrieg/index.html (letzter Zugriff: 27. April 2017)

Fluchtversuche – Ein Fallbeispiel; S. 69. Aus: Materialien der BStU-Außenstelle Potsdam, Angebote für Schulen. BStU-Arbeitsmappe, Beispiel 5: Tod an der Grenze, Dokument 5.2: Bericht der Hauptabteilung I, Grenzkommando Mitte vom 22. November 1980. Hrsg.: Die Bundesbeauftragte für die Unterlagen des Staatssicherheitsdienstes der ehemaligen Deutschen Demokratischen Republik. Außenstelle Potsdam, 2005. Zitiert nach: http://www.bildung-brandenburg.de/2582.html?&L=0 (letzter Zugriff: 25. August 2008)

Max Herrmann-Neiße [Information zum Biographischen Kontext]; S. 92 f. Nach: Simm, Hans-Joachim: „Heimatlos" von Max Herrmann-Neiße. In: FAZ.NET. URL: http://www.faz.net/aktuell/feuilleton/buecher/frankfurter-anthologie/gedicht-interpretation-lesung-heimatlos-von-max-herrmann-neisse-12272746.html (letzter Zugriff: 04. Juli 2016; Text stark verändert).

Das Gleichnis vom Sämann; S. 103. Aus: Die Bibel. Neues Testament, Matthäus 13, 1–9 (zitiert nach folgender Ausgabe: Die Bibel oder die ganze heilige Schrift des alten und neuen Testaments nach der Übersetzung von Martin Luther. Revidierter Text 1975. Stuttgart: Deutsche Bibelgesellschaft 1978, S. 16 f.)

Das Gleichnis vom verlorenen Sohn; S. 104 f. Aus: Die Bibel. Neues Testament, Lukas 15, 11–32 (Ausgabe des Internationalen Gideonbunds in Deutschland, Wetzlar 1993)

[Zwei Filmrezensionen zu „Blueprint"]; S. 186. Aus: http://www.charivari.de/filmkritiken/filmkritiken_010104.php (letzter Zugriff: 9. Mai 2006); http://www.cineclub.de/filmarchiv/2004/blueprint.html (letzter Zugriff: 9. Januar 2014)

[Text zum Jugendarbeitsschutz]; S. 247. Aus: Otto Model und Carl Creifels: Staatsbürgertaschenbuch. München: Verlag C. H. Beck 1978, S. 687

Das Nibelungenlied; S. 252–255. Aus: Das Nibelungenlied. Mittelhochdeutscher Text und Übertragung. 2 Bände. Herausgegeben, übersetzt und mit einem Anhang versehen von Helmut Brackert. Frankfurt am Main: Fischer Taschenbuch Verlag. Band 1: 1970, 108.–112. Tausend: Juli 1993, S. 6, 216 und 218. Band 2: 1971, 93–96. Tausend: Februar 1993, S. 262 und 264

Ein schön new Lied / genannt Der / Teutsche Michel / etc; S. 259. Zitiert nach: http://de.wikisource.org/wiki/Ein_sch%C3%B6n_new_Lied_genannt_Der_Teutsche_Michel (letzter Zugriff: 17. Januar 2014)

Wo ist der Bundestag?; S. 262 f. Zitiert nach: https://www.bundestag.de/leichte_sprache/wo_ist_der_bundestag (letzter Zugriff: 17. März 2017)

Bildquellen

|123RF GmbH, Berlin: Wolfgang Zwanzger 167. |akg-images GmbH, Berlin: 12, 51, 65, 136, 209, 236, 238 u.; A. Held 104; Album / Kurwenal / Prisma 253; André Held 255; ddrbildarchiv.de 79; Hoffbauer 241; János Kalmár 101 u.; RIA Nowosti 67. |alamy images, Abingdon/Oxfordshire: © Peter Horree / (c) VG Bild-Kunst, Bonn 2017 / (c) Estate of George Grosz, Princeton, N.J. 93. |ANDIA, Pacé: Vichel 53. |Artothek, Weilheim: 138 r. |BMW Group, München: 226. |bpk-Bildagentur, Berlin: 105; (c) Andreas Gursky / VG Bild-Kunst, Bonn 2017, Courtesy Sprüth Magers, Berlin London 28. |Bridgeman Images, Berlin: Museum of Modern Art, New York, USA / (c) Salvador Dalí, Fundació Gala-Salvador Dalí / VG Bild-Kunst, Bonn 2017 54. |BStU, Berlin: 68 u.. |Bundesministerium für Wirtschaft und Energie, Berlin: 20 o., 20 u.. |Burgtheater Wien, Wien: Wolfgang Michael (Sultan Saladin), Klaus Maria Brandauer (Nathan) Copyrigth: Georg Soulek 109. |Classic Media, Köln: Robert Winter 98; Robert Winter / Die Zentrale 99. |ddp images GmbH, Hamburg: © Relevant Film 177 r. u., 180, 183. |dfd Deutscher Fotodienst GmbH/ddp images, Hamburg: © Relevant Film 174 2, 174 3, 175 o., 175 u., 177 l. u., 177 r. o., 180, 180, 183, 183 r. |DRAMA. Agentur für Theaterfotografie, Berlin: Barbara Braun 200; Bresadola 202; Gianmarco Bresadola 146 o., 146 u.. |Dreher, Matthias, Kirchheim-Nabern: 150. |Forouhar, Parastou, Offenbach am Main: „Water Mark", 2015, digitale Zeichnung 97. |fotolia.com, New York: (c) Syda Productions 30; anyaberkut 87; ave_mario 250 m. l.; BillionPhotos.com 40 o.; Daniel Tger 35 r.; dr322 37; Drobot Dean 36; Engel, Jan 39; Giovanni Cancemi 160 u.; graphixmania 261; Gyula Gyukli 22; Ivan Kruk 63; Jan Engel 38, 38; jorisvo 250 l. o.; Josh 160 o.; juliars 262; kaprikfoto 158; lindrik 86; Ljupco Smokovski 231; mapoli-photo 171; Maridav 57 o.; martialred 160 m.; maynagashev 42; Mint Foto 221 Wald; Monkey Business Images 234; PR Image Factory 161 u.; rosifan19 35 l.; sdecoret 55; Sergey Nivens 161 m., 161 o.; Warakorn 26; © Andrey Kuzmin 221 Fingerabdruck; © Andrey Semenov 221 Fußstapfen; © B. Wylezich 221 Stop; © obelicks 221 Stadtplan; © pict rider 250 r. o.; © thingamajiggs 222; © von Lieres 221 Feuer. |Goethezeitportal - www.goethezeitportal.de, München: 190. |http://www.zeno.org - Contumax GmbH & Co.KG: 73, 218 u.. |Hupfeld, Birgit, Bochum: 151. |Interfoto, München: Archiv Friedrich 89 Döblin; Friedrich 89 Brecht, 89 Mann, 240 o.; IMAGNO 89 Zweig; Sammlung Rauch 95. |iStockphoto, Calgary: 52. |Jeff Wall Studio, Vancouver, BC: Jeff Wall, Outburst, 1989, transparency in lightbox, 229.0 x 312.0 cm, Courtesy of the artist 235. |Julius Beltz GmbH & Co. KG, Weinheim: Charlotte Kerner: Blueprint Blaupause, Gulliver von Beltz & Gelberg 172 r. |Keystone Pressedienst, Hamburg: dpa 64. |Kösel-Verlag, München: Coverartwork nach Joachim Gauck, Freiheit: Ein Plädoyer, erschienen im Kösel Verlag, München, in der Verlagsgruppe Random House GmbH 250 l. u.. |Loos, Mike, Stadtbergen: 88. |Netzwerk Migration in Europa e. V., Berlin: Infografik: Thomas Hummitzsch, CC-BY-SA 4.0 163. |peitschphoto.com - Peitsch, Peter, Hamburg: Peitsch, Peter 228. |Picture-Alliance GmbH, Frankfurt/M.: 250 m. r.; dpa 134 l., 137; dpa / Michael Kappeler 19; dpa / Wolfgang Jahnke 58; EPA/Maysun 91; Frank May 48; picture press / F. Wartenberg 49; ZB / [c] Thomas Lehmann 72 o.. |Presse- und Informationsamt der Bundesregierung - Bundesbildstelle, Berlin: Steffen Kugler 16. |Ravensburger AG, Ravensburg: 118, 118, 119, 119, 119, 119, 120, 120, 120, 121. |RELEVANT FILM, Hamburg: Bernd Spauke 172 l., 174 1, 174 4, 177 l. o., 179, 180, 180, 180, 184. |Rowohlt Verlag GmbH, Reinbek: (c) Rowohlt Taschenbuch Verlag GmbH, Reinbek bei Hamburg, aus: Friedemann Schulz von Thun, „Miteinander reden 1. Störungen und Klärungen. Allgemeine Psychologie der Kommunikation" © 1981 224. |Ruhr-Universität Bochum, Bochum: Katja Marquard 166. |Schede, Hans-Georg, Freiburg: Hrsg. von Jörn Göres. München: Verlag C. H. Beck 1981 214 m.. |Schoelzel, A., Berlin: 14. |Seiler, Prof. Dr. Bernd, Bielefeld: aus der Online-Edition zu „Goethes Werther" 209 u., 219 m.; aus der Online-Edition zu „Goethes Werther", Universität Bielefeld 211, 214 l., 214 r., 215, 219 o., 219 u.. |Shutterstock.com, New York: altanaka 223; Nuno Andre 229; razihusin 10. |Sprüth Magers Berlin, Berlin: Cindy Sherman, Untitled #90, 1981, color photograph, Edition of 10, 61 x 121,9 cm Courtesy of the artist, Metro Pictures and Sprüth Magers 234. |Stiftung für Kunst und Kultur e.V., Bonn: © Anselm Kiefer 2017 / Foto: Charles Duprat / Private Collection Hans Grothe 62. |Strandperle, Frankfurt: die bildstelle 233 u.. |Streuli, Beat, Wädenswil: © Beat Streuli 232. |Textor, Dr. Martin R., Würzburg: 162. |Theater Freiburg, Freiburg: (c) Maurice Korbel 134 r. |Thinkstock, Sandyford/Dublin: Lobke Peers 50. |ullstein bild, Berlin: 13, 94, 197; ADN-Bildarchiv 15; B. Friedrich 113; Binder 68 o.; dpa 101 o.; Funke 71; Imagno 204; Kujath 192 u.; Mehner 78; Messerschmidt 80; Peter Timm 260; Rudolf Dietrich 233 o.; Schiffer-Fuchs 90, 159 o.; Schöning 81; Sven Simon 159 u.. |Visipix.com, Niederglatt: 103, 103, 103, 103, 256, 256; Zurich Foundation E.G. Buehrle 102. |wikimedia.commons: 57 u., 138 l., 189, 220, 237, 238 o., 240 u., 259; 1970gemini / CC-BY-SA-3.0 72 u.; Bede735 72; Bundesarchiv Bild 183-84600-0001 / CC-BY-SA-3.0 83; Ctac 110; Editor at Large 243; EvaK 195; Famberhorst / https://creativecommons.org/licenses/by-sa/3.0/deed.en 246; Gfreihalter / CC BY-SA 3.0 242; Jörg Kolbe/Lizenz CC BY-SA 3.0 111; LeastCommonAncestor 218 m.; Liberal Freemason 106; Library of Congress's Prints and Photographs division / 188 l. l.; Malacai~commonswiki / CC BY-SA 3.0 245; MarcusBritish 188 r. o.; Martin-loewenstein / CC BY-SA 3.0 188 m. u.; MichaelSchoenitzer 188 m. o.; Paulae 218 o.; Ralf Roletschek 217; Riverobserver 257; Scewing / CC BY 4.0 188 r. u.; Shizao 188 l. o..

Sprachliche Gestaltungsmittel

Akkumulation	Anhäufung mehrerer inhaltlich zusammengehöriger Wörter
Alliteration	Mehrere benachbarte Wörter beginnen mit dem gleichen Laut bzw. Anfangsbuchstaben.
Anapher	Aufeinanderfolgende Sätze, Verse oder Strophen beginnen mit dem gleichen Wort oder derselben Wortgruppe.
Antithese	Gegensätzliche (unvereinbare) Begriffe werden gegenübergestellt.
Ellipse	Auslassung einzelner Satzglieder im Satz
Gleichklingende Lautung	Wiederholung auffälliger Vokale oder auffälliger Konsonanten
Hyperbel	starke Übertreibung
Interjektion	Ausruf, Empfindungswort
Ironie	versteckter Spott, bei dem das Gegenteil des Gesagten gemeint ist
Lautmalerei	Nachahmung akustischer Eindrücke
Litotes	doppelte Verneinung oder Verneinung des Gegenteils
Metapher	Übertragung einer Vorstellung aus einem Bereich auf einen anderen, um eine wichtige Eigenschaft zu veranschaulichen
Neologismus	Wortneuschöpfung mit dem Ziel, entweder etwas Neues zu bezeichnen oder etwas schon Bekanntes treffender zu beschreiben
Parallelismus	gleiche Anordnung der Satzglieder in aufeinanderfolgenden Sätzen oder Versen
Personifikation	Vermenschlichung von Naturerscheinungen, Gegenständen, Begriffen
Reihung	Aufzählung von Worten, Wortgruppen, Sätzen
Vergleich	Verknüpfung zweier Bedeutungsbereiche durch Vergleichspartikel (*wie*, *als*)
Wiederholung	mehrfache Verwendung gleicher Wörter, Wendungen, Sätze